요한계시록

요한계시록

2014년 8월 11일 초판 1쇄 발행

지은이 | 임진수
펴낸이 | 박영호
펴낸곳 | 도서출판 솔로몬

주소 | 서울시 동작구 사당로 155, 신주빌딩 B1
전화 | 599-1482
팩스 | 592-2104
직영서점 | 596-5225

등록일 | 1990년 7월 31일
등록번호 | 제 16-24호

ISBN 978-89-8255-521-3 03230

REVELATION

설교와 해석을 위한 예수 그리스도의 복음

요한계시록

임진수 지음

요한계시록은 예수 그리스도의 복음으로 읽고 연구하고 해석하며 선포해야만 한다. 요한계시록의 정경의 위치가 분명해 지면 현재 한국의 상황에서 요한계시록을 오용하여 이단에 빠지는 경향을 바로 잡을 수 있다. 요한계시록은 기독교 정경의 마지막 정경이며 기독교 사상의 현재와 미래를 향한 전망이다. 요한계 [illegible] 하에서 천사는 기록자 요한에게 두루마리(예언의 말씀: 요한계시록)를 '먹으라' 고 명령한다. 요한이 그것을 [illegible] 럼 달지만 배에서는 쓰게 되었다" 고 말한다. 이것은 요한계시록에 대한 이해와 실천은 단순한 사유가 아닌 [illegible] 내야 하는 애씀과 수고라는 것을 의미한다. 저자는 이런 이해를 가지고 요한계시록에 대한 해석을 시도하였다 [illegible] 목사들과 신학자들이 요한계시록을 열심히 연구하도록 돕기 위하여 각 장에서 주석을 마치고 설교와 해석을 위 [illegible] 다.

솔로몬

이 책은 요한계시록을 예수 그리스도의 복음이라는 입장에서 주석해 나가고 있다. 요한계시록을 처음 시작하는 말은 "예수 그리스도의 계시"(ἀποκάλυψις Ἰησοῦ Χριστοῦ)라는 선언이다. 이것은 신약성경의 최초 복음서로 알려진 마가복음이 처음 시작하는 말을 "하나님의 아들 예수 그리스도의 복음의 시작"이라고 선언하는 것과 같은 것이다. 그리고 마태복음도 복음서를 시작하면서 "아브라함과 다윗의 자손 예수 그리스도의 탄생의 책"으로 서술한다. 이처럼 요한계시록도 그 내용이 예수 그리스도의 복음이다.

요한계시록은 예수 그리스도의 복음을 신구약 중간기 유대교 묵시문학의 형식을 가지고 전달하고 있다. 요한계시록은 신약성경의 마지막 문을 닫는 책이다. 동시에 창세기가 성경 전체의 문을 여는 것이라면 요한계시록은 성경 전체의 문을 닫는 중요한 책이다. 이처럼 요한계시록은 정경(canon)으로서 기독교 신앙의 소중한 유산이며, 그 계시의 내용은 계속해서 연구되고 해석되고 선포되어야 한다.

그러나 지금 우리 한국교회의 상황은 그렇지 못하다. 위에서 말한 것처럼 요한계시록은 엄연히 기독교의 정경의 자리를 분명히 하고 있음에도 불구하고 교회 안에서 올바른 대접을 받지 못하고 있는 상황이다. 그 이유는 교회가 요한계시록에 대한 올바른 연구와 해석과 선포를 등한시하였기 때문이다. 현재 요한계시록에 대한 해석은 소위 사이비 이단의 집단들 안에서 더 성행하고 있는 것을 볼 수 있다. 그래서 요한계시록을 해석하는 개인이나 장소나 집단은 이단이라는 선입견을 갖게 되었고, 그 결과 교회 안에서도 요한계시록을 연구하고 해석하고 설교할 때 많은 오해를 받게 된다. 특히 한국 교회 안에서는 요한계시록을 설교할 때 2-3장에 나오는 소아시아 일곱 교회만 다루고 4-22장의 묵시의 내용에 대해서는 해석을 꺼리고 있는 형편이다. 이런 분위기 때문에 요한계시록에 대한 해석은 점점 더 이단들의 전유물처럼 취급되었고, 그런 과정에서 요한계시록은 정경임에도 불구하고 정경으로서의 권위를 인정받지 못하고 있다.

이에 필자는 이 주석을 쓰면서 요한계시록을 연구하고 해석하며 설교하고 선포하는 것이 사명이라는 생각을 하게 되었다. 그래서 교회 안에서 요한계시록에 대한 올바르고 건전한 이해를 위한 길을 제시하는 것이 중요하며 기독교인들로 하여금 이 책 본연의 위치를 깨닫고 그 말씀대로 살아가도록 돕는 것이 필요하다고 생각하게 되었다. 필자는 교회의 성도들과 목사들과 신학자들이 요한계시록을 열심히 연구하고 해석하고 그것을 통해서 깨달은 예수 그리스도의 계시를 올바르게 선포해야 한다고 생각한다. 요한계시록은 예수 그리스도의 계시이며 분명한 복음이다. 요한계시록은 특별한 문학적인 구조를 가지고 있으며, 구약에 대한 해박한 지식을 가지며, 동시에 이 책이 쓰여 지던 당시의 묵시사상과 정치, 사회, 경제에 대한 심오한 신학적이고 신앙적인 이해를 가지고 있다. 그러므로 요한계시록은 다른 신약성경을 연구하는 것처럼 해석의 과정을 거쳐야하고 더 나아가서 이단들이 기도하는 중에 요한계시록을 깨달았다는 거짓된 계시를 뛰어 넘어야 한다. 계시록은 먼저 그 글을 기록한 의도와 당시 공동체의 사회, 정치, 문화, 경제의 다양한 상황들을 고려하면서 해석되어야 하고 그것을 바탕으로 그 바탕에 흐르는 영적인 의미를 파악해야 한다. 다시 말해서 요한계시록 해석의 일차적인 과제는 이단들이 주장하는 것처럼 아직 오지 않은 미래를 예언하는 프로그램으로 해석하는 것이 아니고 당시의 공동체에게 전해진 역사적인 맥락에서 신앙과 신학을 파악하는 것이다.

요한계시록이 이렇게 당시의 공동체를 위한 책이었다는 사실은 이 책이 가지고 있는 정교한 구조와 구약에 대한 심오한 이해 그리고 당시의 정치, 경제, 사회, 문화를 반영하는 저자의 종교적인 이해를 통해서 나타난다. 따라서 요한계시록을 역사적인 해석이 아닌 미래적인 해석에만 치중할 경우 그런 해석은 이단의 오류에 빠질 가능성이 많다. 이에 필자는 요한계시록을 앞에서 말한 것처럼 예수 그리스도의 복음으로 읽고 연구하고 해석하며 선포해야만 한다고 생각한다. 그렇게 될 때 요한계시록의 정경의 위치가 분명해지며 현재 한국의 상황에서 요한계시록을 오용하여 이단에 빠지는 경향을 바로 잡을 수 있다. 요한계시록은 기독교 정경의 마지막 정경이며 기독교 사상의 현재와 미래를 향한 전망이다. 요한계시록 10:9 이하에서 천사가 기록자 요한에게 두루마리(예언의 말씀: 요한계시록)를 '먹으라' 고 명령한다. 그리고 요한이 그것을 먹자 "입에서는 꿀처럼 달지만 배에서는 쓰게 되었다" 고 말한다. 이것은 요한계시록에 대한 이해와 실천은 단순한 사유가 아닌 우리들의 몸으로 살아내야 하는 애씀과 수고라는 것을 의미한다. 필자는 이런 이해를 가지고 요한계시록에 대한 해석을 시도하였다. 특히 이 책은 교회의 성도들과 목사들과 신학자들이 요한계시록을 열심히 연구하도록 돕기 위하여 각 장에서 주석을 마치고 설교와 해석을 위한 방향을 제시하고 있다.

무엇보다 이렇게 필자의 의도를 이해하고 출판을 결정한 도서출판 솔로몬의 대표님, 아름다운 편집을 해 주신 분들의 노고에 진심으로 감사드린다. 그리고 이 책이 나오기까지 늘 힘써 기도해 준 사랑스러운 아내와 두 딸들에게도 감사의 마음을 전한다. 또한 이 책의 교정을 위해 교정 원고를 읽어준 본인의 박사과정으로 있는 이강민, 심양섭 전도사 두 분에게도 감사한다. 부디 바라기는 이 책을 통하여 요한계시록이 예수 그리스도의 복음으로 올바르게 읽혀지고 해석되며 선포되어서 이 책을 통해서 주시는 놀라운 선포가 현재 위기라고 말하는 한국교회를 새롭게 하는데 작은 씨앗이 되기를 바란다. 이 책을 쓰게 하신 하나님께 영광을 돌리며, 하늘에서 내려오는 새 예루살렘처럼 이 땅 위에도 하나님의 나라가 임하기를 바라며….

냉천동 감리교신학대학교 연구실에서

임진수

머리말

A. 요한계시록 개요

B. 요한계시록 주석

1부. 요한계시록 서론(1:1-3:22)

3. 요한의 세 번째 묵시(19:11-22:5): 예수 그리스도의 최후의 심판

3부: 책의 결말 (22:6-21)

REVELATION

A. 요한계시록 개요

요한계시록은 예수 그리스도의 복음으로 읽고 연구하고 해석하며 선포해야만 한다. 요한계시록의 정경의 위치가 분명해 지면 현재 한국의 상황에서 요한계시록을 오용하여 이단에 빠지는 경향을 바로 잡을 수 있다. 요한계시록은 기독교 정경의 마지막 정경이며 기독교 사상의 현재와 미래를 향한 전망이다. 요한계[illegible]하에서 천사는 기록자 요한에게 두루마리(예언의 말씀: 요한계시록)를 '먹으라' 고 명령한다. 요한이 그것을 [illegible]처럼 달지만 배에서는 쓰게 되었다" 고 말한다. 이것은 요한계시록에 대한 이해와 실천은 단순한 사유가 아닌 [illegible]내야 하는 애씀과 수고라는 것을 의미한다. 저자는 이런 이해를 가지고 요한계시록에 대한 해석을 시도하였다[illegible]목사들과 신학자들이 요한계시록을 열심히 연구하도록 돕기 위하여 각 장에서 주석을 마치고 설교와 해석을 위[illegible]다.

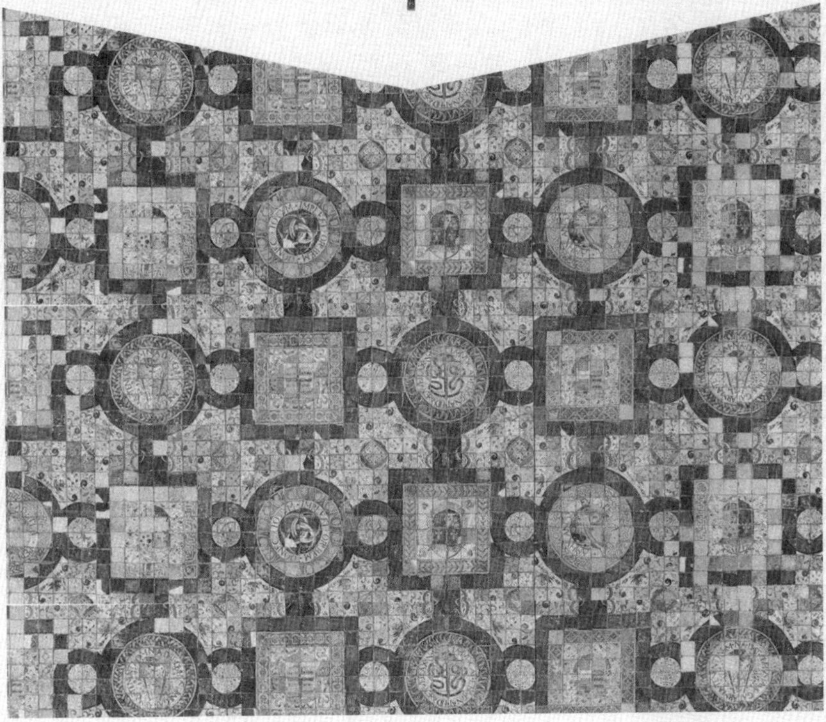

1. 요한계시록의 형식과 특징

1) 형식

학자들은 신약성서 연구에서 요한계시록을 묵시문헌(apocalyptic)으로 분류한다. 묵시(默示)는 헬라어 ἀποκάλυψις를 통해서 그 의미가 드러난다. 묵시는 유대교 안에서 유행했던 문학적인 형식이며, 그 의미는 '마지막 때에 일어날 신의 비밀을 드러냄, 혹은 계시(啓示)'이다[1]. 이것을 통해서 묵시라는 개념은 세계시간의 마지막에 일어나는 미래적인 사건을 드러내는 것으로 규정된다.[2] 유대교의 묵시문헌은 매우 다양하게 유포되고 알려져 왔으며, 그 문헌들은 주로 다니엘서를 제외하고는 주로 구약의 외경에 해당한다(예를 들어, 에녹서, 아브라함 묵시록, 희년서 등[3]). 그리고 신약성경 안에서는 이렇게 묵시문헌이라는 독립적인 형태로 존재하는 것은 요한계시록뿐이다. 신약성서와 관련해서도 신약성서의 외경 안에는 묵시문헌들이 들어 있다(베드로 묵시록, 헤르마스 목자서, 이사야 승천기[4]). 물론 사람들은 마가복음 13장을 '소묵시록' 이라고 부르지만, 이것은 독립된 형식으로 존재하는 것이 아니라 마가복음 안에 포함된 일부분에 지나지 않는다. 따라서 신약성경 안에서 요한계시록은 묵시문학으로서 독특한 위치와 가치를 지닌다.

2) 묵시로서의 예언

이 책의 형식은 저자가 경험한 여러 가지 계시형식으로 되어 있다. 그것은 환상, 들음, 영에 사로잡힘, 혹은 천사의 손에 이끌림 같은 과정을 통

---

1) 존 J. 콜린스, 『묵시문학적 상상력. 유다 묵시문학 입문』, 가톨릭출판사, *2006,* 22,24; 이 용어가 헬레니즘과 그리스문헌에서 사용되는 용례에 대해서는 A. Oepke,"καλύπτω κτλ," ThWNT III, 572를 보라; M. Karrer, Die *Johannesoffenbarung als Briefe. Studien zu ihrem literarischen, historischen und theologischen Ort*, FRLANT 140, Göttingen: Vandenhoeck & Ruprecht, 1986, 97.

2) G. Seebaß, "Apokalyptik/Apokalypsen", *TRE* 3(1978), 189-289.

3) 존 J. 콜린스, 『묵시문학적 상상력. 유다 묵시문학 입문』, 30.

4) P. Vielhauer, *Geschichte der urchristlichen Literatur*, Berlin/New York: Walter de Gruyter, 1975, 507, 513, 523.

해서 그리스도에 관한 증거를 하고자 한다. 저자는 그런 형식을 통해서 말씀을 전하는 과정을 예언이라고 말하며(1:3), 그 예언은 기록으로 진행되며 그리스도의 지시를 따른 것이라고 말한다(1:11). 예언에 대한 이해는 초대 기독교 안에 있었던 말씀선포와 관계가 있다. 신약성서 안에서 예언의 활동은 주로 예수 그리스도의 말씀의 전승을 담당한다. 요한계시록은 이 말씀을 예수 그리스도 중심(christcentric)의 사상을 가지고 전개한다. 이렇게 계시의 중심에 예수 그리스도가 있다는 것은 유대교 묵시의 중심에 하나님이 있었던 관점과 달라진 면모를 보여준다.[5] 이처럼 요한계시록은 신약성경의 다른 문헌들처럼 예수 그리스도를 통해서 나타난 하나님의 구원사건을 진술한다. 이 책은 위에서 언급한 묵시적인 상상력을 가지고 요한계시록이 읽혀지는 교회와 당시의 위기를 진단하고 새로운 전망을 제시한다.

3) 수신자들

이 책에 나오는 선포나 기록된 내용을 전달받는 일차적인 독자들이나 수신자들은 소아시아의 "일곱 교회들"이다(1:4; 2-3장). 원래 소아시아는 바울의 선교했던 지역이지만 요한계시록 안에는 바울신학과의 밀접한 관계가 나타나지 않는다. 그러나 학자들의 주장에 의하면 이 일곱 교회는 66-70년에 있었던 팔레스타인의 유대전쟁 이후 유대기독교인들의 이주로 세워진 것으로 보인다.[6] 이 책은 이렇게 일곱 교회를 언급하지만, 그것을 넘어서서 모든 교회를 위한 보편적인 사고를 가진다(1:1-3). 그럼에도 불구하고 요한계시록이 교회에 안에서 정경으로 인정을 받는 과정은 오랜 시간이 필요했다. 특히 동방교회는 요한계시록을 오랫동안 정경으로 받아들이지 않았다.[7] 그러나 요한계시록은 현재 동방교회 안에서 정경으로서 확고

---

5) A. Satake, *Die Offenbarung des Johannes*(bearb., Th. Witulski), KEK 16, Göttingen: Vandenhoeck & Ruprecht, 2008, 121.

6) A. Satake, *Offenbarung*, 46.

7) W. G. 큄멜, 『신약정경개론』, 박익수 옮김, 대한기독교출판사, 1990, 503-504. 이렇게 요한계시록을 정경으로 받아들이기를 거부한 사람들은 크리소스톰(Chrisostom), 테오도레트(Teodoret), 갑바도기아 학파의 사람들이었다.

한 위치를 차지하고 있다. 이렇게 동방교회 안에서 요한계시록이 받아들여지는 과정과 현대 신약학의 발전과정에서 나타난 요한계시록에 대한 평가절하는 요한계시록에 대한 올바른 이해를 후퇴시키기도 했다. 분명한 것은 요한계시록이 기독교 정경의 마지막 책이며 구약의 창조와 함께 새 창조라는 폭 넓은 신학적인 지평을 가진다는 것이다. 요한계시록의 이 지평은 당시의 소수자로 살아가던 기독교인들로 하여금 종말론적인 태도를 가지고 고난을 겪고 있는 유사한 경우의 교회들에게 신앙적인 투쟁을 할 수 있는 근거를 제공해 주었다.

4) 요한계시록의 신학

계시록에 대한 이해는 유대교의 묵시문헌들과 비교되기도 하지만 그것과 분명한 차이가 있다. 위에서도 언급했지만 학자들은 요한계시록과 유대교 묵시문헌과의 차이를 기독론이라고 주장한다.[8] 유대교 묵시문헌 안에서 묵시의 근원과 역사의 주관자는 하나님이다. 유대교 묵시문헌들은 신론을 중심으로 역사의 종말을 다룬다. 그러나 요한계시록은 하나님과 성령의 활동을 강조하면서도 그 중심에 어린양 그리스도에 의한 묵시와 역사의 종결을 강조한다. 이런 관점을 통해서 요한계시록은 안에는 신론과 기독론의 매우 신중한 진술들이 나타난다. 요한계시록의 이런 신학적인 이해는 초대기독교의 역사관을 이해하는데도 중요한 역할을 한다. 그것은 이 기록물이 다른 신약성서의 문헌들처럼 목적론적이고(teleological) 종말론적인(eschatological) 역사관을 가지기 때문이다.[9] 이 태도는 당시의 교회로 하여금 정치와 기타 모든 문화현상에 대해서 비판적인 안목을 제공해 주었다. 이 사상은 기독교인들에게 기독교 신앙의 본질과 자신들의 실존을 자각하도록 자극하는 것이었다. 즉 요한계시록의 기독교는 예수 그리스도가 주도

8) J. 부셋(Jean-B. Boussuet)은 이것을 "부활하신 분의 복음"(Evangelium des Auferstandenen)이라고 불렀다. 그의 이 견해는 *Oeuvres choisies*, Bd.24(vorwort zur Apokalypse), Paris 1823에서 주장된 것으로 A. Strobel, "Apokalypse des Johannes", *TRE* 3(1978)에서 재인용했다.

9) F. Hahn, *Theologie des Neuen Testaments* I, Tübingen: Mohr Siebeck, 2002, 470.

하는 종말의 역사를 통해서 하나님과 그리스도의 주권이 실현되는 새로운 세계를 기대하였다.

5) 요한계시록 저자의 실명

특히 요한계시록의 특징은 유대교의 묵시문헌들이 가명과 위명을 통해서 기록된 것과 달리 자신의 이름을 '요한'으로 언급한다. 그는 자신에게 부여된 사도적인 권위를 강조한다. 그는 그 사도성의 근거를 예수 그리스도에 의한 증명을 통해서 강조하고자 한다(1:9). 요한계시록 저자는 그의 글을 통해서 역사의 마지막에 서서 현재의 교회를 비판적으로 바라보고자 한다. 그는 역사의 마지막에 아주 "가까이 있다"는 사실을 강조하며 자신이 그 일을 담당하는 자임을 말한다(1:1). 이렇게 그는 묵시의 형식을 통해서 신앙의 현재성을 강조한다. 즉 현재의 신앙은 종말에 직면하여 심판을 경험하게 된다는 것이다. 저자는 이 사실들을 강조하기 위하여 자신에게 익숙한 여러 가지 전승과 자료들을 자유롭게 사용하고 있다. 그는 자신이 제시하는 묵시가 유대교의 묵시문헌들처럼 도장을 찍어서 감추는 것이 아니라 지금 그 내용이 알려져야 한다는 사실을 강조한다(22:10). 이것은 저자가 그의 예언활동을 통해서 수신자이기도하며 청중이기도 한 공동체들로 하여금 그들이 당면한 신앙의 위기를 극복하도록 격려하고 위로를 전달하고자 한다.

2. 요한계시록의 이해를 위한 전제

1) 요한계시록의 묵시 본문(4:1-22:5)

요한계시록의 구조를 이해하는 것은 대단히 복잡하고 어려운 문제다. 그러나 중요한 것은 요한계시록의 전체적인 내용이 서로 유기적인 관계를 형성하고 있다는 것이다. 요한계시록의 기본적인 구조는 이미 위에서 언급한 것처럼 역사의 마지막 전개과정을 보여주는 묵시적인 현상을 중심으로 구성되어 있다. 일반적으로 요한계시록 안에 등장하는 묵시의 내용은 4:1-

22:5이다. 그렇게 본다면 1장은 요한계시록의 서두와 글의 도입부분으로 되어 있고, 2-3장은 소아시아 일곱 교회로 보내는 회람서신 형식으로 되어 있다. 그리고 책의 결말에 해당하는 22:6-21은 서두에서 강조된 요한계시록의 권위를 다시 강조하고 기록된 내용을 보전하면서 마지막 때를 위한 대망을 언급한다. 글의 형식상 이런 구조는 외형적으로 요한계시록 문헌의 내적인 통일성을 이루는 틀이 된다.

2) 요한계시록의 숫자와 상징[10]

요한계시록의 구조를 형성하는 구조에서 각각의 이야기들은 '일곱' 숫자로 연결된다. 1) 일곱 교회로 보내는 편지(2:1-3:22), 2) 일곱 개의 봉인 환상(6:1-8:1), 3) 일곱 나팔 환상(8:2-11:19), 4) 일곱 대접 환상(15:1-16:21). 그리고 이 일곱의 숫자의 내적인 구조 안에는 4+3이라는 구조를 이루어 요한계시록의 묵시적인 환상이 저자의 의도를 반영하고 있음을 알게 해 준다.[11] 이것들은 요한계시록의 구조를 형성하는 기본 틀로서 서로 내적인 연결을 형성한다. 저자는 이런 틀을 중심으로 이야기를 전개하면서 위의 2)번과 3)번의 각각의 환상에서 여섯 번째와 일곱 번째 사이에 특별한 이야기를 끼워 넣는다. 요한계시록의 환상들은 이런 기본적인 틀을 가지고 이야기들이 서로 내적인 연결을 이루면서 상승작용을 일으킨다. 그러므로 요한계시록의 이런 내적인 구조는 관심을 자극하는 동시에 저자의 기록 의도를 파악하는 중요한 이해가 된다. 저자는 이것을 통해서 역사의 종말을 하나님의 역사에 대한 계획으로 파악하고 그 역사의 주관자가 하나님과 그리스도임을 말하고자 한다. 저자는 이것을 효과적으로 강조하기 위하여 당시에 통용되던 종교들의 수많은 상징들과 언어와 숫자들을 적절하고 자유롭게 사용하고 있다. 요한계시록을 효과적으로 이해하기 위해서는 이러한 수의 배열과 상징의 배경을 잘 파악하도록 노력해야 한다. 더 나아가

10) 리차드 보캄, 『예언의 절정 I』, 한들출판사, 2002, 40. 49-58.

11) 리차드 보캄, 『예언의 절정 I』, 40.

서 저자는 구약과 유대교의 전승에 대해서도 폭넓은 이해와 깊은 통찰력을 가지고 있다. 이렇게 요한계시록의 다양한 배경을 파악하는 것은 그 내용의 올바른 이해를 위해서 매우 중요하다.

3) 요한계시록 내용의 관점

요한계시록의 전개는 '속히(ἐν τάχει)' 이루어질 사건을 소개하는 것으로 글의 시작과 마지막이 서로 일치한다(1:1; 22:6). 이 책은 이야기를 도입하는 장엄한 형식을 가지며 화려하고 다양한 장면들의 변화, 역사를 이끄는 자에 대한 송영을 부르는 예배장면들을 가지고 드라마틱하게 전개된다. 이야기의 흐름은 하나님과 그의 대적자인 사탄과의 투쟁이다. 그 투쟁에서 싸움을 승리로 이끌어가는 주체는 그리스도이며, 그는 궁극적으로 역사의 승리자이며 완성자다. 이 과정에서 그리스도는 마지막 때의 싸움에서 교회가 승리할 수 있도록 돕는 자로서 교회와 함께 역사를 완성한다. 특히 그리스도는 이 싸움을 진행해 나갈 때 그의 입에서 나오는 말씀으로 대적자를 제압한다(19:13-15). 그러므로 교회도 그의 말씀을 믿고 지키고 보전해야 한다(22:18-19). 요한계시록은 교회가 신앙을 지켜야한다는 경고와 배교와 신앙의 위협으로 고통당하는 사람들을 위로한다. 이것은 기독교인들이 자신들의 신앙의 실존을 귀하게 여기고 지키며 그리스도의 승리에 동참하는 승리자가 되라고 촉구하려는 것이다(2:7, 11, 17, 26; 3:5, 12, 21).

4) 요한계시록의 묵시의 형식

요한계시록의 저자는 묵시에 대한 임무를 그리스도로부터 받았다고 말한다. 그는 그가 경험했던 묵시의 형식을 통해서 자신이 그리스도의 계시에 대해서 사도적인 권위를 가지고 있다고 말한다. 그가 직무를 받는 과정은 그가 경험했던 영의 체험과 관련이 있으며 초월의 상태에서 일어났던 하나님의 역사였다(1:10). 이런 현상과 더불어 그리스도의 계시는 다양하게 전달되었다. 그렇게 계시를 전달하는 과정은 다음과 같이 열거된다.

첫째, 천사를 통한 그리스도의 계시가 전달된다. 이 경우에 천사는 앞으로 전개될 하늘의 사건들을 예고하며 그 사건들의 의미들을 설명해주는 역할을 한다(10:10-11; 17:1, 7; 21:9-10; 22:1). 이렇게 일어날 사건을 예시해 주면서 의미를 해석해 주는 천사를 '해석의 천사'(angel of interpretation)라고 부른다.

둘째, 저자가 자신이 체험한 계시를 전달하는 방식은 먼저 "내가 보았다(εἶδον)"라고 말하는 환상을 보는(vision) 형식이 있다(4:1; 5:1-2, 6:1-2, 8).

셋째, 그 다음으로 많이 언급하는 계시전달 형식은 "내가 들었다(ἤκουσα)"라고 말하는 들음(audition)이다(5:11, 6:6, 8:13).

넷째, 경우에 따라서는 "그(천사)가 보여주었다"라는 표현(21:10, 22:1) 혹은 "큰 이적(표적)이 보였습니다(나타났습니다)(σημεῖον μέγα ὤφθη)"(12:1)라는 형식이 사용되기도 한다.

이런 일련의 용법들은 요한계시록이 진술하려는 환상과 계시를 도입하거나 이야기를 전개하는 저자의 중요한 진술유형에 해당한다. 그러므로 요한계시록을 읽으면서 이런 표현에 주목하는 것은 대단히 중요하다.

저자는 자신이 왜 요한계시록을 기록하게 되었는지 분명하게 밝힌다(1:11, 19). 저자는 유대교의 묵시문헌들과 다르게 자신이 체험한 말씀을 도장을 찍어 은폐시키기 보다는 오히려 그것을 공개하며 자신이 기록자라는 사실을 분명히 한다.[12] 이것을 통해서 저자는 구약의 외경에 나오는 묵시적인 관점들과 다르게 요한계시록이 당면한 관점을 미래로 보지 않고 임박해 있거나 현재화 된 것으로 보고자 한다. 그러므로 앞에서 말한 내용들은 요한계시록을 해석하기 위한 기본적인 전제가 된다. 저자는 이 형식들을 이용하여 자신의 의도를 충분히 전달하고자 했다. 따라서 우리는 요한계시록을 해석하기 위한 과제로 환상의 구조와 내용의 관계를 면밀히 검토해야 한다.

12) 단 12:9에서는 보여준 묵시들을 봉인하여(도장을 찍어서) 감추어두라는 지시가 나온다.

3. 요한계시록의 구조와 내용

요한계시록의 전체 구조는 크게 세 부분으로 나누어진다. 먼저 1-3장은 책의 서론에 해당하며 묵시문헌의 성격과 다른 서신의 형태를 포함한다. 이 가운데서도 1장은 책의 머리말 성격을 포함하며, 요한계시록의 프롤로그와 같은 성격을 보여준다. 이어지는 2-3장은 이 책의 수신자들이나 독자에 해당하는 소아시아 일곱 교회로 보내는 회람서신으로 요한계시록 공동체의 신앙적이고 신학적인 위기상황을 보여준다. 4:1에서부터 22:5은 이 책의 문학적인 특징에 해당하는 묵시문학으로 구성되어 요한계시록(묵시록)이라는 제목과 일치하는 내용으로 구성되어 있다. 마지막으로 22:6-21은 요한계시록 전체가 말한 내용을 요약하고, 그 결말이 책의 서론과 일치하며, 지금까지 기록된 내용의 보전에 대한 강조, 예수 그리스도의 재림에 대한 외침을 담고 있다.

1) 요한계시록 서론(1:1-3:22)

요한계시록의 1:1-3은 글의 형식상 책의 발단부분이다. 이어지는 1:4-6은 편지의 머리말 형식으로 되어 있다. 여기에는 편지형식에서 발견되는 발신자와 수신자에 대한 언급과 인사가 나온다. 그 다음에 1:7-8, 12-16절에서 언급하는 진술은 다니엘 7:13의 "인자 같은 이(ὅμοιον υἱὸν ἀνθρώπου)"에 대한 종말론적인 언급을 염두에 두고 있다. 이 진술은 앞으로 전개되는 요한계시록의 묵시문학적인 성격을 결정하는 중요한 암시가 된다(14:14를 참조하라).[13] 1:9-11은 환상과 묵시를 경험한 저자 자신에 대한 예언자적인 소명을 말한다. 마지막으로 17-20절은 12절 이하에 나온 "인자 같은 이"의 자기선언과 이 글의 수신자들이 되는 일곱 교회들을 언급한다. 여기서 말하는 것은 이 교회들이 높임을 받은 그리스도의 지배를 받고

13) 임진수, "요한계시록의 인자와 같은 이(ὅμοιος υἱός ἀνθρώπου)", 『神學과 世界』 통권 제77호, 서울: 감리교신학대학교, 2013, 65-93, 을 참조하라.

있다는 것이며, 그것은 이 교회들을 돌보고 있는 일곱 천사를 통해서 이루어지고 있음을 말한다.

이렇게 전반적인 진술이 끝나고 난 후 요한계시록의 수신자로 알려진 각각의 일곱 교회로 보내는 편지들이 이어진다(2-3장). 이 각각의 편지들은 일곱 교회들이 서로 돌려가며 읽을 수 있는 회람서신 형태로 되어있다(2:7,11,17,29; 3:6,13,22). 이 편지의 내용은 편지를 받아보는 교회의 신앙적인 태도에 대한 비판과 권면과 위로로 되어 있다. 일곱 개의 편지들이 마무리되는 형식들은 "귀 있는 자는 들을찌어다"라는 요청으로 공관복음서의 예수의 말과 연결된다(막 4:9, 23; 마 11:15; 13:9, 43; 눅 8:8). 이 요청은 전달되는 내용에 집중하고 현재 당면하고 있는 위기를 극복하라고 주문한다.

2) 요한의 묵시 (4:1-22:5)

요한계시록을 묵시문학(ἀποκάλυψις)으로 정의할 경우 4:1에서부터 22:5은 이 형식에 가장 잘 어울리는 부분이다. 이 부분은 기록자의 세심한 계획과 의도에 따라 배치되어 지금의 형태를 가지게 되었다. 현재의 요한계시록 본문 자체가 그 의도성을 가지고 있는 바, 해석의 일차적인 과제는 그 연관성을 설명해야 한다. 묵시가 시작되는 4장에 하나님의 왕좌와 5장에 나오는 어린양의 등장은 이 묵시의 서론에 해당하며, 이어지는 세 개의 핵심 환상(일곱 봉인, 일곱 나팔, 일곱 대접)은 요한계시록 묵시의 기본적인 골격을 구성한다. 21:1에서부터 22:5은 하나님과 어린양의 통치로 이루어지는 새로운 세계에 대한 전망으로 묵시의 형식이 끝난다.

하나님의 왕좌와 어린양의 등장과 함께 우주의 파국의 시작은 6:1에서부터 8:1까지 이어지는 내용으로 어린양이 받은 두루마리의 일곱 개의 봉인을 여는 것으로 시작된다. 봉인 환상과 나팔 환상은 여섯 번째와 일곱 번째 환상 사이에 긴 이야기가 들어가 있다는 특징을 보여준다. 봉인 환상의 여섯 번째와 일곱 번째 환상 사이에 들어 있는 이야기의 내용은 하나님께서 믿음을 지킨자들을 돌보시며 동시에 심판의 고통을 알리는 것이다(7:1-8, 9-17).

이와 함께 출애굽 전승에서 나타난 이집트 위에 내린 재앙을 떠올리게 하는 일곱 개의 나팔 환상(8:2-11:19)과 일곱 개의 대접 환상(15:1-16:21)이 이어진다. 이 두 환상들은 모세를 중심으로 이집트 위에 내린 심판과 재앙의 모델을 반영하지만 경우에 따라서 강하게 변경되어 있다. 이 중에서 일곱 나팔 재앙의 이야기는 구조적으로 앞에서 언급한 일곱 봉인을 여는 환상과 유사하다. 그것은 여섯 번째와 일곱 번째 사이에 다른 환상이 길게 소개되기 때문이다. 그 내용은 10:1에서부터 11절에 나오는 저자가 예언자의 소명을 받아 두루마리를 먹는 환상이 소개되며, 11:1부터 14절은 성전을 측량하는 이야기, 적그리스도의 등장과 통치(12:1-13:18), 추수로 상징되는 마지막 심판을 주관하는 오실 인자에 관해서 말한다(14:1-20). 특히 12장에서는 적그리스도인 용(사탄, 뱀, 미혹하는 자)의 출현과 그의 세계통치 장소인 바빌론에 대한 심판과 멸망이 18장까지 계속된다. 이렇게 큰 이야기 중에도 14:1-5은 적그리스도로부터 신앙을 지킨 시온 산(τὸ ὄρος Σιὼν)에 서 있는 공동체를 소개하며, 이것이 다시 19장과 연결된다. 이것들 모두는 요한 요한계시록이 저자의 신학적인 의도에 따라서 여러 가지 주제와 전승들이 결합되고 있음을 보여준다. 이것을 통해서 드러난 요한계시록의 전체 구조에서 저자가 말하려는 것은 그리스도의 완전한 승리와 영원한 통치이다. 우리는 이러한 구조를 파악하면서 각 이야기들이 현재의 자리에서 차지하는 의미와 저자의 신학적인 의도를 파악해야 한다. 19:11-22:5은 지금까지 진행되어온 하나님의 심판과 우주적인 파국을 마무리한다. 특히 이 단락을 통하여 강조되는 내용들은 요한계시록 저자의 신학적인 결론과도 연결된다. 그 내용들은 승리자 그리스도, 하나님의 말씀의 실현, 메시아를 중심으로 실현되는 축제와 평화, 두 번째 사망, 새 예루살렘, 새로운 낙원이다. 이 모든 것들이 유대교의 묵시사상과 다른 점은 하나님과 어린양이 이 모든 이야기들의 중심이라는 것이다(22:3).

3) 책의 결말(22:6-21)

책의 결말은 요한계시록의 서론이 결말과 구조적으로 통일성을 이루고 있다는 것을 보여준다. 이 결말에는 기록자 요한과 그에게 계시의 내용을 전해준 천사와의 대화가 나타난다. 이것은 선포되고 기록된 요한계시록 전체 이야기가 진정성이 있음을 의미한다. 무엇보다 중요한 것은 그리스도가 등장하여 요한계시록 전체의 내용을 보장하는 것이다. 그는 지금까지 선포된 것을 완성하기 위하여 '속히' 갈 것을 말한다(22:6-7). 이어지는 8-9절에 나오는 기록자 요한과 천사의 대화는 계시를 기록하고 전하는 사람들이 천사와 같은 존재라는 암시를 하고 있다. 22:6-16은 지금까지 전달된 계시의 내용들을 도장을 찍어서 은폐시키지 말라는 것이다. 이것은 유대교의 다른 묵시문헌이 미래의 특정한 시간을 위해서 기록되고 은폐시켰다가 공개되는 것과 다르다는 사실을 보여준다. 이로써 저자는 요한계시록이 먼 미래를 위한 책이 아니라 그것을 읽어야 하는 공동체들의 현재를 위해서 존재하는 책이라는 사실을 말하고자 한다. 마지막으로 강조하는 것은 이 책의 권위가 계시를 보여준 존재에 의해서 결정되었다는 것이다. 즉 이 책은 예수 그리스도의 계시에 근거하고 있다는 것이다(1:1; 22:16). 그가 전달한 내용에 대해서 무엇을 더하거나 빼지 말라고 하는 경고도 이 책의 권위를 말하는 전통적인 표현이다(22:18-19). 20절은 다시 한 번 계시를 전해준 그리스도의 급박한 도래를 강조하고 있으며 동시에 예언자는 그것에 응답을 하고 있다. 은혜를 기원하는 21절의 마지막 인사는 요한계시록의 종결을 알리는 편지 형태의 결말이다.

4. 요한계시록의 연구에 논란에 되는 주제들

1) 문법과 문제

요한계시록은 그것을 기록하고 있는 언어와 문체와 글쓰기에 있어서 독특하다. 요한계시록은 지금의 비평본으로 만들어진 Nestle-Aland 그리스어 신약성경(Novum Testamentum Graece) 28판을 가지고 읽어보면 문법적인 오류로 여겨지는 문장이 많이 나타난다. 또한 말하고자 하는 내용이 헬라어로 표현되었지만 히브리식 사고를 반영하고 있다. 학자들은 이것을 설명하려고 많은 노력을 기울였다. 일반적인 이해는 기록자가 헬라어를 사용하고 있지만 그의 사고방식은 히브리적인 사고에 더 익숙하다는 것이다. 이것 때문에 요한계시록의 헬라어 문법이나 문체는 종종 일반적인 헬라어 문법에서 벗어난다. 그러므로 요한계시록의 언어와 문체에 대한 연구는 계속해서 진행되고 있는 중이다. 이렇게 문법의 오류라고 인식되는 것들도 저자의 히브리적인 사고와 관습으로 인해서 발생하는 문제로서 그 신학적인 의도를 고려하는 해석상의 주의가 요구된다.

2) 문헌비평

요한계시록 연구의 다른 방향은 거기에 사용된 자료를 파악하는 것이다. 요한계시록은 일곱 교회로 보내는 편지 형식과 일곱으로 구성된 세 개의 환상이라는 기본적인 구조에서 출발한다. 이 기본적인 구조와 그 안에 들어 있는 이야기들은 문학적인 관점에서 보면 원래의 본문과 나중에 첨가된 본문을 고려하게 하는 문제를 야기한다. 문헌비평적인 관점에서 앞에서 언급한 일곱 개의 편지와 일곱을 단위로 구성된 세 개의 환상, 그리고 그것을 확대하고 있는 이야기들 사이에 먼저 기록된 것과 나중에 기록된 것의 구분이 가능한지 논란이 된다. 요한계시록의 원래의 형태와 그것을 발전시킨 편집의 단계를 구분하는 노력은 매우 중요하다. 이 연구는 요한계시록의 성장과 발전과정을 이해하는데 많은 기여를 할 수 있을 것이다. 그럼에도 불구하고 요한계시록의 해석은 지금의 완결된 형태를 따라서 진행된다.[14]

3) 전승사

요한계시록은 많은 다양한 전승을 가지고 있다는 것이 흥미롭다. 이 책의 저자는 자신의 기록을 통해서 청중들과 긴밀한 소통을 하고 있으며, 그들을 설득하기 위하여 청중들에게 익숙한 전통을 사용하고 있다. 그 전통

14) A. Satake, *Offebbarung*, 73.

에서 가장 중요한 것은 저자가 구약성서의 전통을 잘 이해하고 폭 넓게 활용하고 있다는 것이다[15]. 이 전승의 과정은 단지 구약성서에만 국한 되는 것이 아니라 신구약 중간기의 묵시문헌까지 확대된다. 저자는 이렇게 구약에서 시작되고 묵시문헌으로 이어지는 전통을 능숙하면서도 자유롭게 받아들이고 동시에 그것들을 자신의 신학적인 방향에 맞게 자유롭게 해석하고 변형한다.

4) 종교사

이 주제는 큰 틀에서 위에서 언급한 구약의 전승과도 연결되지만, 저자가 당시 요한계시록의 환경을 구성하던 다양한 종교적인 전통에 대해서도 높은 안목을 가지고 있었다는 것이다. 이미 궁켈(H. Gunkel)과 부셋트(W. Bousset)에 의해서 촉발된 종교사학파 전통은 기독교의 기원을 다른 종교와 관련해서 이해하려고 시도하였다. 다른 종교란 당시의 환경에서 익숙하게 알려졌던 민간의 대중신앙을 말한다. 그것들은 점성술과 마술, 신화의 세계로 확대되며 유대교의 묵시문학도 이런 현상들을 받아들이고 있었다. 저자는 이 종교적인 요소들을 사용하여 자신의 말하고자 하는 바를 적절하게 표현하고 새롭게 해석한다. 그러므로 이 책을 이해하기 위해서 당시에 존재하던 다양한 종교와 신화의 유비를 고려해야 한다.[16] 특히 12장에 언급되는 용의 등장과 하늘의 전쟁은 고대의 신화를 배경으로 하지만, 저자는 이것을 그리스도의 승리라는 입장에서 새롭게 제시하고 있다.

---

15) 신동욱, 『요한계시록 주석』, 도서출판 kmc, 2010, 의 원래 제목은 "교회의 2천 년 해석사와 구약을 기초로 해설한 요한계시록 주석"이다.

16) 종교사에 대한 이해를 잘 반영하고 있는 요한계시록 주석은 W. Bousset, *Die Offenbarung Johannis*, 1906, 작품이다. 이 책은 독일 Vandenhoeck & Ruprecht 출판사의 비평주석(Kritisch-Exegetischer Kommentar) 시리즈의 요한계시록을 W. Bousset에 의해서 1896년에 처음 출판한 것을 새롭게 개정 증보한 것이다. 종교사학파적인 전통을 잘 따르는 다른 주석은 H. Kraft, 『요한묵시록』, 한국신학연구소, 1992가 있다.

5) 예배에 대한 관심[17]

요한계시록은 초대기독교의 예배와 관련된 풍부한 이해를 제공한다. 그것은 이 책이 초대기독교의 예배와 관련된 다양한 유형들을 보존하고 있기 때문이다. 예배와 관련된 특징들 중에서 송영(doxology), 환호성, 감사, 찬양의 기도, 축복과 승리의 말, 노래들은 모두 예배에서 사용되는 표현방식들이다. 그 안에 나타나는 그리스도와 하나님에 대한 묘사와 천사들에 대한 묘사들도 모두 참된 예배를 지향하는 저자의 신학을 보여준다. 저자는 유대기독교적인 예배의 유산을 보여주는데 그것은 '아멘', 혹은 '할렐루야'와 같은 표현을 통해서 나타난다. 이 책은 요한계시록 공동체의 환경과 당시의 예배적인 특성과 환경을 이해하도록 자극한다. 더 나아가서 저자가 선택하고 있는 다양한 어휘들도 요한계시록의 삶의 자리가 예배였다는 것을 알게 해 준다.

6) 시대사 연구

마지막으로 요한계시록 연구의 가장 큰 논란 중에 하나가 당시의 시대사 연구다. 이 연구는 이 책의 기록연대를 결정하는 것과 관련되어 많은 주장들을 제시한다. 기록연대를 결정하는 것은 요한계시록의 성격과 의도를 밝히기 위해서 매우 중요한 문제다. 이 연구는 다양한 방향으로 전개되는데 1) 정치적으로 로마 황제들이 황제숭배를 강조했던 시기는 언제인가? 2) 요한계시록 공동체를 위협했던 황제가 누구인가? 하는 것이다. 이 연구를 통해서 요한계시록 연구에서 가장 많은 논란과 오해를 불러일으키는 세대주의(Dispensationalism) 해석이 극복되어야 한다.[18] 세대주의적인 해석은 요한

---

17) 임진수, "요한계시록의 구조와 초대기독교 예배연구", 『神學과 世界』 통권 제68, 감리교신학대학교, 2010, 28-61을 참조하라.

18) '세대주의'는 요한계시록을 이용하여 인류역사의 종말의 시간을 계산할 수 있다는 주장이다. 예를 들어, 계 2-3장에 나오는 소아시아 일곱 교회를 시간으로 계산한다든가, 666을 계산하여 하나님을 대적하는 지상의 왕의 출현 시기, 혹은 천 년에 대한 이해를 토대로 전천 년, 후천 년, 무천 년 같은 이해도 세대주의적인 해석에 해당한다. 그러나 요한계시록은 그런 관심을 가지고 있는 책이 아니다. 이런 이해들은 요한계시록을 말세론의 관점에서 읽는 것으로 요한계

계시록을 통하여 인류역사의 발전단계를 연대기적으로 해석하여 역사를 만들고자 하는 시도를 말한다. 더 나아가서 이 세대주의 해석은 인류역사를 향한 하나님의 역사계획을 알아낼 수 있다고 주장한다. 이런 해석은 모두 아직 일어나지 않은 미래를 말하려는 시도일 뿐, 한 번도 그 역사를 서술하려고 했던 시도가 성공한 적이 없다. 그것은 단지 일어난 사건을 토대로 요한계시록을 아전인수격으로 해석하는 알레고리적인 해석에 지나지 않는다.

따라서 요한계시록을 연구하는 올바른 방향은 이것이 기록되던 당시의 상황을 들여다보는 것이다. 누구든지 요한계시록을 정확하고 바르게 이해하려면 기독교의 탄생과 관련된 로마 황제들의 연대기를 이해하고 그들이 기독교에 대해서 취하였던 태도와 사건에 대해서 관심을 가져야 한다. 저자는 이 책을 저술함으로 당시 세계를 통치하던 정치권력이 기독교를 대하는 태도에 대해서 응답하며 동시에 고난을 당하는 교회들의 신앙을 강화하려고 노력했다. 그러므로 지금까지 제시된 연구들은 요한계시록에 대한 오해를 불식시키고 이 책이 말하고자 하는 신앙의 본질이 무엇인지 파악하도록 도와주는 역할을 한다.[19]

5. 요한계시록 해석에서 고려되는 문제들

요한계시록의 해석의 과제는 먼저 책의 기본적인 구조를 이해하고 이 책이 기록된 역사적인 배경을 설명하면서 저자가 말하고자 하는 것을 밝히는 것이다. 요한계시록의 묵시적인 내용들은 그것이 가지고 있는 여러 가지 상징과 신화 때문에 해석에 있어서 많은 왜곡을 경험했다. 따라서 요한계시록의 올바른 해석을 위해서는 이 책의 구조와 사유방식, 종교사적인 배경 등 다양한 현상들을 검토하면서 종합적인 판단을 내려야 한다.

시록이 보여주는 종말론을 오해하는 것이다. 김철손, 『요한계시록』, 대한기독교서회, 1993, 34; 오토 뵉허, 『요한묵시록』(박두환 옮김), 한국신학연구소, 2003, 21-36을 참조하라.

19) H. Conzelmann/A. Lindemann, *Arbeitsbuch zum Neuen Testament*, Tübingen: Mohr Siebeck, 2004, 395-397.

1) 이것을 위해서 고려해야 하는 첫 번째 과제는 요한계시록의 신론과 기독론에 대한 문제다. 이 책은 모든 시간과 공간의 중심에 하나님과 그리스도가 있다는 사실을 강조한다. 이것은 다시 기독론을 중심으로 모든 것이 시작되고 종결된다는 사실을 강조한다. 저자는 이스라엘 종교의 야훼와 기독교의 근거가 되는 그리스도의 관계를 매우 세밀하게 다루고 있다. 저자는 이 둘의 관계에 대한 세심한 서술을 통하여 신론과 기독론의 관계가 어느 한쪽으로 치우치거나 논란이 되지 않도록 균형 있는 관점을 제시한다. 이것은 하나님도 알파와 오메가이며 동시에 우주적인 예수 그리스도 역시 알파와 오메가라는 사실을 통해서 확증된다. 이 진술들은 하나님과 그리스도가 역사의 시작과 끝을 포함하는 전 역사의 주인이라는 사실을 말하는 것이다. 좀 더 구체적으로 말하면 요한계시록은 예수 그리스도의 계시라는 기독론의 핵심을 가진다.[20] 이 이해를 바탕으로 이 책은 하나님의 백성들도 이렇게 모든 역사를 주관하는 하나님의 역사에 동참한다는 것을 말하고 있다. 특히 이 공동체는 하나님과 그리스도가 주도해 가는 역사의 마지막에서 최종적인 구원을 얻으며 그의 통치에 참여하는 제사장의 신분을 얻게되는 영광의 상태를 제시한다. 요한공동체는 자신들의 하나님이 역사의 마지막에 서 있음을 강조한다.

2) 요한계시록을 해석하는데 고려해야 하는 다른 주제는 묵시적인 이해를 어떻게 할 것인가 하는 것이다. 예를 들어 반시간(계 8:1), 한 때, 두 때, 세 때 반(계 12:14), 혹은 1,260일(계 12:6; 11:3)과 42개월(계 11:2; 13:5) 같은 시간에 대한 진술은 난점을 제공한다. 이것은 다니엘서와 연관을 가지는 숫자로 환산할 경우 같은 시간들을 다르게 표현하는 방식이다. 여기에는 7이라는 완전수와 그의 절반으로 표시되는 숫자 상징들을 적용한 것이고, 의미는 7로 대변되는 완전수의 시간을 반으로 줄인다는 것이다. 이렇게 요한계시록은 숫자의 상징성을 다양하게 활용하여 때로는 공동체를 경고하기도 하고 위로하기도 하는 신학적인 의도를 보여준다(3, 4, 7, 12와 그에

---

20) A. Satake, *Offenbarung*, 73-92를 참조하라.

서 유래한 숫자들 666, 1,000, 144,000). 이렇게 숫자에 대한 이해는 요한계시록을 해석하기 위해서 고려해야하는 것이고, 대부분의 내용들은 그에 대한 적절한 배경을 가지기 때문에 그 의미를 파악해야 한다.

3) 요한계시록 해석을 위해서 고려해야 하는 또 다른 주제는 그 안에 나타나고 있는 전통적인 상징들이다. 요한계시록에 등장하는 상징적인 표현들 가운데 뿔들은 권력, 눈은 지식, 머리띠는 통치, 짐승은 비인간적인 폭력을 의미한다. 저자는 이런 표현과 함께 어떤 사물을 의인화하기도 하고 때로는 알레고리적으로 표현하기도 한다. 그 예는 요한계시록 안에서 여인이 하나님의 교회로 해석되거나 용이 사탄, 음녀가 하나님을 적대시하는 세계의 도시로 나타나는 것이다. 때로는 구약성경에 나오는 여러 가지 유형들(types)이 요한계시록 안에서 마지막 때에 일어나는 현상들을 설명하기 위해 사용된다(시온, 바벨, 아마겟돈).

요한계시록 해석과 이해는 이런 현상들을 적절히 설명하고 그것을 통해서 저자가 무엇을 말하고 있는지 파악하는 것이다. 이런 현상들 모두는 저자가 말하고자 하는 역사의 마지막에 일어나는 하나님의 행위와 역사의 주인이 되시는 그리스도의 승리를 설명한다. 요한계시록의 상징들은 저자가 유대교에서 유대기독교로 이어지는 전통에 서 있다는 것을 알려준다. 그가 강조하는 하나님의 왕좌, 나팔 심판, 진노의 대접, 하나님의 성전, 적그리스도와 거짓예언자, 하나님의 추수, 새 예루살렘, 생명의 물, 하나님의 장막, 파라다이스 같은 어휘들은 유대기독교의 맥락에서 이해되던 것들이다. 그리고 요한계시록의 신이해와 관련된 "전능자 주 하나님"은 신약성경 안에서 요한계시록에만 나오는 표현이다.[21] 이 모든 표현들이 결국은 요한계시록의 중심이 되는 하나님의 어린양을 중심으로 이루어지는 하나님의 역사의 완성이다. 어린양의 상징 안에는 그리스도의 고난과 죽음이라는 그가 이룬 구원의 성취가 들어 있으며, 동시에 그는 죽음을 이긴 승리자로서 현재를 다스리는 통치자라는 관점이 들어 있다. 요한계시록의 어린양의 언

21) 리차드 보캄, 『요한계시록 신학』(이필찬 옮김), 한들출판사, 2000, 55.

급에는 예수 그리스도에게 나타난 수난과 부활과 영광이 하나로 통합되어 있다.

요한계시록은 이렇게 어린양 기독론을 중심으로 교회와 역사의 현재와 미래를 조망하고 있다. 요한계시록 연구는 이 책을 비서(秘書)나 혹은 세대주의자들이 주장하는 미래를 위한 시간표가 아니라는 것을 보여주어야 한다. 이런 시도를 통하여 우리는 요한계시록이 기록된 정황을 정확하게 알고 그것을 통해서 우리는 신앙의 선한 싸움을 하였던 당시의 신앙인들의 소리를 들어야 한다. 더 나아가서 그들이 이 책을 통해서 지켜내고자 했던 신앙의 유산들을 통해서 오늘의 교회의 현주소를 점검해야 한다. 이렇게 요한계시록에 대한 올바른 이해는 결국 교회의 현재의 문제를 극복하며 미래를 위한 희망을 찾는 것이다. 나아가 역사의 종말 앞에서도 신앙의 용기로 설 수 있도록 지금의 신앙을 점검하는 과정이다.

6. 저자와 기록연대

요한계시록 안에는 저자는 자신을 요한이라고 네 번 언급하지만 그가 누구인가 하는 것은 여전히 논란이 된다(1:2, 4, 9; 22:8). 교회의 전통에서 사람들은 이 요한을 세배대의 아들 요한[22]이나 장로 요한[23]으로 요한문헌의 저자라고 인정해 왔다.[24] 그러나 지금의 신약학 연구는 교회의 이런 전승에 대해서 회의적이다. 이 문제는 요한복음을 포함하여 요한서신 세 개와 요한계시록 이라는 요한문헌군의 전체 저자가 요한이라는 주장과도 연결된다. 우리가 신약성경 안에서 요한문헌군의 저자로 생각할 수 있는 요한이라는 이름은 세베대의 아들 요한, 장로 요한, 마가 요한, 세례 요한이

22) D. E. Aune, "Johannes-Apokalypse/Johannesoffenbarung", *RGG* (4판), 540 이하를 보라.

23) 이것은 파피아스의 진술인데 유세비우스의 교회사에 나온다(Eusebius, *Hist. Eccl.* 3.29.2-4). 앞의 각주에서 제시한 D. E. Aune, "Johannes-Apokalypse/Johannesoffenbarung", 540 이하를 참조하라.

24) 이와 관련된 논의는 A. Satake, *Offenbarung*, 38-44를 참조하라.

다. 그 중에서 교회의 전통에서는 세베대의 아들 요한을 저자로 지목했지만, 위에서 언급한 요한문헌군 안에 들어있는 사상들과 상황은 모두가 1세기 말이나 그 다음의 교회의 상황에 더 가깝다. 그러므로 요한계시록의 저자도 자신의 이름을 '요한'이라고 부르지만 위에서 언급한 신약성경에 나오는 '요한'과는 연관성이 없다. 따라서 요한계시록의 '요한'은 위에서 말한 요한의 전통에 서 있었던 인물로 보는 것이 가장 적절하게 여겨진다. 좀 더 구체적으로 말하면 그는 요한계시록을 읽고 있는 독자와 그의 이야기를 듣는 청중들에게 잘 알려진 권위 있는 인물이었다고 말할 수 있다.

저자가 누구인가 하는 문제는 요한계시록의 기록연대를 결정하는데 많은 도움이 된다. 위에서 보여준 것처럼 요한계시록의 저자는 1세기 말의 상황에 서 있는 사람이다. 요한계시록의 기록연대와 관련해서 가장 우세한 견해는 이 책이 로마의 도미티아누스 황제 때(주후 81-96년) 기록되었다는 것이다. 이것을 반대하는 의견으로는 64년 네로 황제의 박해와 그 이후에 일어난 주후 70년 예루살렘 멸망과 관련하여 기록되었다는 것이다. 또 다른 주장은 2세기 초반 이후나 중반에 기록되었다는 주장이다.[25]

이 두 가지 견해 사이에는 나름대로의 논리와 증거가 제시되기도 한다. 또 다른 주장은 이 책 안에 들어 있는 오래된 전승을 토대로 요한계시록의 작성이 약 50년경에 이루어졌다는 주장도 가능하다. 그럼에도 불구하고 이런 전승들과 자료를 기초하여 연구된 결과들은 현재의 요한계시록 형태는 도미티아누스 박해와 관련이 있는 90년 후반기라는 주장이 가장 많이 받아들여진다. 이 정황은 요한계시록에 대한 연구가 아직도 많이 있어야 한다는 것을 보여준다. 앞으로 전개되는 이 책의 주석은 요한계시록의 역사적인 해석을 고려하면서 진행될 것이다.

---

25) J. Frey, "Erwägungen zum Verhältnis der Johannesapokalypse zu den übrigen Schriften des Corpus Johanneum", *Die johanneische Frage* (ed. M Hengel), WUNT 67, Tübingen 1993, 427; A. Heinze, *Johannesapokalypse und johanneische Schriften. Forschungs- und traditionsgeschichtliche Untersuchung*, BWANT 142, Stuttgart/Berlin/Köln: Kohlhammer, 1998, 239 이하.

REVELATION

B. 요한계시록 주석

요한계시록은 예수 그리스도의 복음으로 읽고 연구하고 해석하며 선포해야만 한다. 요한계시록의 정경의 위치가 분명해 지면 현재 한국의 상황에서 요한계시록을 오용하여 이단에 빠지는 경향을 바로 잡을 수 있다. 요한계시록은 기독교 정경의 마지막 정경이며 기독교 사상의 현재와 미래를 향한 전망이다. 요한계 [illegible] 하에서 천사는 기록자 요한에게 두루마리(예언의 말씀: 요한계시록)를 '먹으라' 고 명령한다. 요한이 그것을 [illegible] 럼 달지만 배에서는 쓰게 되었다" 고 말한다. 이것은 요한계시록에 대한 이해와 실천은 단순한 사유가 아닌 [illegible] 내야 하는 애씀과 수고라는 것을 의미한다. 저자는 이런 이해를 가지고 요한계시록에 대한 해석을 시도하였다 [illegible] 목사들과 신학자들이 요한계시록을 열심히 연구하도록 돕기 위하여 각 장에서 주석을 마치고 설교와 해석을 위 [illegible] 다.

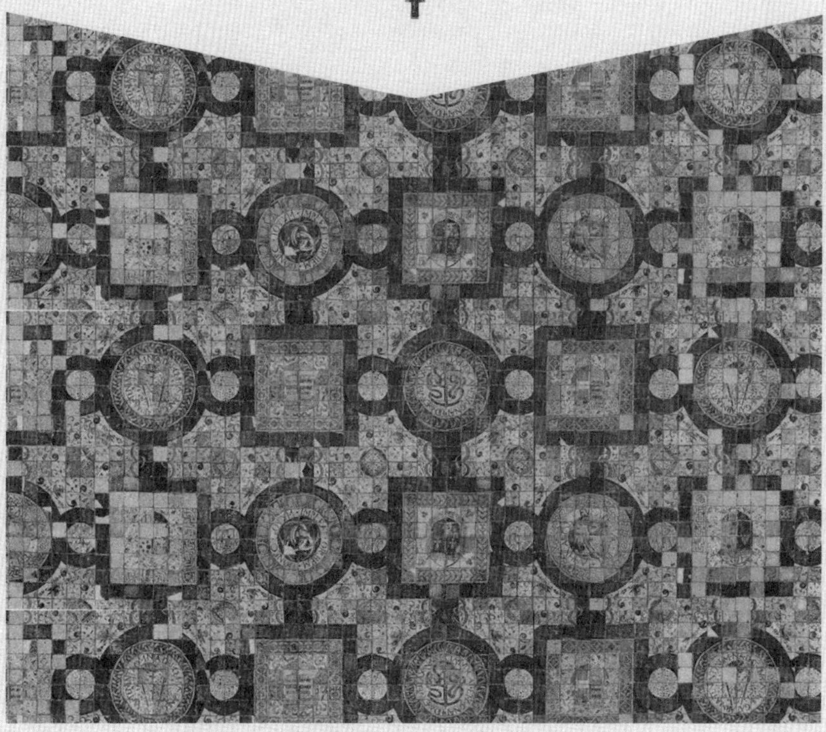

1부. 요한계시록 서론(1:1-3:22)

• 요한계시록 1장 •

1. 1:1-3 머리말

1.1. 본문 사역

[1] 예수 그리스도의 계시는 하나님이 차례로 일어나야만 하는 것들을 그의 종들에
게 보이시려고 그에게 주신 것입니다. 하나님은 그것들을 그의 천사들을 통하여
그의 종 요한에게 알려 주셨습니다. [2] 그는 하나님의 말씀과 그가 보았던 예수 그
리스도의 증거를 증언했습니다. [3] 그 예언의 말씀들을 읽고 들으며 그 안에 기록
된 것들을 지키는 사람들은 복이 있습니다. 왜냐하면 때가 가깝기 때문입니다.

1.2. 본문에 대한 전 이해

계시록 1:1-3은 책의 머리말이다. 특히 1절의 "예수 그리스도의 계시"(ἀποκάλυψις Ἰησοῦ Χριστοῦ)는 책의 제목이면서 책의 성격을 분명히 보여준다. 그리고 책의 제목 다음에 이어지는 "차례로 일어날 일들을 종들에게 보여주는" 내용은 22:6과 앞뒤가 맞는 구조를 보여준다. 이것은 요한계시록 기록자가 이 책을 무의식에 빠진 황홀경의 상태에서 써내려간 것이 아니라 신학적인 의도를 가지고 기록했음을 보여준다. 이미 이 머리말 안에는 요한계시록 내용의 중심이 되는 '예수 그리스도', '하나님', '천사', '하나님의 종들'과 같은 중요한 어휘가 나타난다. 이것들은 이 책이 저자의 특별한 신학적인 의도에 의해서 기록되었다는 것을 주목하게 해 준다. 그러므로 이 주석은 요한계시록을 기록한 저자의 신학적인 의도가 무엇인지 추적하고자 한다.

머리말을 자세히 분석해 보면 이미 중요한 신학적인 주제들이 드러난다. 1절은 계시의 특수성에 대해서, 2절은 계시를 전달하는 사람과 그 내

용, 3절은 이 책의 독자가 되는 수신자들에 관해서 말한다. 요한계시록에서 강조하는 계시는 하나님으로부터 시작되며 예수 그리스도에게 주어져 그의 종들에게 보여지기 위해 천사들을 통해 그리스도의 종 요한에게 전달된다. 1절 안에서는 제일 먼저 예수 그리스도의 계시가 강조된다. 하지만 이어지는 표현은 다시 하나님이 주어가 된다. 이런 이해는 다시 2절에서 예수 그리스도와 하나님의 위격이 동등한 것처럼 표현한다.

머리말 안에는 기록자의 자기 정체성이 들어있다. 그는 당시의 교회 안에서 그와 같은 위치에 있는 동료들을 여러 종들(δοῦλοι)로 소개하고 자기도 그와 같은 존재라고 말한다. 이것으로 초대기독교 안에 요한과 같이 계시의 내용을 전달하는 일에 종사하는 사람들이 많이 있었다고 생각할 수 있다. 특히 기록자는 자신을 '그리스도의 종 요한'(ὁ δοῦλος αὐτοῦ 'Ιωάννης)이라고 분명하게 말한다(2절). 이것은 그의 직무와 소명이 그리스도에 대한 이해에 기초하고 있다는 사실을 강조하는 것이며 앞으로 전개되는 이야기의 기초가 된다. 특히 1:1에서 '속히'(ἐν τάχει)라는 시간의 긴박성은 기록자의 소명이 매우 중요한 것임을 강조한다. 이러한 시간적인 이해 때문에 3절에서 다시 '예언'과 '기록된 것'을 읽고 듣고 지키는 것과 '때가 가깝다'는 긴박한 요청을 강조한다. 우리는 이 어휘들이 요한계시록 안에서 자주 등장한다는 사실을 주목해야 한다. 그것을 통해서 우리는 이 책의 성격이 무엇인지를 이해할 수 있다.

1.3. 주석

1절. 예수 그리스도의 계시(ἀποκάλυψις 'Ιησοῦ Χριστοῦ)는 책의 제목이면서 동시에 책의 목적이다. 이것은 유대교에서 계시를 주는 주체가 하나님이라는 입장과 다른 것이다. 유대교 묵시문학에서 계시의 의미는 '숨겨진 것을 드러낸다' 는 것이다. 그러나 기독교에서 말하는 계시는 하나님이 예수 그리스도 안에서 그를 통해서 행동하면서 그의 비밀을 드러내는 것을 말한다(갈 1:12, 2:2을 참조하라). 그러므로 예수 그리스도의 모든 사역은 하나님의 계시를 전달하는 것이다. 신약성경 안에서 그리스도의 계시는 예언자들을 통해서 공동체에게 하나님의 뜻과 구원계획을 전달하는 것이다(고전 14:6, 30). 계시의 또 다른 의미는 황홀경의 상태에서 천상의 일을 경험하는 것을 말하기도 하고, 세상의 종말이 올 때 예수 그리스도가 나타나는 것을 말한다(고후 12:1, 7; 고전 1:7; 살후 1:7). 요한계시록이 말하고자 하는 계시도 이런 이해와 연결된다. 여기서 말하고자 계시는 '속히 일어날 일들'(ἃ δεῖ γενέσθαι ἐν τάχει)을 전달하는 것이다. 이 일들은 세계사의 마지막이라는 관점을 통해서 전개되며, 특히 예수 그리스도가 역사의 주인임을 강조한다.[26] 이 세계관은 이 세상의 역사가 종말이라는 목표를 향해서 움직인다는 것을 말한다. 이렇게 인류의 역사에 대한 전망은 다니엘 2:28 같은 본문과 연관성을 가지기도 한다.

2절. 여기서는 기록자 요한의 역할을 분명히 제시한다. 그것을 통해서 수신자와 발신자를 서로 연결해 주는 공동의 관심이 드러난다. 특히 저자가 증거(μαρτυρία) 하려고 하는 내용은 하나님의 말씀이며 문서화되어 공동체로 보내는 편지형식으로 전달된다.[27] 이 편지는 모든 교회들이 읽어야 한다는 공개적인 성격을 가지고 있다(1:4; 2:7, 11, 17, 29; 3:6, 13, 22). 이 문장에서 저자가 강조하는 "하나님의 말씀"과 "예수 그리스도의 증거"는 저자가 예수 그리스도의 사역을 담당하고 있음을 강조하는 것이다.[28]

3절. 저자는 수신자들로 하여금 이어지는 책의 내용을 "예언"(προφητεία) 이라고 강조한다(책의 결말 22:7,10,18,19도 참조하라). 이것은 유대교적인 전통에서 나온 것으로, 저자는 그런 정신을 묵시문학적인 이해와 연결하여 이 책의 내용을 전개해 나간다.[29] 특히 책을 읽고 그 내용을 지키므로 주어지는 결과는 고난과 어려움을 극복하고 주어지는 축복이다. 따라서 이어지는 이야기들을 통해서 공동체가 믿음을 지키며 그들이 직면한 신앙의 위

---

26) R. Pesch, "Offenbarung Jesu Christi. Eine Auslegung von Apk 1,1-3", *BiLe* II, 1970, 20.

27) M. Karrer, *Die Johannesoffenbarung als Briefe*, Göttinen: Vandenhoeck & Ruprecht, 1986, 101 이하.

28) A. Satake, *Offenbarung*, 124.

29) . Meyer, "προφήτης", *ThWNT* VI, 814

기를 적극적으로 대응하도록 강조하고자 한다. 특히 '때가 가깝기 대문이다'(ὁ γὰρ καιρὸς ἐγγύς)는 말은 공동체가 경험하는 위기들을 종말론적인 관점에서 전개하고자 하는 의도를 보여준다. 요한계시록 공동체는 저자의 가르침을 통해서 종말과 같은 위기 상황 속에서도 믿음을 가지고 예수 그리스도를 올바르게 증거하는 신앙의 삶을 지키고 보전해야 한다.

2. 1:4-8 편지의 도입부

2.1. 본문 사역

4 요한은 아시아에 있는 일곱 교회에 편지합니다. 지금도 계시고 과거에도 계셨고 앞으로 오실 그분으로부터 여러분에게 은혜와 평화가 있기를 바라며 그분의 왕좌(王座) 앞에 있는 일곱 영으로부터도 오는 은혜와 평화가 있기를 바랍니다.
5 또한 예수 그리스도로부터 오는 은혜와 평화가 여러분에게 있기를 바랍니다. 이 분은 증인이시며, 신뢰할 수 있는 분이시고, 죽은 자들 가운데에서 처음이 되신 분이시고 땅의 임금들의 통치자이십니다. 우리를 사랑하시고 그의 피로 우리를 우리 죄에서 해방시켜 주신 분에게
6 그리고 하나님이신 그분의 아버지, 우리를 왕과 제사장으로 만드신 그분에게 영광과 능력이 세세토록 있기를 바랍니다. 아멘
7 보십시오 그는 구름을 타고 오실 것입니다. 모든 눈이 그를 보겠고 그를 찌른 모든 자들도 그를 볼 것이요 땅의 모든 민족들이 그분 때문에 가슴을 치며 통곡할 것입니다. 참으로 그렇습니다. 아멘.
8 주 하나님께서 나는 알파와 오메가며, 지금도 있으며 과거에도 있었고 앞으로 올 전능한 자라고 말씀하셨습니다

2.2. 본문에 대한 전 이해

위의 본문은 요한계시록이 초대교회의 편지라는 것을 보여준다[30]. 신약성서의 편지들은 일반적으로 편지의 서두에 발신자의 이름, 수신자의 이

30) M. Karrer, *Die Johannesoffenbarung als Briefe*, 108.

름, 축복의 인사, 감사의 기도와 같은 형식을 가진다(4-5절). 요한계시록의 끝부분에 해당하는 22:21의 축복의 말도 요한계시록이 편지의 형식을 염두에 두고 있음을 보여준다. 여기서는 발신자의 이름에 대해서 아무런 설명도 없고, 수신자의 상황에 대해서도 아무런 설명이 없으며, 수신자도 구체적으로 설명되지 않고 (소)아시아의 일곱 교회(ταῖς ἑπτὰ ἐκκλησίαις ταῖς ἐν τῇ Ἀσίᾳ)라고 포괄적으로 언급된다. 여기서 말하는 '아시아'는 지금의 터키에 속해 있는 지방으로 요한계시록이 기록될 당시에 로마의 총독령(Asia proconsularis)[31]을 말한다. 5절의 인사말은 '아버지 하나님과 예수 그리스도'로부터 오는 축복의 말로 되어 있지만 전치사와 이어지는 단어와의 연결이 불일치하기 때문에 문법적으로 틀린 문장으로 되어 있다. 이어지는 기원문은 예수 그리스도에게 영광을 돌리는 송영(Doxology)의 형식으로 되어 있다. 이것은 요한계시록 공동체가 실행하였던 예배의 형식을 보여준다. 이것을 통해서 유대교와 초대기독교 예배가 서로 비슷했다는 것을 알 수 있다. 특히 송영은 히브리적인 예배에서 예배를 마무리하는 형식이다. 7절에서 사용하고 있는 다니엘 7:13을 암시하는 주의 오심에 관한 예언자적인 말은 하나님의 말씀과 직접 연결된다. 찬양형식의 도입부, 예언, 성경낭독과 같은 순서는 요한계시록 당시의 특정한 예배순서를 추측할 수 있다. 이것은 요한계시록이 1-3절에 의거해 볼 때 교회의 예배에서 낭독을 위한 목적으로 기록되었다는 것을 추측하게 해 준다(비교. 22:18).

2.3. 주석

4절. 여기서는 편지의 서두형식이 나온다. 발신자는 요한이고, 수신자는 아시아의 일곱 교회로 저자와 깊은 관련이 있는 공동체들이다. 이렇게 수신자와 발신자를 언급하면서 신의 이름이나 혹은 그에 대한 경배를 올리는 것은 동방의 편지의 형식에서 자주 등장한다. 그리고 현재 계시는 분(ὁ ὢν), 과

31) J. Roloff, *Die Offenbarung des Johannes*, ZBK.NT 18, Zürich: Theologischer Verlag, 1987, 31.

거에도 계셨던 분(ὁ ἦν), 앞으로 오실 분(ὁ ἐρχόμενος)라는 이 도식은 시간과 공간을 초월하는 종말론적인 표현방식이며 동양적인 표현방식에 익숙한 삼(3)을 강조하는 어법이다. 앞에 나온 술어들은 하나님의 존재를 나타낸다. 이 표현들은 유대교의 야훼를 대체하는 표현이기도 하다(출 3:14).[32] 이것은 예배에서 표현되는 절대자에 대한 경배를 말하는 것이다.[33] 이와 유사한 표현은 요한복음 안에는 "나는 …이다"(ἐγώ εἰμι)라는 진술로서 예수 그리스도가 이미 신이며 동시에 신의 계시자라는 것을 말하는 것이다(요 6:35,48; 8:12; 10:7,9,11,14; 11:25; 14:6; 15:1).

5절. 4절이 하나님의 존재를 표현했다면 5절은 그리스도에 대해서 언급한다. 그는 "죽은 자들의 처음이신 분"(ὁ πρωτότοκος τῶν νεκρῶν)과 "땅의 왕들의 지배자"(ὁ ἄρχων τῶν βασιλέων τῆς γῆς)다. "죽은 자들의 처음이 되신 분"이라는 의미는 그가 죽음을 극복하고 지배하고 있다는 것을 말한다. 땅의 왕들의 지배자라는 것은 그의 우주적인 통치를 의미한다. 이것은 구약성서를 관통하는 하나님의 통치를 말하는 신정론(theocracy)의 신학을 말하는 것이지만, 여기서는 그 의미가 그리스도의 구원역사를 설명하는 것으로 의미의 변환가 일어나고 있다. 이 표현들은 칠십인역 시편 88:28, 38을 염두에 두고 있다. 결과적으로 5-6절은 송영의 형식을 지닌 공동체를 위한 예수 그리스도의 현재적인 구원의 의미를 설명하는 신앙고백으로 되어 있다. 그 구원의 의미는 믿음의 중심에서 실현되는 현재적인 구원의 실현을 제시한다. 여기서 전개되는 서술들은 송영 형식을 가지는 것으로 그리스도의 사역을 압축한다. 송영의 첫 번째 내용은 5절에서 나오고 그것은 모두 신성을 나타내는 그의 진실성, 부활, 통치자임이 선언되며, 수신자들을 죄에서 해방한 것을 말한다.[34] 그는 수신자들을 사랑하는 분이며 죄에서 해

32) A. Satake, *Offenbarung*, 128,

33) G. Delling, "Zum gottesdienstlichen Stil der Johannes-Apokalypse", *Studien zum Neuen Testament und zum hellenistischen Judentum*, Gesammelte Aufsätze 1950-1968 (ed. F. Hahn), Göttingen: Vandenhoeck & Ruprecht, 1970, 440 이하를 참조하라.

34) W. Bousset, *Offenbarung*, 188.

방시킨 분으로 경배를 받기에 합당하다.

6절. 여기서는 그가 이룬 구원의 사역을 말하며 구원받은 자들의 정체성을 "왕권"(βασιλεία)과 "제사장"(ἱερεῖς)으로 제시하는 것이다. 이것으로 그가 영광을 받아야 하는 당위성이 분명하게 제시된다. 이렇게 구원받은 자들을 하나님의 통치에 참여하는 제사장으로 삼는다는 사상은 5:10에서 다시 전개된다.[35]

7절. 이 구절은 두 개의 두 본문의 영향을 받고 있다. 첫째는, 다니엘 7:13의 "구름타고 온다" 는 것이며, 둘째는, 스가랴 12:10의 "그들은, 나 곧 그들이 찔러 죽인 그를 바라보고서, 외아들을 잃고 슬피 울듯이 슬피 울며, 맏아들을 잃고 슬퍼하듯이 슬퍼할 것" 이라는 내용이다. 여기서 다니엘 7:13은 공관복음서 마태복음 24:30//마가복음 13:26//누가복음 21:27과 연결되며 재림을 가리킨다. 스가랴 12:10은 다시 요한복음 19:37과 연결되어 예수 그리스도의 십자가의 죽음을 암시한다. 다니엘 7:13을 요한계시록 1:7과 마태복음 24:30을 비교해보면 본문이 어느 정도 일치를 보여준다. 이것은 구약의 두 본문이 초대교회 안에서 예수의 인자 기독론을 증명하는 본문이 되고 있음을 보여준다.[36] 그 내용은 예수 그리스도의 통치가 모든 인간들, 즉 믿는 자들이나 믿지 않는 자들 모두에게 적용된다는 것을 말한다. 이것은 1:13 이하에 나오는 "인자 같은 이"의 사상과 연결된다.[37]

8절. 하나님이 알파(Α)와 오메가(Ω)라는 진술은 모든 존재가 그에게 종속된다는 것을 말한다. 원래 그리스어 알파벳의 각 철자 자체가 이미 천지창조와 인간의 역사의 진행과 종결에 대한 의미를 가지고 있다. 그러므로 "현재 존재하는 자(ὁ ὢν)-과거에도 존재했던 자(ὁ ἦν)-앞으로 오실 자(ὁ ἐρχόμενος)"라는 칭호도 하나님이 시간의 지배자요 인간과 우주의 모든 존재와 역사의 주인이라는 사실을 말한다. 이렇게 알파와 오메가라는 하나님

35) A. Satake, *Offenbarung*, 133.

36) J. Roloff, *Offenbarung*, 35.

37) 임진수, "요한계시록의 인자와 같은 이", 82 이하를 참조하라.

에 대한 설명이 요한계시록의 말미에서는 21:6과 22:13은 그리스도를 진술하는 서술어로 사용하고 있다. 요한계시록이 말하고자 하는 마지막 사건은 하나님과 그리스도를 통해서 일어나고, 하나님과 그리스도의 존재는 동등하며, 그것이 마지막을 주관하는 행위와 밀접하게 연결되어 있음을 말해준다.[38]

3. 1:9-20 요한의 소명

3.1. 본문 사역

9 나 요한은 여러분의 형제며 예수 안에서 고난과 다스리심과 견딤에 동참하는
자입니다. 나는 하나님의 말씀과 예수에 관한 증언 때문에 밧모라고 하는 섬에
있게 되었습니다. 10 나는 주의 날에 성령 안에 있게 되었고 내 뒤에서 나팔소리
같은 큰 소리를 들었습니다. 11 그 소리는 네가 보고 있는 것을 두루마리에 써서
에베소, 서머나, 버가모, 두아디라, 사데, 빌라델비아, 라오디게아 일곱 교회에
보내라는 것이었습니다. 12 나는 나와 말씀 하시는 분, 그 음성을 듣기 위해 몸
을 돌렸습니다. 그리고 몸을 돌이키자 일곱 금 촛대를 보았습니다. 13 촛대들 가
운데에 사람의 아들 같은 분이 계셨는데, 그분은 발에 끌리는 옷을 입고 있었고
가슴에는 금띠를 매고 있었습니다. 14 그의 머리와 머리카락은 흰 양털이나 눈
같이 희었으며 그의 눈은 타오르는 불 꽃 같고 15 그의 발은 풀무불에 단련한 빛
난 주석 같고 그의 음성은 많은 물소리 같았습니다. 16 그의 오른손에 일곱 별을
가지고 있었으며 그의 입에서 좌우가 날카로운 칼이 나오고 있었고 그 얼굴은
해가 그 능력으로 빛나는 것 같았습니다. 17 나는 그분을 보았을 때 죽은 자처럼
그분의 발 앞에 엎드렸습니다. 그분이 오른손을 내게 얹으시면서 두려워하지
말라고 말씀하셨습니다. 나는 처음이요 마지막이며 18 살아 있는 자다 내가 전
에 죽었지만 지금은 영원히 살아있는 자다. 나는 사망과 지옥의 열쇠를 가지고

38) '알파'와 '오메가'가 하나님과 그리스도에게 적용되는 사례는 A. Satake, *Offenbarung*, 136의 46번 각주를 보라.

있다. [19] 네가 본 것과 지금 있는 일과 장차 일어날 일을 기록하라 [20] 네가 보고 있는 것은 일곱 별들의 비밀이다. 일곱 별들은 일곱 교회의 천사들이며 일곱 촛대는 일곱 교회다.

3.2. 본문에 대한 전 이해

이 이야기는 구약에 나타나고 있는 예언자들이 소명을 받는 장면과 유사하다(렘 1:1이하, 겔 1:1이하를 비교하라). 요한계시록 저자는 이 환상을 근거로 하여 이어지는 회람서신과 책 전체를 위한 근거를 제시한다. 이 이야기가 구약의 예언자들의 소명환상과 유사하지만 몇 가지 중요한 차이가 나타난다. 첫째, 예언자의 임무를 부여하는 분은 하나님이 아닌 그리스도다. 이것은 유대교 묵시문헌과의 중요한 차이로 요한계시록 안에서는 그리스도가 하나님의 위치를 대신하고 있다. 둘째, 요한계시록은 구약과 같이 한 사람만 소명을 받는 것이 아니라, 오히려 많은 사람들이 소명에 대한 유사한 환상들을 경험하고 있다는 것이다. 왜냐하면 그는 믿는 형제들의 동료로서 교회가 경험하고 있는 어려움에 '참여하는 자'(συγκοινωνός) 이기 때문이다(1:9). 그리고 그가 소명을 받으면서 받게 되는 의무는 '기록하라'(γράψον)는 것이다(11, 19절). 그러므로 요한계시록의 소명환상은 구약의 아모스나 예레미야가 예언자들의 삶이 소명을 받기 이전과 이후의 삶이 완전히 달라지는 것과 다른 면을 보여준다. 그는 이미 예언자이며 '하나님의 종'으로 존재하고 있으며, 다른 예언자들처럼 동료로서 활동하고 있다(2, 9절). 이것은 요한의 신앙공동체들 가운데는 예언자들의 활동이 있었다는 암시로 이해할 수 있다(행 2:17).

이것으로 요한계시록의 세 가지 특징을 다음과 같이 정리해 볼 수 있다. 1) 요한계시록의 공동체는 그리스도를 통해서 나타난 계시만을 신앙으로 인정하고 있다. 2) 요한계시록의 의사전달은 환상의 형식을 가지고 있지만, 그 의미는 공동체를 권면하고 신앙적인 각성을 촉구하는 것이다. 따라서 2-3장에서 일곱 교회로 보내는 편지들은 회람서신 형식을 가지고 모든 교회들을 향해서 권면하면서 동시에 신앙적인 일탈에 대해서 경고한다는 의미를 가진다. 요한계시록 저자는 환상을 통해서 자신들의 공동체를 하늘의 공동체로 이해하면서 '땅의 민족들'과는 대립하고 있음을 강조한다. 이처럼 저자는 요한계시록 공동체가 경험하고 있는 외부로부터의 위협을 극복하기 위하여 예언형식을 통하여 설명한다. 그러므로 요한계시록의 환상 안에는 공동체가 겪고 있는 구체적인 역사적인 정황이 들어 있다. 따라서 앞으로 다루게 될 요한계시록 4-21장도 그와 같은 특징들을 파악하면서 읽어나가야 한다. 3) 요한계시록의 특징은 환상이 구체적으로 기록되어 문헌으로 존재하고 있다는 것이다. 요한계시록의 기록목적은 기록된 말씀을 통해서 환상가와 '민족들' 사이에 가교 역할을 하기 위함이다. 우리는 여기서 저자가 환상을 보면서 "기록하라"는 주된 임무를 그의 소명으로 받아들이고 있는 입장을 다시 주목해야 한다. 그는 이런 기록 행위를 통하여 요한계시록은 환상이라는 이미지와 문학적인 수단을 통해서 요한계시록을 하나의 의도된 작품으로 대하도록 자극하고 있다. 그러므로 우리는 단지 환상에만 주목할 것이 아니라 그 환상을 통하여 말하고자 하는 저자의 의도에도 관심을 기울여야 한다.

3.3. 주석

9절. 여기에 나타나고 있는 진술은 요한의 자기 진술로 자신의 "고난, 왕적인 통치, 인내에 참여하고 있다는 것"(ἐν τῇ θλίψει καὶ βασιλείᾳ καὶ ὑπομονῇ)을 말한다.

그는 "하나님의 말씀과 예수에 관한 증언 때문에"(διὰ τὸν λόγον τοῦ θεοῦ καὶ τὴν μαρτυρίαν Ἰησοῦ) 밧모섬[39]에서 고난을 겪었음을 말한다(2절을 비교하라). 그가 말하는 고난은 앞으로 전개되는 묵시문학의 주제이고, 왕의 통치는 하나님의 현재적인 현존과 미래적인 구원을 의미한다.[40] 이렇게 고난과

39) 밧모섬(Patmos)은 사모아(Samoa)와 코스(Cos) 사이에 있는 작은 섬이며, 지금도 계시의 동굴로 알려진 요한계시록의 전승을 보유하고 있다. W. Bousset, *Offenbarung*, 192를 참조하라.

40) R.H. Charles, *Critical and Exegetical Commentary of The Revelation of St. John*, ICC, Vol. I, Edinburgh: Clark, 1920, 21; H. Kraft, 『요한묵시록』, 67; R.H. Mounce, *The Book of Revelation*,

하나님의 왕적인 통치 사이에는 신자들로 하여금 긴장을 유지하도록 해준다. 그러한 긴장 관계 속에서 신자들에게 요구되는 것은 고난을 이겨내는 견딤이 중요하다. 인내의 근거는 고난 중에 있지만 구원과 희망을 약속받는다는 확신을 통해서 주어진다. 여기서 저자 요한은 왜 밧모섬에 있게 되었는지 정확하게 말하지 않는다. 그러나 저자는 그리스도인으로서 신앙을 지키다가 위기를 경험하고 있으며, 특히 당시의 상황 속에서 소아시아에 널리 확산되어가고 있던 황제숭배는 기독교인들에게 큰 고난과 시련으로 여겨졌다. 요한계시록의 저자도 이런 상황에 대해서 저항했기 때문에 밧모섬에 유배된 것으로 보인다.

10절. 여기서 말하는 '주의 날'은 안식일의 다음날에 해당하는 예수가 죽음에서 부활한 날이다. 초대 기독교는 이 날을 주일로 불렀고 이 날을 중심으로 정기적인 예배를 드렸다.[41] 그날 요한은 들음(audition)이라는 현상을 통해서 하나님의 계시를 체험했다. 특히 성경 안에서 나팔에 대한 이미지는 하나님의 나타나심(theopany)을 알리는 기능을 한다(출 19:16). 동시에 나팔은 초대기독교 안에서 그리스도의 마지막 재림을 알리는 표징으로 이해되기도 했다(고전 15:52; 살전 4:16; 마 24:31)

11절. 저자 요한은 환상을 통하여 회람서신을 기록하고 그것을 일곱 교회로 보내라는 직무를 위임받는다. 이 편지의 수신자들에 해당하는 일곱 교회들은 이단적인 사조의 심각한 영향을 경험하고 있으며 동시에 여러 그룹들로부터 어려움을 당하고 있음을 알게 된다(2-3장).

12절. 지금까지 계시는 들음(audition)을 통해서 전달되었다. 그러나 이렇게 들음으로 전달되던 계시가 환상을 보는 것(vision)으로 형식적인 변화가 일어난다. 그러나 요한계시록 전체 안에서 이렇게 계시가 듣는 것으로 주어지는 것과 보는 것으로 주어지는 현상은 서로 교차해서 일어난다. 여기서 일곱 촛대는 일곱 교회와 일치하는 것으로 교회를 상징적으로 표현하는

Grand Rapids: W. B. Eerdmans Publishing Company, 1977, 75.

41) F.W. Horn, "Johannes auf Patmos", *Studien zur Johannesoffenbarung und ihrer Auslegung* (FS O. Böcher), Neukirchen-Vluyn: Neukirchner Verlag, 2005, 153.

알레고리 형식이다.

13절. 여기서 강조하고자 하는 것은 묵시적인 사건을 담당하는 주체로 인자 같은 이(ὅμοιος υἱόν ἀνθρώπου)에 대한 설명이다. 특히 여기서는 인자 같은 이의 옷과 손과 입이 묘사된다. 이미 공관복음서 안에서 인자 칭호는 예수의 정체성을 표현하는 기독론의 의미를 가진다. 특히 마가복음 14:62, 누가복음 12:8 안에는 인자의 기독론적인 기능이 나타난다. 그럼에도 불구하고 요한은 인자 칭호에 대한 자세한 설명을 피하고 있다. 여기서 말하고자 하는 인자는 종말의 심판을 위해서 다시 오는 예수의 역할을 보여준다.[42]

14절. 신약학 연구에서 인자(ὁ υἱὸς τοῦ ἀνθρώπου) 칭호에 대한 기원의 문제가 논란이 된다.[43] 요한계시록이 묘사하고 있는 "인자와 같은 이"의 모습은 다니엘 7:9에 나오는 것과 유사하다: "내가 보니 왕좌가 놓이고 옛적부터 항상 계신 이가 좌정하셨는데 그의 옷은 희기가 눈 같고 그의 머리털은 깨끗한 양의 털 같고 그의 보좌는 불꽃이요 그의 바퀴는 타오르는 불이며." 다니엘 7:9은 하나님의 모습을 설명하려는 것이지만 여기서는 그에 대한 설명이 예수에게 적용되고 있다.

15절. 계속해서 15절도 다니엘 10:6의 "또 그의 몸은 황옥 같고 그의 얼굴은 번갯빛 같고 그의 눈은 횃불 같고 그의 팔과 발은 빛난 놋과 같고 그의 말소리는 무리의 소리와 같더라"를 염두에 두고 있음을 알게 된다. 우리가 주목할 것은 요한계시록 저자는 환상을 통해서 제시되는 이미지들을 구약과 연결하고 있다는 것이다. 이 모든 이미지들은 하나님의 위엄과 권력의 위엄을 상징한다. 그리고 여기서 말하고자 하는 목소리는 권위가 넘치는 하나님의 음성이다.[44]

16절. 계속해서 요한계시록 저자는 고대 세계에서 유행하고 있던 점성

42) 임진수, "요한계시록의 인자와 같은 이", 73-78을 참조하라.

43) 임진수, "요한계시록의 인자와 같은 이", 65페이지 각주 1번을 참조하라.

44) 임진수, "요한계시록의 인자와 같은 이". 83.

술을 통해서 묵시적인 생각을 표현하고 있다. 여기서 오른손은 능력과 권력을 나타내고, 별들은 고대 세계에서 세계의 흐름과 인간의 역사와 운명을 결정하는 점성술적인 사고를 반영한다. 따라서 오른 손에 별을 가지고 있는 모습은 인자와 같은 이가 역사와 운명을 지배하는 최고 권력자임을 상징적으로 드러낸다. 그의 입에서 나오는 칼은 말씀으로 세상을 심판하는 것을 의미한다. 다시 말해서 일곱 별을 가지고 있는 이미지는 우주와 세상을 통치하는 모습이고, 세상을 주관하는 모습이며, 교회를 지키고 보호한다는 것을 의미한다.[45]

17절. 환상가가 죽은 자 같이 되었다는 것은 절대자(무한한 자)를 직면한 유한한 존재의 반응이다. 즉 유한한 존재가 무한한 자를 대면함으로 죽음에 직면한다는 당시의 세계관을 반영한다. 이것으로 무한하고 절대적인 존재가 그리스도임이 드러난다(18절). 예수 그리스도는 죽은 자처럼 되었던 요한을 찾아와 그에게 "두려워 말라"(μὴ φοβοῦ)는 말로 생명과 위로를 준다.[46]

18절. 여기서 중요한 것은 그리스도에 대한 세 가지 관점이며, 인자와 같은 이의 자기 진술로 되어있다.[47] 첫째, 그는 살아 있는 자라는 것이다. 이것은 요한복음에서 자주 사용되는 언어다(예를 들어, 요 6:51; 11:25; 14:16를 참조하라). 원래 살아 있는 자라는 진술은 하나님을 묘사하는 것이었다. 둘째, 그는 죽음을 극복했으며, 셋째, 죽음을 무력화했고 더 나아가서 죽음을 지배하는 죽음과 지옥의 열쇠를 가지고 있는 새로운 통치자가 되었다는 것을 의미한다.

19절. 여기서 요한은 다시 한 번 사명을 위임 받는다. 그것은 계시의 내용으로서 그가 본 것, 지금의 것, 앞으로 일어날 것이라는 세 가지 내용을 "기록하라"(γράψον)는 것이다. 그러나 이후에도 살펴보겠지만 기록의 결과

---

45) A. Satake, *Offenbarung*, 144.

46) K. Berger, *Die Auferstehung des Propheten und die Erhöhung des Menschensohnes*, StUNT 13, Göttingen 1976, 536을 비교해 보라.

47) H. Balz, "φοβεω κτλ", *ThWNT* IX, 191; K. Berger, *Die Auferstehung des Propheten*, 153 이하를 참조하라.

는 주로 과거에 받았던 계시라는 사실이 드러난다. 즉 요한계시록의 특징은 과거의 형식을 가지고 현재와 미래를 미리 내다본다는 예언의 형식을 가지고 있다. 이렇게 기록을 통하여 하나님의 말씀과 그리스도를 증거 하는 것이 요한의 사명이다(계 1:1,19; 2:1,8,12,18; 3,1,7,14; 14:13; 19:9; 21:5).

20절. 요한의 임무는 그가 보았던 "일곱 별의 비밀"(τὸ μυστήριον τῶν ἑπτὰ ἀστέρων)을 알리는 것이었다. 여기서 말하는 비밀은 기독교 공동체의 복음의 내용을 나타내는 전문용어(terminus technicus)이다(고전 4:1; 15:51). 이 용어의 의미는 계시의 내용이 기독교인들에게만 제한된다는 의미를 가진다.[48] 다시 말해서 외부 공동체들은 그 의미를 알 수 없다. 그 비밀의 근거는 일곱 촛대와 일곱 별을 주관하시는 분에 의해서 주어진다. 계속되는 강조점은 '일곱 별=일곱 교회의 사자, 일곱 촛대= 일곱 교회'로 이어지는 연결이다. 이미 앞에서도 설명한 것처럼 별은 인간의 운명과 역사를 주관하는 신적인 세력을 상징한다. 따라서 일곱 별이 일곱 교회의 천사라는 공식은, 예수 그리스도가 교회와 천사를 통하여 우주를 다스린다는 신적 통치의 모습을 보여준다. 우리말 개역개정 성경에서 말하는 '사자'(messenger)는 헬라어 ἄγγελος에 대한 해석이다. 이 단어는 흔히 '천사'로 번역된다. 여기서도 하나님의 말씀이나 임무를 대행하는 초월적인 존재인 천사로 번역하는 것이 더 옳은 표현이다.

3.4. 1장을 위한 해석과 설교방향

계시록 1장을 위한 해석은 먼저 글의 형식을 이해하는 것이다. 1장은 1-3절, 4-8절, 9-20절로 구분된다. 이렇게 구분하고 각 단락의 이름을 붙인다면 예수 그리스도의 계시, 일곱 교회와 예수 그리스도, 하나님의 아들 예수 그리스도의 신적인 위엄이 된다.

우선 1-3절에서 말하는 그리스도의 계시는 요한계시록의 성격을 규정한다. 저자가 말하고자 하는 예수 그리스도의 계시는 특별계시(revelatio

48) G. Bornkamm, "μυστήριον", *ThWNT* IV, 821.

specialis)를 말하는 것이다. 특별계시는 하나님이 예수 그리스도를 통하여 보여주는 계시이며 예수 그리스도를 통해서 나타나는 계시다. 예수 그리스도의 계시는 기독교와 기독교 밖에서 일어나는 모든 계시의 근거이며 기초가 된다. 즉 예수 그리스도의 특별계시는 개인적이고 자연현상을 통해서 나타나는 자연계시(revelatio naturalis)를 넘어선다. 즉 온 세상과 모든 인류를 위한 하나님의 경륜과 의지는 예수 그리스도를 통해서 나타난 하나님의 계시를 통해서 가장 올바르게 이해된다는 것이다. 요한계시록의 해석은 예수 그리스도를 통해서 나타나고 있는 하나님의 계획과 경륜을 바르게 이해하고 선포하는 것이 되어야 한다. 이 이해는 요한계시록이 기록되었던 당시의 정황에 집중해서 해석해야만 하는 과제를 제시하는 것이다. 어떤 개인이 경험한 이해나 생각을 토대로 그에 대한 내용을 첨가하거나 해석하는 것은 요한계시록의 의도를 잘못 이해하는 것이다. 요한계시록은 이렇게 자의적인 해석에 대해서 경고하며 현재 주어인 본문에 어떤 내용을 가감하는 것을 경고하고 금지하고 있다(22:18-19).

이어지는 4-8절에서 저자 요한은 예수 그리스도가 요한계시록의 기원이 된다는 사실을 밝힌다. 이미 앞에서도 언급한 것처럼 유대교의 계시문헌과 요한계시록의 차이는 계시의 기원이 하나님으로부터 예수 그리스도로 전환되고 있다는 것이다. 이것을 통해서 요한계시록은 유대교의 계시문헌과 구별되며, 기독교의 근원이 예수 그리스도의 사건에 기초하고 있다는 것을 말한다. 이것을 위하여 저자는 예수가 현재와 과거와 미래를 아우르는 시간과 공간의 주인이 됨을 말하고, 그 근거는 바로 그의 죽음과 부활이라고 말한다. 이것은 기독교의 신앙고백이며 본질이고 기독교 사상의 핵심이다. 이렇게 역사의 주인이 되는 예수 그리스도는 지금도 교회를 통하여 일하신다. 요한계시록에 등장하는 일곱 교회는 요한계시록이 기록되던 당시의 교회를 말하기도 하고 동시에 보편적인 교회를 나타내는 상징이 되기도 한다. 여기에 등장하는 일곱 교회의 7이라는 숫자는 교회가 하나님의 공동체로서 완전하다는 것을 상징적으로 보여준다. 그리고 그 교회의 주관자는 예수 그리스도가 된다. 교회는 그렇게 교회와 역사의 주인이 되시는 예수 그리스도의 말씀을 들어야 한다.

마지막으로 전개되는 예수 그리스도에 대한 묘사는 구약에서 말하는 하나님에 대한 묘사와 유사한 것이다. 그래서 여기에 나오는 묘사가 예수 그리스도를 의미하는 것인지 아니면 하나님을 의미하는 것인지 논란이 될 때가 있다. 여기서 말하는 표현은 예수 그리스도에 대한 묘사가 확실하다. 그것은 계시록 1:7 이하부터의 진술이 예수 그리스도의 수난을 언급하고 있으며, 18절에서 "내가 전에 죽었지만 지금은 연원히 살아있는 자다"고 말하기 때문이다. 이 진술들은 예수 그리스도의 영광이 고난과 죽음을 통과하고 그것을 정복하여 주어진 결과임을 말한다. 그러므로 예수가 지니는 신적인 위엄은 하나님과 동일한 묘사를 통해서 그가 하나님이 된다는 사실을 역설적으로 말하고자 한다. 물론 신약성경 안에서 예수 그리스도와 아버지와의 관계, 즉 그의 신적인 위격에 대한 문제는 늘 문제가 된다. 그러나 요한계시록은 예수가 하나님과 같은 존재, 고난과 죽음을 통과하여 하나님의 아들이며 동시에 우주적인 통치자로 높임을 받았다고 말한다. 이처럼 기독교는 예수 그리스도의 십자가 사건이 그 중심에 존재한다. 십자가는 세상을 이기는 힘이며 하나님의 영광에 이르는 역설을 포함한다. 요한계시록은 이런 이해를 바탕으로 수신자들로 하여금 예수 그리스도를 통한 신앙의 본질을 지키고 현재 교회가 당면한 대내외적인 위기상황을 극복하라고 요청한다.

• 요한계시록 2장 •

4. 2:1-7 에베소에 보내는 편지

4.1. 본문 사역

1 에베소 교회의 천사에게 편지를 보내라. 오른손에 있는 일곱 별을 붙잡고 있는 분이 말씀 하셨습니다. 그분은 일곱 금 촛대 사이에서 걸으시는 분이십니다.

[2] 나는 네 행위와 네가 겪은 어려움과 인내를 안다. 그리고 너는 악한 자들을 참아줄 수 없었고, 스스로를 사도라고 하면서 그렇지 못했던 자들을 시험하였고 그들이 거짓말쟁이라는 것을 알아냈다. [3] 그리고 너는 참아내었고 내 이름을 위하여 견디었으며 지치지도 않았다. [4] 그러나 나는 네가 너의 처음 사랑을 버린 것에 대해서 책망하고자 한다. [5] 그러므로 네가 어디서 넘어졌는지 생각해보고 회개하며 처음 일을 행하라. 만일 그렇게 하지 않으면 나는 네게로 가서 옮겨버릴 것이다. [6] 그러나 너는 이것을 가지고 있다. 그것은 바로 나도 미워하고 있는 니골라 당파 사람들이 행위를 미워하고 있다는 것이다. [7] 귀를 가지고 있는 자는 성령이 교회들에게 하시는 말씀을 들으라. 나는 이기는 그에게 하나님의 낙원에 있는 생명나무로부터 먹을 것을 주겠다.

4.2. 본문에 대한 전 이해

에베소 교회는 요한계시록 안에서 편지의 일차 수신자다. 에베소 교회가 제일 먼저 언급되는 것은 이 교회가 요한 요한계시록과 관련된 공동체들 중에서 가장 중요했다는 것을 암시한다. 에베소는 내외적으로 소아시아의 교통의 중심지였고 무역의 중심지였다. 역사적으로 이 지역은 황제숭배(Emperor cult)를 주도해 나가기도 했다. 그 역사와 맞물려 도미티아누스 황제는 이곳에 신전을 건립하고 세바스토이(Sebastoi) 신상들을 세우기도 하였다.[49] 에베소는 특히 지중해 연안에서 아테미(Artemis) 여신을 숭배하는 이름난 신전을 가지고 있었으며, 이곳 사람들은 이 신전에 대해서 대단한 자부심을 드러내기도 했다. 그 자부심은 그들 스스로 아데미 신전의 수호자(νεωκόρος)라는 것이었다(행 19:35). 이 편지는 에베소 교회가 어떻게 세워졌는지 아무런 언급도 하지 않는다. 그러나 에베소 교회는 사도행전이 보여주는 것처럼, 바울이 그곳에서 활동하고 추방당하기까지 많은 발전이 있

49) S. J. Friesen, *Twice Neokoros. Ephesus, Asia, and the Cult of the Flavian Imperian Family*, RGRW 116, Leiden: Brill, 1993, 44; 옥타비아누스는 세계를 정복하고 로마의 평화(pax Romana)를 수립한 후 라틴어로 Augustus(존귀한 자)라는 칭호를 받았는데 이것을 그리스어로 옮기면 σέβαστος가 된다. 이것을 복수형으로 사용하는 것은 이 신전들이 베스파시안, 도미티안, 타투스 황제들을 신격화 했기 때문이다.

었던 것으로 나타나며 그 이후에도 지속적인 발전이 있었던 것으로 보인다(고후 1:8이하, 행 19:21-41). 기독교와 유대교의 입장에서 보면 에베소는 주후 70년 예루살렘이 멸망하자 그 중요성이 더 커졌다.

특히 기독교 초기 역사와 관련해서 에베소는 커다란 주목을 받았다. 유세비우스의 교회사에 나오는 파피아스(Papias)의 증언에 의하면 요한복음에 등장하는 예수의 두 제자 요한과 빌립이 이곳으로 이주해왔다(유세비우스, 교회사 3권 39장).[50] 물론 파피아스의 증언은 비판적인 해석을 필요로 한다. 그러나 그의 증언들의 핵심은 그들이 에베소로 이주한 중요한 동기들을 알게 해 준다. 파피아스 이후의 교회의 전승에 의하면 요한과 디모데 그리고 예수의 어머니 마리아도 그곳에서 죽어 묻힌 것으로 알려지고 있다. 우리는 요한계시록의 에베소 서신을 읽으면서 그곳에 유대교 영향을 받고 있는 영지주의 운동과 그 추종자들 그리고 이들과 투쟁하는 상황을 알 수 있다(비교. 딤전 1:7). 에베소에 이런 경향이 있었다는 보도는 속사도 이그나티우스(Ignatius)의 편지에도 나타난다. 그는 에베소 교인들이 바른 신앙을 가지고 있음을 높이 칭찬한다.[51]

이 편지와 함께 요한계시록에 나오는 편지들은 일정한 형식을 가지고 있다. 편지들 모두 수신자를 언급하며 이어서 편지를 보내는 발신자에 해당하는 자에 대한 신적인 특징들을 설명하는 도입형식을 가지고 있다. 편지의 마지막 부분에는 "들어야만 한다"(ἀκουσάτω)고 하는 경고와 수신자들의 공동체들이 경험하고 있는 위기를 극복하도록 격려하는 내용으로 되어 있다. 그러면서 각각의 공동체들이 경험하고 있는 경고와 위기극복은 편지의 본론을 형성해 준다. 이와 같이 편지수신 공동체들이 경험하고 있는 위기와 경고들은 앞으로 전개되는 계시형식을 통해서 더 구체적으로 드러난다.

---

50) 유세비우스 팜필루스, 『교회사』(엄성옥 옮김), 2003, 166 이하를 참조하라.

51) J.B. 라이트푸트/R.R.하머(M.W. 홀메스 수정편집), 『속사도교부들』(이은선 옮김), 1997, 117쪽, "안디옥의 감독, 이그나티우스의 편지들-에베소 인들에게" 1:1: "나는 여러분들이 그리스도 예수 우리 구세주에 대한 믿음과 사랑에 의해 특징 지워지는 의로운 성품(nature) 때문에 소유하고 있는 여러분의 매우 사랑하는 이름인 하나님 안에서 환영합니다".

4.3. 주석

1절. 에베소에 대한 일반적인 설명은 앞의 주석본문의 개요를 참조하라. 초대기독교 역사 안에서 에베소는 바울 사도의 주 선교활동 무대였다(행 18:19-20:38을 참조). 그러나 요한계시록의 관점은 시간이 흐르면서 바울의 신학적인 입장이 퇴조하고 있음을 보여준다. 오히려 시간이 흐르면서 바울이 선교한 바탕 위에 요한공동체 같은 다른 신학적인 사조가 등장하고 있다. 여기에는 여러 가지 역사적인 정황과 변화가 존재한다. 요한계시록의 에베소는 이렇게 시간의 변화와 함께 교회가 새롭게 직면하는 당시 로마제국의 정치적이고 종교적인 상황을 반영하고 있다. 여기에 등장하는 일곱 별과 일곱 금 촛대에 대한 설명은 이미 앞에서 언급한 1:12이하를 참조하라.

2절. 너의 행실(τὰ ἔργα σου)은 바울 서신들 안에 등장하는 율법적인 공로를 말하는 것이 아니라 믿음의 결과로 나타나고 있는 행위를 말한다. 그것은 이 교회에 나타난 거짓 선교사들과 니골라당의 등장으로 그들의 믿음이 위협을 받기 때문이다(6절을 비교하라).[52] 이 말 안에는 공동체 전체의 믿음의 행위와 결과에 대한 의미도 들어있다. 공동체가 경험하고 있는 어려움(ὁ κόπος)은 선교의 활동에서 경험하는 위기를 말한다(살전 2:9; 고전 15:58). 인내(ἡ ὑπομονή)는 신앙을 위해서 고난을 당함과 동시에 현재 세계와 갈등을 경험하는 기독교인들의 실존과 생존상황을 반영한다. 이런 상황 속에서 교회를 더욱 힘들게 한 것은 에베소 교회에 등장했던 거짓 사도들(ἀπόστολοι ψευδεῖς)의 활동이다. 이들은 초대기독교 전통 안에서 선교활동을 펼치던 자들로 추정되며 요한계시록 안에 그들에 대한 자세한 서술은 나오지 않는다. 그러나 이들의 사상적인 입장은 기독교 전통의 신학적인 노선과 커다란 차이가 있었던 것을 알 수 있다. 그에 대한 이해는 아래서 언급하는 3절을 통해서 나타난다(6절과 15절도 참조하라).

3절. 일차적으로 에베소의 요한 공동체의 어려움은 당시 그곳에 많이

---

52) I.T. Beckwith, *The Apocalypse of John*, Grand Rapids: Baker Book House, *1979, 450; J. Roloff, Offenbarung*, 49, H. Giesen, *Die Offenbarung des Johannes*, Regensburg: Pustet Verlag, 1997, 99.

분포해 있었던 유대인들과 이방인들로 인해서 야기된 것이다. 특히 기독교가 발전하는 과정에서 유대교와 기독교의 갈등이 여전히 존재했다는 사실은 순교자 폴리캅의 이야기를 통해서도 잘 나타난다(폴리캅의 순교사화 12-13장).[53] 특히 본문에서는 이 공동체가 "내 이름 때문에"(διὰ τὸ ὄνομά μου) 어려움을 경험하고 있는 것으로 보아 2절에서 말한 거짓 선교사들의 신학적인 입장은 기독론에 있어서 요한 공동체와 다른 입장을 가졌을 것으로 보인다. 이것은 교회가 발전하면서 경험하는 예수에 대한 신학적인 이해가 유대교와 기독교의 대립으로 발전하는 입장과도 연결된다(막 13:13을 비교하라).

4절. 서론적으로 앞에서는 에베소 공동체의 칭찬이 있었다면 지금부터는 공동체에 대한 비판과 꾸중으로 이어진다. 특히 이 교회가 책망을 받는 이유는 "처음 사랑"(ἡ ἀγάπη σου ἡ πρώτη)을 버렸다는 것이다. 이것은 공동체 안에 '서로 사랑하라'는 기독교의 핵심적인 가르침을 거부함으로써 공동체의 지속적인 결속이 위기를 겪고 있음을 보여준다. 이런 입장은 요한 공동체의 사랑의 신학과도 맥을 같이한다. 예수가 '서로 사랑하라'고 가르치는 입장이나 요한서신들 안에서 장로가 '서로 사랑할 것'을 가르치는 상황은 모두가 요한 공동체의 대적자들과 관련이 있는 것으로 보인다. 특히 이렇게 서로 사랑하는 것을 거부하는 것은 영지주의 경향과 관련이 있는 가현설의 입장과도 일맥상통한다(요 13:34-35; 요일 4:7-21).

5절. 이처럼 에베소 교회가 '처음 사랑'을 버린 것은 공동체가 사랑에 대한 이해에 있어서 신학적이면서도 실천적으로도 위기를 겪고 있음을 반영한다. 이것은 공동체가 사랑의 입장에서 그렇지 못한 입장으로 방향이 갑작스럽게 변했다는 것을 말한다. 사랑의 결속이 약해지자 공동체의 연대성도 느슨해지거나 분열되기 시작했고 교회는 큰 위기에 직면했던 것으로 보인다. 그래서 "회개하라"(μετανόησον)는 촉구는 "서로 사랑하라"는 원래의 가르침을 유지하라는 경고인 것이다. 그러므로 4절과 5절의 "처음 사

53) 라이트푸트/하머, 『속사도교부들』, 192-193.

랑"은 하나님을 향한 에베소 교회의 사랑이며, 하나님을 위한 그들의 열심을 포함한다.[54]

6절. 계속해서 에베소 교회는 이렇게 사랑의 문제 말고도 다른 문제가 있음을 보여준다. 이 다른 문제도 '처음 사랑'을 버리는 급진적인 변화와 관계가 있다고 보아야 한다. 여기서 말하는 니골라 추종자들의 행위들(τὰ ἔργα τῶν Νικολαΐτῶν)은 사람들이 그의 행위를 추종하는 것을 말한다. 니골라는 사도행전에 나오는 스데반 계열의 이방인으로 처음에 유대교로 개종했다가 다시 스데반 계열에 합류하면서 기독교인 된 인물이다. 전승에 의하면 그는 나중에 영지주의적인 이단자가 되었다고 한다(비교. 행 6:5). 학자들의 판단에 의하면 이들의 경향은 고린도교회의 강한 자들과 비교되고 열광주의적인 성향을 가지고 나중에 영지주의로 발전했다고 본다.[55]

7절. 7a절의 "귀를 가진 자들은 들으라"고 하는 경고는 예언자적인 각성을 촉구하는 것이며(마 11:15; 13:9, 43; 막 4:6), 7b절의 승리에 대한 요구는 묵시적인 이상향을 목표로 하는 권고와 경고의 기능을 가진다. 여기서 말하는 하나님의 낙원에 있는 '생명나무로부터 먹는다'(φαγεῖν ἐκ τοῦ ξύλου τῆς ζωῆς)는 표현은 창세기 3:22를 묵시적으로 해석하고 있는 전통과 관계가 있다(22:2, 14, 19)[56]. 생명나무의 열매를 얻기 위하여 기독교인들이 성취해야 하는 승리는 그리스도의 길을 따라가는 것이다. 저자는 생명나무 사상을 통해서 유대교의 에덴동산의 이야기를 그리스도의 통치가 실현되는 하늘에서 내려오는 새 예루살렘을 위한 해석학적인 근거로 제시한다. 즉 예수 그리스도를 통해서 주어진 구원은 에덴동산에서 하나님이 아담에게 주

---

54) H.B. Swete, *Commentary on Revelation: The Greek Text*, Grand Rapids: Kregel Publications, 1977, 26; U.B. Müller, *Die Offenbarung des Johannes*, ÖTBK 19, Gütersloh: Gütersloher Verlagshaus, 1995, 103.

55) U. B. Müller, *Offenbarung*, 99; R. Heiligenthal, "Wer waren die Nikolaite? Ein Beitrag zur Theologiegeschichte des frühen Christentums", *ZNW* 82 (1991), 137.

56) 생명나무에 대한 언급은 신약성경 안에서 이곳에만 언급되고 있으며, 그것이 나타나는 문헌들은 이 개념을 창 2-3장에 나오는 생명나무와 연결하는 묵시문헌에서 많이 나타난다. 그 문헌들에 대한 소개는 A. Satake, *Offenbarung*, 157 쪽의 각주 31을 보라.

었던 완전한 생명에 상응하는 것이다. 에덴 동산에서 아담의 타락으로 인하여 상실되었던 그 구원이 예수 그리스도의 죽음에 대한 승리로 다시 완성된다는 의미를 가진다(22:2,14,19).

5. 2:8-11 서머나 교회에 보내는 편지

5.1. 본문 사역

8 서머나 교회의 천사에게 편지를 보내라. 처음이고 마지막이신 분이 이것을 말
씀 하셨습니다. 그분은 죽었다가 살아나신 분입니다. 9 나는 너의 고난과 가난
함을 알고 있다. 그러나 너는 부자다. 나는 자신들을 유대인이라고 부르는 자들
의 신성모독을 알고 있다. 그러나 그들은 유대인들이 아니고 사탄의 회당이다.
10 너는 앞으로 어려움을 겪게 될 것을 두려워하지 말라. 마귀는 앞으로 너희들
가운데서 몇 명을 감옥에 던져 넣을 것이다. 이것은 너희가 상을 받게 하려는
것이며 십일 동안 고난을 당할 것이다. 너는 죽기까지 충성하는 자가 되라. 그
러면 나는 너에게 생명의 면류관을 줄 것이다. 11 귀를 가지고 있는 자는 성령이
교회들에게 하시는 말씀을 들으라. 이기는 자는 둘째 사망으로부터 나쁜 일을
당하지 않을 것이다.

5.2. 본문에 대한 전 이해

소아시아의 서북부에 위치한 지금의 터키의 서머나는 고대 리디아(Lydia) 지방의 수도였다. 이곳은 항구 도시로 주후 1세기에도 동쪽으로 가는 무역로가 되었으며 로마 황제들의 관심과 배려를 통하여 중요한 무역도시가 되었다. 이 도시에도 에베소와 마찬가지로 예루살렘이 멸망하자 강력한 유대인 공동체가 형성되었다. 초대기독교 역사와 관련하여 주목을 받은 것은 요한계시록 이외에 순교자였던 폴리캅의 생애와 관련이 있다.[57] 폴리캅의 생애(Vita Polycarp) 2장에 의하면 이곳의 교회는 에베소처럼 바울에

57) 라이트푸트/하머, 『속사도교부들』,186.

의해서 세워진 것이 아니라 다른 동기가 있었던 것으로 나온다. 폴리캅의 순교 이야기에 따르면 그는 155년 2월 23일 86세의 나이에 순교했다. 당시 폴리캅은 서머나 교회의 감독이었다. 그가 요한계시록이 기록될 당시에도 살아있었는가 하는 것은 이직도 논란이 된다(폴리캅의 순교 9:3).[58] 폴리캅의 순교 이야기가 제공하는 것처럼 이곳은 주후 1세기와 2세기 경 많은 유대인들의 회당이 있었고, 그들은 유대교의 한 분파로 여겨지던 기독교를 박해했던 것으로 알려진다. 서머나에 대한 다른 정보는 이그나티우스가 서머나로 보낸 편지에 나타난다. 그 편지 1:2에 의하면 이곳에서 살아가던 기독교인들의 대다수가 유대교출신이었다.[59] 이렇게 이 본문 안에는 유대교에서 기독교로 개종하는 인구가 증가하자 유대인들이 기독교를 박해했던 정황이 들어있다(2:9-10).

요한계시록의 서머나 편지는 이미 앞에서 설명한 그 도시의 상황과 잘 연결된다. 즉 이 편지는 우리들이 이해하는 것 이상의 심각한 박해상황을 제시하고 있으며, 그 박해는 생명과 죽음의 경계선을 넘나드는 심각한 상황으로까지 발전하고 있다(2:8-10, 11). 이런 상황을 대변하는 핵심적인 단어는 수난(θλῖψις)이다. 여기서 말하는 수난은 예수 그리스도가 당한 수난과 의미상 연결된다. 그러므로 요한계시록의 서머나로 보내는 편지는 공동체의 운명과 예수 그리스도의 운명이 서로 일치한다는 것을 보여준다.

5.3. 주석

8절. 서머나에 대한 일반적인 설명은 위에서 제시한 본문에 대한 전 이해를 참조하라. 여기서 강조하고 있는 "처음이며 마지막이요 죽었다가 살아나신 분"(ὁ πρῶτος καὶ ὁ ἔσχατος, ὃς ἐγένετο νεκρὸς καὶ ἔζησεν)이라는 서술은 요한계시록이 말하고자 하는 기독론의 신학적인 토대가 된다. 처음과 마지막이라는 시간은 요한계시록이 제시하는 직선적인 역사관이며 기독교의

58) 라이트푸트/하머, 『속사도교부들』,191.

59) 라이트푸트/하머, 『속사도교부들』,152.

역사인식과도 연결된다. 즉 죽었다가 살아난 예수 그리스도는 역사와 시간의 주관자라는 의미를 가진다. 여기서 "죽었다가 살아난 분"이라는 서술은 그가 지상의 공생애를 통해서 이룩한 구원의 최종적인 결과를 말하는 동시에 모든 역사와 피조물을 주관하는 만물의 주인이라는 사실을 밝히고 있다(1:17을 참조).

9절. 공동체가 외부의 세력으로부터 경험하는 상황은 "고난과 가난함"(ἡ θλῖψις καὶ ἡ πτωχεία)으로 요약된다. 여기서 말하는 가난은 우선 공동체가 겪고 있는 공동체의 영적인 상태를 말하는 유비다. 왜냐하면 뒤에 이어지는 "너는 부자다"(πλούσιος εἶ)라는 입장은 경제적으로 해석되기 보다는 영적으로 해석되는 것이 문맥상 더 잘 들어맞기 때문이다. 이어지는 진술에서 유대인을 "사탄의 회당"(συναγωγὴ τοῦ σατανᾶ)으로 묘사하는 입장은 요한복음 8:39-47에 나오는 예수와 유대인들 간의 논쟁에서 언급되는 "너희는 악마인 아버지로부터 나왔다"(ὑμεῖς ἐκ τοῦ πατρὸς τοῦ διαβόλου ἐστὲ)는 언급과 맥을 같이한다. 따라서 여기서 유대인들의 모임을 '사탄의 회당'으로 규정하는 것은 유대교와 기독교의 신학적인 입장이 분명하게 달라지고 있음을 보여 준다. 그러나 어떤 학자들은 "자칭 유대인들"(οἱ λέγοντες Ἰουδαίους ἑαυτοὺς)이라고 하는 사람들을 유대기독교인(Jewish Christian)으로 보기도 한다.[60] 여기서는 유대인들 그룹이 기독교인들을 공격하는 것으로 보는 것이 더 타당해 보인다.

10절. 이런 상황에서 교회는 위협을 받고 있으며 아마 교인들 몇몇은 감옥으로 넘겨지는 어려움을 겪고 있는 것으로 보인다. 여기에는 당시의 서머나 기독교인들이 유대인들의 고발이나 개입으로 공권력을 행사하는 관원들에게 어려움을 당하고 있음을 반영한다.[61] 물론 그 어려움은 당시의 문화에 대해서 거리감을 두거나 다른 생활방식을 보여주는 기독교인들의 태도에서 기인하는 것일 수 있다. 이 모든 어려움은 서머나 공동체와 성도

60) S.G. Wilson, "Gentile Judaizers", *NTS* 38 (1992), 613 이하; H. Kraft, 『요한묵시록』, 101쪽 이하를 참조하라. Kraft는 여기서 요한공동체를 공격하는 사람들을 유대기독교적인 단체로 본다

61) A. Satake, *Offenbarung*, 161.

들이 믿음을 가지고 견디어 내야 하는 시험대가 되기도 한다. 그들이 겪어야 하는 고난의 시간은 "열흘"(ἡμέραι δέκα)로 제시된다. 여기서 열흘은 시험을 당하는 것을 상징적으로 묘사하는 다니엘서에 나오는 바빌론 궁정의 다니엘의 친구들이 경험한 수난에서 그 예를 찾아볼 수 있다(단 1:12-15). 그러면서 동시에 그 시간을 구체적으로 제시하는 것은 정해진 고난을 잘 견디라고 하는 상징적인 의미도 가진다. 고난을 이겨낸 사람들에게 주어지는 결과는 승리를 나타내는 "생명의 월계관"(ὁ στέφανος τῆς ζωῆς)이며, 이것은 예수 그리스도가 주는 영원한 구원을 말한다. 다시 말해서 믿는 자들은 현재의 고난과 싸우면서 그리스도의 구원역사에 참여하고 있는 것이다.

11절. 앞에서 에베소로 보내는 편지의 마무리처럼 서머나로 보내는 편지도 경고의 말로 마무리 된다. 경고의 내용은 이기는 자에게 "두 번째 사망"(ὁ θάνατος τοῦ δευτέρου)으로부터 아무런 어려움을 당하지 않는다는 것이다. 이것은 종말의 최종적인 심판이 영원한 생명과 죽음을 결정한다는 것을 말한다. 여기서 말하는 두 번째 사망은 이미 죽은 자가 더 이상 부활을 경험하지 못하는 최종적인 심판을 받는 것을 의미한다(20:6을 참조).

6. 2:12-17 버가모 교회에 보내는 편지

6.1. 본문 사역

[12] 버가모 교회의 천사에게 편지를 보내라. 좌우에 날선 칼을 가지신 분이 말씀하셨습니다. [13] 나는 네가 살고 있는 곳을 알고 있다. 그곳은 사탄의 왕좌(王座)가 있다. 너는 내 이름을 굳게 붙잡았고 나에 대한 충성을 저버리지 않았다. 그 날에 안디바는 나의 충성스러운 순교자였다. 그는 너희 앞에서 죽음을 당했는데, 그곳은 사탄이 살고 있는 곳이다. [14] 그러나 나는 너의 작은 일들을 책망하고자 한다. 그것은 네가 그곳에서 발람의 가르침을 따르는 자들을 데리고 있다는 것이다. 그는 발락에게 이스라엘 자손들 앞에서 걸림돌을 두도록 가르쳤는데, 그것은 우상에게 드린 제물을 먹고 음행을 하게 하는 것이었다. [15] 이처럼 너도 니골라 당파 사람들의 가르침을 따르는 자들을 데리고 있다. [16] 그러므로

회개하라. 그렇지 않으면 내가 네게 급히 갈 것이며 내 입의 칼로 그들과 싸울 것이다. 17 귀를 가지고 있는 자는 성령이 교회들에게 하시는 말씀을 들으라. 나는 이기는 그 사람에게 숨겨진 만나와 흰 돌을 줄 것이다. 나는 그 돌 위에 그것을 받는 자 이외에는 어느 누구도 알지 못하는 새 이름을 새겨 놓았다.

6.2. 본문에 대한 전 이해

버가모는 고대 아탈리드 왕조[62]의 수도였고, 기원전 133년 그 땅은 로마에 속하게 되었으며, 소아시아 지방에 확정된 126년부터는 로마총독의 공식적인 관청이 있는 그 지방의 수도였다.[63] 이 도시는 주후 1세기에 제우스를 숭배하는 종교적인 제사와 그것에 열심을 내었던 숭배자들이 몰려들면서 유명해졌다. 따라서 이곳에 소아시아 안에서 제우스가 나타나는 장소로 알려져 그를 구원자(Ζεύς Σωτήρ)로 숭배하는 커다란 제단이 있었다. 이 제단의 규모는 매우 거대했다는 증거가 현재 베를린 국립박물관에 보관되어 있는 흔적을 통해서 확인된다. 이 제단의 위치는 버가모의 도심지 보다 300미터 높은 곳에 있었고, 제우스 제단을 주변으로 당시의 여러 신들이 숭배되고 있었다. 아테네 사람들은 이 제단을 승리의 여신 니케(Nike)를 숭배하는 곳으로 생각했고, 소아시아 사람들은 이 제단을 통해서 치료의 신 아스클레피온(Asklepion)을 구원자로 받아들였다.[64] 이런 이유로 이 도시는 이미 주전 29년에 황제숭배의 중심지가 되었고[65], 옥타비아누스에 대한 충성으로 아우구스투스와 여신 로마(Dea Roma)를 위한 신전을 건설하기도 했다.[66] 이 편지의 12-13절은 편지의 서두에 해당한다. 이 편지 안에는 위에서 언급한 다양한 종교적인 현상이 반영되고 있다. 마지막으로 14-17절은

62) 아탈리드(Attalid) 왕조는 알렉산더의 장군이었던 리시마쿠스가 페르가몬을 지배했던 헬라 왕조다. 왕조의 존속 기간은 기원전 282-133년까지다. http://en.wikipedia.org/wiki/Attalid_dynasty 참조하라.

63) A. Satake, *Offenbarung*, 163.

64) 헬뮤트 쾨스터, 『신약성서배경연구』(이억부 옮김), 2009, 288-293.

65) 헬뮤트 쾨스터, 『신약성서배경연구』, 592-601.

66) A. Satake, *Offenbarung*, 163.

이 교회를 위한 경고로 되어있다.

6.3. 주석

12절. 버가모에 대한 일반적인 설명은 위에서 제시한 본문에 대한 전 이해를 참조하라. 여기서 그리스도는 "좌우의 날선 칼을 가지고 있는 분"(ὁ ἔχων τὴν ῥομφαίαν τὴν δίστομον τὴν ὀξεῖαν)으로 나온다. 이것은 이미 1:16에서 나온 것으로 요한계시록에서는 칼은 (하나님과) 예수의 말을 의미한다(2:16; 19:15,21; 엡 6:17).

13절. 그리스도는 버가모가 "사탄의 왕좌"(ὁ θρόνος τοῦ σατανᾶ)가 있는 곳이라고 말한다. 이것은 이미 언급한 것처럼 버가모 안에는 여러 가지 다양한 종교들이 경쟁하고 있음을 반영하며, 그 종교들 대부분은 도시정부의 관리를 받으면서 국가를 위한 제의나 혹은 종교혼합주의적인 경향들을 가지고 있었다. 그리고 그 종교들의 중심에 로마 황제를 위한 아우구스투스와 여신 로마를 섬기는 신전은 그 종교들의 중심이었다.[67] 이런 종교혼합주의적인 상황 속에서 안디바(Ἀντιπᾶς)라는 인물이 순교를 당했다고 말한다. 여기서 말하는 증거는 기독교가 박해를 받는 가운데 경험하는 순교를 말한다. 이것은 기독교인들이 당시 사회 구성원의 소수(minor)로 도시가 주관하는 각종 종교행사와 관련해서 갈등을 겪고 있음을 알려준다. 여기서 이들이 당하는 어려움은 당시의 제의와 갈등을 겪음으로 일어난 사법살인 같은 경우로 추정된다.[68]

14절. 그리스도가 이 편지를 통해서 버가모 교회를 책망하는 이유는 다음과 같다. 즉 이 교회는 영지주의적인 거짓 교사들의 영향을 받고 있기 때문이다. 이 상황은 이미 앞에서 언급한 에베소 교회의 상황과 유사하다(1-7절 참조). 일반적으로 유대교와 랍비 전승에서 발람은 하나님 없는 악행자의 전형이며(신 23:4이하; 민 22-24), 기독교는 그를 기독교 영지주의

---

67) R.H. Charles, *Revelation I*, 61; H. Giesen, *Offenbarung*, 114.

68) I.T. Beckwith, *The Apocalypse of John*, 459; G. R. Beasley-Murray, *The Book of Revelation*, NCeB, London: Eerdmans, 1978, 85.

자를 대변하는 자로 이해하고 있었다. 여기서 "우상제물을 먹는 것"(φαγεῖν εἰδωλόθυτα)은 당시의 종교적인 환경에서 일어났던 이방인 제사에 참여하며, 그곳에 참여한 사람들과 함께 제사음식을 함께 나누는 것을 관대하게 여겼던 태도를 말한다(고전 8-10장). 유대교와 유대기독교 전통을 가진 사람들은 타 종교의 행사에 참여하여 제사음식을 먹는 것을 "음행하는 것"(πορνεῦσαι)으로 이해했다. 그러나 이방인들의 제사에 자유롭게 참여한 사람들은 자신들이 이미 구원과 생명에 대한 지식을 가지고 있기 때문에 그에 대한 참여가 문제가 되지 않는다고 주장했을 것으로 보인다.[69]

15절. 이 편지는 이런 주장을 하는 사람들의 행위를 이미 6절에서 니골라당의 행위로 규정했다. 이처럼 버가모 교회는 에베소 교회와 유사한 문제를 경험하고 있었다. 따라서 6절에서 언급한 니골라당의 행위(τὰ ἔργα τῶν Νικολαϊτῶν)와 여기서 말하는 니골라당의 가르침(ἡ διδαχή τῶν Νικολαϊτῶν)은 큰 차이가 없다.

16절. 이 편지는 이런 경향에 대해서 비판적인 태도를 취한다. 그 비판의 근거는 예수의 "입의 칼"(ἡ ῥομφαία τοῦ στόματός)로 상징되는 그의 말씀이다. 예수의 입에서 나오는 검은 예수에 관한 그리고 예수가 가르친 바른 가르침의 말씀과 복음으로 당시의 종교적인 환경에 대해서 비판적인 자세를 가지고 있음을 보여준다. 따라서 이 이미지는 복음과 예수의 말씀이 공동체를 더럽히는 거짓된 가르침을 물리치는 가장 강력한 무기라는 것을 비유적으로 보여준다. 또한 예수의 말씀은 심판을 수행하는 종말론적이고 묵시적인 의미도 가지고 있다.

17절. 요한계시록의 다른 편지처럼 버가모로 보내는 편지도 경고와 승리의 말로 마무리 된다. 이 편지 끝말의 특징은 "승리하는 자에게 감추어진 만나와 흰 돌을 주겠다"(Τῷ νικῶντι δώσω αὐτῷ τοῦ μάννα τοῦ κεκρυμμένου καὶ δώσω αὐτῷ ψῆφον λευκήν)는 언급이다. 여기서 만나는 구원받은 자들이 메시아의 통치로 이루어지는 종말론적인 식탁공동체에 참여하는 것을 말한

69) R.H. Charles, *Revelation I*, 61; H. Giesen, *Offenbarung*, 114.

다.[70] 그리고 흰 돌은 순결과 완성을 뜻하며 악마의 힘을 몰아낸다는 마술적 인 의미를 가진다. 특히 이 돌 위에 새 이름을 기록하고 그 이름은 그 돌을 받는 자 밖에 모른다는 것은 현재의 고난을 당하는 자의 미래적인 완성을 상징한다. 즉 완전한 순결과 완성은 고난을 견딤으로 완성된다. 이것을 통해서 승리한 사람은 하늘의 잔치에 참여하는 자가 됨을 의미한다.[71]

7. 2:18-29절 두아디라 교회에 보내는 편지

7.1. 본문 사역

18 두아디라 교회의 천사에게 편지를 보내라. 하나님의 아들이 말씀하셨습니다.
그분은 타오르는 불꽃 같은 눈을 가지고 계시며 그의 발은 빛나는 놋쇠와 같았
습니다. 19 나는 너의 행위와 사랑과 믿음과 섬김과 인내를 알고 있다. 너의 마
지막 행위는 처음 것보다 더 많다. 20 나는 너를 책망하고자 한다. 그것은 네가
자기 자신을 여선지라고 말하는 여성인 이세벨을 허락했다는 것이다. 그녀는
나의 종들로 음행을 하게하며 우상제물을 먹도록 가르치고 잘못된 길을 가게
하였다. 21 그리고 나는 그녀에게 회개하도록 시간을 주기도 했다. 그러나 그녀
는 자신의 음행으로부터 회개하려고 하지 않았다. 22 보라. 나는 그녀를 침상에
던져버리겠고 그녀와 간음을 하는 자들도 회개하지 않으면 큰 고난에 던져버릴
것이다. 23 그리고 나는 그녀의 자녀들을 죽음 가운데 죽일 것이며 모든 교회들
은 내가 정욕의 생각과 마음을 살피는 자라는 것을 알게 될 것이다. 나는 너희
들을 행위에 따라서 각자에게 그대로 갚아 줄 것이다. 24 나는 두아디라에 남아
있는 너희에게 말한다. 너희들은 이 가르침을 받아들이지 않았다. 너희는 소위
말하는 사탄의 깊음을 알지 못하고 있다. 나는 너희에게 다른 무거움 짐을 지우
지 않을 것이다. 25 단지 너희는 너희가 가지고 있는 것을 내가 올 때까지 굳게

---

70) H. Kraft, 『요한묵시록』,110 이하; 고전 10:3 이하; 시리아 바룩서 29:8; 시빌리엔 신탁서 7:148.

71) R.H. Mounce, *The Book of Revelation*, 99; 그러나 H. Kraft, 『요한묵시록』, 111은 흰 돌을 잔치에 참석하는 증명서로 이해한다.

붙잡아라. 26 나는 이기고 끝까지 내 일을 지키는 자에게 모든 민족을 다스리는
권세를 줄 것이다. 27 그는 토기 그릇을 깨트리는 것처럼 쇠 몽둥이로 그들을 다
스릴 것이다. 28 내가 아버지로부터 받은 것처럼 나도 그에게 새벽 별을 줄 것이
다. 29 귀를 가지고 있는 사람은 성령이 교회들에게 하시는 말씀을 들으라.

7.2. 본문에 대한 전 이해

버가모가 황제의 관원들과 제사장들의 도시였다면, 두아디라는 상인들과 자영업자들의 도시로 알려져 있다. 이곳도 리디아 지방에 속해 있었으며 무역과 수공업 같은 작은 산업으로 생활을 영위하던 교통의 요충지였다. 그래서 이 도시는 뒤에 나오는 라오디게아와 유사한 특징을 가지고 있다. 이 도시는 미시아 지방의 경계선에 이르는 큰 무역로를 가지고 있었다. 이 도시는 버가모처럼 황제숭배를 위한 건물도 없었고, 종교의 다양한 사조도 상대적으로 미약했던 것으로 보인다. 이곳에도 강한 유대교 공동체가 있었으며, 바울이 그리스에 도착하여 처음으로 개종시켰던 루디아도 두아디라 출신으로 유대교에서 기독교로 개종한 여인이었다(행 16:14).

7.3. 주석

18절. 두아디라 교회를 향하여 말하는 주체는 다른 편지들과 다르게 "하나님의 아들"(ὁ υἱὸς τοῦ θεοῦ)이다. 이것은 이 문맥 안에서 기독론적인 칭호로 사용되고 있다. 동시에 여기서 사용되는 이 칭호는 왕이 하나님의 아들로 높임을 받는 시편 2:7을 인용하면서 메시아로 해석된다. 특히 불꽃 같은 눈과 청동 같은 발은 믿음의 공동체를 위협하는 자들이나 권력을 응징하는 하나님의 아들의 파괴적인 위력을 보여준다(1:14-15를 참조하라).[72]

19절. 여기서는 두아디라 교회의 칭찬받을 내용을 열거한다. 그것은 행위, 사랑, 믿음, 봉사, 인내로 열거된다. 특히 믿음은 그리스도를 신뢰하며

---

72) E. Lohmeyer, *Die Offenbarung des Johannes*, HNT XVI, Tübingen: Mohr Siebeck, 1926, 27; T. Holz, *Die Christologie der Apokalypse des Johannes*, TU 85, Berlin: Akademischer Verlag, 1972, 122.

붙잡는 태도를 말한다(비교. 계 2:13; 13:10; 14:12). 그리고 봉사는 곤경에 처한 상태에 있는 사람을 도와주는 것을 말하며, 인내는 그들이 처한 상황을 견디어내고 있음을 말한다. 이런 행위들은 공동체의 상황이 내부적으로나 외부적으로 위협에 직면에 있음을 보여준다.

20절. 그 위협은 이어지는 이세벨이라는 여자를 통해서 상징적으로 설명되는데, 14절의 발람과 비교된다.[73] 이세벨은 북왕국 이스라엘의 왕 아합의 아내로서 이스라엘 전역에 바알숭배를 장려했던 인물이다. 그래서 성서의 전통에서 그녀에게 가해지는 비난은 음행과 마술[74]을 행했다는 것이다(왕상 16:31-34, 왕하 9:22). 여기서 말하는 예언자라는 칭호는 여성이 예언자로 활동한 사실 보다는 초대 교회 여성들에 의해서 이루어진 여러 가지 예언적인 예들과 비교될 수 있다(행 2:17-18; 21:9; 고전 11:5). 이세벨로 대변되는 여성은 예언이라는 행위를 통해서 이방인들의 종교적인 특징을 유포했고, 이것은 미래적인 종말에 방향을 맞추어 살아가야 할 교회공동체가 그녀의 가르침으로 태만해지는 위기를 경험하고 있는 것으로 보인다.[75] 요한은 하나님의 아들이 이런 행위들을 음행과 우상숭배로 질책하고 있다고 말한다.

21절. 이런 위기에 대해서 하나님의 아들은 교회로 하여금 '회개'를 위한 시간을 주기도 했다"(ἔδωκα αὐτῇ χρόνον ἵνα μετανοήσῃ). 그러나 공동체는 회개를 위한 촉구에도 불구하고 음행과 우상숭배에 빠져들고 있다. 그렇기 때문에 이런 공동체에게 주어지는 경고는 심판이다.

22절. 심판은 세 단계로 진행된다. 일차적으로 심판은 이세벨에게, 그 다음에는 그녀와 음행하는 자들에게, 셋째는 그 자녀들에게로 확대된다. "침상"(κλίνη)이라는 말을 통해서 육체적인 질병을 경험하게 될 것을 말한다. 여기서 말하는 침상은 육체적인 질병을 대변하는 병상을 의미한다. 이렇게

73) J. Roloff, *Offenbarung*, 57.

74) 개역개정판은 왕하 9:22에서 마술을 '술수'로 번역하고 있다.

75) A. Satake, *Offenbarung*, 170.

심판에 대한 경고에도 불구하고 "회개하지 않는다면"(ἐὰν μὴ μετανοήσωσιν ἐκ τῶν ἔργων αὐτῆς)이라는 표현을 통해서 잠시나마 구원의 가능성이 있음을 말한다. 이 정황은 교회 안에 존재했던 여자 예언자의 행위와 가르침이 기독교의 가르침과 행위에 있어서 심각한 위기를 불러일으키고 있음을 보여준다.

23절. 22절에서는 심판이 여자 예언자라는 이세벨에게 일어났다면, 여기서는 그것이 그녀의 자녀들로 확대된다. 심판자는 공동체를 향하여 자신이 "인간의 마음과 내면을 살피시는 분"(ἐγώ εἰμι ὁ ἐραυνῶν νεφρούς καὶ καρδίας)이라고 말한다. 이것은 인간의 본질을 꿰뚫어본다는 의미를 가진다. 이로써 두아디라 교회와 그 구성원들은 이중적인 태도를 버리고 믿음과 행위가 서로 일치하는 공동체가 되기 위해 노력해야 한다. 여기에 나오는 종말의 때에 행한 대로 갚아 줄 것이라는 믿음의 행위에 대한 보상의 약속은 이미 예수님의 가르침을 통해서 나타난다(마 16:17; 7:21).

24절. 두아디라 교회는 이미 거짓 예언자로 인하여 그것을 경험하는 자들과 그것을 반대하는 그룹으로 나누어지는 사건을 경험했다. 여기서 말하는 "사탄의 깊은 것"(τά βαθέα τοῦ σατανᾶ)은 요한 공동체와 다른 가르침이나 혹은 주변 환경에서 주어지는 배교적인 상황을 주도하는 지식이나 세력을 말하는 것일 수 있다.[76] 두아디라 편지의 수신자들은 이세벨의 가르침을 반대한다. 이것은 당시 교회가 올바른 가르침의 문제로 갈등을 겪고 있음을 보여준다.

25절. 이런 갈등의 상황 속에서 바른 가르침을 따르는 사람들은 거짓 가르침을 배격해야만 한다. 그리고 예수 그리스도가 다시 오는 날(재림 때)까지 올바른 가르침을 가지고 그와 지속적인 사귐을 가져야 한다.[77]

26-28절. 두아디아 교회를 향한 마무리 인급도 끝까지 예수 그리스도를 따르는 행위를 통해서 공동체가 직면한 위험을 이겨내라는 것이다. 다른 편지와 마찬가지로 여기서도 승리에 대한 약속이 주어진다. 그 약속의

76) H. Giesen, *Offenbarung*, 121.

77) H. Giesen, *Offenbarung*, 122.

내용은 여러 민족을 다스리는 권세를 준다는 것이다. 여기서 다스린다는 의미는 종말론적인 심판에 참여하는 것을 말한다(고전 6:3을 참조하라). 27-28a절은 26절과 연결되며 그리스도가 궁극적으로 역사의 마지막 통치자라는 사실을 시편 2:9 메시아적인 용법으로 해석하여 설명한다. 이 말은 메시아의 통치가 이루어지면 끝까지 믿음을 지키고 승리한 사람들이 그 통치에 참여한다는 것이다. 따라서 여기서 이기는 자에게 새벽별을 준다는 것은 별을 지배하는 우주의 통치자가 그에게 자기의 권세를 나누어 준다는 의미다. 새벽별(ἡ ἀστήρα ἡ πρωϊνή)은 로마시대에 승리와 통치의 상징이 된다(22:16을 참조하라).[78] 계속해서 새벽별은 새벽을 비추며 햇빛을 가져오게 하여 어두움을 몰아낸다는 승리의 상징으로 이해된다.[79] 이 본문은 묵시문학적인 맥락에서 다니엘 12:3의 "많은 사람을 옳은데로 돌아오게 한 자는 별과 같이 영원토록 비취리라"는 진술과 비교될 수 있을 것이다.

7.4. 2장을 위한 해석과 설교방향

계시록 2-3장에 등장하는 소아시아에 위치한 일곱 교회는 교회에서 자주 언급된다. 먼저 2장에 등장하는 에베소, 서머나, 버가모, 두아디라 네 개의 교회들은 공통점과 차이점을 가지고 있다. 학자들은 요한계시록 2-3장에 등장하는 일곱 교회로 보내는 편지 형식이 4장 이후에 전개되는 환상의 형식과 다르기 때문에 책 전체의 통일성을 해치는 것으로 보기도 한다. 이 편지들의 수신자가 되는 일곱 교회들은 요한계시록 공동체로 소아시아 교회의 상황을 대변한다. 물론 현재 일곱 교회가 존재했던 정확한 위치를 밝히기는 어렵지만, 이 교회들은 당시의 정치적이고 종교적이며 문화적인 환경에서 어려움을 겪고 있었다. 무엇보다 사도행전에서 이 지역은 바울의 활동지역 이었지만, 요한계시록이 기록될 당시에는 요한의 전통이 더 우세했다는 것도 관심을 끄는 부분이다. 이 편지들을 해석하기 위해서는 몇 가

78) H. Giesen, *Offenbarung*, 123 이하.

79) H. Kraft, 『요한묵시록』, 119.

지 고려할 것이 있다.

첫째, 요한계시록이 기록될 당시의 종교적이고 정치적인 상황이다. 계시록이 기록될 당시에 정치와 종교는 밀접한 영향을 가진다. 특히 로마의 제국주의는 황제숭배라는 이데올로기를 통해서 피지배자들을 통치하려고 했다는 것이다. 따라서 요한계시록 공동체도 이런 문제를 피할 수 없었다. 그러나 계시록은 이런 현상을 사탄의 활동으로 규정하고 그로부터 신앙을 지킬 것을 강조한다. 그리고 동시에 유대인들의 예수 그리스도를 믿는 공동체에 대한 박해도 사탄의 활동으로 규정한다(2:9,13,24; 3:9).

둘째, 당시 소아시아 지방에는 많은 디아스포라 유대인들이 살고 있었다. 신구약 중간기를 통하여 유대인들은 예루살렘을 떠나 세계 여러 곳으로 퍼져나갔다. 그 중에서도 에게해 주변과 소아시아 지방에는 많은 유대인들이 분포해 있었다. 이런 상황 속에서 기독교의 성장은 유대교와 충돌을 피할 수 없었다. 당시 유대교는 헬레니즘 세계와 오랜 접촉을 통하여 공식적인 종교로 인정을 받았다. 그래서 기독교가 발전할 당시 세계에서 사람들은 유대교와 기독교는 큰 차이가 없는 것으로 여겼다. 시간이 지나면서 기독교와 유대교의 차이가 드러나기 시작했고, 유대인들은 기독교와 기독교인들을 박해하거나 당국에 고발하기도 하였다. 그로 인하여 기독교는 로마 당국에 의해서 불법적인 비밀 종교로 오해를 받아 어려움을 당하기도 하였다.

셋째, 기독교의 또 다른 경쟁자는 영지주의였다. 영지주의는 그 방향성의 다양함으로 기독교의 내부의 운동이나 외부의 운동으로 이해되기도 한다. 기독교는 일부 영지주의의 영향을 받으면서 그 체제와 경쟁을 해야만 했다. 특히 영지주의는 이원론적인 사고를 가지고 물질을 악한 것으로 평가한다. 이 사고는 기독교 신앙의 근본에 해당하는 예수 그리스도의 성육신을 부인한다. 즉 영적인 깨달음을 강조한 나머지 성육신과 관련된 예수 그리스도의 사랑과 희생의 연관성을 부인한다. 특히 요한계시록이 기록되는 상황으로 여겨지는 1세기 말이나 2세기 초는 영지주의와 기독교의 경쟁이 가속화되는 시기다. 특히 영지주의는 기독교 운동과 깊은 관련을 가지고 있었고, 이런 상황 속에서 기독교는 자신들의 신학과 사상에 대한 새로운 정체성을 정립해야만 하였다. 이러한 상황은 요한의 신학과 관련하여 요한복음과 서신을 함께 고려해서 생각할 수 있다.

따라서 2-3장을 해석하고 설교하기 위해서는 위에서 언급한 상황들을 고려하면서 요한계시록이 말하고자 하는 의도를 파악하는 것이 중요하다. 이런 문제들을 깨닫게 된다면 우리는 요한계시록을 통하여 현재 우리들이 처해 있는 상황과 대화를 나눌 수 있다. 요한계시록은 현재 기독교가 처해 있는 물질만능주의, 권력지향형 교회구조, 기독교 신앙의 핵심이 되는 예수 그리스도에 대한 잘못된 오해들을 반성하도록 하는 많은 관점들을 보여준다. 특히 요한계시록이 가지고 있는 종말론적인 사고는 이렇게 현세적인 것에 집착하여 살아가는 기독교 신앙인들을 향하여 각성을 촉구한다. 그것은 바로 예수 그리스도에 대한 올바른 이해와 따름을 의미하여, 예수가 세상을 이긴 것처럼 믿는 사람들도 세상을 이겨야 한다는 것이다.

• 요한계시록 3장 •

8. 3:1-6 사데 교회에 보내는 편지

8.1. 본문 사역

1 사데 교회의 천사에게 편지를 보내라. 일곱 영과 일곱 별을 가지고 계신분이
말씀하십니다. 나는 너의 행위를 안다. 너는 이름을 가지고 있으며, 살아있지만
죽었다. 2 너는 깨어 있어서 죽게 된 나머지 일들을 굳세게 하라. 나는 나의 하
나님 앞에서 너의 완전해진 네 행위를 발견하지 못했기 때문이다. 3 그러므로
너는 어떻게 받았고 들었고 지켰고 회개했는지 생각하라. 그런데도 네가 깨어
있지 않는다면, 나는 도둑처럼 갈 것이다. 너는 내가 언제 너에게 갈 것인지 알
지 못한다. 4 그러나 사데에는 자신들의 옷을 더럽히지 아니한 자가 몇 명 있다.
그들은 나와 함께 흰 옷을 입고 다닐 것이다. 왜냐하면 그들은 합당한 자들이기

때문이다. 5 이처럼 이기는 자는 흰 옷을 입을 것이며, 나는 그의 이름을 생명책에서 지워버리지 않을 것이며 아버지와 그의 천사들 앞에서 그의 이름을 인정해 줄 것이다. 6 귀를 가지고 있는 사람은 성령이 교회들에게 하시는 말씀을 들으라.

8.2. 본문에 대한 전 이해

사데는 리디아국의 고대 수도였다. 이곳은 주후 17년에 지진으로 인하여 폐허가 되기도 했다. 이 도시는 기원전 133년부터 로마의 변방이 되었고, 그 후 로마의 황제 티베리우스(14-37년)의 후원으로 급속한 성장과 번영을 누렸다. 그러나 요한계시록이 기록될 당시 이 도시는 다시 그 명성을 상실하고 내실없는 외형적인 모습만 자랑하게 되었다. 편지의 본문 2절은 이 도시의 그런 역사를 반영하고 있다. 사데는 로마 시대에 리디아와 동부지방의 양털제품의 집산지였다. 그래서 4절이 말하는 흰옷에 대한 경고도 그런 환경을 배경으로 읽어야 한다. 초대기독교 안에서 사데 교회는 요한계시록에서 처음 나온다. 이 교회도 에베소 교회처럼 초대기독교가 2세대를 맞이하면서 경험했던 전형적인 무기력함을 보여주고 있다. 즉 사데 교회는 외관상으로 건강해 보이지만, 그리스도의 말씀은 그들이 "사실상 죽었다"는 것이다(1절). 이것은 공동체가 생명의 근원이 되는 예수 그리스도의 살아계심을 중심으로 움직여야 한다는 사실을 말해준다. 다시 말해서 교회는 그가 성취한 구원을 구체적인 매일의 삶을 통해서 실현하는 역동성을 가져야 한다는 말이다. 결국 이 본문에서 말하는 책망의 내용은 생명력을 상실한 명목상의 기독교에 대한 비판이며, 그 결과는 교회도 하나님의 심판의 대상이 될 수 있다는 것이다. 이렇게 생명력을 상실한 기독교는 거짓이며 가짜다. 그럼에도 불구하고 하나님은 그렇게 생명력을 잃어가는 교회를 지금도 사랑하신다. 그래서 그는 심판을 잠시 연기하고 회개의 가능성을 열어 놓는다.

8.3. 주석

1절. 사데의 지리적인 설명은 위에서 설명한 본문에 대한 전 이해를 참조하라. 첫 문장은 사데 교회를 향한 경고의 내용이다. 그것은 그들이 "네가 살았다"(ζῇς)고 말하지만 "네가 죽었다"(νεκρὸς εἶ)는 것이다. 이것은 5절과 관련해서 수신자들이 자신들이 생명의 책에 기록된 자들이라고 주장할지 모르지만 '죽었다'는 것으로 이해할 수 있다.[80] 이 편지가 다루고자 하는 것은 다른 편지들처럼 사데 교회의 '행위들'(τὰ ἔργα)과 관련된 것이다. 이 행위들은 믿음을 토대로 이루어지는 행동방식이며 생명과 죽음의 영적인 문제로 이어진다. 여기서 말하는 행위는 행위와 믿음을 이분법적으로 구분하지 않는다. 이미 야고보서 2:26에서 "행함이 없는 믿음은 죽은 것이다"는 선언처럼, 여기서의 행함도 믿음에 근거한 삶의 변화를 말한다.

2-3절. "깨어있으라"(γίνου γρηγορῶν)는 경고는 위기에 처한 신앙에 대한 위협이며 동시에 종말을 대비하는 각성의 상태를 말한다. 이 경고는 다시 3절까지 이어진다. 예수도 제자들에게 "깨어 있으라"는 요구를 했으며, 그것을 위해서 한밤중에 도둑이 갑작스럽게 침입한다는 비유를 사용하고 있다(눅 12:39; 평행 마 24:43f).[81] 결국 이 경고는 영적인 잠의 상태에 빠져있는 사람들을 일깨우고, 갑작스럽게 오실 주님을 위해 항상 준비하고 있으라는 요구다. 이것은 교회가 예수와 제자들로부터 받아들였던 전통과 가르침을 지키고 예수 그리스도와의 사귐을 지속적으로 유지해야 한다는 요청이다. 그러나 계속해서 잠을 자고 있다면 회개하기에 너무 늦게 되고 이런 사람은 죽음을 맛보게 될 것이다.

그리고 "죽게 된 남은 일들을 굳세게 하라"(στήρισον τὰ λοιπὰ ἃ ἔμελλον ἀποθανεῖν)는 것은 공동체의 지체들을 지키고 보호하는 것을 말하는 것으로 보인다. 그것은 이어지는 문장에서 말하는 "행위"와 "하나님 앞에서"라는 언급이 종말의 때에 이루어지는 심판을 의미하기 때문이다. 그러나 여기서 행위를 강조하는 것은 유대기독교적인 언어사용의 예로 보인다.[82] 이렇게

80) U.B. Müller, *Judenchristentum und Paulinismus in Kleinasien an der Wende vom ersten zum zweiten Jahrhundert n. Chr.*, Güterloh: Güterloher Verlagshaus, 1975, 39.

81) 이렇게 '도둑처럼 갑작스럽게 올 것이다' 는 표현은 D. D. Harnisch, *Eschatologische Existenz. Ein exegetischer Beitrag zum Sachanliegen von 1. Thessalonicher 4, 13-4,11*, FRLANT 110, Göttingen: Vandenhoeck & Ruprecht, 1973, 84 이하를 참조하라.

82) P. Volz, *Eschatologie der jüdischen Gemeinde im neutestamentlichen Zeitalter nach*

교회가 힘을 잃어가는 상태에서 깨어나는 길은 지금의 태만한 신앙적인 상태에서 돌아서야 하는 "회개하라"(μετανόησον)는 명령을 따르는 것이다.

4절. 그러므로 사데 교회에 요구되는 것은 순수한 믿음의 상태를 지키는 것이다. 여기서 말하는 "흰 옷을 입고 다니는 것"(περιπατήσουσιν μετ' ἐμοῦ ἐν λευκοῖς)은 요한계시록 전체 안에서 예수 그리스도를 통해서 얻어진 구원의 새로운 상태와 정결함을 보장해 준다는 약속이다(4:4; 7:9,13). 여기서 흰 옷의 이미지는 신자가 세례를 받아 구원의 상태에 들어온 것을 강조하고 기억한다는 의미와 관계가 있다. 그리고 그렇게 새로운 공동체의 구성원이 된 존재가 그리스도와 지속적인 사귐을 가지기 위해서는 그가 입은 흰 옷의 상태를 계속 유지해야 한다.

5절. 생명책(βίβλος τῆς ζωῆς)은 유대교적인 설명이며 요한계시록 안에서는 구원받은 상태의 증표와 같은 역할을 한다. 이 표현은 시편 69:28과 다니엘 12:1에서 확인되며, 이것이 요한계시록 안에서는 이 생명책의 주인이 '어린양 예수 그리스도'로 나타난다(계 13:8; 17:8; 20:15; 21:27). 이렇게 생명책에 관해서 언급하는 것과 관련해서 결국 심판과 구원의 약속은 구약이 말하는 공동체 전체를 위한 문제이기 보다는 개인의 문제임을 말해준다. 즉 신자는 신앙과 삶의 영역에서 일어나는 모든 문제에 있어서 책임적인 삶을 살아야 한다. 예수는 마지막 심판대 앞에서 생명책에 기록된 이름을 개별적으로 부르며 그들의 이름을 하나님 앞에서 확증해 준다(비교. 눅 12:8/마 10:32f=Q자료). 그 결과 그들은 심판을 극복하고 구원의 상태에 참여한다. 이러한 표현들은 요한계시록의 저자가 심판에 관한 예수의 전승을 알고 있었음을 보여준다. 또한 이어지는 아버지와 그의 천사들 앞에서 이름을 인정해 준다는 내용은 요한계시록 안에서는 여기서만 언급되고 있다. "인정해준다"(ὁμολογήσω)는 말은 '고백한다'는 의미도 가지는 것으로 마태

---

den Quellen der rabbinischen, apokalyptischen und apokryphen Literatur, Tübingen: Mohr, 1934, 306; Strack-Billerbeck, *Kommentar zum Neuen Testament aus Talmud und Midrasch I*, München: C.H.Beck'sche Verlagbuchhandlung. 1979, 429 이하.

복음 10:32와 누가복음 12:8의 인자에 대한 전승과 연결된다.[83]

9. 3:7-13 필라델피아 교회에 보내는 편지

9.1. 본문 사역

[7] 필라델비아 교회의 사자에게 편지를 보내라. 이 분은 거룩한 분이며 진실한 분입니다. 그가 열면 닫을 사람이 없고 닫으면 열 사람이 없는 다윗의 열쇠를 가지고 계신 분입니다. 그분이 말씀 하십니다. [8] 나는 너의 행위를 알고 있다. 보라 나는 네 앞에 열린 문을 주었고, 어느 누구도 그것을 닫을 수 없다. 너는 작은 능력을 가지고 있지만 내 말을 지켰으며 나의 이름을 부인하지 않았다. [9] 보라 나는 자신들을 유대인이라고 부르는 사탄의 회당으로부터 있었던 것들을 주었다. 그러나 그들은 그렇지 않은 자들이며 오히려 거짓말 하는 자들이다. 보라 나는 그들로 하여금 가서 네 발 앞에서 절하게 하여 내가 너를 사랑했다는 것을 알게 하겠다. [10] 네가 나의 인내의 말씀을 지켰기 때문에 나도 땅위의 모든 사람들을 시험하는 온 세상에 임하게 될 시험의 때에 너를 지켜줄 것이다. [11] 나는 속히 올 것이다. 너는 네가 가지고 있는 면류관을 어떤 사람도 빼앗지 못하도록 네가 가지고 있는 것을 굳세게 붙잡아야 한다. [12] 이기는 자는 나의 하나님 성전의 기둥이 될 것이며 그는 결코 다시 나가지 못할 것이다. 나는 그 기둥 위에 나의 하나님의 이름과 나의 하나님의 도시의 이름을 쓸 것이다. 그 성은 나의 하나님으로부터 하늘에서 내려오는 새 예루살렘이다. 그리고 나의 이름도 새것이 된다. [13] 귀를 가지고 있는 사람은 성령이 교회들에게 하시는 말씀을 들으라.

9.2. 본문에 대한 전 이해

필라델피아는 사데를 기준으로 하여 동남쪽으로 약 45킬로미터 떨어져 있다. 필라델피아의 도시 규모는 사데 보다 작았다. 이 도시는 버가모의 왕이었던 아탈루스 2세(Attalus II, 주전 159-138)가 건설했다. 도시의 이름은 도

83) P. Volz, *Eschatologie*, 276 이하를 참조하라.

시의 창시자였던 아탈루스 2세의 별명 필라델포스(Philadelpos, '형제사랑'을 의미한다)에서 유래했다. 이 교회의 이름은 초대기독교 역사 안에서 여기에 처음으로 나타난다. 이 교회는 이그나티우스(Ignatius, 주후 35년이나 50년경 태어나 98년에서 117 사이에 사망) 시대에도 존재하고 있었다. 이 도시도 요한계시록의 다른 도시들처럼 유대교의 영향을 받고 있었다(9절). 그래서 필라델비아의 요한계시록 공동체도 유대교 때문에 어려움을 겪은 것으로 나온다. 특히 그런 상황은 서머나 교회가 경험한 것과 비슷한 특징이다(2:8-11의 서머나 교회를 참조하라).

9.3. 주석

7절. "거룩한 분"(ὁ ἅγιος)[84]과 "참되신 분"(ὁ ἀληθινός)이라는 서술어는 구약 안에서 하나님의 본질을 나타내는 표현이다(사 6:3, 65:16). 그런데 여기서는 그것이 예수에게 적용되고 있다. 이것은 당시의 유대인들이 예수의 인격에 대해서 문제를 삼았던 기독론 논쟁을 보여준다. 결국 요한계시록의 공동체는 구약의 하나님에 대한 서술을 예수 그리스도에게 적용하여 자신들의 신앙고백을 하고 있는 것이다. 마찬가지로 '다윗의 열쇠'(κλείς Δαυίδ)라고 하는 진술도 이사야서의 진술을 빌려온 것이며 이스라엘의 하나님에 대한 진술이었다(사 22:22). 결국 이 말은 1:18에서 언급되었던 죽음과 하데스의 열쇠를 가진 예수를 표현하는 것과 함께 그가 죽음의 영역과 하나님의 영역을 지배하는 권세임을 말한다. 그러므로 베드로와 관련된 마태복음의 열쇠에 대한 언급도 이런 맥락과 연결된다(마 16:19). 여기서 다윗의 열쇠라고 강조되는 것은 앞으로 전개되는 하늘의 예루살렘에 참여하는 권리를 줄 수 있는 예수의 능력을 보여준다.[85]

8절. 신약성서 안에서 문이 열리는 표현들은 모두 선교의 가능성이 열

84) Strack-Billerbeck, *Kommentar zum Neuen Testament aus Talmud und Midrasch III*, München: C.H.Beck'sche Verlagbuchhandlung. 1979, 762; K.G. Kuhn, "ἅγιος", *ThWNT* I, 97-101 중 97.

85) U. B. Müller, *Offenbarung*, 130.

리는 것을 말한다(고전 16:9; 고후 2:12; 행 14:27). 그러나 요한계시록에서 문이 열리는 것은 위의 7절의 설명과 연결해서 하늘의 예루살렘에 참여하는 문이 열리는 것으로 해석할 수 있다(12절과 21:25와 22:14를 참조하라).[86] 그렇게 선교의 문이 열리는 상황과 관련해서 그것을 방해하는 위기의 상황도 함께 공존하고 있었다. 그런 상황 속에서 빌라델피아 교회는 하나님에게 속한 공동체로서 그렇게 새롭게 전개되는 선교상황에서 신앙을 지키고 있는 공동체였다는 것을 알 수 있다.

9절. 이 문장은 문법상의 어려움으로 해석상의 문제가 있다. 그리스어 문장 "ἰδοὺ διδῶ ἐκ τῆς συναγωγῆς τοῦ σατανᾶ τῶν λεγόντων ἑαυτοὺς Ἰουδαίους εἶναι"의 주동사는 '주다'는 의미의 동사 διδῶ로 간접목적어와 직접목적어가 없는 상태다(앞의 사역 참조). 우리말성경 개역개정은 "보라 사탄의 회당 곧 자칭 유대인이라 하나 그렇지 아니하고 거짓말 하는 자들 중에서 몇을 네게 주어"로 번역했는데, 이어지는 문장과의 관계에서 받아들일 수 있는 번역이다. 따라서 이 문장은 선교가 전개되는 새로운 상황에서 그것을 방해하는 유대인들의 회당공동체와의 갈등을 경험하는 상황을 반영하는 것으로 이해할 수 있다. 여기서는 기독교의 선교를 방해하는 유대인들의 모임은 '사탄의 회당'(συναγωγή τοῦ σατανα)으로 규정된다. 이것은 이미 2:8 이하의 서머나 교회가 겪은 일과 유사하다. 이렇게 기독교와 유대교의 갈등은 이미 요한복음에도 나타난다. 이미 지적한 것처럼 예수는 요한복음 8:39-47에서 유대인들이 그들의 아버지 되는 악마로부터 나왔다고 비판했다. 이것들은 초대기독교가 발전하면서 유대교와 갈등관계가 심각해지고 있었다는 것을 보여준다.

그러나 저자는 이런 상황은 곧 역전될 것이라는 전망을 제시한다. 9b절에서 "내가 그들이 가서 그들을 네 발 앞에 꿇게 한다"(ποιήσω αὐτοὺς ἵνα ἥξουσιν καὶ προσκυνήσουσιν ἐνώπιον τῶν ποδῶν σου)는 것은 예수의 재림의 날에 그 필라델피아 공동체가 예수 그리스도의 마지막 통치에 참여할 것이라

86) A. Satake, *Offenbarung*, 182.

는 약속이다. 이 약속으로 인하여 어려움을 극복한 사람들은 그와 함께 그의 왕좌에 앉아 세상을 다스린다(21절). 이런 약속을 통해서 기독교 공동체는 결국 유대교와 이스라엘의 유산을 극복하고 넘어서서 새로운 이스라엘이 된다. 이 문장 안에는 이사야 43:4과 60:14의 종말에 대한 약속이 반영되어 있다.

10절. 그러므로 예수의 말씀을 신뢰하고 붙드는 것과 견디라는 요구는 앞으로 일어나게 될 지상에서 마지막 시험을 이기고 보호받기 위한 약속이 된다. 결국 기독교 공동체는 그리스도가 다시 오기까지 얼마 남지 않은 시간 동안 깨어있는 긴장의 상태를 유지해야 한다. 그렇게 신앙을 지키고 보전해 나갈 때 그들을 지키고 보호해 주는 분은 예수 그리스도이시다. 여기서 "나의 인내의 말씀을 지키는 것"(ἐτήρησας τὸν λόγον τῆς ὑπομονῆς μου)과 임박한 시간에 "그를 지켜주는 것"(σε τηρήσω) 사이에 동일하게 시공을 초월하여 신자와 그리스도와의 밀접한 관계를 보여준다.

11절. 예수 그리스도의 십자가와 부활 사건 그리고 그 일에 참여하는 자들은 이미 승리를 얻은 사람들이며 승리의 면류관(στέφανός)을 획득한 사람들이다. 그러므로 그 교회가 "가지고 있는 것"(ὃ ἔχεις)은 앞뒤 문맥에서 신앙의 모든 행위를 말한다(2:25을 참조하라). 이것을 "어느 누구도 빼앗지 못하게 하라"(ἵνα μηδεὶς λάβῃ)는 요구는 공동체가 어려움에도 굳건하게 인내의 말씀(8절)을 지켜서 그리스도를 믿음으로 이루어진 현재적인 구원을 이루어 나가라는 요청이다.

12절. "나의 하나님의 성전의 기둥(στῦλος ἐν τῷ ναῷ τοῦ θεοῦ μου)이 된다"는 약속의 말은 어려움을 당하는 공동체와 신자들을 위한 승리의 요청이다. 여기서 '기둥'이라는 말은 유대교의 명예스러운 칭호이다. 유대교에서 아브라함은 '세계의 기둥'으로 불린다.[87] 그리고 이것은 예루살렘 교회의 지도자들에게도 적용되었다(갈 2:9). 이것은 이기는 자가 하나님의 소유이며, 마지막 때 하늘에서 내려오는 새로운 도시 예루살렘의 주민으로서 그

87) Strack-Billerbeck, *Kommentar zum Neuen Testament III*, 537.

것을 받쳐주는 기둥이며, 그 도시의 새로운 주인이 그들을 통치한다(21:14를 참조하라).[88] 이로써 '예수'라는 이름은 예루살렘의 최고의 명예가 된다. 그리고 새 이름의 의미는 그 성의 주민이 되기까지 신앙을 지킨 개인들만이 알게 된다. 이것은 새 예루살렘의 백성이 되는 사람의 최고의 명예다.

10. 3:14-22 라오디게아 교회에 보내는 편지

10.1. 본문 사역

14 라오디게아 교회의 천사에게 편지를 보내라. 이 분은 아멘이며 증인이고 충성스러우신 분이며 진실하시고 하나님의 창조의 시작입니다. 그분이 말씀 하셨습니다. 15 나는 너의 행위를 안다. 너는 차지도 않고 뜨겁지도 않다. 네가 차든지 뜨겁든지 하여라. 16 네가 이처럼 미지근하여 뜨겁지도 않고 차갑지도 않으면 나는 너를 나의 입에서 토해낼 것이다. 17 너는 네가 부자고 넉넉하며 부족한 것이 없다고 말한다. 그러나 너는 네가 고단한 것과 불쌍한 것과 가난하고 눈멀고 벗은 것을 알지 못한다. 18 나는 네가 부유한 자가 되도록 나로부터 불로 제련한 금을 사라고 충고한다. 그리고 너의 벌거벗은 수치스러움이 드러나지 않도록 흰 옷을 사서 입으며, 보기 위해서는 안약을 사서 너의 눈에 바르라. 19 나는 내가 사랑하는 자를 책망하여 가르친다. 그러므로 열심을 내고 회개하라. 20 보라. 나는 문밖에 서서 두드린다. 누구든지 내 음성을 듣고 문을 열면 나는 그에게로 들어가 그와 함께 먹을 것이며 그는 나와 함께 먹을 것이다. 21 나는 이기는 그 사람에게 나와 함께 내 자리에 앉게 해 줄 것이다. 그리고 내가 이겼던 것처럼 아버지와 함께 그의 보좌에 앉게 해 주겠다. 22 귀를 가지고 있는 사람은 성령이 교회들에게 하는 말을 들으라.

10.2. 본문에 대한 전이해

라오디게아는 헬레니즘 시대에 시리아의 통치자였던 안티오쿠스 2세

88) E. Lohse, "Σιών κτλ", *ThWNT* VII, 337.

(주전 261-244)가 건립했다. 그는 이 도시의 이름을 자신의 아내 라오디체(Laodice)를 기념하여 붙였다. 이 도시는 리쿠스 강변에 위치하고 있으며, 북쪽으로는 히에라폴리스가 있고 남쪽으로는 골로새가 있다. 이 도시는 지정학적으로 중요한 무역로가 만나는 교차지점이었다. 여기서는 무역과 수공업이 이루어졌고, 그 중에서도 비단과 양털제품은 가장 중요한 품목이었다. 이 이유로 이 도시에는 소아시아의 어떤 곳보다도 많은 수공업자들의 조직이 있었다. 그에 대한 증거는 이곳에서 발견되는 많은 비문들을 통해서 나타난다. 이렇게 수공법이 발달하자 이 도시 안에서는 은행이 발전하여 많은 환전소가 성행하기도 했다. 또한 이 도시는 당시에 로마 전역에 전파되었던 의료용 기름을 만드는 것으로 유명했고 의술을 가르치는 학교가 있었다. 이 도시는 주후 60/61년에 지진으로 인하여 완전히 폐허가 된 일도 있었지만, 이후에도 자력으로 급속히 번영을 누렸으며 당시에 브리기아 지방에서 가장 부요한 도시가 되었다. 그래서 17-18절은 이 도시의 풍요로운 상황을 반영하고 있음을 알게 된다. 원래 이곳은 바울의 제자들에 의해서 교회가 세워진 것으로 보인다(골 2:1, 4:13). 골로새서 4:16에는 라오디게아로 보내는 바울의 이름으로 된 회람서신이 언급된다. 현재까지 이 편지에 대한 아무런 정보가 없다. 그러나 골로새서에서 언급되는 교회의 상황들과 요한계시록의 라오디게아 서신 사이에 어떤 관계가 있는지 연구해 볼 가치가 있다. 우리는 제2 바울서신에 해당하는 골로새서 안에 나오는 영지주의 거짓교사들이 라오디게아 교회에도 영향을 주었다고 판단할 수 있다(골로새서 2장을 참조하라).

10.3. 주석

14절. 여기서 말씀 하시는 그리스도는 일차적으로 "아멘이신 분"(ὁ ἀμήν)이다. 이것은 '진실하다'는 이사야의 언급과 관계가 있다(사 65:16). 이 표현은 이미 7절에서 언급한 '진실하다'라는 표현과 일치하는 것이다. 이어지는 "증인"(ὁ μάρτυς), "충성스러우신 분"(ὁ πιστὸς), "진실하신 분"(ἀληθινός)이라는 모든 술어들도 모두가 이 '아멘'에 수렴된다. 이것은 7절에서 설명한 것처럼 구약에서 하나님 스스로의 진실함[89]을 말하는 것으로 요한계시록 안에서는 그리스도에게 적용되며 여기에 종말론적인 재림의 관점이 적용되고 있다.[90] 예수는 반드시 종말에 재림하는 세상의 심판자이시다.

15-16절. "뜨겁지도 않고 차지도 않다"(οὔτε ψυχρὸς εἶ οὔτε ζεστός)는 서술은 믿음의 태도에 있어서 분명한 태도를 보이지 않는 것을 말한다.[91] 이것은 기독교 신앙을 가지고 있지만 분명한 태도를 보이지 않는 라오디게아 교회에 대한 비판이다. 다시 말해서 교회가 당시의 종교적인 위기상황 속에서 대적자들에 대해서 적대적인 거부를 표시하는 것인지 아니면 순응하는 것인지 애매한 태도를 보였다는 것이다. 그들의 모호한 자세는 복음에 대한 분명한 수용도 아니며 거부도 아니다. 예수는 이런 태도를 가진 사람들을 스스로 토해낸다고 말한다. 이것은 라오디게아 기독교인들이 구원을 얻었다고 여기는 자기만족의 모습일 뿐이다. 그러나 예수는 이러한 태도는 순종이 아니라 오히려 잘못된 자기이해라고 지적하고 있는 것이다.

17절. 그러나 진실하신 분은 자기 교만과 확신을 가진 사람들과 교회를 향하여 엄하게 꾸짖는다. 그들이 이렇게 꾸짖음을 당하는 이유는 그 교회가 자신들의 상태를 "알지 못하고 있다"(οὐκ οἶδας)는 것이다. 이것은 그들이 신앙을 관념적으로 이해하고 있기 때문이다. 이들은 물질적인 부를 가지고 있었지만, 예수의 눈으로 보면 그들의 내면은 영적으로 궁핍한 상태에 빠져 있다.[92] 이것이 바로 예수가 비판하는 내용이다.

18절. 금을 사고, 흰 옷을 입고, 안약을 사서 바르라는 것은 회개에 대한 비유며 요청이다. 여기서 금은 참된 부유함, 흰 옷은 구원의 옷, 안약은 영적인 지식에 대한 은유다(비교. 사 55:1).

---

89) 데이비드 E. 아우내, 『요한계시록 1-5』(WBC 52상), 2003, 721.

90) T. Holtz, *Die Christologie der Apokalypse des Johannes*, TU 85, Berlin: Akademischer Verlag, 1972, 142.

91) W. Hadorn, *Die Offenbarung des Johannes*, ThHKNT XVIII, Leipzig: Deichert, 1928, 63; H. Zimmermann, "Christus un Kirche in den Sendbriefen der Apokalypse", *Unio Christianorum* (FS Jaeger), Paderborn: Verlag Bonifacius-Druckerei 1962, 195.

92) E. Lohmeyer, *Offenbarung*, 38; W. Hadorn, *Offenbarung*, 63.

19절. 여기서 예수는 자신이 선택한 백성들을 사랑하는 방법을 제시한다. 그는 하나님처럼 그가 사랑하는 자를 훈계하고 벌하기도 하신다(잠 3:12; 히 12:6). 그러므로 여기서는 회개하는 심판의 두려움을 위한 준비가 아닌 참 기쁨을 누리기 위한 준비를 강조한다. 이것은 고난이 하나님의 훈계방식이라는 유대교의 지혜사상을 반영한다.[93]

20절. 흔히 많은 사람들이 이 본문을 '마음의 문을 여는' 심리적이거나 정서적으로 이해한다. 이런 해석은 충분히 가능하다. 그러나 이 비유는 예수께서 다시 오신다는 종말론적인 의미와 연결해서 읽을 수 있고, 이 해석이 더 깊은 신학적인 의미를 제공한다. 그것을 위해서 우리는 예수가 제시했던 한 밤중에 돌아와서 문을 두드리는 주인의 비유를 생각할 수 있다(눅 12:35-38).[94] 특히 깨어 있는 자에게 주어지는 보상과 늘 준비된 상태에서 주인을 맞이함으로 이루어지는 식사는 구원의 날에 참여하는 메시아의 식사라는 의미로 해석할 수 있다.[95] 이런 식사는 주의 재림과 함께 그와 더불어 누리게 되는 미래적인 식탁 공동체를 제시한다. 그런 의미에서 여기서 말하는 식사는 감사의 축제(eucharist)가 되며, 이런 해석은 요한계시록의 종말론적인 의미와도 잘 연결된다.

21절. 여기서 말하는 승리를 위한 요구는 지금까지의 편지를 통해서 이기라고 요청했던 모든 요구들을 종합한다. 예수가 이기는 자와 자리를 함께 하겠다는 것은 20절에서 말한 식사에 대한 연장된 해석이다. 이 표현도 이미 요한계시록이 예수의 어록에 대한 기억을 가지고 있다는 인상을 준다(눅 22:30b[96]; 마 19:28[97]). 이 진술들은 신앙을 지키는 자가 그리스도와 함께

93) 욥 33:12-33; 잠 3:11 이하; 공동번역 집회서 18:13.

94) J. Roloff, *Offenbarung*, 64.

95) J. Roloff, *Offenbarung*, 64.

96) 그리하여 너희가 내 나라에 들어와 내 밥상에서 먹고 마시게 하고, 옥좌에 앉아서 이스라엘의 열두 지파를 심판하게 하겠다.

97) 예수께서 그들에게 말씀하셨다. "내가 진정으로 너희에게 말한다. 새 세상에서 인자가 자기의 영광스러운 보좌에 앉을 때에, 나를 따라온 너희도 열두 보좌에 앉아서, 이스라엘 열두 지파를 심판할 것이다.

왕의 통치에 참여한다는 약속이다. 이것은 종말의 역사 안에서 믿는 자들에게 주어지는 최고의 영광의 상태를 말한다.

22절. 다른 편지들처럼 여기서 말하는 '들으라'는 요구는 모든 교회들을 향한 경고가 된다.

10.4. 3장을 위한 해석과 설교방향

요한계시록 안에서 하나님이 일곱 교회로 편지를 보내면서 가장 많이 언급하는 것 중에 하나는 '행위'(ἔργα)라는 단어다(2:2, 5, 6; 3:1, 2). 이 단어는 바울 서신 안에서 '믿음'과 대립하는 개념으로 '공로', '업적'으로 번역되기도 한다. 그래서 이 단어는 요한계시록 안에서도 그렇게 이해될 수 있다. 이것은 유대기독교 전통에서 유래하는 믿음에 기초한 행위를 의미한다(마 7:21; 약 2:17). 초대 기독교 안에서는 행위와 믿음을 구분하지 않고 통합된 것으로 이해했다. 따라서 편지의 수신자들을 향한 주된 관심사는 믿음에 기초한 행위의 문제를 다루는 것이다.

3장에서는 이렇게 신앙을 지키고 행위를 보전하는 것을 흰옷을 입는 것에 비유하고 있으며, 빌라델피아 교회는 행위를 통해서 믿음을 지켰다고 칭찬을 받는다. 마지막에 나오는 라오디게아 교회는 그 행위가 차지도 덥지도 않은 미지근한 상태라고 책망을 받는다. 이것은 요한계시록 공동체가 직면하고 있는 본질적이고도 심각한 문제가 된다. 왜냐하면 믿음에 근거를 두지 않는 행위들은 변절과 공동체의 붕괴라는 심각한 결과를 낳기 때문이다. 이런 상황에 직면해서 저자는 하나님의 계시를 전달하는 자로서 공동체의 개개인들을 종말론적인 지평으로 인도한다. 3장에서 언급되는 신앙을 지킨 자들의 이름이 생명책에 기록되는 것(5절), 하늘에서 내려오는 새 예루살렘(12절), 종말론적인 친교식사(20절)와 같은 비유들 모두는 신앙의 최종적인 목표가 종말에 얻게 되는 진정한 생명이라고 말한다.

따라서 2장과 연결되는 3장을 위한 설교의 방향은 현재 우리들의 신앙을 비추어 보는 거울을 분명하게 제시하는 것이다. 신앙은 끊임없이 하나님 앞에서 그리고 종말의 빛에서 자신들의 신앙적인 행위들을 반성하면서 앞으로 나아가는 것이다. 소아시아의 일곱 교회가 직면했던 국가종교의 이데올로기적인 위협, 같은 신앙의 뿌리를 가지고 있지만 기독교와 경쟁을 해야만 했던 유대교, 그리고 요한계시록 공동체가 처해있는 사회문화적인 환경은 공동체로 하여금 신앙적인 각성과 반성을 하도록 자극하는 것이었다.

오늘 우리가 살아가는 현실 속에서 가장 심각한 문제는 기독교가 자기반성과 자정능력을 상실해 가고 있다는 것이다. 현재 우리가 어디로 가고 있는지, 아니면 현재 우리가 예수 그리스도의 가르침을 따라 삶의 방향을 맞추고 있는지 하는 문제는 여전히 중요한 것이다. 따라서 요한계시록에 나오는 소아시아의 일곱 교회는 오늘을 살아가는 교회들이 직면할 수 있는 문제들을 예시된 모범으로 제시하며, 동시에 교회가 어떻게 교회 본래의 모습을 회복하고 보전하며 이 세상을 극복할 수 있는지 좋은 대안을 제시한다고 말할 수 있다.

소아시아 일곱 교회는 바울 사도와 그의 전통을 기초로 하여 성장하다가 요한계시록이 기록될 당시에는 요한신학의 영향을 크게 받은 것으로 보인다. 요한복음, 요한서신들, 요한계시록은 서로 다른 형식의 장르로 되어 있지만, 그 안에 존재하는 신학적인 문제는 교회가 발전하면서 겪게 되는 문제들을 연속적으로 보여준다. 요한복음은 예수가 누구인지 말하는 기독론적인 진술에 많은 부분을 할애한다. 그리고 요한 서신들 안에는 예수 그리스도의 성육신과 그의 십자가 사랑을 부인하는 것들에 맞서는 경향이 나타난다. 요한계시록은 앞에서 언급한 것들과 맥락을 같이하면서도 국가 이데올로기와 당시의 종교 문화에 대해서 일정한 거리두기를 한다. 이것은 저자가 수신자들로 하여금 당시의 현상에 매몰되지 않도록 각성과 반성을 촉구하는 것이다.

2부. 요한의 묵시 (4:1-22:5)

1. 요한의 첫 번째 묵시(4-11장): 어린양의 통치와 심판의 시작

• 요한계시록 4장 •

1. 4:1-11 하늘궁정의 하나님의 왕좌

1.1 본문 사역

1 그 후 나는 보았습니다. 보십시오. 하늘에 열려진 문이 있었고, 나와 말씀하시
며 내가 나팔소리처럼 들었던 처음 음성이 있었습니다. 이리로 올라오라. 그리
고 나는 이것 다음에 일어나야 할 것들을 너에게 보여줄 것이다. 2 나는 즉시 영
안에 있게 되었습니다. 보십시오. 하늘에 왕좌가 놓여 있었습니다. 그리고 그 위
에 그분이 앉아 계셨습니다. 3 앉으신 분은 외모가 마치 벽옥과 홍옥수 같았습니
다. 그리고 보좌를 두른 무지개는 모양이 녹섬석(綠閃石) 같았습니다. 4 그리고 왕
좌 주변에는 스물 네 개의 왕좌들이 놓여 있었습니다. 그 왕좌들 위에는 스물 네
명의 장로들이 흰 옷을 입고 머리에 금으로 된 면류관을 쓰고 앉아 있었습니다. 5
그 왕좌로부터 번개와 음성과 뇌성이 나왔고, 그 왕좌 앞에서는 일곱 개의 횃불
이 타오르고 있었습니다. 이 횃불들은 하나님이 일곱 영들이었습니다. 6 그리고
그 왕좌 앞은 수정 같은 유리바다처럼 되어 있었습니다. 왕좌 가운데 그리고 왕
좌 주위에 앞과 뒤가 눈으로 가득 찬 네 개의 살아있는 존재가 있었습니다. 7 첫
번째 살아 있는 존재는 사자를 닮았고, 둘째 살아 있는 존재는 송아지를 닮았으
며, 셋째 살아있는 존재는 사람과 같은 얼굴을 가지고 있었으며, 넷째 살아 있는
존재는 날고 있는 독수리를 닮았습니다. 8 네 개의 살아있는 존재들은 각각 여섯
개의 날개들을 가지고 있었습니다. 그날개 주변과 안에는 눈으로 가득했습니다.
그들은 밤이나 낮이나 쉬지 않고 말했습니다. 그분은 거룩, 거룩, 거룩하신 주 하

나님이며, 전능하신 분이고, 전에도 계셨고 지금도 계시며 오실분입니다. [9] 그 살아있는 존재들은 살아계시며 그 왕좌에 앉아 계신 분에게 영광과 존귀와 감사를 영원히 드릴 것입니다. [10] 이십사 장로들이 왕좌에 앉아계신 분 앞에 엎드려서 살아계신 분에게 영원히 경배할 것이며 왕좌에 앉아 계신 분 앞에 그들의 면류관을 벗어던지며 다음과 같이 말합니다. [11] 주님이신 우리의 하나님, 당신은 영광과 존귀와 능력을 받으시기 합당하십니다. 왜냐하면 당신은 모든 것을 창조하셨고, 그것들은 당신의 뜻을 통해서 존재하고 창조되었기 때문입니다.

1.2. 본문에 대한 전 이해

이미 서론에서 설명한 것처럼 요한계시록의 1부는 1-3장에 해당하고 머리말과 편지의 도입부 형식을 가지며, 지금의 터키에 위치해 있는 소아시아로 보내는 일곱 개의 편지로 이루어져 있다. 따라서 요한계시록 4장은 요한계시록 전체의 2부에 해당한다. 그리고 4장은 요한의 계시록이라는 제목에 맞는 계시의 내용이 본격적으로 전개된다. 여기서 처음 소개되는 주제는 환상을 통해서 놀라운 하늘의 왕좌를 보는 것이다(4-5장). 이 환상 안에서 묘사되고 있는 것들은 앞으로 일어날 일들이라는 미래적인 관점을 가지고 전개된다. 그러한 미래는 위기에 처한 당시의 독자들과 교회를 위한 각성과 믿음을 지켜야 한다는 당위성을 제시한다. 이런 관점에서 보면 4장은 앞으로 전개하려는 이야기의 서막이면서, 계시의 주체인 종말의 역사를 주관하는 존재가 누구인지 드러낸다. 요한계시록 4장 안에는 계시자의 위엄과 그의 권위를 보여주는 하늘궁정의 모습이 묘사된다.

저자는 이런 묘사를 통해서 앞으로 일어날 일들을 예시적으로 보여주고자 한다. 이러한 암시는 요한계시록에서 묘사되는 황홀한 형태의 묘사가 저자의 황홀경의 상황만 묘사하는 것이 아니라 저자의 의도를 반영하고 있음을 주목해야 한다. 이렇게 볼 때 4장의 첫 번째 환상은 이 책이 가지고 있는 신학사상의 핵심을 담고 있다. 여기서 이야기를 서술하는 방식은 요한이 환상을 통해서 경험한 것을 다시 설명하고 해석하는 것으로 되어 있다. 특히 그는 묵시적인 전통에서 전해오는 익숙한 전승들을 사용하여 자신이 말하고자 하는 내용과 결합한다. 그가 4장을 통하여 설명하려는 주된 이미지와 의도는 에스겔의 이미지와 유사한 것들이라는 것이 드러난다. 따라서 그는 구약의 전승을 잘 알고 있다고 판단할 수 있다. 요한계시록 전체 안에서 구약의 자료들은 요한계시록을 이해하고 환상의 의미를 해석하는 중요한 역할을 한다. 이렇게 요한계시록의 기록자가 구약의 전승을 잘 알고 있다는 사실도 요한계시록이 단지 황홀경의 상태에서만 기록된 것이 아니라는 반증이 된다. 특히 앞에서 지적한 것처럼 에스겔서 안에서 하나님이 폭풍우와 천둥을 동반하고 구름을 타고 오는 이미지와 네 개의 살아있는 존재들은 요한이 말하고자 하는 하나님의 왕좌에 대한 이해와 잘 결합된다(5, 6-9절을 겔 1:3-14와 비교하라).

그와 함께 몇 개의 문장들은 이사야 6:1-4의 환상과 유사한 특징을 보이기도 한다(8b절).이사야의 환상은 예언자가 성전에서 하나님의 왕좌를 보는 것으로 나온다. 그러나 요한은 하나님의 왕좌를 하늘궁전에서 보고 있다. 요한은 이렇게 구약에 나오는 전승들을 사용하여 하나님이 역사와 세계를 지배한다는 우주론적인 통치를 장엄하게 그리고 있다.

1.3. 주석

1절. 4장은 "그 후에 내가 …을 보았다"(μετὰ ταῦτα εἶδον)는 문장으로 시작된다. 이것은 요한계시록이 새로운 국면의 환상이나 다른 이야기를 소개할 때 나타나는 전형적인 문체다(7:1, 9; 15:5; 18:1을 참조하라).[98] 하지만 여기서는 새로운 환상에 대한 구체적인 시간이나 장소를 언급하지 않는다. 요한이 보는 것은 묵시문학 안에서 자주 등장하는 하늘의 세계를 들여다보는 환상이다. 그는 아무도 통과할 수 없는 둥근 천정 모양의 하늘을 보았고, 그 하늘 안으로 들어가는 "하늘의 열려진 문"(θύρα ἠνεῳγμένη ἐν τῷ οὐρανῷ)을 보았다고 말한다. 이렇게 하늘 문이 열렸다는 설명은 묵시문헌들 안에서 자주 등장한다. 이것을 통해서 계시를 체험한 사람은 자신이 특

98) R.H. *Charles, Revelation I*, 106.

별히 선택된 존재라는 것을 말한다.[99] 특히 예언자는 환상을 경험하면서 그가 처음 들었던 분의 것과 똑같은 음성을 듣는다(1:10).

2절. 초대 기독교 안에서 이렇게 황홀경의 체험을 통해서 하늘의 세계를 경험한 이야기는 바울서신에도 나온다(고후 12장). 따라서 요한이 경험하고 있는 이런 환상도 바울이 하늘을 여행한 환상과 유사한 것이라고 말할 수 있다. 특히 예언자는 "영 안에서"(ἐν πνεύματι) 자신의 몸을 뛰어넘는 체험을 하게된다. 이렇게 계시자는 자신이 경험한 영에 사로잡히는 경험을 통해서 인간의 한계를 초월하게 되고 그것을 통해서 하나님이 존재하는 천상의 세계로 들어갔다고 설명한다. 저자는 영적인 체험을 통해서 처음부터 하나님의 왕좌를 본다. 이것은 에스겔 1장이 제시하는 이미지와 약간 다르다. 즉 계시록 기록자는 에스겔서를 염두에 두지만 그것을 자신의 의도에 맞게 다르게 적용하고 있는 것이다. 여기서 말하고 있는 하나님의 왕좌는 요한이 말하고자 하는 신중심적인(theocentric) 사상에 대한 표현이다. 에스겔서는 하나님을 인간과 같은 모습이라고 설명한다(겔 1:26-27). 그러나 요한은 그러한 표현을 자제하고 있다. "왕좌에 앉은 분"(ὁ καθήμενος) 라는 표현은 요한계시록 안에서 27회나 언급된다. 여기서 '왕좌'는 그 자체가 하나님의 속성을 묘사하고 있다(4:10; 8:3). 이렇게 하나님이 왕좌에 앉아 계신분이라는 표현은 구약 칠십인역(LXX)이 묘사하고 있는 "그룹들(Cherubim)[100] 위에 앉으신 이"(ὁ καθήμενος ἐπὶ τῶν χερουβίν)라는 표현과 연결될 수 있다(시 80:1; 99:1).[101]

3절. 여기서 하나님의 외모를 표현하는 "벽옥과 홍옥수""(ἰάσπις καὶ σάρδιον) 보석은 그의 위엄을 나타내는 것이다. 이것은 다시 하늘에서 내려오는 새 예루살렘 성의 이미지와 일치한다(21:11,18-20). 노한 하나님의 존재가 인간의 묘사로 다 설명될 수 없다는 것을 의미한다. 요한은 보석을 예

99) 이디오피아 에녹서 14:15; 레위 유언서 5:1.

100) 언약궤 위에 날개 달린 피조물. 삼하 6:2, 왕하 19:15를 참조하라.

101) 데이비드 E. 아우내, 『요한계시록』, 1-5, 770에서 인용.

로 들면서 하나님의 광채와 빛남에 관해서 묘사한다. 이 빛들은 그로부터 나오는 것이며 그의 권력과 영광을 외부로 알리는 기능을 한다. 동시에 그 빛은 그의 존재를 신비로 가득찬 모습으로 설명한다. 벽옥(jasper, 녹색의 빛을 내는 광석)은 들여다 볼 수 없을 정도로 강하게 빛나는 특징을 가진다. 홍옥수(carnelian, 붉은 갈색의 빛을 내는 광석)는 여기서 진한 붉은 색을 띠고 있고 투명한 성질을 지니고 있고 내부까지 관통해서 볼 수 있는 아름다운 보석이다. 왕좌 둘레를 비치고 있고 녹섬석(綠閃石)의 빛은 스마라그디노스(σμαράγδινος)라는 단어에서 유래한다. 이 색은 녹색을 띠는 에메랄드 보석일 것으로 생각된다.[102]

이렇게 하나님의 보좌와 관련된 보석과 유사한 표현을 하는 구약의 본문은 에스겔 1:26-28과 비교된다.[103] 주석가들은 이렇게 하나님의 보좌를 묘사하는 보석들이 요한계시록의 마지막에 나오는 새 예루살렘을 장식하는 보석과 연결해서 생각해야 한다고 생각한다(21:19-20).[104] 이 이미지들은 결국 새 예루살렘의 중심이 되는 하나님의 왕좌가 중심이 되는 하나님의 주권이 실현된 장소라는 의미를 반영한다고 말할 수 있다. 특히 무지개(ἶρις)는 노아의 홍수와 관련해서 다시는 홍수의 재앙이 없을 것이라는 하나님의 약속을 반영한다.

4절. 앞에서 하나님의 모양을 외형적으로 묘사했다면, 지금부터는 그 자리 주변에 위치하는 존재들에 대한 묘사가 진행된다. 요한은 먼저 중심이 되는 하나님이 왕좌 좌우에 늘어서 있는 "스물 네 개의 왕좌"(θρόνοι εἴκοσι τέσσαρες)가 있음을 말한다. 이어서 거기에 스물 네 명의 장로들이 앉아있다고 말한다. 이들 모두는 축제에 참여하는 흰옷을 입고 있으며 금으로 된 면류관을 쓰고 있다. 이들은 누구일까? 구약과 관련해서 장로들이 하나님을 대면하는 장면은 출애굽기 24:9-10의 70인 장로들과 이사야 24:23에 나오

---

102) H. Giesen, *Offenbarung*, 148; 리차드 보큼, 『요한계시록 신학』(이필찬 옮김), 56-61 중 특히 58을 참조하라.

103) 데이비드 E. 아우내, 『요한계시록 1-5』, 771.

104) H. Giesen, *Offenbarung*, 149.

는 장로들을 언급할 수 있다. 특히 장로는 구약과 동양의 배경에서 보면 씨족, 부족, 가족 안에서 지도적인 위치를 가지고 있었고 존경의 대상이었다. 그리고 구약과 이스라엘의 전통에서 장로는 국가적인 지도자나 혹은 유대교의 지도자로 종교적인 권위의 대표자들이었다.[105)]

그리고 24라는 숫자는 다양한 배경을 가지고 설명할 수 있다 바빌론 점성술에서는 이것이 스물 넷의 성신(星神)들을 의미할 수 있다. 우선 요한이 본 것은 이런 고대의 세계관과 연관이 있을 수 있다. 그러나 요한은 이들을 초대기독교의 전통과 연결해 순교를 통해서 그들의 믿음을 지킨 완전한 의인들을 표현하고자 했을 것으로 보인다. 또한 스물 넷 이라는 숫자는 구약의 열두 지파 족장들과 예수의 제자들이었던 새 계약의 열두 사도들을 의미할 수도 있다(마 19:28을 참조하라). 그러므로 현재 이들이 하나님의 왕좌 주변에 있다는 것은 이제 그들의 존재는 인간들이 아니다. 이들은 천상에 속하며 인간의 현존과 전혀 다른 존재임을 말한다. 이런 모습은 열왕기상 22:19 이하에 제시되는 하늘 궁전의 이미지와 비슷하며, 이사야 6:1이하에 나오는 이미지와도 비슷하다. 즉 그들은 신앙을 지켜서 하나님의 보좌관이 된 자들로 해석될 수 있고, 주어진 본문에서는 영원히 예배를 드리며 기도하는 자들로 나온다(4:10이하; 5:8-10, 14; 11:16-18; 19:4).[106)] 그들의 숫자는 하나님의 왕좌 주변에 스물 네 명의 장로들이 있다는 것으로 그의 통치의 완벽함을 상징적으로 보여준다. 이미 신약성서 안에도 하나님의 주변에 그를 보좌하는 자들이 있다는 사상이 나타난다(골 1:16). 24라는 것은 하루의 시간을 의미할 수 도 있는데, 이는 하나님이 스물 네 명의 보좌관들을 통해서 시간의 완전한 주인이 된다는 의미로도 읽을 수 있다.

5절. 하나님의 왕좌와 장로들의 왕좌 사이에는 역동성이 나타난다. 특히 하나님의 왕좌로부터 번개, 소리들, 천둥이 나온다는 것은 하나님의 현현을 말하는 표현들이다(출 19:16; 겔 1:13; 욥 37,4f). 이것들은 경외감을 일깨

105) 데이비드 E. 아우내, 『요한계시록』, 1-5, 775.

106) A. Satake, *Offenbarung*, 196.

우고 숨어계신 하나님(Deus absconditus)의 비밀을 강조한다. 일곱 개의 횃불 이미지는 스가랴서가 말하는 예루살렘 성전에 대한 묘사와 연결된다(슥 4:2). 동시에 유대교 전통과 관련하여 일곱이라는 숫자는 하늘의 최고의 천사들을 의미한다(1:4).

6절. 이어지는 설명은 고대세계에서 이해하고 있던 하늘의 모습이다. 먼저 구약의 세계상에 의하면 하늘은 견고한 둥근 천장으로 되어 있고(욥 37:18), 하늘의 큰바다로 되어있다(창 7:11). 그 아래로는 그것들을 떠받치는 하나님의 집의 기둥들이 있다. 바로 거기에 하나님의 왕좌가 있다(시 104:3). 여기서 유리바다는 둥근 천장과 일치하고, 요한은 그것을 하나님의 왕좌와 하늘이라는 관계성에서 의식적으로 표현하고 있다. 그래서 요한에게는 하늘의 대양이 물의 표면으로 대체된 것처럼 보인다.

계속해서 요한은 하나님의 왕좌 주변에 네 개의 살아있는 존재들(ζῷα)이 있다고 말한다. 이 이미지들은 이사야 6:2 이하에 나오는 존재들과 비교되기도 한다. 이들도 위에 나온 장로들처럼 지속적인 예배를 드리는 존재들이다(4:8; 5:8-10, 14; 19:4).[107] 엄격하게 말해서 그것들은 동물의 이미지를 가진 존재들이지 동물은 아니다. 왜냐하면 동물들은 요한계시록 안에서 하나님을 대적하는 존재들이 되기 때문이다(비교. 11:7, 13:1). 이들의 존재가 종교사의 관점에서 어디서 유래했는지 아는 것은 어렵다. 그러나 하나님의 왕좌를 보좌하는 자들의 이미지는 날개달린 존재들에 해당하는 그룹들(cherubim)과 유사하다(삼하 6:2; 왕하 19:15). 여기에 나오는 이 존재들 은 날개달린 동물의 몸의 형태를 가지기도 하고, 인간의 머리 형상을 가지고 있는 여러 모양의 혼합된 형태를 띠고있다.[108] 특히 구약 안에 나오는 그룹들은 동방에서 신성을 지키거나 신의 명령을 수행하는 자들이었다(삼하 22:11; 왕하 19:15). 구약의 고대 전승은 야훼의 모습이 폭풍과 천둥, 벼락을

107) A. Satake, *Offenbarung*, 199.

108) G. Glonner, *Zur Bildersprache des Johannes von Patmos: Untersuchung der Johannesapokalypse anhand einer um Elemente der Bildinterpretation erweiterten historisch-kritischen Methode*, NTAbh nf 34, Münster: Aschendorff, 1999, 199.

몰고 다니는 기후의 신으로 나오기도 한다. 그리고 그룹들은 하나님의 왕좌를 나르며, 그래서 폭풍우가 그룹들과 동일시되기도 했다(시 18:10-14). 이러한 모습이 다시 에스겔서와 연결되며, 이들은 하나님의 왕좌를 보좌하는 존재들로 해석할 수 있다(겔 1:5-21). 특히 4라는 숫자는 지구의 네 방향에서 불어오는 바람이며, 하나님이 지배하는 세계의 네 방향이며 끝을 상징한다. 그래서 요한도 네 존재에 대한 설명을 에스겔서에 의존하고 있으며 보다 더 오래된 전승을 사용하기도 한다. 이것이 요한계시록이 저자에 의해서 기록되었다는 특징으로 이해할 수 있는 근거가 된다.

7절. 교회 전통에서 살아 있는 네 존재들(τέσσαρα ζῷα)은 에스겔 1:10을 반영하는 것이며, 교회의 전통은 이것들을 네 명의 복음서기자로 해석하거나 혹은 네 개의 복음서로 이해되기도 하였다(마가-사자, 마태-사람 혹은 천사, 누가-황소, 요한-독수리). 그러나 요한계시록은 그것을 표현하는데 관심이 없다. 이 존재들은 하나님의 왕좌 앞에서 스물 네 명의 장로들과 함께 하나님의 명령을 수행하며 세계를 관리하고 감시하는 천사와 같은 존재들이다.[109] 그들이 자리하고 있는 위치는 '보좌 가운데와 보좌 주위'(ἐν μέσῳ τοῦ θρόνου καὶ κύκλῳ τοῦ θρόνου)라고 되어 있다. 여기에는 표현상의 모순이 존재하는 것처럼 보인다. 그러나 '보좌 가운데' 있는 살아있는 존재들의 임무는 사무엘하 22:10-11에 의하면 보좌를 나르는 것이고, 계시록의 '보좌 주위'에 있는 존재들의 임무는 요한에게 깨달음을 전해준다. 이렇게 요한이 묘사하는 이미지들은 하늘궁정에 대한 기본적인 구조를 설명하는 것이다.

계속해서 살아있는 이 존재들은 날개 앞과 뒤에 많은 눈을 가지고 있다. 계속해서 그 존재들의 날개에 달린 수많은 눈들은 에스겔 1:18과 비교되는 것으로 늘 깨어있어서 하나님께 예배하는 역할을 보여준다. 그리고 살아있는 존재들이 가지고 있는, 인간-사자-송아지-독수리의 외형은 점성술과 관련된 왕권을 상징한다(겔 1:10도 비교). 따라서 이 모든 존재들은 하나님이 모든 권력의 지배자라는 사실을 분명하게 묘사한다.

109) 이디오피아 에녹서 71:7을 비교하라.

8절. 요한계시록에 등장하는 살아있는 네 존재들은 에스겔 1:5-6과 비교된다. 요한계시록은 에스겔서와 다르게 네 생물이 여섯 개의 날개를 가지고 있는 것으로 설명한다. 그러나 에스겔의 네 존재들은 네 개의 날개를 가지고 있다. 요한계시록의 존재들은 각자가 인간-사자-송아지-독수리의 외형에서 하나를 취하지만, 에스겔서의 네 존재들은 한 존재가 이렇게 네 가지 형상을 복합적으로 가지고 있다(겔 1:6-10). 그래서 요한계시록의 존재들은 오히려 이사야 6:2의 스랍들(seraphim)과 더 잘 어울린다. 원래 이들의 모습은 날개 달린 뱀 모양을 하고 있는 스랍의 형상에 가깝다. 왜냐하면 요한계시록의 네 존재들은 이사야 6:2이하처럼 하나님을 찬양하기 때문이다. 이들이 날개 가운데와 주변에 많은 눈을 가지고 있다는 설명은 에스겔 1:18에 나오는 바퀴가 많은 눈을 가지고 있다는 설명과 연결된다. 그 눈들이 밤낮으로 쉬지 않는다는 것은 항상 깨어 있는 것을 말한다. 그리고 그들에게 주어진 임무는 밤낮으로 하나님을 찬양하는 것으로 인간을 포함한 모든 피조물도 칠십인역 이사야 6:3처럼 하나님을 고백하고 인정해야 한다는 사실을 말한다. 이사야서에 나오는 "거룩, 거룩, 거룩하다, 만군의 여호와여(=σαβαωθ)!"라는 외침은 '하나님이 역사의 주인'이라는 역사신학적 의미를 가진다. 요한계시록에 나오는 "거룩, 거룩, 거룩 주, 하나님, 전능자여, 이전에도 계셨고 지금도 계시며 오실 분"라는 찬송은 하나님이 시간의 지배자라는 것을 다시 강조하는 것이다.[110]

9-10절. 여기서의 강조점은 하늘의 예배는 중단되지 않고 영원히 계속된다는 것이다. 특히 스물 네 명의 장로들이 면류관을 벗어서 왕좌 앞에 던지는 이미지는 로마의 역사 안에도 나타난다. 타키투스에 의하면 한 때 로마의 지배를 받았던 파르티아의 왕 티리다테스(Tiridates)가 63년에 네로에게 그의 충성심을 보이기 위하여 그의 왕관을 그의 발 앞에 놓고 경배했다

110) J. Michl, *Die Engelvorstellungen in der Apokalypse des Hl. Johannes*, München: Hueber , 1937, 18; K.-P. Jörns, *Das hymnische Evangelium. Untersuchungen zu Aufbau, Funktion und Herkunft der hymnischen Stücke in der Johannesoffenbarung*, StNT 5, Güterloh: Gütersloher Verlagshaus 1971, 25.

고 알려진다. 이런 빛에서 본다면 요한계시록의 저자는 그런 경배는 오직 하나님께만 드릴 수 있다는 주장이 들어있다. 이런 경배를 통하여 인간은 그 앞에서 자신이 피조물임을 인정하고, 하나님이 인간에게 생명과 살아갈 공간을 주신 분이라는 사실을 인정하게 된다.[111]

11절. 이어지는 찬양의 내용은 그런 경배를 받아야하는 존재가 창조자 하나님뿐이라는 사실을 강조한다. 이것은 유일신 사상에서 비롯되는 하나님 경외사상이며 동시에 인간을 신격화하는 정치적인 권력에 저항하는 태도를 보여준다. 특히 하나님의 속성을 드러내는 영광(δόξα), 존귀(τιμή), 능력(δύναμις)은 오직 신에게만 적용되어야 한다. 그러나 세상의 통치자들은 이 표현들을 자기들에게 적용하고 있으며, 백성들이 이 표현들을 사용하여 자신들을 경배하도록 강제적으로 요구한다. 이 요구들은 신성모독이며 하나님을 대항하는 사탄의 속성이다. 이어지는 찬양의 근거는 하나님이 세상의 창조자라는 것이며, 모든 피조물들은 자신의 존재가 창조자에 의해서 그리고 그의 의지에 의해서 생겨난 것임을 인정해야한다. 그러나 요한계시록이 기록될 당시 도미티안 같은 로마 황제는 '우리 주 하나님'이라는 찬양을 자기에게 드리라고 강요하였다.[112] 여기에 나오는 이 찬양을 이런 입장에서 보면 결국 요한계시록은 황제 숭배 거부에 대한 신학적인 입장을 제시하고 있다. 우리는 이 찬양의 모습을 통해서 초대기독교의 예배형식(liturgy)를 추정해 볼 수 있다.

하나님은 창조자이며 모든 생명을 주시는 분이다. 그러므로 그는 모든 피조물들에게 자신을 찬양하도록 요청한다. 따라서 하나님에 대한 올바른 예배와 찬양은 항상 세상의 권력자들 혹은 세상의 질서에 대한 저항이 될 수 있다. 그런 의미에서 예배는 이 세상의 권력과 체제에 대한 새로운 대안이 될 수 있다.

---

111) J. Roloff, *Offenbarung*, 70.

112) Sueton, Domitian,13; Barrett/Thornton (ed.), *Texte zur Umwelt des Neuen Testaments*, Tübingen: J.C.B. Mohr, 1991, 20.

1.4. 4장을 위한 해석과 설교방향

계시록 4장의 주제는 하늘에서 영원히 드려지는 예배다. 그 예배를 받는 분은 왕좌에 앉아계신 분이다. 저자는 신학적인 의도를 가지고 하나님의 이름에 대한 고유 명사나 직접적인 묘사를 피하고 있다. 오히려 그 반대로 여기서는 하나님의 존재를 암시적으로 표현하는 보석의 색깔과 무지개 같은 이미지를 통해서 그 존재의 권위와 위엄을 표시한다. 이처럼 4장에서 묘사되고 있는 장면은 하늘궁정에 관한 것이다.

저자는 환상을 통하여 하늘 궁정을 구성하는 질서에 대해서 표현한다. 그 질서는 왕좌에 앉아 계신 하나님, 그 앞에 존재하는 네 개의 살아 있는 존재들, 스물 네 명의 장로들과 영들로 이루어진다. 특히 네 개의 살아있는 존재들과 스물 네 명의 장로들은 하늘 궁정에서 계속해서 거행되는 예배를 주관하는 임무를 가진다. 이것은 요한계시록 공동체가 당시의 여러 가지 힘들고 어려운 고난을 경험하면서도 하늘에서 이루어지는 예배를 이 땅에 구현한다는 생각으로 공동체의 결속과 신앙의 통합을 꾀하고 있다는 것이다.

좀 더 구체적으로 말하면 네 개의 살아있는 존재들은 당시의 세계관에 따라 동서남북이라는 지구의 네 방위를 지배하는 임무를 부여 받은 것으로 이해할 수 있다. 따라서 이들이 하나님 앞에서 영원히 예배를 거행한다고 하는 것은 지구상에 존재하는 모든 피조물들도 그 예배와 관련된 삶을 살아가야 한다는 것을 말한다. 이어지는 스물 네 명의 장로들은 24라는 숫자의 상징을 통해서 그들의 신학적인 의미를 말한다. 24라는 숫자에 대한 해석의 가능성은 다양하다. 먼저 24는 구약에서 말하는 열두 지파와 신약에서 말하는 열두 사도를 대변하는 개념으로 이해될 수 있다. 동시에 24라는 숫자는 하늘의 운행시간을 나타내는 스물 네 개의 별들이나 그 별들과 관련된 신들을 생각할 수 있다. 이것은 점성술적인 사고를 반영하는 것으로 고대 세계의 세계관을 반영한다. 그러므로 24라는 숫자 안에는 교회가 우주의 중심이며, 구약과 신약을 아우르는 새로운 중심이라는 것을 말하고자 한다.

요한계시록 저자는 이렇게 우주적인 모든 세력들도 하나님 앞에서는 그를 경배해야만 하는 것처럼 지상의 모든 세력들도 하나님 앞에 경배해야 하는 존재임을 말하고자 한다. 이것을 통해서 저자는 당시 공동체를 위협하는 정치적인 세력이나 모든 권력도 하나님 앞에서는 그 권력이 상대화되는 유한한 존재임을 보여준다. 이것은 요한계시록 저자가 제시하는 신중심적인 대담한 선언이다. 당시 요한계시록 공동체를 위협하는 가장 큰 세력은 세계를 지배하며 황제숭배를 통치 이데올로기로 내세웠던 로마제국이었다. 이렇게 당시의 제국의 질서에 대항하여 저자는 자신의 신중심적인 사상을 예배를 통해서 제시하고자 하였다. 즉 예배의 대상은 유한한 권력을 가진 인간이 아니라 온 세상과 시간을 지배하는 하늘궁정의 왕좌에 앉아계신 하나님이라는 것이다.

요한계시록은 이렇게 황제숭배라는 위협에 직면하여 그에 대한 대안으로 하나님에 대한 예배를 주장한다. 그리고 지상의 예배는 지금도 영원히 하늘궁정에서 드려지는 그 예배를 따르는 것이 되어야 한다. 이런 의미에서 우리는 현재 우리들이 참여하는 예배에 대해서 생각해 보아야 한다. 예배는 단순한 참여가 아닌 지금도 하늘에서 거행되고 있는 하늘예배와 교감이 이루어지는 것으로 드려져야만 한다. 즉 현재 땅에서 거행되는 예배는 하늘의 예배를 본받는 하나님에 대한 전적인 순종과 그 영광에로의 참여다. 이것을 통해서 현재 지상에서 살아가는 교회들은 지금 현재 하늘에서 거행되는 하늘의 예배에 참여하는 공동체로서 지금 당하고 있는 이데올로기적인 위협과 문화적인 위협을 극복할 수 있는 당위성을 얻게 된다. 왜냐하면 진정한 예배는 예배에 참여하는 자들을 종말의 지평에 서게 하며, 그 종말의 빛을 통하여 현재 우리들이 서 있는 자리를 되돌아보도록 하기 때문이다. 이런 반성을 통하여 우리는 세상의 유한성, 권력의 유한성, 모든 인간적인 노력의 유한성을 극복하고 진정한 하늘 예배의 참여자가 되는 하나님의 백성이 된다.

• 요한계시록 5장 •

2. 5:1-14 어린양의 즉위식

2.1. 본문 사역

1 그리고 나는 왕좌 위에 앉아 계신 분의 오른손에 있는 작은 책을 보았습니다.
그 책 안과 밖으로 글이 기록되어 있었고 일곱 개의 도장이 찍혀 있었습니다.
2 그리고 나는 힘센 천사가 큰 소리로 선포하는 것을 보았습니다. 누가 이 책을
펴고 그 도장 찍힌 것을 열기에 적합한 분인가? 3 그러나 하늘과 땅과 땅 아래
에 있는 어느 누구도 그 책을 펴거나 볼 수 없었습니다. 4 그래서 나는 어느 누
구도 그 책을 펴거나 보기에 적합하지 않다는 사실 때문에 많이 울었습니다. 5
그리고 장로들 중에 한 사람이 나에게 말했습니다. 울지 말라. 보라. 유다 민족
으로부터 나온 사자가 이겼다. 이 분은 뿌리이며 그 책을 열고 일곱 개의 도장
을 열수 있다. 6 그리고 나는 왕좌와 네 개의 살아 있는 존재들 가운데 그리고
장로들 가운데 죽음을 당한 것 같은 어린양이 서 있는 것을 보았습니다. 그는
일곱 개의 뿔과 일곱 개의 눈을 가지고 있었습니다. 그 눈들은 온 땅으로 보냄
을 받은 일곱 영들이었습니다. 7 그는 나가서 왕좌에 앉아계신 분의 오른 손으
로부터 그 책을 받았습니다. 8 그리고 그가 그 책을 받았을 때, 네 개의 살아 있
는 존재들과 스물 네 명의 장로들은 그 어린양 앞에 엎드렸습니다. 그들은 기타
와 향이 가득한 금 대접을 가지고 있었습니다. 그 향은 거룩한 자들의 기도였습
니다. 9 그들은 새 노래를 부르며 말했습니다. 당신은 그 책을 받으시고 일곱 개
의 도장들을 열기에 적합한 분이십니다. 왜냐하면 당신은 죽음을 당하셨고 당
신의 피로 하나님을 위하여 모든 민족들, 방언들, 백성들, 이방인들로부터 그들
을 사셨고, 10 그리고 그들을 우리 하나님을 위하여 다스리는 자들과 제사장들
로 만들어 주셨으며, 그들이 땅에서 다스리도록 하셨기 때문입니다. 11 그리고
나는 보았고, 그 왕좌와 살아있는 존재들과 장로들을 둘러서 있는 많은 천사들
의 음성을 들었습니다. 그들의 숫자는 만의 만이며 천의 천이었습니다. 12 큰 음
성이 말했습니다. 죽음을 당하신 어린양은 능력과 부와 지혜와 힘과 존귀와 영

광과 찬송을 받기에 적합하다. [13] 그리고 나는 하늘과 땅과 땅 아래와 바다에 있는 모든 피조물들과 그 안에 있는 모든 것들이 말하는 것을 들었습니다. 왕좌에 앉아 계신 분과 어린양에게 찬송과 존귀와 영광과 권능이 영원하소서. [14] 그리고 네 개의 살아있는 존재가 말했습니다. 아멘. 그리고 장로들은 엎드려 경배했습니다.

2.2. 본문에 대한 전 이해

이미 앞에서 살펴본 것처럼 4장과 5장은 서로 연결된다. 4장은 주로 왕좌에 앉아 계신 분에 대한 설명과 그의 신적인 권위를 보석에서 나오는 빛의 색깔과 그를 보좌하는 세력들을 통해서 설명한다. 이런 배경을 기초로 5장은 4장의 이야기를 확장하고 있다. 이미 설명한 것처럼 왕좌에 앉아 계신 분은 하나님이지만 직접적인 묘사보다는 주변의 분위기와 그를 보좌하는 존재들에 의해서 그의 신적인 권위가 부각된다. 5장은 이렇게 신적인 권위를 묘사한 4장을 배경으로 하여 어린양(ἀρνίον)에 대한 묘사로 이어진다. 특히 요한계시록의 저자는 자신이 본 환상을 통해서 죽임 당한 어린양이 이제는 하나님의 전권을 넘겨받은 온 우주의 지배자라는 사실을 말한다.

이미 4장에서는 창조자 하나님의 장중함을 묘사했고, 그가 영원하며 변함이 없는 역사의 주인이라는 것을 반영하면서 하늘 예배에서 영원히 찬양을 받는다. 이런 묘사들은 다시 5장 안에서 그리스도를 통해서 이루어진 구원의 완성을 묘사한다. 요한계시록이 설명하고자 하는 예수는 고난당한 그리스도론의 관점을 가지고 있지만, 그는 더 이상 고난당하는 자가 아니다. 오히려 5장의 예수 그리스도의 길과 과업은 하늘에서 일어나고 있는 현재적인 사건이라는 관점에서 전개된다. 그의 과업은 하나님이 그에게 전권을 위임한 것이다. 하늘궁정은 전적으로 그것을 합당한 것으로 인정하고 있으며, 그러한 복종은 다시 전 우주로 확대된다. 예수가 이렇게 우주적인 지배자라는 사실은 신약성서의 다른 문헌에도 나타난다(마 28:18-20; 행 7:55-56; 빌 2:6-11; 골 1:17-18; 엡 1:20-22; 딤전 3:16; 히 1:5). 이런 입장은 교회가 가지고 있던 기독론 전통의 다양성에서 비롯된다. 그 전통은 대부분 공동체의 예배라는 삶의 자리를 가진다. 공동체는 찬양과 경배를 통해서 예수 그리스도를 따라가는 자신들의 신학적인 입장을 제시한다.

이처럼 그리스도는 하늘에서 낮아짐의 자리에 나타났다가 높임을 받아 하늘의 통치자로 등극한다. 5장 안에서 그리스도가 통치자로 등극하는 과정에는 다음과 같은 대략적인 도식이 나타난다. 주석가들은 이 도식이 고대 동방의 왕위 등극장면을 모방한다고 생각한다. 그 과정은 다음과 같이 3단계로 구분된다. 1단계: 그리스도가 높임을 받는다. 2단계: 하나님으로부터 통치권이 이양된다. 3 단계: 하늘궁정의 신하들이 그 앞에 엎드려 경배하며 전적인 순종을 맹세한다. 따라서 5장에서는 이러한 도식에 따라서 내용을 다음과 같이 구분할 수 있다. 1-4절: 높임을 받기 위한 준비, 5절: 높임을 받은 어린양에 대한 장로의 선언, 6-7절, 왕좌에 앉아 계신 분이 어린양에게 책을 넘겨주면서 통치권 이양, 8-14절: 어린양이 온 우주의 경배를 받으며 세상에 대한 통치를 시작하는 것.

이 장면은 이사야 6:8의 이사야가 소명을 받는 장면과도 비교된다. 그러나 궁극적으로 5장이 말하고자 하는 것은 죽임을 당한 예수 그리스도가 지금은 역사의 마지막 통치자가 되어서 이 세상을 통치하고 있다는 역사관이다. 요한계시록 저자는 이런 진술을 통하여 앞으로 말하고자 하는 미래적인 사건에 대한 진술이 이미 지나간 역사와 관련이 있음을 말하고자 한다.

2.3 주석

1절. 저자는 다시 "내가 보았다"(εἶδον)는 전형적인 어투와 패턴으로 새로운 내용을 말하고자 한다. 여기서 환상가가 보는 것은 왕좌에 앉아 계신 분의 오른 손에 있는 "작은 책"(βιβλίον)이다. 고대 동방에서 왕이 등극하면서 취하는 책은 법적인 통치를 상징한다.[113] 그것은 전왕의 유언집(Testament)이 될 수도 있고 왕의 칙령이 될 수도 있다. 아무튼 이 책은 앞

113) 이 장면이 왕위 등극인지 아니면 임무를 부여받는 서임식인가 하는 논란은 데이비드 E. 아우내, 『요한계시록 1-5』, 848 이하를 참조하라. 필자는 J. Roloff, *Offenbarung*, 72 이하를 따라서 왕위 등극으로 보고자 한다.

뒤로 글이 적혀져 있는 하나님의 손안에 있는 책이다. 이 책에 도장을 찍은 것은 내용을 숨기려는 것이 아니라 자격 없는 자가 그 책을 열어보는 것을 방지하고자 하는 것이다. 결국 그 도장을 여는 자는 그 책의 내용의 효력을 발생하게 하고 그 내용에 대해서 법적인 유효성을 발휘하게 하는 자다. 여기서도 7이라는 숫자는 그 책의 완전함을 말하고, 그 책이 가지고 있는 법의 내용이 하나님이 의도한 완전한 역사의 완성을 위한 계획임을 설명하고자 한다. 그 작은 책의 의미는 어떤 면에서 요한계시록 전체를 함축적으로 표현한 것으로 볼 수 있다.[114)]

2절. 저자는 천사의 환상을 본다. 이 장면은 에스겔 1장 이하와 열왕기상 22:20부터 22절까지의 도식과 일치한다.[115)] 여기서 천사는 하나님의 뜻을 선포하는 역할을 한다. 그는 "누가 그 책과 그 도장들을 열기에 적합한가?"(τίς ἄξιος ἀνοῖξαι τὸ βιβλίον καὶ λῦσαι τὰς σφραγῖδας αὐτοῦ;) 질문한다. 이것은 물론 준비된 답변을 위한 수사학적인 질문이며, 하나님이 합당한 자격을 갖춘 자에게 그 책과 도장을 여는 권한을 부여하도록 하는 역할을 한다. 그러므로 이 질문은 하나님이 그의 통치를 관철시키며, 그 권력을 그 어떤 인간도 아닌 죽임 당한 어린양 그리스도에게 넘겨주겠다는 의미를 내포한다.[116)]

3절. 따라서 하늘과 땅과 땅 아래의 모든 존재들, 즉 천사나 인간이나 어떤 영적인 존재들도 그 도장을 열기에는 부적합하다는 것이 드러난다.

4절. 저자는 환상을 보면서 그 누구도 그것을 열지 못한다는 사실에 슬퍼한다. 환상가는 울음을 통해서 그리스도의 통치가 이루어지기까지 조금 더 기다려야 한다는 의미를 말한다. 이런 슬픔은 이스라엘 백성이 기대하던 메시아 대망의 좌절과 허무함을 말하기도 한다. 이어지는 장면은 하늘

---

114) W. Bousset, *Offenbarung*, 255; U.B. Müller, *Offenbarung*, 153 이하.

115) H.-P. Müller, "Die himmlische Ratsversammlung. Motivgeschichtliches zu Apc 5:1-5", *ZNW* 54 (1963), 256-260.

116) G. Reichelt, *Das Buch mit den Sieben Siegel in der Apokalypse des Johannes*, Göttingen: Univ., Diss., 1975, 220 이하를 참조하라.

왕국에 있는 하나님의 사람들에게는 슬퍼할 이유가 없음을 말한다. 왜냐하면 그 슬픔은 곧 기쁨으로 변하기 때문이다.

5절. 그래서 장로 중에 한 사람이 "울지 말라"(μὴ κλαῖε)고 말하며 승리의 소식을 전한다. 그 장로는 여기서 예수의 이름을 직접 언급하거나 기독론적인 칭호를 사용하지 않는다. 하지만 그가 메시아라는 의미는, 그는 창세기 49:9에 나오는 "유다 가문에서 나오는 사자"(ὁ λέων ὁ ἐκ τῆς φυλῆς Ἰούδα)[117]이고 "다윗의 뿌리"(ἡ ῥίζα Δαυίδ)[118]라는 사실을 통해서 선언된다. 이처럼 최후의 승자는 다윗의 혈통에서 나와 구약의 약속을 실현한 구원의 왕이다(롬 1:3; 15:12).[119] 그러나 강조점은 그의 칭호보다는 그를 통해서 일어난 사건에 있다. 그는 자신을 내어주는 순종을 통하여 하나님에 의해서 일으킴을 받고 높임을 받은 승리자다. 요한계시록 2-3장에서 자주 사용된 '승리'는 예수의 길과 운명을 통해서 이룬 목표이며 결과를 의미한다. 그러므로 그를 따르는 자도 그리스도처럼 순종을 통해서 승리해야 한다. 결국 승리라는 말은 현재의 고난 속에서도 순종과 굳게 서는 것을 의미한다. 최후의 승자인 그리스도는 도장을 열어 심판의 책을 여는 마지막 때의 통치자이며 역사의 완성자가 된다.

6절. 여기서 언급되는 통치자는 4장에서 언급된 왕좌에 앉아계신 분이다. 그의 현존은 그에게 권력을 이양하는 과정과 예배를 통해서 그를 경배하는 것으로 더 극대화 된다. 그는 하늘궁정의 중앙, 즉 하나님의 왕좌 오른쪽에 있는 어린양이다. 왕좌에 앉아계신 하나님의 오른손에 들려져 있는 비밀로 가득 찬 책은 그의 전권을 상징한다. 따라서 그 책이 어린양에게 넘겨지는 것은 중요한 신학적인 의미를 가진다. 4장에서의 묘사처럼 하나님이 하늘궁정의 중앙에 있고, 어린양도 그 가운데에 있어 네 개의 살아있는 존

117) H. Braun, *Qumran und das Neue Testament* I, Tübingen: Mohr Siebeck, 1966, 310.

118) 사 11:10; 유다 유언서 24:5를 참조하라.

119) 4Q Patr.(=4Q252) 3-4; J. Maier, Die Qumran-Essener: Die Texte vom Toten Meer II, München/Basel: E. Reinhardt, 1995, 198; 데이비드 E. 아우내, 『요한계시록 1-5』, 874-876; Chr. Burger, *Jesus als Davidssohn. Eine traditionsgeschichtliche Untersuchung*, FRLANT 98, Göttingen: Vandenhoeck & Ruprecht, 1970, 160 이하.

재들과 장로들의 경배를 받는다. 이런 설명은 죽임을 당한 어린양이 왕좌에 앉아 계신 분과 다를 바 없다는 의미를 내포한다. 여기서는 "죽임당한 것 같은 어린양"(ἀρνίον ἑστηκὸς ὡς ἐσφαγμένον)으로 표현되고 있는데, 이것은 어린양은 고난을 통해서 구원의 완성을 이룬 높임을 받은 예수 그리스도임을 선언하는 것이다.[120] 그러므로 이 어린양이 왕좌에 계신 분으로부터 책을 받는 것은 하나님과 같은 품격으로 통치를 한다는 상징이다.

7절. 따라서 어린양이 하나님에게 나아가서 그 책을 받는 것이 5장의 핵심이다(7절). 그는 하나님의 손으로부터 세계통치를 상징하는 책을 받는 것이다. 이제 어느 누구도 그로부터 그 책을 빼앗을 수 없다. 온 우주의 어느 존재도 그 사실을 부인할 수 없다. 어린양은 하나님의 통치권을 넘겨받았고, 그의 힘과 권위는 온 우주의 영역에 미치고 있다.

8절. 여기서 묘사되는 장면은 하나님으로부터 어린양에게 통치권이 넘겨졌음을 인정하는 예배를 소개한다. 이 장면이 말하고자 하는 것은, 예배를 통해서 표현하는 모든 찬양은 하늘에서 결정된 것이라는 의미와 함께 모든 세계도 여기에 참여해야 된다는 것을 말한다. 이 예배는 하늘궁정의 핵심 보좌관들에 해당하는 네 개의 살아 있는 존재와 장로들을 통해서 우주론적인 차원으로 전개된다(4:8-11을 참조하라). 여기서도 경배와 찬양은 하나님에게 드리는 것처럼 어린양에게도 동일하게 드려진다. 찬양을 위해서 장로들은 현악기(기타)를 연주하고 금 그릇에 고귀한 향을 담아 올리고 있다.

저자는 금 그릇들 위에 채워져 있는 향기재물이 "성도들의 기도"(αἱ προσευχαὶ τῶν ἁγίων)라고 규정한다. 이미 시편 141:2은 "나의 기도가 주의 앞에 분향함과 같이 되며 나의 손드는 것이 저녁 제사같이 되게 하소서" 노래했다. 이로써 고난을 당하고 있는 상황에서 성도들은 구원받은 공동체로서 기도를 구약의 향기제물처럼 드리고 있는 것이다. 이미 신구약 중간기 문헌에서 사람들은 천사들이 성도들의 기도를 전달한다고 생각했다(토비트 12:12). 요한계시록은 이런 사상을 더욱 발전시켜서 기도가 하나님 마

120) W. Bousset, *Offenbarung*, 258; R. H. Charles, *Revelation I*, 141.

지막 때의 심판을 위한 도구이며, 성도가 기도를 통해서 하나님의 심판에 참여한다는 것을 말한다(8:3; 15:7; 16:1이하의 대접 심판을 참조하라).[121]

9-10절. 9a절의 '새 노래'(ᾠδὴ καινὴ)는 마지막 때에 이루어지는 창조의 행위의 완성을 말한다(사 42:10). 하늘의 노래는 새 창조의 노래이며, 예수를 통해서 일어나는 마지막 사건의 완성에 대한 하나님 찬양이다. 이처럼 새 창조는 새 노래를 필요로 한다. 이어지는 9b-10절에는 찬양의 근거가 나온다. 먼저 9b절의 찬양은 구원사건의 완성자인 어린양에 대한 감사로 그가 찬양 받기에 합당하고 하나님께 인정받은 메시아적인 통치자임을 말한다. 계속해서 9c-10절에 이어지는 찬양의 근거도 두개의 평행본문을 통해 예수의 구원행위를 묘사한다. 그 구원의 행위는 일차적으로 하나님께서 그를 마지막 때의 통치자로 세웠다는 것이고, 그 다음으로는 그의 희생과 죽음은 구원을 이루었다는 것이다.

이렇게 예수 그리스도의 죽음은 그의 마지막 통치를 위한 근거가 된다. 좀 더 구체적으로 말하면, 그리스도의 희생과 죽음은 "당신의 피로(ἐν τῷ αἵματί σου) 하나님을 위하여 모든 민족들, 방언들, 백성들, 이방인들로부터 그들을 사셨다(ἠγόρασας)"는 것으로 표현된다. 이것은 예수 그리스도가 하나님을 위하여 모든 민족과 모든 사회적인 영역에서 나오는 사람들을 구원했다는 것이다. 그것은 마치 구약의 희생제사가 피를 구원과 결부시키는 것처럼, 신약성경은 세상의 구원을 위해서 예수가 자신의 생명을 내어주었다고 강조한다. 이로써 인간은 죄의 세력과 하나님에게 대항하는 적대관계에서 구원을 받아 하나님과 사귐을 가지게 되었다.[122] 요한계시록은 모든 사람들의 구원이라는 구원의 보편성을 보여준다. 더 나아가서 그리스도의 구원사역은 모든 민족들로부터 해방된 인간들을 하나님의 백성으로 만드는 것이다. 다시 말해서 그는 그렇게 구원 받은 사람들로 하여금 하나님의 왕의 통치에 참여하며, 하나님 앞으로 나아가는 제사장이 되게 한다(1:6을

121) A. Satake, *Offenbarung*, 211.

122) A. Satake, *Offenbarung*, 212.

참조하라).[123] 그 백성은 마지막 때의 구원공동체가 되며, 그 때가 되면 그들은 새로워진 땅을 지배하는 자들이 된다.

11절. 계속해서 하늘 예배는 확대되어 나간다. 어린양을 찬양하려고 둘러선 하늘의 존재들은 찬양을 통해서 일치를 이루고 있다. 그들은 천사들과 네 개의 살아있는 존재들과 장로들이다. 여기서 천사의 숫자를 말하는 "만의 만, 천의 천"(μυριάδες μυριάδων καὶ χιλιάδες χιλιάδων)이라는 숫자는 셀 수 없을 정도로 많음을 말하는 구약의 전통적인 표현이다(단 7:10).

12절. 이들은 찬양을 통해서 경배하는 내용을 구체적으로 전달해 준다(12b). 이것은 이미 앞에서 나온 9-10절의 찬양의 내용을 점점 더 고양시켜 준다는 의미를 가진다. 죽임을 당한 어린양은 찬양을 통해서 ①능력(δύναμις) ②부(πλοῦτος) ③지혜(σοφία) ④힘(ἰσχὺς) ⑤존귀(τιμή) ⑥영광(δόξα) ⑦찬송(εὐλογία)으로 나열되는 신적인 권위를 인정받는다. 이 중에서 앞의 네 가지는 하나님의 고유한 권한을 말하고, 그가 메시아로서 활동하는 직무와 관련이 있다. 반면에 나머지 셋은 4:9과 비슷하게 찬양을 드리면서 그의 품위에 대해서 설명해 준다. 이렇게 찬양의 순서는 7:12에 다시 나온다.[124]

13절. 이제 찬양은 더 크게 확장되어 하늘의 경계를 넘어선다. 즉 찬양은 모든 창조물들로 확장된다. 이 찬양 안에는 '하늘, 땅, 땅 아래'를 생각하는 당시의 세계상을 반영한다(빌 2:10을 참조하라). 동시에 여기서는 네 번째 순서로 바다가 제시되기도 한다. 원래 유대교의 사고 속에서 바다는 하나님을 대적하는 장소 혹은 죽음의 장소로 이해된다(13:1, 21:1을 참조하라). 결국 이들의 찬양은 창조자 하나님과 메시야인 어린양에게 동일하게 드려지고 있다. 그러므로 4:8-11과 5:8-12의 찬양은 어린양의 구원 사역이 하나님의

123) 여기에는 통치를 현재적인 것으로 보는가 아니면 미래적인 것으로 보는가 하는 논의가 나타난다. E. Lohmeyer, *Offenbarung*, 57; K.-P. Jörns, *Das hymnische Evangelium*, 51을 비교하라.

124) W. Bousset, *Offenbarung*, 261; E. Lohse, *Die Offenbarung des Johannes*, NTD XI, Göttingen: Vandenhoeck & Ruprecht, 1993, 45.

창조와 함께 연결되어 모든 세계를 포괄한다는 신학적인 종합이 된다. 따라서 요한계시록의 기독론은 우주론적인 지평을 가진다(골 1:18-20을 참조하라). 이 찬양들은 예수 그리스도의 구원사역이 역사적 사건이라는 논증으로 이해할 수 있다.

14절. 네 개의 살아 있는 존재들은 온 우주의 피조물이 부르는 찬양에 대해서 "아멘"(ἀμήν)으로 화답한다. 이들은 여기서 등장하는 네 개의 살아 있는 존재들은 장로들이나 천사들 보다 위에 있어 창조에까지 이른다는 인상을 준다. 장로들의 경배는 네 개의 살아 있는 생물이 말하는 "아멘"을 예배를 통해서 응답해야 한다는 의식을 일깨워준다.

2.4. 5장을 위한 해석과 설교방향

지금까지 살펴본 것처럼 4장과 5장의 신학적인 의미는 앞으로 전개되는 요한계시록의 역사해석에 대한 근거가 된다. 다시 요한계시록 공동체는 과거의 사건이었던 예수 그리스도의 죽음을 통해서 그 정체성이 분명해 진다. 이제 공동체는 그의 죽음을 염두에 두면서 자신들이 당하고 있는 현재의 고난에 대해서 근거를 발견하고 앞으로 어떤 미래에 참여할 것인지 현재의 입장을 분명히 해야 한다. 그러므로 마지막이 가까이 오고 있다는 것은 예수가 죽음으로 이룬 구원이 마지막 날에 실현되는 순간이 다가온다는 의미가 된다. 현재 공동체가 경험하는 고난은 하나님 앞에서 일어난 구원의 실현이 공동체 안에서 실제적으로 경험되고 채워지는 과정이다. 공동체는 고난 중에도 큰 희망을 가진다. 그러면서 그들에게는 또한 무거운 책임도 있다. 그것은 그들이 이 세상의 마지막과 모든 사건의 목표가 무엇인지 알기 때문에, 순종과 극복을 통해서 아직도 세상이 알지 못하는 역사의 주인이 되신 예수 그리스도를 대변해야 한다는 것이다. 이것을 통해서 요한계시록 전체는 예수 그리스도가 역사의 마지막을 주관하며 그의 통치가 실현된다는 것을 알리고자 한다.

특히 5장의 주제는 기독론이다. 그는 고난과 죽음의 길을 통과하여 하나님이 앉아 있는 왕의 자리 한 가운데서 서 있으면서 온 우주를 다스리는 권세를 받았다. 그러므로 요한계시록은 이런 이미지와 서술들을 통하여 지상의 모든 통치자들을 포함한 모든 피조물들은 그에게 복종하며 존귀와 영광을 돌려야 한다. 그러나 지상의 권력은 이러한 예수 그리스도의 주권과 우주적인 통치를 인정하지 않으려고 한다. 이것은 요한계시록 공동체가 황제숭배와 우상숭배를 강조하는 지상의 모든 권력을 비판하는 저항정신을 보여준다. 요한계시록 공동체는 당시 그레코-로만의 헬레니즘적인 환경 안에서 소수의 그룹이었다. 그러나 요한계시록 공동체는 그런 환경 안에서도 자신들의 정체성을 분명히 했다. 그것은 바로 자신들의 진정한 통치자가 고난당하였다가 높임을 받은 그리스도라는 고백이었다. 이러한 고백은 당시 황제를 신격화하는 로마제국의 통치지배 이데올로기와의 대립을 불러왔고 요한계시록 공동체는 이에 대해서 거부함으로 고난을 당할 수밖에 없었다.

우리는 요한계시록을 읽어가면서 이런 사실을 기억해야 한다. 즉 교회는 이렇게 세상의 문화와 정치권력을 극복한 예수 그리스도의 정신 위에 세워졌다는 것이다. 오늘날 교회가 많은 양적인 성장을 이루었지만, 이제 우리는 그런 양적인 성장으로만 만족할 것이 아니라 현재 우리가 살고 있는 세상을 아름답게 변화시켜야 한다. 그러기 위해서 교회는 예수 그리스도가 걸어간 고난과 그 고난을 통해서 얻어진 진정한 승리의 가치를 재발견해야 한다. 교회는 우리가 살아가는 사회가 과학과 물질만능주의로 세속화 되는 과정에서도 그 본질을 유지해야 한다. 그것은 바로 다시 예수 그리스도에게로 돌아가는 것이다. 그리고 예수 그리스도를 다시 교회와 온 우주의 통치자로 인정하면서 그 고백을 통해서 살아가는 고백에 대한 실천이 있어야 한다. 그 힘은 바로 우리의 예배를 하늘의 예배처럼 하나님과 그리스도에게 집중함으로 나타난다. 우리는 오늘 우리가 드리는 예배가 하늘의 예배와 하모니를 이루도록 하나님과 그리스도에게 집중해야 한다.

지금까지 4-5장은 하늘궁전에 대한 묘사와 그 궁전에서 경배의 대상이 되고 있는 하나님과 어린양에 대한 이해를 하늘예배라는 관점을 가지고 제시했다. 그 과정을 통해서 주목할 것은 하나님이 어린양 그리스도에게 통치권을 넘겨주는 것으로 그리스도가 역사와 종말의 주인이 된다는 것이다. 따라서 이어지는 6장은 어린양이 이 세상의 종말을 어떻게 주관해 나가는지를 구체적으로 보여준다. 이 장면은 5:2에서 힘센 천사가 외쳤던 "누가 그 책을 펼치며 그 도장들을 열기에 적합한가?" 질문했던 것에 대한 답변이기도 하다. 이렇게 5장의 어린양은 하나님이 일곱 개의 도장(σφραγῖδες)을 찍어서 닫아두었던 역사의 종말에 대해서 새로운 장을 시작하는 마지막의 통치자다. 그러므로 어린양이 그 책의 도장을 여는 것은 다음과 같은 두 가지 의미를 신학적으로 생각하게 해 준다.

첫째, 예수 그리스도의 권세는 우주를 포함한 현재의 모든 영역에 미치고 있다는 것이다. 여기서 나열하고 있는 낯선 세력의 갑작스러운 침입, 전쟁, 기근, 전염병은 세계의 역사에 대한 최종적인 심판이 결정되어 진행되고 있다는 것을 말한다. 특히 어린양은 역사의 마지막을 주관하는 우주의 통치자가 된다. 이 모든 것은 하나님이 역사의 종말을 계획했고, 그 계획은 어린양에 의해서 목표가 되는 종말을 향해 나간다.

둘째, 도장을 열어가는 과정은 고난당하는 공동체의 운명에 대해서도 말한다. 위에서 언급한 마지막 심판은 어린양이 주관하지만, 고난을 당하면서도 믿음을 지킨 무리들과 공동체는 지금부터 일어나는 미래의 어린양 통치에 참여하는 특권을 가진다(5:9-10). 그러므로 요한계시록 공동체는 마지막을 향해서 달려가는 역사의 마지막 한 가운데에 존재하며 어린양의 심판에 참여하는 자들이라는 역사적인 인식을 하고 있다.

3. 6:1-8 처음 네 도장을 여는 어린양

3.1. 본문 사역

1 그리고 나는 어린양이 일곱 개의 도장 중 하나를 열었을 때 네 개의 살아있
는 존재들의 중의 하나가 큰 천둥소리처럼 말하는 것을 들었습니다. 오라. 2 나
는 보았습니다. 흰 말이 있었습니다. 그 위에 앉아 있는 자는 활을 가지고 있었
습니다. 그에게는 면류관이 주어졌고 그리고 이기기 위하여 이기면서 나갔습니
다. 3 나는 그가 두 번째 도장을 열었을 때 두 번째 살아있는 존재가 말하는 것
을 들었습니다. 오라. 4 다른 불과 같은 색의 말이 나갔습니다. 그 위에 앉아 있
는 자에게는 사람들이 서로를 살육하도록 땅으로부터 평화를 거두어가는 것이
주어졌고 그에게 큰 칼이 주어졌습니다. 5 나는 그가 세 번째 도장을 열었을 때,
세 번 째 살아있는 존재가 말하는 것을 들었습니다. 오라. 나는 보았습니다. 보
십시오. 검은 색 말이었습니다. 그 위에 앉아 있는 자는 그의 손에 저울을 가지
고 있었습니다. 6 나는 살아있는 네 개의 존재들 가운데에서 소리 같은 것을 들
었습니다. 밀 한 되에 한 데나리온이며 보리 세 되에 한 데나리온이다. 올리브
기름과 포도주는 손해를 입어서는 안된다 7 그가 네 번째 도장을 열었을 때 나
는 네 번째 살아 있는 존재가 말하는 것을 들었습니다. 오라. 8 나는 보았습니다.
보십시오. 푸른 색 말이 있었습니다. 그 위에 앉아 있는 자는 이름이 죽음이었
습니다. 지옥이 그를 따르고 있었고 그들에게는 칼과 흉년과 죽음과 땅의 짐승
들 아래에서 땅의 사분의 일을 죽이는 권세가 주어졌습니다.

3.2. 본문에 대한 전 이해

지금까지 살펴본 것처럼 요한계시록의 중요한 역할을 하는 숫자는 7이다. 이미 요한계시록 2-3장에 나오는 편지의 수신자들도 일곱 개의 교회며, 역사를 주관하는 거룩한 존재도 일곱 개의 별을 손에 쥐고 계신 분이다. 이처럼 일곱 개의 도장을 찍은 책을 여는 과정도 이러한 기본적인 구도 속에서 전개된다. 여기서 소개하는 일곱 개의 도장 이야기는 7이라는 기본 숫자를 기초로 한다. 그리고 그 사건의 전개는 우선 4+3이라는 도식을 가

진다. 이런 구조는 이어지는 나팔과 대접 환상 안에서도 동일하게 나타난다. 이 특징도 요한계시록이 저자의 의도와 계획 속에서 작성되었다는 것을 보여준다. 그러므로 이런 특징은 요한계시록의 문학적인 통일성과 그것을 배열하는 일정한 병행구조가 있음을 보여준다. 이렇게 일정한 순서를 가진 환상들은 구약과 묵시문헌들이 사용한 전승들과 깊은 연관을 가지고 있다. 이렇게 요한은 자신이 알고 있는 전승들을 사용하여 어린양이 주관하는 마지막의 우주적 환란을 설명한다. 우선 1-7절에 나오는 네 마리의 말 환상은 스가랴 6:1-8에 나오는 밤의 환상과 매우 닮아있다. 그러나 스가랴서가 말하는 성격은 여기서 달라져 버렸다.

그 말들 위에 앉아 있는 존재들은 어린양이 종말을 주관하는 중에 그의 명령을 온 땅과 우주 안에서 수행해 내는 임무를 부여받고 있다. 그리고 그들의 활동은 그들이 가지고 있는 색을 통해서 상징적으로 그 의미를 전달한다.[125] 종교사의 입장에서 이러한 동기들은 고대의 우주론에 대한 이해에서 비롯된다. 스가랴서는 이런 말과 마차들을 '하늘의 네 방향(동서남북)에서 부는 바람'을 상징화 한 것으로 이해한다. 중요한 것은 그것들은 주관하는 주인이 있으며, 그 모든 바람이 그 주인에게서 나온다는 것이다. 이것은 기록자 요한이 구약의 전승을 잘 알고 있었다는 것을 보여준다. 요한은 이런 전승을 이용하여 어린양이 보내는 네 마리의 말과 그 위에 앉아 있는 자들이 불신의 세계를 고통으로 몰아가고 있다는 사실을 말한다. 요한은 특히 이들 각자가 하나님의 왕좌 주변에 있는 네 개의 살아있는 존재들에 의해서 부름을 받고 나간다는 것을 말한다. 이렇게 네 마리의 말과 그 위에 타고 있는 자들이 일으키는 재앙은 마가복음 13:7-13에 나오는 세상의 마지막 파국의 모습과 유사하다.

125) U. B. Müller, *Offenbarung*, 166; O. Böcher, *Dämonenfurcht und Dämonenabwehr. Ein Beitrag zur Vorgeschichte der christlichen Taufe*, BWANT 90, Stuttgart/Berlin: Kohlhammer, 1970, 43.

3.3. 주석

1절. 어린양이 도장을 여는 장면은 이어지는 환상 안에서 중요한 역할을 한다. 처음 네 개의 도장을 여는 장면은 형식적으로 하나님의 왕좌 앞에 있는 네 개의 살아있는 존재들 각자가 처음의 도장부터 네 번째 도장을 열 때 '오라'(ἔρχου)는 명령으로 시작된다. 각각의 살아있는 존재들이 명령을 할 때마다 각자 다른 색의 말들과 함께 그 위에 타고 있는 기사(전사)가 나타난다. 그들의 임무는 말세의 불신자들이 겪어야 하는 고통을 땅으로 가져가 그것들을 실행하는 것이다. 여기서 각각의 말들의 색은 그렇게 인간에게 가해지는 고통을 상징한다.

2절. 처음 등장하는 말은 흰색이며 승리를 나타낸다. 그 말을 타고 있는 기사는 이기는 자로 나타난다. 이와 유사한 이미지는 이후에 나오는 19:11-16에도 나타난다. 그러나 여기에 나오는 기사는 19:11-16에 나오는 이름이 '하나님의 말씀'인 그리스도와 다르다(특히 19:13,16을 보라). 따라서 처음 장면의 기사는 단지 하나님의 명령을 따라 승리를 거두는 그리스도의 명령을 수행하는 자다.[126] 여기에는 이 "이기는 자"가 1) 그리스도, 2) 적그리스도, 3) 승리하는 기독교인들 이라는 주장이 제기되곤 한다. 이 중에서 흰말을 타고 있는 '이기는 자'는 승리한 그리스도를 따라가는 기독교인들의 상징으로 이해될 수 있다.[127]

주석가들은 여기에 구체적인 역사의 관련성이 있는 것으로 본다. 그것은 주후 62년경에 파르티아(Parthia)[128] 제국의 기병대가 로마제국 동쪽, 즉 지금의 유프라테스강 동쪽 국경에서 출현하여 로마를 위협한 사건이다. 그 사건 이후 로마제국의 사람들은 그들을 유프라테스 강을 넘어 로마로 침입하는 새로운 정복자들로 받아들였다. 특히 그들은 활을 주 무기로 지녔고,

126) G. Bornkamm, "Die Komposition der apokalyptischen Visionen in der Offenbarung Johannis", *Studien zu Antike und Urchristentum*. Gesammelte Aufsätze II, BEvTh 28, München: Kaiser, 1963, 219.

127) A. Satake, *Offenbarung*, 218 이하.

128) 고대 이란의 왕국 (주전 247-주후 226)으로 로마가 발흥할 때 경쟁관계를 유지하던 나라다.

로마인들은 이것을 매우 두렵게 여겼던 것으로 전해진다. 따라서 흰 말의 기사는 이런 배경 속에서 화살을 이용하여 우주적인 여호와의 승리를 대신 성취하는 자로 이해된다. 신명기 32:23-25도 화살의 이미지를 가지고 재앙을 '여호와의 화살'로 이해했다.[129]

3-4절. 두 번째 말은 불과 같은 붉은 색이며, 그 위의 기사는 칼을 차고 나타난다. 그도 전사의 이미지를 가진다. 그의 임무는 "땅으로부터 화평을 거두어가는 것"이며, 그 결과 땅 위에서는 사람들 사이에서 전쟁이 일어난다(막 13:8을 참조하라). 저자는 이렇게 평화를 제거하는 모습과 사람들 사이에 전쟁이 일어나는 모습을 통해서 지금까지 존재하던 평화가 허구임을 지적한다. 다시 말해서 이 허구적 평화는 구약이 말하고자 하는 하나님의 통치가 실현되는 '샬롬'이 아닌 로마의 통치 이데올로기를 말한다. 즉 말탄 기사가 제거해야 하는 평화는 로마의 황제 아우구스투스가 이룩한 아우구스투스의 평화(pax Augustea=pax Romana)를 말한다. 이처럼 그에게 세상의 권력이 힘으로 이룬 평화를 제거하는데 큰 칼이 주어진다. 여기서 칼을 주는 주체는 하나님이며, 명령을 받은 전사가 그 칼을 사용하는 것은 제한적이라는 의미가 들어있다.[130]

5-6절. 세 번째 등장하는 말은 검은색이고, 그 위의 기사가 일으키는 재앙은 지상에서 발생하는 인플레이션과 기근이다. 그의 손에 들려 있는 저울은 음식물을 저울에 달아서 먹어야 하는 궁핍함을 상징적으로 보여준다(겔 4:16; 레 26:26). 따라서 여기에 소개되는 저울은 가격을 결정하기 위한 도구가 아니라 단지 상징일 뿐이다. 그 이유는 이어지는 이야기 안에서 곡물의 가격 결정은 저울에 의한 무게에 의해서 결정되지 않고 오히려 곡식의 부피를 재는 도구인 됫박으로 되어 있기 때문이다. 이처럼 저울은 기근의 절박함에 대한 상징으로 이해해되어야 한다. 그리고 네 개의 살아있는 존재들 가운데에서 큰 소리가 난다. 그 소리는 높임을 받은 예수 그리스도

---

129) J. Roloff, *Offenbarung*, 81.

130) J. Roloff, *Offenbarung*, 81.

의 음성이나 하나님의 음성이 될 수도 있다.

그 내용은 마태복음 20:2에 나오는 일용노동자의 품삯처럼 밀 한 되(1리터, 한사람을 위한 하루 분을 위한 곡식의 양)에 1데나리온(하루 품삯=예를 들어, 쌀 한 말: 7-8만원), 보리 세 되에 한 데나리온은 이러한 분량이 하루 품삯과 맞먹을 만큼 값이 올라있는 것을 말한다. 이것은 당시의 물가가 10배 이상 올라 물건 값이 화폐가치보다 더 높은 인플레이션의 상태를 말한다. 이 상황을 보도하는 자료는 93년 로마의 대사였던 L. Antistius Rusticus가 세운 비시디아 안디옥의 비문에 기록되어 있다.[131]

그러면서 이어지는 음성은 '올리브 기름과 포도주에 대해서는 손해를 끼치지 말라는 것'이다. 이것을 위해서는 여러 가지 해석이 가능하다. 포도와 올리브는 수확을 얻기 위해서 많은 시간이 소요되며, 당시 소아시아 사람들의 주 생산물이었다. 그들은 이것을 팔아 다른 지역에서 곡식을 수입해 와야 했다. 따라서 전쟁과 자연적인 재해로부터 올리브와 포도주를 보호하는 것은 이것을 의지해서 살아가는 사람들에게 위로의 말로 들려질 수 있다.[132] 그러나 이런 의견과 반대로 도미티누스 황제가 포도농사를 보호했다는 기록에서 이 언급의 근거를 찾으려는 시도가 있기도 하다.[133]

7-8절. 네 번째 말의 색은 푸른색이며, 그것을 타고 있는 기사의 이름은 죽음이다. 따라서 푸른색은 죽음을 상징한다. 그리고 앞의 말들에 나오는 장면과 다르게 여기서는 지옥이 그를 뒤따르고 있다. 원래 지옥으로 번역되는 하데스(ᾅδης)는 그리스 신화 안에서 지하세계의 신이다. 이미 1:18에서 살펴본 것처럼 요한계시록 안에서 사망과 지옥은 모두 하나님과 그리스도의 권세 아래에 있다. 그리스 신화 안에서 하데스는 악령의 세력을 힘입어 죽음의 과업을 완성하고, 마지막 심판이 일어나는 시간에 심판을 받아

131) A. Satake, *Offenbarung*, 219를 보라.

132) J. Roloff, *Offenbarung*, 81.

133) 이런 주장은 W. Bousset, *Offenbarung*, 135에 의해서 시작되었다. 그러나 A. Satake, *Offenbarung*, 219 이하는 도미티아누스 칙령에 올리브에 대한 언급이 없기 때문에 이런 의견을 반대한다.

야 하는 자들을 모아들인다. 이처럼 요한계시록 안에서도 이들은 요한계시록 20:13-14이 묘사하는 것처럼 죽은 자들이 심판을 받도록 하나님과 그리스도에게 넘겨주는 역할을 한다. 결국 죽음을 주관하는 사망과 지옥도 그에 대한 열쇠를 가지고 있는 예수 그리스도의 심판의 도구임을 의미한다. 여기서 말하는 죽음은 당시 세계에서 알려진 흑사병 혹은 전염병으로 이해되며, 이런 병들은 정복 전쟁 뒤에 오는 현상들이다. 따라서 로마 제국 내부의 혼란과 기근은 그러한 죽음을 몰고 온다. 에스겔 14:21에 의하면 하나님의 가장 혹독한 형벌은 칼, 기근, 들짐승, 흑사병이다. 따라서 땅의 짐승들은 파국에서 희생당한 시체들 위로 달려드는 짐승을 의미하는 것일 수 있다. 하지만 이들의 힘은 땅의 사분의 일만 미친다. 다시 말해서 그들의 권세는 철저하게 하나님의 계획에 의해서 제한된다.

4. 6:9-11 다섯 번째 도장

4.1. 본문 사역

9 그리고 그가 다섯 번째 도장을 열었을 때 나는 제단 아래에 있는 하나님의 말씀 때문에 그리고 그들이 증언했던 증거 때문에 죽임을 당한 사람들의 영혼들을 보았습니다. 10 그리고 그들은 큰 소리로 울부짖으며 말했습니다. 거룩하시고 참되신 주님, 언제까지 당신은 땅에서 살고 있는 자들로부터 우리들의 피를 심판하시고 복수하지 않으실 것입니까? 11 그러자 그들 각자에게 흰 옷이 주어졌고, 그분께서 그들의 동료 종들과 형제들이 그들처럼 죽게 되어 숫자가 차기까지 그들이 쉬어야 한다고 말씀하셨습니다.

4.2. 본문에 대한 전 이해

지금까지 네 개가 도장을 열어서 일어난 사건들은 땅과 관련된 것이었다. 그러나 다섯 번째 일어난 사건은 그 장면이 하늘로 전환된다. 전쟁과 죽음, 예수를 증거하는 순교와 박해라는 주제는 계속 이어진다(막 13:9-13을 참조하라). 특히 여기서 강조되는 주제는 박해다. 이런 박해의 주제는 복음서 안에도 나오지만, 요한계시록은 훨씬 더 고양되고 심화되어 있다. 특히 마가복음 13장에서는 예수께서 박해를 견디라고 말한다. 여기서는 이미 예수 때문에 생명을 잃어버린 자들이 예수를 위한 증인으로 등장한다(9절). 그들의 숫자는 정확하지 않지만 매우 큰 것으로 이해된다. 여기서 독특한 것은 박해를 견디거나 죽는 것 보다는 이미 죽은 자들이 그렇게 박해가 언제까지 계속되어야 하는지 질문하는 것이다. 이 질문 속에는 박해를 당하고 있는 사람들이 과연 예수 그리스도가 역사의 마지막을 주도해 가는 것이 사실인지 질문하며, 동시에 이미 순교를 당해서 하늘궁정에 있는 예배 제단과 가장 가까이 있는 사람들의 의미를 확인하려는 의도가 들어 있다.

4.3. 주석

9절. 환상가는 하늘궁정에 있는 번제단(θυσιαστήριον)을 본다. 그리고 그 아래에는 그리스도와 하나님을 증거하다가 죽임을 당한(순교한) 영혼들(αἱ ψυχαὶ τῶν ἐσφαγμένων διὰ τὸν λόγον τοῦ θεοῦ καὶ διὰ τὴν μαρτυρίαν)이 모여 있는 것도 본다. 이들은 그리스도를 따랐던 사람들을 말한다.[134] 에스겔 같은 묵시문학은 성전 환상을 통하여 하늘에 성전이 존재하는 것으로 이해한다.[135] 이런 이해는 기독교 이전의 유대교 전승에도 나타난다.[136] 하늘에 있는 성전은 땅에 있는 성전의 원형이다. 번제단과 향을 피우는 제단은 성전의 핵심적인 장소다. 지상의 성전에서도 번제단은 희생제물의 피를 뿌리는 곳이다. 따라서 죽임을 당한 영혼들이 번제단 아래에 있다는 것은 그들이 하나님에 대한 신앙을 위하여 자신들 생명을 희생제물로 바쳤다는 의미가 된다. 그처럼 신앙을 위해서 목숨을 건 사람들은 하늘 번제단 아래에 있으며, 이는 그들이 하나님과 아주 가까이 있다는 의미도 된다. 죽임을 당한 영혼들에 대한 언급은 64년에 일어났던 네로 황제의 기독교 박해에 대한

134) H. Kraft, 『요한묵시록』, 192.

135) 겔 40:1-44:3; 계 7:15; 11:19; 14:15을 참조하라.

136) A. Heinze, *Johannesapokalypse*, 302 이하를 참조하라.

암시가 될 수도 있다.

10절. 이렇게 순교자들은 하나님과 가장 가까이 있지만 질문을 통해서 그들의 불만을 이야기한다. 그들은 고난의 시간이 얼마나 더 지속될 것인지, 그리스도께서 그들의 피에 대해서 언제 복수해 줄 것인지 질문한다. 질문인 동시에 요청이기도 하다. 요청은 예수의 원수사랑, 이웃사랑과 대립되는 것처럼 보인다. 그러나 이렇게 보복하는 하나님의 이미지는 이미 유대교 묵시문학 안에 존재한다(제4 에스라 4:35).[137] 묵시문학 안에서 천사들은 이런 질문에 대해서 "너희와 같은 자들의 수가 찰 때까지"라고 대답하기도 한다.[138] 이들은 마지막 때에 하나님에게 자신들의 요구를 말할 수 있는 권리를 가지고 있다.

11절. 이 문장은 '언제까지 입니까?' 하는 질문에 대해서 역사에 대한 하나님의 계획이 실현되는 시간이 가까이 있음을 말한다. 요한계시록 저자는 그렇게 하나님의 계획이 실현되기 전에 하나님을 대적하는 자들과 그리스도 사이에 짧은 긴장이 있음을 말한다(12:12). 하지만 그 시간이 지나면 그리스도는 적들을 심판하고 그의 증인들이 요청했던 보복에 대한 요구를 들어주신다(20:4). 따라서 잠시 유지되고 있는 긴장의 시간은 믿음의 공동체와 성도들이 인내해야 하는 시간이며, 역사의 정점에 이르기까지는 아직도 조금 더 기다려야만 한다.[139] 즉 하나님은 아직도 그렇게 그들의 희생을 통해서 자신들의 목숨을 내놓아야 하는 숫자가 더 차야한다고 말하고 있다. 하지만 하나님은 그렇게 하나님의 말씀과 그 이름 때문에 죽은 자들을 위해서는 축제를 위한 흰 옷을 주신다. 그들에게는 역사의 완성이 이루어지는 시간에 잔치에 참여하는 특권이 주어지는 것이다.

---

137) "자기 방에 앉아있는 의인들의 영혼들이 언제까지 우리가 여기에 머물러 있어야합니까? 언제 타작 마당의 열매가 우리들의 보상이 됩니까?"

138) 이디오피아 에녹서 47장; 97:3-5; 99:3.16; 104:3을 참조하라.

139) R. Stuhlmann, *Das Eschatologische Maß im Neuen Testament*, FRLANT 132, Göttingen, 1983, 163

5. 6:12-17 여섯 번째 도장

5.1. 본문 사역

12 그리고 나는 그분이 여섯 번째 도장을 열었을 때 큰 지진이 일어나며 검은 털
로 된 베옷처럼 되는 것과 달 전체가 피같이 되는 것을 보았습니다. 13 그리고
하늘의 별들이 무화가 나무가 큰 바람에 흔들려 그 열매가 떨어지는 것 같이 떨
어지는 것도 보았습니다. 14 그리고 하늘은 작은 책이 둥글게 말리는 것처럼 떨
어져 나가고 각각의 산과 섬은 그들이 있던 자리에서 옮겨져 버렸습니다. 15 그
리고 땅의 임금들과 최고 권력자들과 장군들과 부자들과 힘 있는 자들과 모든
종들과 자유로운 자들이 자신들을 산의 동굴들과 바위들 사이에 숨겼습니다.
16 그리고 그들은 산들과 바위들에게 말했습니다. 우리 위로 무너져서 왕좌에
앉아계신 분의 얼굴과 어린양의 노하심으로부터 우리를 숨겨라. 17 그들에 대한
진노의 큰 날이 이르렀으니 누가 서 있을 수 있겠느냐?

5.2. 본문에 대한 전이해

여섯 번째 도장을 열어 전개되는 사건도 공관복음서의 묵시전승과 유사하다. 즉 묵시는 마지막 환란의 순서가 우주적인 파국으로 끝남을 제시한다. 특히 그 파국은 인자가 하늘로부터 직접 나타나시는 것으로 되어있다(막 13:24-27). 이처럼 세계역사의 파국은 세상의 완전한 몰락이라는 모습으로 고조되어 간다. 저자 요한은 이런 상징들과 묵시적인 동기를 구약을 통해서 받아들였다. 무엇보다도 17절에 나오는 여호와의 크고 두려운 "진노의 날"(ἡ ἡμέρα ἡ μεγάλη τῆς ὀργῆς)에 대한 이해는 호세아 10:8에 대한 이해를 보여주며, 그날은 하나님이 세상에 대한 심판을 완성하는 날로 이해한다(사 2:12-21; 비교. 살후 1:10). 동시에 여섯 번째 도장을 열어서 일어나는 사건은 다섯 번째 사건과 대조적이다. 즉 다섯 번째 환상이 하늘이었다면, 여섯 번째 환상은 땅을 배경으로 한다. 이로써 하늘에 존재하는 순교자들의 뜻이 예수 그리스도에 의해서 땅에서도 관철되고 있다는 사실이 강조된다(10절). 이로써 그들의 요구에 의해서 마지막 심판이 일어나고, 그것

을 통해서 지금까지 하나님을 경시했던 자들은 그 힘과 능력 앞에서 놀라게 된다. 그러므로 이 장면은 하나님이 역사에 개입하여 오시는 것과 앞으로 전개되는 우주적인 파국을 위한 틀을 제시한다. 이 장면의 중심은 예수 그리스도의 오심을 제시하고, 이 주제는 다시 요한계시록의 마지막 부분에 해당하는 19:11-21까지 계속된다.

5.3. 주석

12절. 파국의 순서는 하늘과 땅을 포함하는 커다란 흔들림을 통해서 시작되고 이러한 흔들림은 요엘 2:10에 의하면 두려운 야훼의 날에 수반되는 현상이다(암 8:9; 9:5를 참조하라). 계속해서 빛의 근원이 되는 해와 달도 어둡게 된다(욜 2:3f; 사 13:10; 겔 32:8). 특히 태양이 어둡게 되어 슬픔의 천에 싸여 있는 듯 한 모습과 달이 핏빛처럼 빨갛게 되는 것은 파멸과 죽음을 상징한다(사 50:3; 욜 2:31).

13-14절. 여기서는 하늘의 궁창이 흔들리자 거기에 걸려 있던 별들이 떨어지는 것으로 묘사한다. 고대 세계에서 사람들은 별들이 등잔처럼 하늘에 걸려 있다고 생각하였다. 그래서 이미 이사야도 별들이 떨어지는 모습을 마치 폭풍에 의해서 떨어지는 무화과 같다고 묘사했다(사 34:4). 그리고 땅을 천막처럼 뒤덮었던 하늘의 궁창이 말려서 사라져 버린다(14절). 이런 표현은 이사야 34:4에 나타난다. 이것은 우주적인 질서의 붕괴이며 동시에 멸망을 의미한다. 특히 이 파국은 위에서 아래로 진행되며 하늘천막이 되어 궁창을 지탱해주던 산들과 바다들도 있던 자리에서 사라져 버린다. 요한은 이것을 통해서 세계의 멸망을 예언하기 보다는 구약의 전통과 연결된 하나님의 현현과정 그리고 그 과정을 통해서 하나님이 오시는 과정을 설명하고자 한다.

15절. 이 단락의 원래 목적은 이렇게 파국을 맞이하는 불신하는 사람들의 반응을 드러내려는 것이다. 그들은 두려움에 가득차서 산과 바위틈이나 동굴에 숨어 세상을 심판하는 하나님의 진노를 피하고자 한다. 여기서 사용되는 표현들은 이미 이사야 2:10, 19, 21을 통해서 확인해 볼 수 있다. 특히 요한은 사회의 지도층들도 하나님의 심판 앞에서는 모두 동일하며 차이가 없음을 강조한다.

16-17절. 불신자들은 자신들의 몸을 숨기지만 자신들의 안전에 대해서는 불확실하기 때문에 숨겨줄 것을 요청한다(호 10:8과 눅 23:30을 비교하라). 그것을 통해서 그들은 왕좌에 앉아 계신 분과 어린양을 피하려고 한다. 그러나 그들 중에 어느 누구도 하나님의 얼굴과 그 심판으로부터 피할 수 없다(16절). 이제 그들에게는 죄에 대한 고백만이 있을 뿐이다. 그들은 17절에서 이들은 "누가 서 있을 수 있겠느냐?"(τίς δύναται σταθῆναι;) 질문하는데, 이것은 어느 누구도 그 심판을 피할 수 없다는 수사학적인 질문에 지나지 않는다. 특히 여기서는 하나님의 진노보다는 "어린양의 진노"(ἡ οργή τοῦ ἀρνίου)에 대해서 말하고 있다는 사실이 중요하다(16절). 이것으로써 예수 그리스도는 요한계시록 안에서 하나님의 역할을 하고 있다. 그는 하나님과 동일하게 구원자이며 심판자이다. 이처럼 예수의 죽음은 요한계시록 안에서는 하나님의 구원의 뜻과 하나님의 진노를 드러내는 계시로 이해된다. 따라서 16절 이하에서 강조하고자 하는 것은 지상에 사는 자들 모두는 자신들의 죄를 고백하면서 하나님과 역사의 지배자인 어린양을 인정해야 한다는 것이다.

5.4. 6장을 위한 해석과 설교방향

6장을 해석하기 위한 주제는 5장에 나오는 그리스도가 어린양으로 온 우주의 지배자를 상징하는 책의 도장을 여는 것이다. 그러므로 6장의 일차적인 주제는 어린양이 도장을 열어서 인간과 우주의 역사를 주관하며 심판을 행한다는 것이다. 첫 번째 도장부터 네 번째 도장까지 여는 과정은 어린양이 역사의 마지막을 위해서 초월적인 존재들을 사용한다는 것이다. 처음 도장을 열자 흰 말을 타고 나오는 자, 두 번째 도장을 열어 붉은 말을 타는 자, 세 번째 도장을 열자 검은 말을 탄 자, 네 번째 도장을 열자 청황색 말을 탄자 들이 하는 일을 마지막 때에 그리스도의 일을 수행하는 자들이다. 이 모든 것들은 인간의 생노병사를 주관하는 자들의 초월적인 면을 보여준다. 그러므로 이 상징들 안에는 그리스도의 주권이 선포된다.

그리고 다섯 번째와 여섯 번째의 도장을 여는 이야기는 신앙을 지키며 죽은 자들의 죽음이 헛되지 않음을 보여준다. 다섯 번째 도장을 열자 나타나는 하늘의 제단은 하나님께 제사를 올리는 번제단이다. 번제단은 구약의 제사에서 하나님의 현현이 일어나는 하나님의 임재의 장소다. 그러므로 이 주변에 있는 순교자들은 하나님과 가장 가까이 있는 사람들이다. 이들은 여기서 자신들의 신원을 통하여 하나님이 불신자들을 향하여 역사 안에서 간섭할 것을 요청한다. 이로써 성도들은 지금도 기도를 통하여 하나님과 그리스도의 역사를 일으킬 수 있고, 이것을 통하여 성도들은 왕과 제사장이 되어 하나님의 마지막 역사에 동참하는 성도의 실존이 결정된다. 이미 바울 사도는 고린도전서 6장에서 고린도 교인들의 소송문제를 책망하면서 "우리가 천사를 판단할 것을 너희가 알지 못하느냐?"(고전 6:3)라고 물었다. 이처럼 요한계시록은 공동체의 자기 이해를 주체적으로 받아들이다. 즉 그들은 자신들이 하나님의 심판을 앞당기며 기도를 통해서 하나님의 심판과 사역에 동참하고 있음을 밝힌다.

이런 의미에서 본다면 그리스도가 온 우주와 역사의 주인이라는 사실은 분명해진다. 특히 두 번째 도장과 여섯 번째 도장을 여는 장면은 인간이 만들어내는 평화와 권력의 허구성을 고발한다. 두 번째 도장을 여는 환상에서 말을 탄 자는 평화를 거두어 가는데, 이것은 로마가 이룩한 힘에 의한 로마의 평화(Pax Romana)를 제거한다는 의미를 가진다. 그리고 여섯 번째 도장을 열었을 때 심판을 맞이하는 자들은 땅의 왕들과 고관들과 장군들과 부자들, 힘센 자들, 모든 노예와 자유인들이다. 이들은 모두가 기독교 신앙을 거부하고 하나님과 그리스도를 우주와 역사의 주인으로 고백하기를 거부하는 자들이다. 그래서 이들은 죽어가면서 회개를 거부하며 이 파국을 모면하기에 힘쓰고자 한다.

그러나 요한계시록 기록자는 이들이 성도들의 기도를 힘입어 결국에는 심판을 경험할 수밖에 없다는 것을 강조한다. 이것은 교회로 하여금 자기 정체성을 분명히 하며 성도로서의 자부심을 가지고 신앙을 지키라는 권면이며 위로다. 이렇게 요한계시록 공동체는 당시 사회의 소수였지만 기독교 신앙을 통하여 때로는 자기가 속해있는 사회와 대립적인 태도를 취하며 그것을 이겨내는 힘을 가지고 있었다. 그것은 모두가 올바른 신앙에서 비롯되는 것이다. 올바른 신앙은 요한계시록 기록자가 제시하듯이 우리가 믿고 있는 하나님과 그리스도가 누구인지 분명히 아는 것이다. 하나님과 그리스도는 창조자이면서 동시에 새 창조를 위한 우주와 역사의 심판자이다. 이런 분명한 신앙의 정신을 통하여 초대 기독교는 예배와 기도를 통해서 당시의 환경을 극복하고 당시 사회를 위한 하늘나라 백성이라는 새로운 공동체의 대안을 제시하고 있다. 우리는 이러한 사실에 주목하면서 오늘 우리가 이 사회를 위한 대안을 제시하고 있는지 질문해야 한다. 그것은 현재 우리들의 정체성에 대한 질문이며 교회의 미래에 대한 질문이기도 하다. 요한계시록 6장은 당시의 위기상황에서도 신앙의 가치를 목숨처럼 귀중하게 여기며 예배와 기도로 투쟁하는 교회의 모습을 보여준다. 교회는 여러 가지 현상으로 하나님을 경시하는 세상의 풍조를 거스르며 이기는 사람들이고 하나님의 마지막 역사에 기도와 예배를 통하여 참여하는 자들이다.

• 요한계시록 7장 •

6. 7:1-17 구원받은 십사만 사천 명

6.1. 본문 사역

[1] 그 후 나는 네 천사들이 땅의 네 방향 위에 서 있는 것을 보았습니다. 그들은 바람이 땅 위에서도 불지 못하게 하며 바다 위에서도 불지 못하게 하며 각각의 나무 위에서도 불지 못하도록 땅의 네 방향으로 부는 바람을 지배하고 있었습니다. [2] 그리고 나는 또 다른 천사가 해 뜨는 곳으로부터 살아계신 하나님의 도장을 가지고 올라오는 것을 보았습니다. 그는 땅과 바다를 해롭게 하도록 하는 것이 주어진 천사들에게 큰 소리로 외쳤습니다. [3] 그 말은 우리가 하나님이 종

들의 이마 위에 도장을 찍어주기까지 땅도 해롭게 하지 말며 바다도 해롭게 하
지 말고 나무들도 해롭게 하지 말라는 것이었습니다.
4 나는 도장을 찍어준 사람들의 숫자를 들었습니다. 그 숫자는 이스라엘 자손의
부족으로부터 나온 십사만 사천 명이었습니다. 5 유다 부족에서 나와 도장을 받
은 사람이 만 이천 명이고, 르우벤 부족에서 만 이천 명, 갓 부족에서 만 이천
명 6 아셀 부족에서 만 이천 명, 납달리 부족에서 만 이천 명, 므낫세 부족에서
만 이천 명 7 시므온 부족에서 만 이천 명, 레위 부족에서 만 이천 명, 잇사갈 부
족에서 만 이천 명, 8 스불론 부족에서 만 이천 명, 요셉 부족에서 만 이천 명, 베
냐민 부족에서 도장을 받은 사람이 만 이천 명이었습니다.
9 그 후 나는 보았습니다. 많은 백성들을 보십시오. 그들은 아무도 셀 수 없는
백성이었습니다. 그들은 많은 이방인들과 민족들과 방언들로부터 나와 흰 옷을
입고 그 손에는 종려나무 가지를 가지고서 왕좌 앞과 어린양 앞에 서 있었습니
다. 10 그들은 큰 소리로 외치며 말했습니다. 구원이 왕좌에 앉아 계신 우리 하
나님과 어린양에게 있습니다. 그들은 하나님에게 기도했습니다. 11 그리고 모든
천사들은 왕좌와 그 장로들과 네 개의 살아있는 존재들 주변에 서 있었고 하나
님에게 굽혀 경배했습니다. 12 그들은 말했습니다. 아멘, 찬송과 영광과 지혜와
감사와 명예와 능력과 힘이 우리 하나님에게 영원히 있습니다. 13 그 장로들 중
하나가 나에게 대답하며 말했습니다. 흰 옷을 입고 있는 이들은 어떤 사람들이
며 어디서 왔습니까? 14 나는 그에게 말했습니다. 나의 주여, 당신이 아십니다.
그러자 그가 나에게 말했습니다. 이 들은 큰 환난에서 온 사람들이며 어린양의
피로 그들의 옷을 빨아 희게 만들었습니다. 15 그래서 그들이 하나님 앞에 있는
것이며 그의 성전에서 밤낮 그를 예배하고 있는 것입니다. 왕좌에 앉아 계신 분
이 그들 위에 천막이 되어주실 것입니다. 16 그들은 다시는 배가 고프거나 다시
는 목마르지 않을 것입니다. 태양과 어떤 열기도 그들 위에 내리쬐지 않을 것입
니다. 17 왜냐하면 이는 왕좌 가운데 계신 어린양이 그들의 목자가 되어주실 것
이며 그들을 생명수 샘으로 인도하실 것이기 때문입니다. 그리고 하나님은 그
들의 눈에서 모든 눈물을 닦아주실 것입니다.

6.2. 본문에 대한 전 이해

6장은 5장에서 어린양이 하나님으로부터 넘겨받은 책에 찍어 두었던 도장을 하나씩 열어가면서 세상의 심판을 진행시켜 나간다. 그렇게 도장을 하나씩 열어가는 과정 중 6번째의 재앙은 하늘과 땅이라는 우주적인 차원으로 확대된다. 이로써 4장에서 시작된 하늘궁정의 예배와 어린양의 등장으로 시작된 심판에 대한 1단계가 마무리 된다는 느낌을 준다. 그리고 아직까지 남아 있는 일곱 번째 도장을 여는 일은 이어지는 일곱 나팔을 부는 환상을 위한 도입부 역할을 한다(7-8장). 마찬가지로 이렇게 일곱 나팔 환상의 일곱 번째 사건도 그 다음에 이어지는 대접환상(15:1-16:21)의 도입부 역할을 한다. 하지만 제일 마지막에 나오는 일곱 대접 환상은 이런 중단 없이 일관성 있게 일곱이라는 과정을 완수해 낸다. 따라서 요한계시록 저자가 소개하는 일곱이라는 상징적인 숫자를 통해서 전개되는 도장 환상, 나팔 환상, 대접 환상은 저자의 의도에 따라서 일정한 형식을 가지고 배열되어 있음을 보여준다. 이것은 요한계시록 저자의 신학을 전개하기 위한 중요한 도식이다. 특히 저자는 이렇게 환상의 의도적인 배열을 통해서 어린양이 이 세상에 대한 하나님의 마지막 역사계획을 이끌어가는 우주와 인간에 대한 통치자라는 사실을 강조한다.

우리들은 이런 문학적인 배열이 보여주는 저자의 의도를 파악해야 한다. 세 개의 기본적인 환상이미지들(도장들, 나팔들, 대접들)은 서로 유기적으로 연결되면서 그 환상들 중간에 삽입으로 여겨지는 다른 환상들이 들어있다. 이것들은 문학적으로 다른 본문은 아닌가 하는 논란이 되기도 하지만 오히려 저자의 의도를 정확하게 드러낸다. 그렇게 삽입본문으로 여겨지는 것들은 어린양에게 속한 사람들의 개인적인 구원의 문제 보다는 이렇게 세상의 파국이 일어나는 종말의 시간에 '구원의 공동체는 무엇인가?' 하는 문제를 제기한다. 이에 대한 답변이 여섯 번째 도장을 열고 난 이후 잠시 환상이 중단되는 7장에 나타난다. 이미 5장을 보면 교회는 어린양의 통치를 받고 있다. 그들에게는 하나님의 왕권 통치에 참여하는 것이 보장되며, 그들과 함께 하나님의 역사계획이 진행되어 나간다(5:10). 7장은 어떻게 보면 6장의 이야기와 단절된다는 인상을 준다. 그러나 7장은 6:9-11에서 제기된 먼저 순교하여 하늘의 성전제단 아래에 있던 성도들의 질문에 대한 대답이다. 즉 앞으로 고난당하는 자들의 운명과 실존은 무엇인가에 대한 답변인 셈이다.

따라서 7장은 6장에서 시작된 어린양의 심판에 직면한 공동체의 운명과 실존을 말하는 신학적인 의도를 가진다. 7장은 먼저 두 부분으로 나누어진다. 1-8절은 이스라엘의 열두 지파를 소개하고, 그들이 그리스도의 통치를 받고 있는 마지막 때의 새 이스라엘임을 강조한다. 그들은 이마에 어린양의 도장을 받은 특별한 존재인 하나님의 소유다. 이렇게 새 이스라엘이 제시된 후 이어지는 9-17절은 1-8절의 새 이스라엘의 범위를 확대해 보여준다. 특히 15-17절에 나오는 신앙을 지킨 자들에 대한 위로는 요한계시록의 끝 부분 장면에 나오는 구원받은 자들의 모습과 일치하고 있다(21:3-4, 22:3). 이 장면은 환난을 견디고 신앙을 지킨 사람들을 위해서 주어지는 구원에 대한 미래적인 모습이다. 7장은 하늘의 영광을 누리게 되는 하나님 백성의 미래적인 완성을 그린다. 즉 하나님으로부터 도장을 받은 사람들은 지금 하나님과 가까이 있는 존재들이며 그와 사귀는 자들이다. 그들은 앞으로 다시는 배고픔과 목마름과 다른 고통을 경험하지 않는다. 오히려 그들은 하늘에 있는 존재들과 같이 함께 하나님을 찬양하는 일에 동참하는 영광을 누린다.

6.3. 주석

1절. 7장에 나오는 네 천사는 6:1-8에서 처음 나오는 네 명의 기사와 연결하여 생각할 수 있다. 저자는 천사들이 "땅의 네 모퉁이에 서 있는 것"(ἑστῶτας ἐπὶ τὰς τέσσαρας γωνίας τῆς γῆς)을 본다. 고대 세계에서 사람들은 땅이 평면으로 되어 있고 동서남북으로 된 네 모퉁이가 땅 끝이라고 생각했다. 7장에 나오는 네 천사가 하나님의 사역자들로 네 모퉁이에서 시작되는 바람을 붙잡는 것은 고대의 세계상을 반영한다. 구약의 전승 안에서 바람은 하나님이 마지막 날에 세상을 멸망시키는 도구가 된다(호 13:15; 단

7:2). 여기서는 하나님의 명령에 따라서 바람이 부는 것을 잠시 멈추게 하여 세상에 대한 심판을 잠시 유보하는 것으로 되어 있다. 따라서 바람에 민감하게 움직이는 땅과 바다와 나무들도 잠시 움직임이 정지된다. 이 이해는 신구약 중간기 묵시문헌 안에 자주 나타났다. 예를 들어,이디오피아 에녹서 66장은 하나님이 심판의 천사들로 하여금 노아의 방주가 완성될 때 물을 붙잡고 있으라고 말하며, 시리아 바룩서 6:4 이하도 예루살렘의 네 모퉁이에서 횃불을 들고 있던 천사들로 하여금 성전이 불타지 않도록 횃불을 땅에 던지지 말라고 말한다. 이것은 묵시문헌 안에서 하나님께서 심판을 수행하실 때 그 과업을 이루기 위하여 세상에 잠시 기회를 위한 시간을 준다는 의미가 있다.

2절. 여기서는 "해가 올라오는 곳으로부터"(ἀπὸ ἀνατολῆς ἡλίου), 즉 동쪽에서 올라오는 다른 천사를 소개하고 있다. 유대교는 동쪽을 하나님과 메시아가 오시는 방향으로 이해했다(겔 43:2). 따라서 그 자리에 천사가 서고 특별한 임무를 수행하는 것은 하나님이 하시는 일을 알려주는 역할이다. 그는 하나님의 통치를 상징하는 도장을 가지고 있다. 다시 말해서 1절에 언급한 천사들은 다른 천사가 구원 공동체인 하나님의 종들의 이마위에 도장 찍은 후에야 비로소 세상을 멸망시키는 바람을 풀어 놓게 되는 것이다.

3절. 여기서 살아계신 하나님의 도장을 찍는 것(σφραγίζω)은 무엇을 의미하는가? 이것은 소유표시를 나타내는 특징이다. 다시 말해서 도장은 책임자에 대한 명시와 보호를 의미한다. 고대 세계에서 동물과 노예들에게 소유의 표시로 불이나 상처자국을 내는 것은 흔한 일이었다. 에스겔은 하나님이 천사에게 예루살렘에서 가증한 것에 관해서 탄식하는 사람들 이마에 표시를 해 두라는 임무가 주어지는 환상을 본다(겔 9:4-6). 따라서 그들은 마지막 심판이 일어날 때 아무런 해를 받지 않는다. 이처럼 환상가 요한도 에스겔처럼 마지막을 위해서 선택된 사람들에게 도장을 찍는 장면을 보았다. 이로써 그들은 하나님의 소유가 되며 마지막 심판에서 구원과 보호를 받는다. 여기서 사람들에게 도장이 찍히는 것은 세례를 받는 것으로 생각할 수 있다. 이런 장면은 다시 14:1 이하에서 144,000이 이마에 어린양의 이름과 그 아버지의 이름을 가지고 있다고 말한다. 따라서 도장이 찍혔다는 것은 예수의 이름과 그 능력으로 세례를 받는 것으로 해석할 수 있다(고전 1:13, 15; 행 8:16; 마 28:19). 이렇게 도장을 찍는 것과 세례를 받는 것에 대한 이해는 바울에게서 찾아 볼 수 있다(고후 1:22; 엡 1:13; 4:30). 이렇게 하나님의 도장(σφραγίς)을 찍는 것과 유사한 과정은 13장에 등장하는 사탄에게서도 나타난다. 그는 그의 추종자들에게 도장을 주는데, 그것은 동물들에게 표식을 해둔다는 카라그마(χάραγμα)라는 용어를 사용한다(13:16).

4절. 결론적으로 5-8절에서 나열되는 이스라엘의 열두 부족에서 나와 천사에게 도장을 받은 숫자는 십사만 사천(ἑκατὸν τεσσεράκοντα τέσσαρες χιλιάδες)명이다. 이 숫자는 물리적인 숫자가 아닌 상징적인 숫자다. 이 숫자는 선택된 이스라엘의 거룩한 부족으로 새 이스라엘을 상징하며, 열 둘(12)이라는 숫자가 천(1,000)과 결합하여 증폭되는 많음을 의미한다. 특히 이 숫자가 물리적으로 이해되어서는 안 되는 이유는 십사만 사천이라는 숫자가 9절에서 아무도 셀 수 없는 큰 무리(ὄχλος πολύς, ὃν ἀριθμῆσαι αὐτὸν οὐδεὶς ἐδύνατο)로 나타나기 때문이다. 이것은 예수가 열두 제자를 선택하여 하나님의 백성을 나타내는 특별한 상징으로 사용한 것과 연결된다(막 3:14). 그리고 이들은 다시 마지막 때의 이스라엘이 된다(비교. 마 19:28). 요한은 이러한 숫자의 전승을 이어받아 교회를 새로운 이스라엘로 그려낸다. 즉 교회는 이스라엘의 유산과 전통을 이어나가는 하나님의 백성이다. 이것은 구약의 열두 부족에서 비롯된 이스라엘이 기독교 공동체를 통해서 대체되고 있다는 생각이다. 따라서 교회는 구약의 이스라엘이 가졌던 권리를 대신해서 이어받고 있는 것이다.

5-8절. 주목할 것은 여기서 제시되는 열두 부족의 이름이 구약에 나오는 야곱(이스라엘)의 아들들의 목록과 차이를 드러내는 것이다(창 35:22-26; 49:3-28; 민 13:4-15; 겔 48장). 이미 앞에서 제시된 구약의 성경 본문들 안에서 열두 부족의 명단과 변화와 순서에 대한 변화가 나타난다. 요한계시록의 열두 부족 명단도 저자의 신학적인 입장에서 수정되고 있다. 먼저 유다는 메시아가 나오는 지파로 제일 먼저 언급된다(5:5를 참조하라). 그리고 요

한계시록의 명단에서는 단(Dan) 부족이 빠져있다. 구약과 유대교 전승에 의하면 이 부족은 배신한 지파이며 사탄에 의해서 지배를 받는다.[140] 초대 기독교 교부들도 이런 해석을 이어 받았다. 히폴리투스에 의하면 가룟 유다는 단 부족에서 나왔다. 그리고 이레네우스(Ireneus)에 의하면 적그리스도는 단 부족으로부터 나온다. 이런 이해 때문에 단 부족의 자리에는 요셉의 부족에 해당하는 므낫세가 등장한다.[141]

9절. 다시 환상의 도입형식이 나타나고 새로운 동기들을 제공한다. 지금까지 보았던 사건의 장소는 더 이상 마지막이 아니다. 오히려 4장과 5장에서 보았던 하늘보좌의 장면이 나온다. 하지만 이 환상은 1-8절의 연속이며, 미래에 하나님의 백성이 인침을 받는 결과를 눈앞에 보여 준다. 현재의 환란 중에서의 구원과 보호 그리고 그렇게 하나님의 구원으로 가득 찬 하나님의 미래의 해결이 차례로 제시된다. 여기서 말하고자 하는 것은 공동체가 경험하고 있는 위협, 박해, 외적인 상황, 믿음을 지킬 것에 대한 요구다. 그리고 그러한 것을 말하기 이전에 그들에게 유효한 하나님의 약속을 말하는 위로의 장면이 나온다. 이미 4-8절에서 보았던 것처럼 구원의 대상은 왕좌 앞에 서 있는 모든 민족과 나라와 백성들과 언어들(ἐκ παντὸς ἔθνους καὶ φυλῶν καὶ λαῶν καὶ γλωσσῶν ἑστῶτες ἐνώπιον τοῦ θρόνου)로부터 나온 사람들이다(5:9). 여기서 열두 지파는 그리스도인들을 말한다. 이로써 144,000이라는 숫자는 상징의 수라는 것이 알려진다. 완전한 자들은 하나님과 어린양의 보좌 앞에 서있고, 그들은 더 이상 어린양으로부터 분리되지 않는다. 구원받은 외적인 표시는 흰 옷과 종려가지들을 손에 들고 있는 모습이다.[142]

10절. 이제 그들은 큰 소리로 하나님과 어린양을 찬양한다. 그 형식은 구약의 노래형식을 모방하고 있으며, 그 내용은 하나님이 구원과 도움을 주신다는 확신이다[143]. 여기서 중요한 것은 찬양이 하나님과 함께 '어린양'으

---

140) 왕상 12:29 이하; 삿 18장; 렘 8:16, 단 유언서 5:4 이하.

141) J. Roloff, *Offenbarung*, 90, 는 이와 관된 정보들을 제공한다.

142) 마카베오 상 13:51; 마카베오 하 10:7을 참조하라.

143) 시 3:9; 38:23; 42:12; 43:5; 욜 2:10.

로 확대되고 있다는 것이다. 또한 이렇게 찬양을 부르는 자들은 하나님과 예수 그리스도가 성취한 구원에 참여하는 택함 받은 자들이다.

11절. 10절에서 구원받은 자들이 찬양을 했다면 이제는 하나님의 왕좌를 둘러 서 있는 천사들, 장로들, 네 개의 살아있는 존재들이 함께 찬양으로 응답한다.

12절. 이들은 하나님의 왕좌를 지키는 자들로 '아멘'으로 응답한다. '아멘'은 아람어로 구원의 내용에 대한 동의를 의미한다. 여기서도 하나님의 신적인 권위를 나타내는 일곱 서술어를 제시한다. 찬송, 영광, 지혜, 감사, 존귀, 능력, 힘(εὐλογία καὶ ἡ δόξα καὶ ἡ σοφία καὶ ἡ εὐχαριστία καὶ ἡ τιμὴ καὶ ἡ δύναμις καὶ ἡ ἰσχὺς)으로 나열되는 어휘들은 이미 5:12에서 언급된 신적 서술어다. 여기서는 5:12의 나열 순서와 다르게 나타난다.

13절. 그 장로 중의 하나가 "흰 옷을 입고 있는 이들은 어떤 사람들이며 어디서 왔습니까?"(οὗτοι οἱ περιβεβλημένοι τὰς στολὰς τὰς λευκὰς τίνες εἰσὶν καὶ πόθεν ἦλθον;) 하는 질문은 환상의 의미를 밝히기 위한 수사학적인 질문이다. 저자는 요한계시록 여러 곳에서 이렇게 수사학적인 질문을 통하여 환상의 의미를 밝힌다(5:2와 17:7-18). 이 질문은 교육적인 기능을 가진 질문으로 그 해석에 유의해야 한다. 구약에 나오는 이와 유사한 경우는 에스겔 37:3 이하에 나오는 "그가 내게 이르시되 인자야 이 뼈들이 능히 살겠느냐 하시기로 내가 대답하되 주 여호와여 주께서 아시나이다." 질문과 비교된다.

14절. 여기서 다시 질문한 자는 답변을 제시한다. 그 답변의 내용은 현재의 상황에서 미래적 구원의 완성의 관점으로 옮겨간다. 즉 그들의 실존은 큰 환란으로부터 온 사람들이다. 그들이 환난을 경험하는 것은 하나님에게 속해 있고 순종하기 때문이다. 그렇게 순종을 할 수 있는 근거는 하나님이 함께 하신다는 확신에서 비롯된다. 결국 공동체는 이런 확신을 가지고 환난을 견디어야 하고 그것을 통해서 획득한 영광을 잃어버려서는 안 된다. 그들이 얻은 영광은 예수 그리스도가 생명을 내어주심으로 그들을 죄로부터 구원했다는 것이다. 신약성경은 신자가 되기 위해서 세례 받는 것을 예수 그리스도에 의해서 정결하게 되는 것으로 이해하고 있다(벧전 1:2; 히

9:14; 요일 1:7).

15절. 이제 장로의 대답은 처음에 제기했던 질문을 넘어서서 공동체에게 주어진 약속의 완성이 이루어지는 미래적인 관점으로 옮겨간다. 그들은 하늘의 천사들과 함께 왕좌 앞에 설 것이며 영원한 예배에 참여할 것이다. 그리고 하나님이 이스라엘이 출애굽 하여 광야를 지날 때 장막이 되어 지켜주신 것처럼 그렇게 마지막 때에도 장막을 쳐 주실 것이며(σκηνώσε) 보호해 주실 것이다(21:3과 요 1:14를 비교하라). 즉 현재의 고통과 위험은 반드시 그 아름다운 끝이 있을 것이라는 사실이 하나님의 현존을 통해서 해석되고 있다. 여기서 주목해 볼 것은 요한계시록은 출애굽 전승이 가지고 있는 성막 전승을 받아들이고 있다는 것이다. 이런 현상은 15:5에서 "또 이 일 후에 나는 보았습니다. 하늘에 있는 증거 천막의 성전이 열렸습니다"라고 말하는 문장에서 나타난다. 광야시대의 성막에 대한 이해는 신약의 다른 본문에 나오는데 히브리서 9:11의 "그리스도께서는 장래 좋은 일의 대제사장으로 오사 손으로 짓지 아니한 것 곧 이 창조에 속하지 아니한 더 크고 온전한 장막으로 말미암아…"라는 문장을 통해서 확인된다. 구약이 이렇게 출애굽의 천막에 대한 전승을 사용한 예는 이사야 33:20에 나오는 "우리 절기의 시온 성을 보라 네 눈이 안정된 처소인 예루살렘을 보리니 그것은 옮겨지지 아니할 장막이라 그 말뚝이 영영히 뽑히지 아니할 것이요 그 줄이 하나도 끊어지지 아니할 것이다"라는 문장을 통해서 확인된다. 이처럼 요한계시록은 광야전승의 천막전승을 중요하게 생각하고 있다.

16절. 여기서 주어지는 위로의 말은 구약에서 말하는 마지막 날에 대한 예언이 말을 통해서 주어진다(사 49:10). 배고파하는 것(πεινάω)과 목말라하는 것(διψάω)은 현재의 상태를 살아가는 사람들의 부족함과 실존을 대변한다. 그리고 해와 그 열기는 자연이 주는 위협을 말한다. 그러나 하나님의 구원에 참여하는 사람들은 이 모든 위협과 실존에서 자유롭게 되며 진정한 만족과 기쁨을 누리게 된다. 현재 공동체가 처한 환난과 위기는 최종적인 것이 아니고 오히려 더 나은 미래를 위한 시험대에 지나지 않는다. 왜냐하면 현재의 고난은 하나님의 영원한 미래와 비교해서 잠시 존재하는 것이기 때문이다.

17절. 최종적으로 여기서는 어린양이 하나님의 공동체를 위한 선한 "목자가 된다"(ποιμανεῖ)는 것이다. 최종적으로 진정한 안식과 평화는 어린양이 그들의 목자가 될 때 이루어진다.[144] 죽임을 당하였지만 우주의 통치자가 된 어린양 예수는 믿음을 지킨 그들 개개인을 "생명의 샘물로"(ἐπὶ ζωῆς πηγὰς ὑδάτων) 인도할 것이다. 그들은 그와 함께 교제를 나누면서 모든 아픔과 슬픔과 고통이 해소되는 진정한 평화, 구약의 약속이 성취되는 샬롬을 누리게 된다.[145]

6.4. 7장을 위한 해석과 설교방향

7장은 경우에 따라서 많은 논란을 일으키는 부분이다. 그 이유는 여러 이단들이 여기에 나오는 숫자 십사만 사천을 문자적으로 이해하기 때문이다. 그들의 주장은 하나님이 구원을 받아야 하는 사람들을 물리적인 숫자로 엄격하게 제한하여 놓았다는 것이다. 이 이론은 때로 이중 예정론 교리와 연결되어 구원의 가능성이 아주 닫혀져 버린 것처럼 발전하기도 한다. 그러나 요한계시록의 견해는 그렇게 편협한 것이 아니다. 따라서 이러한 이해를 벗어나기 위해서는 7장 본문에 대한 문맥적인 이해가 중요하다.

7장은 독자적으로 존재하는 이야기가 아니라 5-6장과 연결된다. 5장에서 어린양이 우주의 통치자로 등극하고 6장은 그가 우주와 역사의 주인이라는 사실을 책의 도장을 열어가는 것으로 선포한다. 특히 이 과정에서 6:9 이하에 나오는 순교를 당한 자들의 탄원이 하나님의 심판을 앞당기는 것으로 되어 있다. 그러므로 7장에 나오는 십사만 사천 이라는 숫자도 이렇게 하나님께 탄원하는 구원받은 자들의 입장과 연결해서 이해해야 한다. 우선 여기에 나오는 십사만 사천이 물리적인 숫자가 아닌 상징이라는 사실을 주목해야 한다. 왜냐하면 창세기 35:22-26; 49:3-28; 민수기 13:4-15; 에스

---

144) 벧전 2:25; 5:4; 마 9:36을 비교하라.

145) 사 25:8을 계 21:1 이하와 비교하고 계속해서 요 4:10-14; 7:37-39을 비교하라.

겔 48장에 나오는 열두 지파의 명단은 고정된 것도 있지만 경우에 따라서는 이 명단에 들어오기도 하고 빠지기도 하는 것이 있기 때문이다. 그러므로 이 숫자를 물리적으로 해석할 경우 탈락된 그룹들은 모두 구원에서 제외된 것으로 해석해야 한다. 그러므로 이런 해석은 타당성을 제시하지 못한다.

이 숫자는 새 이스라엘을 나타내는 상징으로 해석되어야 한다는 사실은 이 숫자가 9절 이후에 가서 수효를 셀 수 없는 무리로 확대 된다는 것이다. 그리고 그들의 정체성은 어린양 앞에서 예배하는 자들로 또한 고난에서 승리한 자들로 신앙을 지킨 자들이다. 그들이 박해와 고난과 죽음을 통과하여 승리했다는 사실은 그들이 입고 있는 흰 옷과 손에 들고 있는 종려나무 가지들로 확인된다. 이들은 이미 앞에서 언급한 6:9이하에서 하나님의 마지막 심판을 위하여 신원하던 자들이며, 그들의 미래는 영원한 안식과 평화다. 왜냐하면 이들은 하나님과 어린양 앞에서 영원히 예배하는 특권을 얻은 자들이며, 세상에서 경험했던 고통과 환란을 더 이상 경험하지 않는 상태에 있기 때문이다(16-17절). 무엇보다도 어린양이 그들의 목자가 되어서 그들을 생명의 물로 인도하며 그들의 눈에서 눈물을 씻어주실 것이기 때문이다. 이처럼 여기에 나오는 숫자는 하늘예배에서 완전하게 실현되는 새 이스라엘을 위한 전망이며 비전이다. 현재 고난을 경험하는 요한계시록 공동체는 이렇게 하나님의 미래가 보장된 새 역사에 참여하는 자들이며 그것을 위해서 신앙을 지킨 자들이다. 그들에게는 영원한 보상이 주어지며 완전한 평화가 보장된다. 그와 같은 자의식을 가지고 교회는 현재 처한 삶의 자리에서 신앙의 순결함을 지키고 이 세상에 존재하는 하나님의 적대적인 세력에 대해서 민감하게 반응하며 그런 어려움을 극복해 나가야 한다. 왜냐하면 세상이 주는 그런 어려움 때문에 우리가 얻어야 하는 귀중한 영광을 잃어버려서는 안되기 때문이다.

7. 8:1 일곱 번째 도장을 열다

7.1. 본문 사역

[1] 그리고 그가 일곱 번째 도장을 열었을 때, 하늘에서는 반시간 같은 고요함이 있었습니다.

7.2. 본문에 대한 전 이해

형식상 우리가 가지고 있는 헬라어 본문(Nestle-Aland가 편집한 Novum Testamentum Graece 28판) 8:1은 새로운 장(chapter)을 시작하는 것으로 되어 있다. 그러나 8:1은 6장에서 시작되는 도장을 여는 환상 여섯 개(6:1-17)와 연결된다. 그렇게 보면 7장은 삽입된 본문이라는 인상을 준다. 그러나 이런 경향은 요한계시록을 구성하는 하나의 구조가 된다.[146] 일곱이라는 숫자와 관련된 환상(엄격하게 말하면 여섯 가지 환상)과 그 중간에 들어가는 다른 환상은 요한계시록 전체를 통일성 있게 구성하는 하나의 구조가 된다. 그렇게 환상이 진행되는 중간에 삽입된 이야기들은 7장과 10:1-11:14이 보여주는 것처럼 계시록에서 말하고자 하는 환상의 의미를 밝혀주는 중요한 역할을 한다.

7.3. 주석

1절. 6장에서 시작된 도장을 여는 환상은 여기서 마지막 일곱 번째가 열리는 것으로 도장을 여는 환상은 마무리 된다. 그러나 여기서 제시되는 일곱 번째 라는 순서는 독자들이 기대하고 있는 지금까지 있었던 여섯 개 환상에 대한 결론이 아니다. 오히려 하늘에는 반(1/2)시간(ἡμιώριον) 동안 하늘에서의 침묵이 존재한다. 이에 대한 해석은 여러 각도에서 제시

146) 8:7-9:11의 일곱 환상과 10:1-11:14의 삽입의 구조를 비교하라.

되었다. W. 부셋(Bousset)은 이것을 요한계시록 저자가 "황홀경의 경직상태"(ekstatischer Starrkrampf) 된 순간으로 묘사한다.[147] E. 로제(Lohse)는 "이러한 침묵이 묵시적인 사건의 계속을 강조하는 것"이라고 지적한다.[148] 이 환상은 이어지는 하늘의 환상을 끌어들이는 역할을 한다. 그 환상은 독자들에게 하나님의 역사계획이 무엇인지 알려 준다. 이것은 앞으로 더 진행되어야 하는 하나님의 역사계획이다. 6:15-17에서는 세상의 심판자가 나타나는 모습이 간접적으로 암시되었다. 7:9-17에서도 선택받은 자들의 구원은 환상적인 모습으로만 제시되었다. 지금부터 제시되는 환상은 이 세상의 멸망으로 등장하는 새 창조를 강조하고 그것을 위하여 무엇이 중요한지 제시된다(비교. 21:1-22:5). 그러므로 하늘의 침묵은 하나님의 마지막 창조의 새로운 창조 작업에 대한 창세기에서 창조시작 이전의 시간과 비교된다(창 1:1). 이 이해는 이미 유대교 묵시사상 안에서 자주 등장했다. 제 4에스라 6:39는 처음 창조가 시작하기 바로 전에는 침묵이 있었다고 전한다. 이와 같이 여기서의 침묵은 하나님의 원래시간으로 되돌아가는 그런 기능을 한다(비교. 2:7, 21:1, 22:2). 새로운 창조는 태고의 창조처럼 다시 엄숙한 침묵이 있은 후에 진행된다. 우리는 이런 이해를 근거로 말하는 '반시간'을 새로운 창조를 위한 시간으로 이해할 수 있다.

8. 8:2-11:19 일곱 나팔 환상

6장에서 시작된 일곱 개의 도장을 여는 환상과 같이 여기서 새롭게 시작하는 일곱 나팔 환상도 나름대로 그 구조를 가지고 있다. 먼저 일곱 개의 나팔재앙을 소개하는 도입부분이 소개된다(8:2-6). 특히 재앙을 통해서 사람들이 당하는 고통은 그들의 불신앙에 대한 하나님 심판이 크다는 사실을 말한다. 하지만 그 반대로 하나님의 심판은 고난을 당하는 공동체를 위한

147) W. Bousset, *Offenbarung*, 290.

148) E. Lohse, *Offenbarung*, 56.

응답이 된다. 이 환상은 일곱 나팔에 대한 소개로 시작된다. 6:1-8에서처럼 여기서도 처음에 네 개의 환상이 소개되고(8:7-12), 다시 다섯 번째 환상(9:1-12)과 여섯 번째 환상(9:13-21)이 이어진다. 이미 8:1에서 언급한 것처럼 일곱 번째 나팔이 울리기 전까지 환상이 잠시 중단되고 도장 환상 여섯 번째와 일곱 번째 사이에 처음으로 이야기가 삽입된 것처럼 여기서도 두 번째로 삽입된 이야기가 소개된다(10:1-11과 11:1-14). 이렇게 삽입된 부분들은 요한계시록 전체의 의도를 파악하기 위한 중요한 단서가 된다. 특히 마지막에 남아 있는 세 개의 나팔 환상은 '세상에 닥칠 고통'을 좀 더 추가하는 것으로 나온다(8:13; 9:12).

9. 8:2-6 일곱 나팔 환상의 준비

9.1. 본문 사역

[2] 그리고 나는 하나님 앞에 서 있는 일곱 천사들을 보았습니다. 그리고 그들에게는 일곱 개의 나팔이 주어졌습니다. [3] 다른 천사가 황금 향로를 가지고 와서 제단 위에 섰습니다. 그에게 많은 향이 주어졌습니다. 그것은 그가 하나님 앞에 있는 금 제단 위에 성도들의 기도를 가지고 드리는 것이었습니다. [4] 향의 연기는 성도들의 기도와 함께 천사의 손에서 나와 하나님 앞으로 올라갔습니다. [5] 그 천사는 잡고 제단의 불로 그것을 채운 후 땅에 던졌습니다. 그러자 우레와 소리와 번개와 지진이 났습니다. [6] 그리고 일곱 나팔들을 가지고 있는 천사들은 그것들을 불기위해 준비했습니다.

9.2. 본문에 대한 전 이해

이 단락은 하늘궁정을 배경으로 묘사되는 나팔 환상을 위한 예고를 말한다. 이 본문에는 요한계시록이 말하고자 하는 신학적인 의도가 들어 있다. 환상의 장면은 먼저 2절과 6절이 기준이 되어 두 부분으로 구분된다. 여기서 나팔을 부는 주체들은 일곱 천사들이다. 그들이 나팔을 불면서 진행되는 사건의 진행순서는 세상을 만드신 하나님의 뜻과 순서에 일치한다.

요한계시록은 이러한 틀을 통해서 마지막 사건을 제시하고, 하나님이 자신의 통치를 그의 모든 피조물 앞에 드러내고 있음을 강조한다. 3-5절의 장면은 공동체의 기도가 하나님 앞에서의 향기제물이 되며 하나님이 그것에 응답하심을 다룬다. 즉 지상에 있는 교회는 예배를 통해서 하나님의 마지막 사건에 참여한다. 이 모든 것은 하나님의 뜻과 행위에 연결되어 있다. 여기서 말하고자 하는 것은 하나님께서 성도들의 기도에 응답하시고, 그 기도를 통하여 그의 나라가 이루어진다.

9.3. 주석

2절. 환상가는 다시 하늘의 왕좌 앞에 서 있는 일곱 천사를 본다. 유대교 전승은 이들을 하늘에 있는 천사군대의 지도자들로 소개하며 하나님이 주신 임무를 완수한다. 유대교 문헌과 구약성경은 이들의 이름을 소개한다. 먼저 구약과 신약과 구약 외경에서는 가브리엘(단 8:16; 9:21; 눅 1:19; 26), 라파엘(토빗 12:15), 미가엘(단 10:13, 21; 12:1; 유 1:9; 계 12:7)을 말한다. 그리고 다른 이름으로는 우리엘, 예레미엘, 사리엘, 라구엘이다(이디오피아 에녹서 20:1-7).[149] 이미 1:4은 하나님의 왕좌 앞에 있는 일곱 영을 언급하고 이어서 일곱 천사라고 말한다(1:20). 여기서 환상과 재앙을 가져오는 나팔의 이미지는 구약에서 말하는 하나님의 현현을 알리는 표시가 된다(출 19:16, 19). 나팔은 세상의 마지막 시간, 즉 여호와의 날의 도래를 알린다(욜 2:1; 스바냐 1:16). 이런 배경을 가지고 신약성경도 나팔을 예수 그리스도의 다시 오심에 대한 전조로 이해한다(마 24:31; 살전 4:16-17; 고전 15:52). 이것은 기독교의 묵시가 전승으로 내려오는 나팔소리에 대한 이해를 가지고 하나님의 마지막 사건이 도래한다고 믿었음을 말한다.

3절. 여기에 등장하는 천사는 앞에서 제시된 일곱 천사들과 다른 존재다. 여기서도 천사의 이름을 알려지지 않는다. 묵시문학과 다르게 천사들의 이름을 대부분 소개하지 않는 이유는 천사숭배에 대한 의도를 차단하고자

149) Strack-Billerbeck, *Kommentar zum Neuen Testament III*, 805 페이지 이하를 참조하라.

하는 것으로 볼 수 있다. 이 장면은 이미 6:9에서 땅에서 드리는 예배가 하늘에서 이미 실현되는 것과 연결된다. 이것은 신학적으로 하늘의 예배가 땅의 예배보다 우선한다는 것을 말한다. 특히 구약의 제사와 관련하여 여기서는 짐승을 잡아서 태우는 번제단이 아니라 제단 위에 "금으로 된 향을 피우는 그릇"(λιβανωτός χρυσοῦς)이 제단에 있다고 말한다. 이 공간은 하늘에 있는 성전의 처음 공간이며, 천사는 손으로 향로를 들고 그곳으로 나가 향을 피운다. 그런데 중요한 것은 그 향이 바로 하나님의 왕좌 앞에 드려지는 "성도들의 기도"(αἱ προσευχαί τῶν ἁγίων πάντων)라는 것이다. 즉 땅에서 드리는 성도들의 기도가 하늘에서 이루어지고 응답된다는 것을 말한다.

4절. 천사가 거룩한 자들의 기도를 하나님에게 전달해 준다는 언급은 토빗 12:12에서 찾을 수 있다.[150] 우리는 이 기도의 내용에 대해서는 잘 알지 못한다. 중요한 것은 이 기도가 공동체의 예배를 통해서 하나님에게 바쳐진다는 것이다. 특히 6:9-10에서 언급된 죽음을 당한 성도들이 하나님의 통치가 언제 이루어질 것인지 질문은 이 기도와 연관지어 생각할 수 있다. 이렇게 모든 기독교 공동체들은 기도를 통하여 하나님의 통치를 기대할 수 있다. 이것을 통해서 공동체는 영광을 받을 존재는 오직 창조자 자신이고 지상의 그 어떤 통치자나 피조물도 숭배의 대상이 될 수 없음을 말한다. 이들은 황제들을 신격화하는 지상의 권력숭배를 반대하고 있는 것이다. 특히 그들은 기도를 통해서 주님이신 예수 그리스도가 다시 오실 것을 기도한다(22:20). 이렇게 그들은 기도를 통해서 하나님이 최종적이면서도 가시적으로 당신이 행하시는 일들에 대해서 전망하고 기대를 이어간다(마 6:10; 눅 11:2). 성도들의 기도는 단순한 인간의 말이 아닌 하나님이 일하시는 변화와 새 창조를 가능하게 하는 힘으로 이해된다.

5절. 그러므로 이어지는 장면은 기도가 실현되는 드라마틱한 장면이다. 이 장면을 통하여 저자는 기독교인들의 기도가 결코 무능한 것이 아님을 말한다. 왜냐하면 하나님은 그 기도를 들으시고 그 기도에 맞게 응답하시

---

150) Strack-Billerbeck, *Kommentar zum Neuen Testament III*, 805 페이지 이하를 참조하라.

기 때문이다. 여기에 나오는 이미지는 에스겔 10:2에 나오는 장면과 비교된다.[151] 여기서 천사는 기도가 되어 불타오르는 불을 향로에 담아 그것을 땅에다 던진다(ἐγέμισεν αὐτὸν ἐκ τοῦ πυρὸς τοῦ θυσιαστηρίου καὶ ἔβαλεν εἰς τὴν γῆν). 불을 던진다는 것은 지상의 불신자들을 향한 하나님의 분노를 나타내는 상징이다(마 3:12; 눅 12:49; 살후 1:7-8). 따라서 천사의 행동은 이어지는 심판을 행하시는 하나님의 일의 상징이며 전체적인 방향이 된다. 하나님은 심판을 통해서 자신의 권세를 나타내신다. 모든 불순종의 인간들은 그의 분노에 직면하여 생명의 위기를 경험한다. 이처럼 하나님은 마지막 날에 이 세상을 다스려 달라는 그의 백성들의 간구에 응답하신다.

6절. 지금까지의 이해를 통해서 하나님 앞에 서 있는 일곱 천사들과 그들의 나팔은 하나님의 진노를 드러내는 상징이자 그것을 증명하는 도구가 된다.

10. 8:7-13 처음의 네 가지 나팔 환상

10.1 본문 사역

7 첫 번째 천사가 나팔을 불었습니다. 그러자 피가 섞인 우박과 불이 나와 땅으
로 던져졌고, 땅의 삼분의 일이 타 버렸고 나무의 삼분의 일도 타 버렸으며 각
각의 푸른색 풀도 타 버렸습니다. 8 두 번째 천사가 나팔을 불었습니다. 그러자
산과 같이 타오르는 큰 불이 바다에 던져졌습니다. 바다의 삼분의 일이 피가 되
었습니다. 9 그리고 바다 안에 생명을 가지고 있는 피조물의 삼분의 일이 죽었
고 배들의 삼분의 일도 깨져버리고 말았습니다. 10 세 번째 천사가 나팔을 불었
습니다. 그러자 횃불 같이 타오르는 큰 별이 하늘에서 떨어져 강들의 삼분의 일
과 우물물들 위로 떨어졌습니다. 11 이 별의 이름은 쓴 쑥이었습니다. 물의 삼분
의 일이 쓴 쑥이 되었고 물이 쓰기 때문에 많은 사람이 죽었습니다. 12 네 번째

151) 하나님이 가는 베옷 입은 사람에게 일러 가라사대 너는 그룹 밑 바퀴 사이로 들어가서 그 속에서 숯불을 두 손에 가득히 움켜 가지고 성읍 위에 흩으라 하시매 그가 내 목전에 들어가더라.

천사가 나팔을 불었습니다. 그러자 해의 삼분의 일과 달의 삼분의 일과 별들의 삼분의 일이 두들겨 맞았고 그 삼분의 일이 어두워지니 낮의 삼분의 일이 비추지 않았고 밤도 똑같았습니다 [13] 그리고 내가 보았는데, 독수리가 하늘 한가운데로 날아가며 말하는 것을 들었습니다. 앞으로 불게 될 세 천사의 나팔 소리가 땅 위에 남아있는 자들에게는 화, 화, 화가 될 것입니다.

10.2. 본문에 대한 전 이해

여기서 소개되는 나팔 환상의 처음 네 가지는 구조적으로 서로 연결된다. 네 천사의 나팔을 신호로 하여 하늘에서 땅과 인간을 향해서 일어나는 재앙이 일어난다. 특히 3절에서 등장한 다른 천사가 5절에서 땅에다가 향불을 던지는 행동은 모든 나팔환상을 위한 기본적인 틀이 된다. 이것은 하나님이 하늘에서 땅으로 갑작스럽게 임하시는 현현을 하늘제단에서 던져지는 불의 이미지를 통해서 나타내고 있는 것이다. 이런 맥락에서 주목할 것은 성도들의 기도가 하늘 궁정의 제단에 향불로 드려지고 그것이 불로 변화되어 세상을 심판하는 도구가 된다는 것이다. 이것으로 지상의 성도들은 기도를 통해서 하늘에서 일어나는 마지막 심판의 사건에 참여하는 자들이라는 사실이 밝혀진다.

여기에 나오는 환난과 재앙의 이미지는 알려진 것처럼 구약의 전승을 이어받고 있다. 그것은 바로 출애굽 전승에 나타나는 이집트에 내린 재앙과 비교된다. 여기서 소개되는 재앙은 때로 자연적인 기이한 현상과 비교되기도 한다. 이 환상은 마지막 날에 임하시는 하나님의 도래가 불신자들에게 우주적인 재앙이 된다는 의미를 보여준다. 우리는 이 환상을 통해서 현대세계가 경험하고 있는 환경문제에 대한 대안을 생각할 수도 있다. 왜냐하면 현대의 자연재해는 인간의 잘못된 이기심과 탐욕에서 비롯되는 것으로 볼 수 있기 때문이다. 그러나 이 환상들은 하나님이 역사의 주인으로 모든 역사의 마지막을 통치한다는 사실을 선포하고자 한다.

10.3. 주석

7절. 나팔 재앙의 시작은 처음 천사가 나팔을 부는 것으로 시작된다. 이어지는 재앙은 피와 불이 섞인 우박이 발생하는 것(ἐγένετο χάλαζα καὶ πῦρ μεμιγμένα ἐν αἵματι)이다. 이 재앙을 당하는 영역은 땅으로 한정된다. 전승사의 관점에서 이 재앙은 출애굽 전승에 나오는 우박 재앙을 생각나게 해 준다(출애굽을 위한 일곱 번째 재앙, 출 9:23-35). 출애굽기는 이 재앙으로 모든 식물들이 못쓰게 되었음을 강조한다. 여기서 요한계시록 저자는 출애굽 전승과 함께 요엘 3:3-4[152]을 본문에 적용하고 있는 것처럼 보인다. 요엘서는 피와 불을 마지막 때의 표시라고 말한다.[153] 불은 땅의 모든 식물의 삼분의 일을 못 쓰게 만들었다. 그러나 삼분의 이는 아직도 완전히 파멸되지 않은 상태로 남아있다.

8-9절. 계속해서 두 번째 재앙은 바다의 영역에서 일어난다. 그것은 "산과 거대한 타오르는 불덩어리"(ὡς ὄρος μέγα πυρὶ καιόμενον)가 바다로 떨어지는 환상이다. 자연적인 현상으로 보면 이것은 운석의 추락이나 충돌로 이해할 수 있다. 그 덩어리가 바다에 떨어지자마자 바다가 피가 된다. 이것은 출애굽 전승에서 나일 강이 피로 변했던 것을 떠오르게 해 준다(출 7:15-19). 피는 원초적으로 생명의 위협을 나타낸다. 여기서도 바다에 떨어진 재앙으로 바다의 삼분의 일이 피해를 입고, 그 결과 그 안에 있던 모든 생명이 멸망을 당한다. 고대 세계에서 바다에 대한 이해는 태초 천지가 창조될 때 사탄이 지배하는 영역으로 하나님에게 대적하는 죽음의 힘이 지배하는 징소다.

10-12절. 계속해서 세 번째 나팔신호를 불자 이번에는 하늘에 있는 별들이 떨어져 땅에 있는 강과 육지의 샘물들을 못 쓰게 만들어 버린다. 이렇게 마지막 때에 하늘의 별이 떨어진다는 것은 파멸을 의미했다(6:13; 막 13:25). 여기서 별은 "쑥"(Ἄψινθος)이라는 고유명사로 되어 있다. 저자는

---

152) 개역개정은 욜 2:30-31이다.

153) 요엘서를 인용하는 행 2:19의 베드로 설교를 참조하라.

'쑥'(ἄψινθος)이라는 보통명사를 가지고 마지막 때의 재앙을 고통과 파멸이라는 상징으로 사용하고 있다. 원래 쑥은 독성이 없고 여러 가지 약효가 있어 우리나라 사람들이 널리 이용하는 식물이다. 그러나 구약에서 쑥은 심한 고생과 심판을 의미한다. 이것을 통해서 쑥은 사람이 하나님의 심판을 받은 결과 그로부터 멀어지거나 단절됨을 의미한다.[154] 이렇게 별은 쑥을 통해서 마지막 재앙으로 주어지는 고난의 의미 전환을 나타낸다. 그 의미처럼 별은 지상의 모든 물의 삼분의 일을 쑥처럼 쓰게 만들었고, 그 물을 마신 인간들 모두는 죽음을 맞이하게 된다. 마지막 때의 쑥과 같이 고통스러운 재난은 불순종한 사람들을 심판하는 고난의 심각성을 말해준다.

12절. 네 번째 나팔을 불 때 일어나는 재앙은 앞에서 일어난 세 개의 재앙과 다르다. 앞의 세 재앙들은 하늘의 영역에서 땅을 향해 일어나지만, 네 번째 환상은 하늘의 영역에서 일어난다. 재앙을 당하는 것은 "해와 달과 별의 삼분의 일이 두들겨 맞는 것"(ἐπλήγη τὸ τρίτον τοῦ ἡλίου καὶ τὸ τρίτον τῆς σελήνης καὶ τὸ τρίτον τῶν ἀστέρων)으로 어두움의 재앙으로 이어진다. 이것으로 땅도 그 영향을 받는다. 이것도 출애굽 전승과 비교해보면 출애굽 당시 이집트 전역에 내린 사흘간의 어두움 재앙과 연결된다(출 10:22). 해가 갑자기 빛을 잃어버린다는 것은 묵시적인 사건이 일어나는 것을 말한다(겔 32:7; 욜 3:4).[155] 하늘에서 일어난 이 재앙도 그 영향은 해, 달, 별들의 삼분의 일만 어둡게 하는 것으로 끝난다. 그 결과 낮과 밤을 밝히던 현상이 삼분의 일로 줄어든다.

13절. 이렇게 네 개의 나팔 환상이 소개되고 잠시 그 환상이 중단된다. 그리고 이어지는 독수리 환상은 아직도 남아있는 세 개의 재앙의 의미를 극대화 시킨다. 독수리 날아가면서 말하는 것은 하나님에게 불순종하는 인간들에게 임하는 나머지 세 개의 나팔 환상이 앞의 것 보다 더 극심한 것임을 암시한다. 독수리가 말하는 헬라어 화(οὐαί)는 재앙을 말하는 것으로

---

154) 신 29:17; 애 3:15; 렘 9:14; 23:15.

155) 개역개정은 욜 2:31이다.

무섭게 외쳐대는 저주의 소리다. 나중에 보겠지만 나머지 마지막 재앙들은 땅의 영역에서 일어나지 않는다(11:15-19). 원래 유대교 안에서 독수리는 부정한 짐승이다. 그래서 이 짐승이 무엇을 의미하는지는 종종 논란이 된다. 어떤 주석가들은 여기서 독수리가 하나님의 말씀을 전달하는 존재로 이해한다. 묵시문학 안에서 독수리는 로마제국을 상징하기도 했다(4에스라 11:1; 12:11; 14:17). 따라서 이런 논란 때문에 몇몇 그리스 사본들은 독수리라는 단어를 천사로 대치하기도 했다.[156] 우리는 독수리를 하나님의 사자로 보기 보다는 파멸과 생명의 죽음을 알리는 위협적인 의미로 이해하는 것이 좋을 것 같다. 예수의 어록 안에도 독수리가 언급되지만 그것도 역시 죽음의 의미와 연결되어 있다(눅 17:37;[157] 마 24:28). 독수리는 시체를 먹어 치우는 부정한 짐승이며, 결국 여기서도 하나님의 심판으로 일어나는 죽음의 결과를 암시적으로 알려준다.

10.4. 8장을 위한 해석과 설교방향

계시록 8장은 구조적으로 약간의 혼란을 준다. 그 이유는 6장에서 시작된 두루마리에 찍힌 일곱 개의 도장을 여는 과정이 8:1로 마무리 되고 있기 때문이다. 그리고 일곱 번째 도장을 열었을 때 심판이 아닌 고요한 시간이 반시간 지속된다고 언급한다. 이것은 일곱 번째 도장이 앞에서 시작된 여섯 개의 도장을 열었던 행위에 대한 완결이며 새 창조를 위한 침묵을 제시한다. 이것은 마치 하나님이 7일을 창조하고 하루를 쉬는 것과 유비된다.

이어지는 일곱 나팔 이야기는 새로운 국면으로 접어든다. 그러나 이렇게 일곱 개의 나팔 이야기를 언급하기에 앞서서 다시 3-5절에서 다른 이야기가 소개된다. 그것은 어떤 천사가 하나님의 궁정에 있는 제단 앞에서 금향로를 들고 서 있고 그 향로 안에는 많은 향이 들어 있고, 이 향들은 성도들의 기도들이라고 말한다. 그리고 천사가 하나님의 제단에서 불을 취하여

156) J. Roloff, *Offenbarung*, 100.

157) 저희가 대답하여 가로되 주여 어디오니이까 가라사대 주검있는 곳에는 독수리가 모이느니라 하시니라.

향로 안에 담아 땅으로 던져서 천둥과 번개와 지진을 일으키는 것으로 되어 있다. 우리는 이 환상 안에 앞으로 전개되는 일곱 나팔 이야기를 위한 의도가 들어 있음을 알아야한다. 그것은 지금 요한계시록 공동체가 고난을 당하지만, 그들이 고난 가운데도 믿음을 지키며 올려드리는 기도와 예배는 하나님의 심판으로 응답받고 있다는 것을 말하고자 한다. 우리는 이것을 요한계시록의 기도의 신학이라고 부를 수 있다. 하나님이 고난 받는 성도들의 기도에 응답한다는 사상은 요한계시록의 의도와 밀접하게 연결되어 있다(5:8; 6:9-11). 계시록은 고난 받는 가운데서도 공동체의 기도와 예배를 중요하게 생각한다. 다시 말해서 요한계시록 공동체는 그들이 당하고 있는 고난을 기도와 예배를 통해서 극복해 가는 공동체라고 말할 수 있다. 이것은 당시 황제숭배를 강요하고 있는 상황에서도 그들의 신앙을 지켜내려고 하는 투쟁으로 이해할 수 있다. 따라서 우리는 8장을 해석하면서 이러한 의도를 중시해야 한다.

이어지는 일곱 개의 나팔 재앙 중 네 개가 이어진다. 이 재앙으로 영향을 받는 것은 땅의 삼분의 일, 바다의 삼분의 일, 강들의 삼분의 일, 우주적인 차원으로 확대된다. 이것은 아직도 회개할 기회가 있다는 것으로 해석된다. 왜냐하면 하나님은 파국보다는 오히려 인간이 회개하고 돌아와 하나님과 예수 그리스도를 이 세상의 진정한 창조자와 구세주임을 인정하길 원하시기 때문이다. 따라서 심판은 이 세상을 사랑하시는 하나님의 다른 모습일 뿐이다. 이렇게 우리가 하나님의 심판을 경험하기 전에 하나님에게로 돌아가는 것, 그것이 성경 전체를 통해서 강조되는 메시지다.

● 요한계시록 9장 ●

11. 9:1-12절 다섯 번째 나팔환상

11.1. 본문 사역

1 다섯 번째 천사가 나팔을 불었습니다. 나는 하늘에서 땅으로 떨어진 별 하나
를 보았습니다. 그에게는 지하세계의 문 열쇠가 주어졌습니다. 2 그는 지하세계
의 문을 열었습니다. 그 문으로부터 큰 화덕에서 연기가 나는 것처럼 연기가 올
라왔고, 그래서 그 구멍의 연기로 인해서 해와 공기가 어두워졌습니다. 3 그 연
기로부터 메뚜기 떼가 땅으로 나왔고 그들에게는 땅에 있는 전갈들처럼 권세가
주어졌습니다. 4 그들에게는 땅의 풀이나 푸른 것이나 각종 수목을 해치지 말고
오직 이마에 하나님의 인침을 받지 아니한 사람들만 해치라는 말씀이 주어졌습
니다. 5 그들에게는 사람을 죽이는 것이 아니라 오히려 다섯 달 동안 괴롭히기
만 하는 권세가 주어져졌습니다. 그들이 당하는 고통은 모든 사람에게 가해지
는 전갈이 주는 고통 같은 것이었습니다. 6 그날에 사람들은 죽기를 애원하지만
그것을 보지 못할 것입니다. 그들은 죽기를 바랄 것이지만, 죽음은 그들을 피할
것입니다. 7 메뚜기들의 외모는 전쟁준비를 끝낸 말들과 같았고 그들의 머리는
금과 같은 관들을 썼습니다. 그들의 얼굴은 사람들의 얼굴 같았습니다. 8 그들
은 여자들의 머리카락 같은 머리카락을 가지고 있었고, 그들의 그 이빨은 사자
들의 이빨 같았습니다. 9 그들은 쇠로된 가슴보호대 같은 보호대를 가지고 있었
고, 그들의 날개들의 소리는 전쟁터로 달리는 많은 말들의 전차소리 같았습니
다. 10 그들은 전갈과 가시 같은 꼬리를 가지고 있었습니다. 그들의 꼬리에는 다
섯 달 동안 사람들을 해칠 수 있는 권세를 가지고 있었습니다. 11 그들은 그들을
다스리는 왕을 가지고 있었는데, 지하세계의 왕이었습니다. 그 이름이 히브리
어로는 그 이름이 아바돈이요 헬라어로는 그 이름이 아볼루온이었습니다. 12 첫
번째 재앙이 지나갔습니다. 보십시오. 이후에 아직도 두 가지 재앙이 더 올 것
입니다.

11.2. 본문에 대한 전 이해

다섯 번째 나팔 환상은 앞에서 소개한 8:6-13의 이야기보다 더 긴장된 구조로 발전한다. 이 본문에서 메뚜기의 출현은 출애굽의 여덟 번째 재앙을 생각하게 하지만 요한계시록의 메뚜기 환상은 식물에게 피해를 주지 않는다(출 10:12-20을 비교하라). 오히려 여기서 말하는 환상은 요엘 1-2장에 나오는 이야기와 더 깊이 연결되며 그것을 넘어선다.[158] 저자는 여기서 인간이 종말이라는 최후의 재앙(화)을 경험하면서도 하나님을 찾지 않고 대항하는 모습을 묘사하고자 한다.

앞에서 소개한 네 개의 나팔 이야기는 모든 세상이 파국을 맞이하고 그 안에서 고통을 당하는 인간을 간접적으로 설명한다. 여기서 소개하는 다섯 번째 나팔 환상은 그 파국이 인간에게 직접 일어나는 것으로 묘사한다. 이어지는 여섯 번째 나팔 환상도 재앙과 관련된 인간의 고통이다. 주목할 것은 이 환상들도 구약과 신구약 중간기의 전승을 배경으로 가지고 있다는 것이다. 독자들은 메뚜기 이미지를 통해서 출애굽의 여덟 번째 재앙을 떠올린다(출 10:12-20). 그러나 요한계시록에 등장하는 메뚜기 이미지는 식물에 대한 공격이 아닌 인간을 공격하는 것으로 나온다. 계속해서 요한계시록이 메뚜기를 악마적인 군대의 모습으로 그리는 것은 요엘 1-2장의 전통을 연결된다. 여기에 나오는 요한계시록의 묵시적인 이미지는 출애굽기보다 요엘서의 전통에 더 가깝다고 말할 수 있다(비교. 6:17; 8:7). 여기에는 타락한 천사에 대한 전승이 들어 있다.[159] 그럼에도 불구하는 계시록 저자는 타락한 천사의 실체를 분명하게 언급하지 않는다.

11.3. 주석

1-2절. 이제 환상가는 천사가 다섯 번째 나팔을 불었고 "별 하나가 하늘에서 땅으로 떨어지는 것"(ἀστέρα ἐκ τοῦ οὐρανοῦ πεπτωκότα εἰς τὴν γῆν)을 본

158) J. Roloff, *Offenbarung*, 102.

159) 데이비드 E. 아우네, 『요한계시록 6-16』, 302-303.

다. 여기에 등장하는 별은 묵시문학에서 별의 추락이 천사의 타락을 상징하는 것과 다르게 하나님으로부터 임무를 받아서 행동하는 존재로 묘사된다. 그의 임무는 단지 지하세계(ἡ ἄβυσσος)[160]의 입구를 여는 것이다. 고대 유대교는 지하세계가 불타는 땅의 조각 아래 있는 것으로 이해했다. 그리고 그곳은 악마의 거주지로 이해되기도 했다.[161] 베드로후서 2:4은 하나님이 타락한 천사들을 지옥에 던지고 그 입구를 막아 가두는 것을 언급한다. 이런 관점으로 보면 지하세계는 하나님을 대적하는 영역이고 그 속에서 올라오는 존재들은 하나님의 대적하는 세력이 된다. 요한계시록은 이들이 하나님을 대적하는 세력이라고 말하지 않는다. 오히려 하나님을 대적하는 세력은 12-19장에서 구체적으로 나타난다. 이 장면은 하나님이 이러한 세력을 자신의 진노를 나타내는 도구로 사용하는 것에 초점이 맞추어져 있다. 그래서 아비소스(무저갱)의 문을 여는 장면도 하나님의 권능을 말하는 것으로 이해할 수 있다.[162] 그럼에도 불구하고 이 환상은 하나님을 대적한 타락한 천사들에 대한 전승을 반영한다. 계시록 저자는 이런 배경과 이미지를 이용하여 하나님의 뜻이 실현되고 있음을 말하고자 한다.

여기서 중요한 것은 천사의 존재인 하늘에서 떨어진 별 하나가 하나님의 위임을 받고 감금되어 있던 악령들의 감옥을 여는 것이다. 고대 유대교는 지하세계가 수직갱도를 따라서 지표면과 연결되어 있는 것으로 생각했다.[163] 여기서 연기가 피어오르는 것은 당시의 세계관을 말하는 불타는 지옥에 대한 설명이 되며, 사람들로 하여금 근심과 걱정을 안겨주는 '하나님의 어두움'을 말한다(출 19:18; 욜 2:10).

3-5절. 지하세계의 입구가 열리자 거기에 갇혀 있던 악의 세력들이 메뚜기(ἀκρίδες)의 모습으로 지상에 올라온다. 그들의 활동은 하나님의 백성들을 공격하는 것이 아니라 오히려 이마에 하나님의 도장이 없는 사람들

160) 우리말 성서번역 전통에서는 무저갱(無底坑)으로 이해되고 있다.

161) 데이비드 E. 아우내, 『요한계시록 6-16』, 304.

162) 데이비드 E. 아우내, 『요한계시록 6-16』, 304.

163) 이디오피아 에녹서 86:1; 희년서 5:6-10.

을 해롭게 하는 것으로 나온다(7:1-8을 비교하라). 그들은 독이 있는 뾰족한 꼬리로 하나님을 대적하는 사람들에게 고통을 안겨준다. 그 고통의 시간은 "다섯 달"(μῆνες πέντε)이라는 시간으로 제한된다. 여기서 다섯 달은 모호한 시간이다. 어떤 주석가들은 메뚜기의 생존기간이 다섯 달이라는 주장을 하지만 설득력이 없다.[164] 그러나 신약성경은 이렇게 다섯이라는 숫자에 대한 특별한 이해를 가지고 있다(비교. 고전 14:19,[165] 눅 12:6,[166] 52[167]). 중요한 것은 이 존재들이 정상적인 메뚜기와 다르게 식물을 해하지 않는다는 것이다. 오히려 그들은 불신앙의 인간들을 공격한다(7:1-8). 결국 이 환상은 하나님이 당신을 대적하는 인간들을 향하여 진노를 쏟으시고 그것을 위하여 지하세계의 존재들도 자신의 권능으로 이용하신다는 것이다. 그러나 강퍅한 인간들은 이 심판에 직면해서도 여전히 그들의 불신앙의 상태를 버리지 않는다. 그러나 인간의 악함은 오래 지속될 수 없고 하나님의 심판을 경험하게 된다.[168]

6절. 여기서는 환상에 대한 묘사 보다는 오히려 그렇게 하나님의 진노를 경험하는 인간들의 고통을 설명한다. 이 내용은 죽음을 원하지만 죽지 못하는 욥의 고난과도 비교되는데, 심판에 직면한 인간들이 하나님의 재앙으로 인하여 죽음을 갈망하지만 죽을 수 없다는 사실을 통해서 고통이 극대화 된다(욥 3:21; 렘 8:3).[169] 그만큼 불신앙의 사람들이 마지막 날 하나님의 심판에 직면하여 당하는 고통은 말로 표현할 수 없는 극심한 상태가 된다.

7-10절. 다시 이어지는 환상은 메뚜기에 대한 정확한 묘사를 한다. 그들

---

164) 다음과 같은 주석가들이 그렇게 생각한다: L.L. Thompson, *Revelation*, Nashvill: Abingdon Press, 1998, 118; R.H. Mounce, *The Book of Revelation*, Grand Rapids: Eerdmans Publishing Company, 1977, 188.

165) 그러나 교회에서 네가 남을 가르치기 위하여 깨달은 마음으로 다섯 마디 말을 하는 것이 일만 마디 방언으로 말하는 것보다 나으니라.

166) 참새 다섯 마리가 두 앗사리온에 팔리는 것이 아니냐?

167) 이 후부터 한 집에 다섯 사람이 있어 분쟁하되 셋이 둘과, 둘이 셋과 하리니.

168) R.H. Mounce, *The Book of Revelation*, 188.

169) R.H. Mounce, *The Book of Revelation*, 188.

의 외모는 악마의 이미지로 나타난다. 그들의 모습은 부분적으로는 동물이고 부분적으로는 인간의 형상을 가지고 있는 위협적인 존재다. 이 이미지는 전승을 통해서 보면 요엘 1-2장과 관계가 있다. 그들의 이빨에 대한 묘사는 사자의 이빨을 닮았다든가(1:6), 아니면 그들의 날개 소리가 많은 수레와 전쟁으로 급히 달려가는 말 같았다(2:4)는 표현들은 요엘서의 전통에서 유래한 것이다.[170] 그리고 그들이 인간들의 얼굴과 닮았다는 것은 당시에 유행하던 신화적인 이미지와도 관계가 있다. 그들의 머리카락이 여인의 머리카락 같고 머리에 금으로 된 면류관을 쓰는 것은 모두가 당시의 신화적인 이미지들이다. 이 모든 이미지들은 모두가 그들이 가지고 있는 공격적이고, 승리에 집착한 인간의 얼굴이지만 사자와 같은 이빨을 가진 잔인성과 야수성, 무자비함 등을 복합적으로 보여준다.

11-12절. 자연의 메뚜기 떼 현상과 다르게 여기서는 이들 존재의 왕이 소개된다. 그는 악마적인 존재다. 구약에서 아바돈('Αβαδδών)은 죽음을 말하거나(욥 31:12) 파멸의 장소(욥 28:22)가 되기도 한다. 학자들은 이 말이 헬라어로 아볼루온('Απολλύων)인 것에 착안하여 황제숭배와 관련해서 아폴로신을 생각하기도 한다. 그것은 아폴로가 종종 흑사병처럼 갑작스러운 죽음을 가져다 주기도 하기 때문이다.[171] 요한계시록의 저자는 이렇게 죽음을 관장하는 하나님의 적대세력도 마지막 날에는 그의 뜻을 수행하는 하나님의 지배아래 있음을 강조하고 있는 것이다.[172]

12절. 이 문장은 8:13의 독수리의 말을 염두에 두면서, 처음의 재앙은 지나갔지만, 두 번째 재잉은 그 이싱으로 고통스럽게 다가오고 있다는 것을 말한다.

170) J. Roloff, *Offenbarung*, 103.

171) R.H. Mounce, *The Book of Revelation*, 191.

172) J. Roloff, *Offenbarung*, 103.

12. 9:13-21 여섯 번째 나팔

12.1. 본문 사역

13 여섯 번째 천사가 나팔을 불었습니다. 나는 하나님 앞에 있는 금 제단의 뿔
로부터 하나의 소리를 들었습니다. 14 그것은 나팔 가진 여섯 번째 천사에게 하
는 말이었습니다. 큰 강 유브라데에 결박했던 네 천사들을 풀어주어라. 15 그래
서 네 천사들은 풀려났습니다. 그들은 그 해 그 월 그날 그 시간에 사람들 삼분
의 일을 죽이려고 준비된 자들이었습니다. 16 기병대의 수는 이만 만이었습니
다. 나는 그들의 숫자를 들었습니다. 17 그렇게 나는 환상 중에 그 말들과 그것
을 타고 있는 자들을 보았습니다. 그들은 불빛과 자줏빛과 유황빛의 가슴보호
대를 하고 있었고, 그 말들의 머리는 사자 머리 같고 그 입에서는 불과 연기와
유황이 나왔습니다. 18 그들은 이 세 가지 재앙 즉, 그들의 입에서 나오는 불과
연기와 유황으로 삼분의 일을 죽일 것입니다. 19 이 말들의 권세는 입과 꼬리에
있었고, 그들의 꼬리들은 뱀 같았고, 그 꼬리에 머리를 가지고 있었으며 그것
으로 해칠 수 있었습니다. 20 그 사람들 중에 남아 있는 자들, 즉 그 재앙에 죽지
않은 자들은 그들의 손의 행위들을 회개하지 않았고 오히려 귀신들과 금, 은,
동과 목석의 우상들에게 절했습니다. 그 우상들은 볼 수도 없고 들을 수도 없고
걸을 수도 없는 것입니다. 21 그들은 또한 그들의 살인과 그들의 마술과 그들의
음행과 그들의 도둑질을 회개하지 않았습니다.

12.2. 본문에 대한 전 이해

여섯 번째 나팔환상도 인간에게 가해지는 직접적인 고통을 말하며, 이야기가 계속 상승해 나간다. 이것이 다섯 번째 나팔환상과 다른 점은 단순히 고통만 주어지는 것이 아니라, 불신자들이 죽음을 당한다는 것이다. 이것은 마치 출애굽기 12:29-34에 나오는 열 번째 재앙으로 이집트의 장자들에게 죽음이 찾아가는 것처럼, 재앙이 극에 다다르고 있음을 말한다. 이미 앞에서 살펴본 것처럼 요한계시록의 저자는 자신의 이야기 안에 구약성

서의 전통과 묵시적인 전승들을 반영하고 있다.[173] 여기서도 나팔 부는 천사와 달리 유프라데스 강에 결박되었던 네 천사들을 언급한다. 그들은 유프라데스 강 동쪽에서 군대를 이끌고 온다. 이들 군대들도 9:1-12의 메뚜기 떼처럼 네 천사들의 지배를 받고, 네 천사들은 다시 하늘 제단의 네 뿔에서 나는 소리에 복종한다. 이 본문도 하나님의 뜻이 9:1-12의 악마의 군대처럼 묘사되는 세력에 의해서 실현되고 있음을 말한다. 이 재앙을 통하여 말하고자 하는 궁극적인 목적은 이렇게 심판에 직면함에도 불구하고 우상숭배와 그릇된 행위들을 회개하지 않는 인간의 악함을 드러내려는 것이다. 여기서 나팔을 불어서 나타나는 무서운 표징들은 인간들의 회개를 위한 요구가 되기도 하나 오히려 하나님을 대적하는 인간들의 악함을 드러낸다. 공포로 가득 찬 하나님의 심판행위는 여섯 번째 나팔 환상을 통해서 최고조에 도달한다. 재앙은 불신을 고집하는 악의 세력들을 향하여 죽음으로 이어지고 그 영향력은 땅위에 사는 사람들 삼분의 일을 죽인다. 저자는 이 묘사를 통해서 회개하지 않고 하나님을 대적하는 자들에게 임하는 죽음의 이미지를 극대화한다.

12.3. 주석

13절. 앞의 환상들이 그랬던 것처럼 8-9장에 나오는 나팔환상들은 나름대로의 순서가 정해져 있다. 즉 이것은 역사의 마지막을 주관하는 하나님의 순서를 의미한다. 심판의 도식은 일반적으로 하늘에서 아래를 향한다. 여기서 주목해야 할 것은 이미 앞에서 다루었던 성도들의 기도다(8:3-5). 이 본문은 그 내용을 염두에 두면서 성도들의 기도가 제물로 드려졌고, 그 결과 제단의 네 뿔에서부터 나는 한 음성(φωνὴ μία ἐκ τῶν¨τεσσάρων] κεράτων τοῦ θυσιαστηρίου)을 듣는 것으로 심판이 일어난다. 그러므로 이 재앙도 성도들의 기도에 대한 응답이며 하나님의 뜻이 실현되는 것을 말한다.

---

173) C. Brütsch, *Die Offenbarung Jesu Christi: Johannes-Apolaypse*, Zürich: Zwingli Verlag, 1970, 380-382.

14절. 제단의 음성에 따라서 나팔신호를 했던 천사는 "큰 강 유프라테스 강에"(ἐπὶ τῷ ποταμῷ τῷ μεγάλῳ Εὐφράτῃ) 묶여 있던 네 천사들을 풀어준다. 그들은 이어지는 이미지 소개에서 사람들의 삼분의 일을 죽이라는 명령을 받는다. 유프라테스 강은 요한계시록이 기록될 당시 로마의 국경이었다. 강을 경계로 동쪽에는 파르티아 군대가 있었고, 로마는 이들을 위협적인 존재로 여겨왔다. 네 천사에 대한 언급은 7:1이하에서도 나오며 세상의 네 방향 혹은 네 바람을 주관하는 천사가 등장한다. 여기서는 그 반대로 하나님에 의해서 결박되었던 천사들이라는 언급이 다르며, 그들이 임무는 사람들의 삼분의 일을 죽이는 것이다. 이렇게 네 천사와 관련된 유대교 전승은 악한 천사들이 동양의 민족들, 즉 파르티아 민족과 메데 민족을 정벌하려고 팔레스타인으로 임하는 것으로 되어있다.[174]

15절. 여기에 등장하는 악마의 군대는 막강한 힘을 가지고 있지만, 그들은 그 힘을 스스로 행사하지 못한다. 왜냐하면 하나님이 명령을 내리며, 그들이 행동해야 하는 때에 해당하는 년, 월, 시간도 정해져 있다. 그들의 외적인 모습은 악의 세력처럼 묘사되지만, 그들의 활동과 힘이 제한되어 있다는 묵시적인 견해를 반영한다.[175] 이것으로 역사의 주관자는 하나님이라는 것을 암묵적으로 드러낸다.

16절. 말을 타고 있는 군대의 모습은 앞에서 설명했던 것처럼 파르티아 기병대에 대한 이해를 반영하는 것으로 보인다.[176] 즉 당시의 로마의 적대적인 세력이었던 군대가 이제는 하나님을 거부하는 자들에게 고통을 가하는 악마적인 힘으로 묘사되며, 네 천사들은 이들의 지휘관처럼 묘사되고 있다. 그리고 "이만 만"(δισμυριάδες μυριάδων)으로 묘사되고 있는 숫자는 구약에서 많음을 나타내는 숫자 과장법으로 상징적인 것이다. 이런 표현은 이미 5:11이 제시했던 '만만이요 천천'이라는 숫자처럼 크고 많음을 말한

174) 이디오피아 에녹서 56장; 바룩 묵시록 6장 4-5절을 비교하라. J. Roloff, *Offenbarung*, 104.
175) 4에스라 7:40-41; 시빌리엔 신탁서 2:325-327; 3:89; 8:424-427.
176) M.L. Reddish, *Revelation*, Macon: Smyth & Helwys, 2001, 181.

다. 이것이 상징적인 것임은 숫자를 눈으로 직접 목격하는 것이 아니라 "들었다"(ἤκουσα)는 것을 통해서 나타난다. 이런 예는 "내가 인침을 받은 자의 수를 들으니"라고 말하는 7:4에서 확인할 수 있다.

17-19절. 환상(ὅρασις)이라는 단어는 신약성서 안에서 여기와 사도행전 2:17(욜 2:28 인용)에서만 사용된다. 여기서는 네 그룹으로 나누어진 군대의 돌격장면이 상세하게 묘사되고 있다. 환상가 요한은 구체적인 땅의 전사들이 아니라 신화적 형태의 존재들을 보고 있다는 것이다. 말들과 기사들의 이미지는 공포를 주는 모습으로 설명된다. 그들은 사자의 머리와 뱀의 꼬리를 가지고 있으며 마찬가지로 머리를 가지고 있는 괴물의 모습이다. 그들의 가슴보호대는 불의 색, 자줏빛, 유황빛이며, 그들의 입에서 나오는 불과 연기와 유황은 창세기에 나오는 소돔과 고모라를 파괴했던 일들을 회상하는 것으로 볼 수도 있다. 어떤 사물이 입에서 불과 연기를 내는 이미지는 욥기 41:18-21에 나오는 레비아단의 모습에서 찾아볼 수 있다.

20절. 지금까지의 묘사는 다시 계시록 8:2-5에서 말한 기도에 응답하시는 하나님의 행동을 보여준다.[177] 그러므로 20-21절은 지금까지의 나팔 재앙의 요약이며 해석이다. 일차적으로 요한계시록이 묘사하는 재앙의 의미들은 하나님께서 하나님을 모독하는 인간들에게 재앙을 내리시며 그들을 주관하는 능력을 가진다는 것이다. 그러면서 동시에 인간들은 이렇게 하나님의 심판을 경험하지만 회개하고 돌아서지 않는다는 것이다. 이미 이렇게 인간이 악하고 강퍅한 마음을 가지고 있다는 것은 출애굽기에 나오는 10개의 재앙에 잘 나타난다. 요한계시록 저자는 그 전통과 신학적인 이해를 같이 연결한다. 저자 요한은 유대교적인 전통을 따라서 당시 요한계시록 공동체가 직면하고 있는 상황을 우상숭배의 상황과 연결해서 나열하고 있다. "오히려 그들이 귀신들과 금, 은, 동과 목석의 우상들에게 절했습니다"는 것은 구약에서 말하는 우상숭배를 반영한다.[178] 이것은 당시 요한계시록 공동

177) J. Roloff, *Offenbarung*, 105.

178) 시 115:4; 135:15; 렘 10: 1-16; 단 5:4, 23. 데이비드 E. 아우내, 『요한계시록 6-16』, 332.

체의 상황이 당시의 주변적인 종교상황, 특히 황제숭배와 긴밀하게 연결되고 있음을 암묵적으로 말하는 것이다.

21절. 이렇게 우상숭배는 이방인들의 제사 안에서 분명하게 나타났다. 그리고 당시의 환경에서 우상숭배는 선택의 문제가 아닌 집단적이고 강제적인 것이었다. 우상숭배를 반대하는 유대교의 전통을 이어받았던 초대기독교는 성장하고 발전하는 과정에서 자연스럽게 이런 우상숭배의 상황과 대립하게 되었다. 여기에 나오는 네 가지 악행목록은 당시의 우상숭배 환경에서 일어나는 것으로 요한계시록 공동체와 대립되는 모습이며 거부를 의미한다(21:8; 22:15; 갈 5:19-21를 비교하라). 이 네 가지 중 세 가지는 살인금지, 간음금지, 도둑질을 금지하는 십계명과 연결되고 거기에다가 마술(φάρμακον)을 추가했다. 마술은 독을 섞어 다른 사람을 살해하는 행위를 포함했다(18:23; 21:8; 22:15).[179] 이미 기독교가 당신의 민간신앙이었던 마술과 대립하고 있는 문제는 사도행전 19:19이하에 나오는 바울의 소아시아 선교에서 잘 나타난다. 마찬가지로 요한계시록의 저자는 자신의 분명한 신학적인 입장을 가지고 기독교와 당시 주변세계와의 차이를 분명하게 제시하고 있다.

저자 요한은 그들이 참여하는 우상숭배는 그들로 하여금 하나님을 인정하지 않게 하고 회개하지 않게 함을 지적한다. 그렇게 우상숭배에 빠져서 사는 삶이 하나님을 모독하는 것이라고 말한다. 다시 말해서 우상숭배는 그들로 하여금 그들의 삶의 태도를 결정하게 하며, 기독교는 이렇게 종교적이고 문화적인 태도에 대해서 비판적인 태도를 보였던 것이다. 기독교는 구약의 전통을 받아들여 다신들이 존재하는 상황에서 우상숭배에 대한 비판을 하였던 것이다. 여기서 언급되는 살인, 간음, 도둑질, 마술은 하나님의 가르침에 정면으로 배치되는 것으로, 저자 요한은 하나님이 인간들의 이런 태도와 악함에 대해서 종말에 이르러서는 당신의 권위를 통해서 심판을 단행한다고 말한다.

---

179) 데이비드 E. 아우내, 『요한계시록 6-16』, 333.

12.4. 9장을 위한 해석과 설교방향

지금까지의 주석에서 나타나는 것처럼 9장은 다섯 번째 나팔과 여섯 번째 나팔환상으로 구성되어 있다. 다섯 번째 환상의 무대는 하나님의 심판의 영역이 지하세계로 확대된다. 하늘에서 별이 떨어지는 것, 지하세계의 문을 여는 것과 같은 이미지는 중간기의 하나님과 사탄의 대립이라는 이원론적인 구조를 만들어내는 것으로 이해되었다. 요한계시록 저자는 그 모든 부정적인 이미지들도 하나님의 주권의 영역으로 끌어들인다. 다시 말해서 세상이 종국에 이를 때에는 그 어떤 세력도 하나님을 대적할 수 없다는 것이다. 그런 상황 속에서도 인간은 여전히 강퍅한 마음을 가지고 하나님에게로 돌아오지 않는다. 그런 인간들을 향하여 하나님은 심판을 단행하고, 그 심판의 고통은 차라리 죽는 것이 더 좋을 만큼 가혹하다. 이렇게 다섯 번째 나팔 이야기 안에는 신구약 중간기의 전승을 이용하여 하나님에게 돌아와야 하는 인간의 상태와 동시에 하나님에게 돌아서지 않는 인간의 악한 모습을 보여준다. 즉 하나님과 그리스도를 인정하지 않는 인간은 아무리 그가 선한 것을 추구한다 할지라고 악한 것임이 역설적으로 강조되고 있는 것이다. 요한계시록 저자는 하나님을 모르고 하나님의 존재를 부인하는 인간 자체는 악할 수밖에 없고, 결국 종말의 시간에 직면하여 하나님의 심판을 피할 수 없다는 것을 말하고자 한다.

이어지는 여섯 번째 나팔재앙도 앞의 이야기와 연결된다. 그러나 20-21절에서 말하는 것처럼 인간은 여전히 완악하고, 그렇게 완악한 마음을 가지는 이유가 우상숭배에서 비롯되고 있음을 지직한다. 13절에서 인급되고 있는 하나님의 앞에서의 금제단의 소리는 천사들로 하여금 하나님의 최종적인 역사를 수행하게 하는 하나님의 권세를 상징적으로 말하는 것이다. 그렇게 역사의 완성을 완수하는 이유는 하나님의 의도와 8:2-5에서 하나님에게 드려졌던 성도들의 기도가 밀접하게 연결되어 있기 때문이다. 성도들의 기도는 하나님의 역사를 움직이는 힘이 있는 것이다. 여섯 번째 나팔재앙으로 일어나는 사건도 세상의 강대한 세력도 하나님의 섭리 안에서 이해된다는 것이다. 요한계시록이 기록될 당시 유프라테스 강 동쪽의 파르티아 국가는 지금의 이란 북쪽에서 출현한 기마민족 국가로 당시의 제국이었던 로마를 위협했다. 여기서는 그에 대한 직접적인 언급은 없지만 동쪽에서 일어난 그들도 마지막 때가 되어서는 하나님의 지시를 따르는 천사들을 통하여 우상숭배를 일삼는 적대적인 세력들을 멸하기 위한 도구가 된다는 것을 보여준다. 이렇게 하나님의 마지막 심판이 일어나는 이유는 인간들의 우상숭배에서 비롯된다. 그들은 우상숭배를 통하여 하나님을 인정하지 않고, 우상숭배를 통하여 인간 스스로 역사의 주인인 것처럼 행세한다. 이런 인간의 태도가 요한계시록 저자의 눈에는 하나님의 진노와 역사의 종말을 앞당기는 사건으로 보인다. 인간은 우상숭배라는 태도를 통해서 사실상 스스로 자멸의 길을 걸어가고 있는 것이다.

요한계시록은 당시의 주변세계에 만연해 있던 우상숭배와 종교적인 태도에 대해서 유대교 전통에서 이어오던 신학적인 관점을 가지고 비판적인 태도를 보이고 있다. 이 입장 때문에 요한계시록 공동체는 당시의 환경에서 소외되고 박해를 경험하지만 그런 환경에서도 신앙의 궁극적인 승리와 하나님의 최후심판을 선언했던 것이다. 이처럼 나팔환상은 요한 공동체와 인간들을 향하여 세상의 우상을 따르지 말고 하나님 앞에 돌아오라는 메시지를 선포하고 있다.

• 요한계시록 10장 •

13. 10:1-11 마지막 사건과 예언자의 직무

13.1. 본문 사역

[1] 나는 다른 힘센 천사가 하늘에서 구름 가운데 내려오는 것을 보았습니다. 무
지개가 그의 머리 위에 있었고 그의 얼굴은 태양 같았고 그의 발은 불기둥 같
았습니다. [2] 그는 그 손에 펼쳐진 작은 책을 가지고 있었습니다. 그는 오른쪽 발
은 바다를 왼쪽 발은 땅을 밟고 서 있었습니다. [3] 그는 사자가 울부짖는 것처럼

큰 소리로 외쳤고, 일곱의 천둥은 자신들의 소리로 말을 했습니다. [4] 일곱의 천
둥이 말했을 때, 나는 그것을 기록하려고 했습니다. 나는 하늘로부터 말하는 큰
소리를 들었습니다. 일곱의 천둥들이 말한 것에 도장을 찍고 그것을 기록하지
말라.
[5] 내가 보았던 바다와 땅을 밟고 서 있던 천사는 하늘을 향하여 오른손을 들었
습니다. [6] 그는 하늘과 그 안에 모든 것들 그리고 땅과 그 안에 있는 모든 것들,
그리고 바다와 그 안에 있는 모든 것들을 창조하신 영원히 살아계신 분에게 맹
세했습니다. 왜냐하면 시간이 더 이상 없을 것이기 때문입니다. [7] 그러나 일곱
번째 천사가 나팔을 불려고 하는 그 소리의 날에는 하나님이 그의 종들이었던
예언자들에게 기쁜 소식을 전했던 것처럼 하나님이 비밀이 완성될 것입니다.
[8] 내가 하늘로부터 들었던 그 소리가 다시 나와 함께 말했습니다. 가서 바다와
땅을 밟고 서 있는 천사의 손으로부터 그 작은 책을 받아라. [9] 그래서 나는 그
천사에게 가서 그 작은 책을 달라고 말했습니다. 그가 나에게 말했습니다. 그것
을 받아서 먹어라. 그것이 너의 배를 쓰게 만들 것이지만 그러나 네 입에는 꿀
처럼 달 것이다. [10] 그래서 나는 천사의 손으로부터 그 작은 책을 받아 그것을
먹었습니다. 그것이 나의 입에는 꿀처럼 달았지만, 그것을 먹자 내 배는 쓰게
되었습니다. [11] 그들은 나에게 말했습니다. 너는 다시 반드시 백성들과 민족들
과 방언들과 많은 나라들에게 예언을 해야만 한다.

13.2. 본문에 대한 전 이해

이 환상은 앞에서 언급한 것처럼 요한계시록의 전형적인 구조를 반영한다. 이 환상은 여섯 번째와 일곱 번째의 나팔환상 사이에 삽입된 것 같은 본문으로 되어 있다. 그래서 주석가들은 이 본문을 삽입으로 이해하기도 한다(10:1-11:14). 이것은 7:1-7의 본문처럼 여섯 번째와 일곱 번째 나팔 환상 사이에 들어가는 삽입본문과 같은 성격을 보여주지만, 저자는 이런 작업을 통해서 요한계시록을 가지고 말하고자 하는 신학적인 의도를 드러낸다. 특별히 10장의 이야기는 요한계시록을 두 부분으로 나눌 경우 1-9장,

11-22장을 연결하는 기능을 하고 있다.[180] 그러므로 이 이야기 안에는 요한계시록 저자의 신학적인 의도가 들어 있다. 여기에 나타나는 환상도 구약과 묵시문학의 전통과 배경을 가지고 있다. 그럼에도 불구하고 '이 본문이 초대 기독교 안에서 어떤 상황을 반영하는 것인가?' 하는 문제는 중요하다. 이 본문에서 사용되는 핵심적인 용어는 '예언자', '예언하다', '복음을 전하다'이다. 이 본문은 요한계시록이 이해하고 있는 초대 기독교 안에서의 예언자와 예언의 의미를 보여준다.[181] 이 주제는 계속해서 11장으로도 연결된다(10:7, 11; 11:3, 18). 요한은 이미 앞에서 자신을 예언자의 집단에 속한 자로 규정했음에도 불구하고 자기 자신을 직접적으로 언급하지는 않는다(1:3, 9; 22:6). 그는 이 환상을 통해서 그가 행할 임무를 제시한다. 이 본문은 예언자에 대한 파송과 직무를 위임하는 과정을 환상의 형식으로 제시하고 있다. 이렇게 10장은 예언자가 하나님의 부름에 순종해야 한다는 것과 예언을 행할 때 하나님이 가까이 계심을 인식할 것을 요청한다. 특히 그의 임무는 하나님이 움직이시는 역사의 종말과 연결되어 있다.

10장은 그 구조를 3부로 나눌 수 있다. 1-4절은 예언자의 임무가 이제는 종말을 맞이하여 기록을 멈추라는 것이다(4절). 특히 천사가 손에 가지고 있는 책은 예언자가 전해야 할 내용을 상징한다. 그에게는 천사를 통하여 예언자의 직무가 주어지고 있는 것이다. 이어지는 5-9절은 저자가 예언이 기록된 책을 취하여 먹음으로 하나님이 주시는 마지막 때의 예언자의 직무를 받아들이고 순종하는 것을 묘사한다. 예언자는 마지막 때에 예언을 증거하기 위해 보냄을 받았다. 10-11절은 예언자의 직무를 상징적으로 표현한다. 이미 9절에서 예언의 말씀은 입에서 달고 배에서 쓰다는 것이 제시된다. 예언자들이 하나님에게 부름 받는 사건은 입에서 달게 여겨지는 감격이다. 그러나 그것을 몸으로 살아내는 실존은 배가 쓰라린 것처럼 몸 전체를 통해서 고난을 이겨내야 한다. 이 환상은 저자 요한 한 사람에게 주

180) A. Satake, *Offenbarung*, 259.

181) A. Satake, *Offenbarung*, 254.

어지는 것처럼 보이지만, 이미 신앙을 지키는 사람들 자신이 이렇게 예언자들처럼 하나님의 말씀을 위임 받았다는 의미가 들어 있다.

13.3. 주석

1절. "힘센 천사"(ἄγγελος ἰσχυρός)는 이미 5:2에서 한번 언급되었다. 주목할 것은 거기서도 천사는 두루마리와 관련해서 중요한 역할을 한다는 것이다. 그 천사가 동일한 천사인지는 논란이 된다. 여기서는 환상을 보는 자가 이전에는 주로 하늘에서 이루어지는 환상을 본 것이라면 지금부터는 하늘이 아닌 땅에서 이루어지는 것을 보는 것이다. 이것은 예언자의 활동 무대가 땅이라는 현실세계에서 이루어지고 있다는 것을 보여준다. 천사의 이미지는 하나님을 닮은 것 같은 모습으로 나온다. 이런 이미지는 1:13이하의 "인자 같은 이"나 4:1이하의 "보좌에 앉아 계신 분"의 이미지를 닮아 있다. 여기서 그런 이미지가 천사에게 적용되고 있는 것은 그의 역할이 하나님의 대변자임을 보여준다.

2절. 저자는 천사가 펴 놓은 작은 책을 제시한다. 이것은 작은 두루마리(βιβλαρίδιον)로 되어 있고, 5장에 나오는 어린양이 보좌에 앉아계신 분에게서 받아서 열어야 했던 책(βίβλος)과 구분된다. 두 책의 의미를 구분하자면, 5장에서의 책은 하나님의 전권과 인간의 모든 행위를 다스리는 하나님의 권위를 보여준다. 그에 대한 권위는 그 책에 일곱 개의 봉인이 찍혀 있었다는 것으로 분명해진다. 그러나 10장의 책은 우선 작은 두루마리라는 의미로 5장의 책과 구별되며 어떤 의미에서는 이 책은 5장의 어린양의 책의 일부에 해당하는 지극히 작은 것을 의미할 수 있다. 이로써 예언자는 이렇게 하나님이 하시는 일 전체를 감당하는 것이 아니라 작은 일부를 나누어서 맡고 있다는 것을 상징적으로 보여준다. 그럼에도 불구하고 천사가 땅과 바다를 밟고 있는 모습을 통해서 예언자에게 책을 준다고 하는 것은, 예언의 영역이 땅이면서 동시에 온 우주가 하나님의 예언을 선포하는 영역이 될 수 있음을 보여준다.

3절. 여기서 갑자기 천사의 외침과 일곱 천둥(αἱ ἑπτὰ βρονταί)이 등장한다. 이것들은 예언의 내용을 언급하기 위한 배경이 된다. 먼저 천사의 소리가 울부짖는 사자와 같이 큰 소리(φωνῇ μεγάλῃ ὥσπερ λέων μυκᾶται)와 같다는 것은 그가 위임하고자 하는 내용이 하나님의 말씀이라는 것을 말한다(호 11:10; 암 3:8).[182] 천둥 소리는 하나님이 나타나심을 알리는 현현을 말한다. 따라서 천사가 전하는 소식은 하나님에 관한 소식이 된다.

4절. 이 문장의 중요성은 두루마리(책)와 관련해서 봉인에 대한 이해가 요한계시록과 기존의 묵시문학이 차이를 보인다는 것이다. 강조점은 "일곱 천둥이 말한 것에 도장을 찍고 그것을 기록하지 말라"(σφράγισον ἃ ἐλάλησαν αἱ ἑπτὰ βρονταί, καὶ μὴ αὐτὰ γράψῃς)는 것이다. 예를 들어, 다니엘 4:2을 보면 "다니엘아 마지막 때까지 이 말을 간수하고 이 글을 봉함하라"는 묵시의 은폐가 나타난다. 그러나 요한계시록은 "기록하지 말라"는 것을 강조하고 있다. 이런 차이는 다니엘서와 같은 묵시사상은 천사들이 전한 하나님의 역사 계획을 비밀로 은폐해 어느 시점까지 보전한다는 것이다.[183] 이와 다르게 요한계시록은 미래를 위한 비밀을 기록하는 것에 대해서 중요하게 생각하지 않는다. 물론 '도장을 찍는 것'(σφράγισον)은 그것이 하나님의 것이라는 의미가 있다. 그럼에도 중요한 것은 "기록하지 말라는 것"(μὴ αὐτὰ γράψῃς)은 문헌적인 예언활동보다는 입으로 직접 말하는 예언활동의 중요성, 공동체와 예언자의 현재 상황을 더 중요시 하는 것이다. 따라서 여기서는 기록보다는 선포가 중요하다.[184] 기록을 하지 않고 말을 해야 하는 상황은 공동체 전체가 예언자의 운명을 같이하고 있다는 것을 암시한다.

5-6절. 이 장면에 나오는 장면은 다니엘 12:5-7과 연결된다.[185] 여기서 천사가 오른손을 하늘로 향하는 장면은 그가 하나님을 향하여 맹세하는 모습을 묘사하는 것으로, 6절에서 영원히 살아계신 분에게 맹세하는 것(ὤμοσεν ἐν τῷ ζῶντι εἰς τοὺς αἰῶνας τῶν αἰώνων)을 통해서 하나님이 창조자라

182) A. Satake, *Offenbarung*, 255.

183) J. Roloff, *Offenbarung*, 109.

184) 4에스라서 14:18-48을 비교하라; J. Roloff, *Offenbarung*, 109.

185) A. Satake, *Offenbarung*, 256.

는 사실을 강조한다. 이것을 통해서 저자는 예언자의 직무는 개인적인 것이 아니라 하나님의 계시에 의해서 확인되는 것임을 강조한다.[186] 이 문장은 다니엘 12장에서 묘사하는 것처럼, 그 책이 기록되던 당시에 헬라왕조였던 시리아의 셀류커스 왕조의 안티오쿠스 4세 에피파네스의 몰락과 연결되어 있다(단 12:11).[187] 안티오쿠스 4세는 예루살렘 성전의 제사를 이방제사와 결합하여 혼합주의적인 예배를 도입하고자 했던 인물이며, 마카비 가문의 저항은 이런 역사의 종결을 가져왔다. 그러므로 요한계시록 저자도 이런 전승을 바탕으로 하나님의 창조자 되심과 함께 거기에서 한 걸음 더 나아가서 요한계시록의 현재의 상황이 다니엘서보다 더 긴박하다는 것을 강조한다. 그것은 "왜냐하면 시간이 더 이상 없을 것이기 때문입니다"(ὅτι χρόνος οὐκέτι ἔσται)는 것이다.

7절. 그러면서 저자는 하나님의 구원계획이 해당하는 "비밀이 완성될 것"(ἐτελέσθη τὸ μυστήριον τοῦ θεοῦ)을 말한다. 여기서 "완성될 것이다"(ἐτελέσθη)라는 동사는 단순과거(aorist)로 되어 있는데, 언어적으로 이것을 '격언'의 성격을 가진(gnomic) 단순과거라고 말한다. 이것은 하나님의 역사완성계획은 반드시 이루어져야 하는 '진리'임을 암묵적으로 보여준다. 이 하나님의 계획과 관련해서 예언자들은 이렇게 이루어지는 하나님의 비밀에 참여하는 자들이며, 그들이 해야 하는 일은 '복음을 선포하는 것'이다(7절, εὐηγγέλισεν). 이것은 10장에 나오는 핵심 주제로 환상을 보는 사람이 천사로부터 두루마리를 받는 것은 이사야나 예레미야의 예언 소명처럼 예언자로 부름을 받아 전해야 하는 복음을 위임받는 것을 말한다. 이것을 통해서 요한계시록 저자는 초대기독교의 복음에 대한 이해가 구약의 예언자 전승과 같이하며, 그런 의미에서 요한계시록은 묵시적인 전승을 가지고 있는 '기독교의 예언'이라고 말할 수 있다.

186) W. Bousset, *Offenbarung*, 309f.

187) 단 12:5-7에 나오는 환상을 통해서 이스라엘이 경험하는 악한 세력이었던 안티오쿠스 4세의 종말을 기대하고 있다. L. E. Hartmann/A. A. Di Lella, *The Book of Daniel*, AnB 23, Garden City: Doubleday, 1980, 276, 312.

8절. 천사의 손으로부터 책을 가지는 장면은 5장에서 어린양이 보좌에 앉아계신 분의 오른 손으로부터 두루마리를 받는 것과 비교된다.

9절. 여기서는 예언자의 임무가 다시 구체적으로 언급된다. 예언자는 힘 있는 천사로부터 작은 책을 "그것을 받아서 먹어라"(λάβε καὶ κατάφαγε αὐτό)"고 말하는 명령을 듣는다. 이렇게 천사가 예언자에게 책을 넘겨주고 두루마리를 받아먹는 과정은 에스겔 3장의 소명환상에서 나온다(겔 3:1-3). 중요한 것은 예언자가 그 책을 받아서 '먹는 것'이다. 여기서 '먹는다' 는 것의 의미는 말씀을 받아들여서 자기의 것으로 소화하는 체화과정을 말한다(시 119:103). 이런 과정을 통해서 나타나는 결과는 일차적으로 그렇게 받아먹은 말씀이 '달다'는 것이다. 물론 주어진 본문은 순서에 맞지 않게 '배'를 먼저 언급하고 나중에 '입'을 언급한다(καὶ πικρανεῖ σου τὴν κοιλίαν, ἀλλ' ἐν τῷ στόματί σου ἔσται γλυκὺ ὡς μέλι). 실제적인 순서는 입에서 배로 진행되는 과정이 순서상 올바르며 그것은 10절에서 다시 올바르게 나온다. 이것은 하나님을 체험하는 과정에서 나타나는 영적인 감미로움 혹은 하나님과의 관계에서 느끼는 영적인 행복한 상태를 말한다. 그러므로 입에서 달게 느끼는 과정은 신앙의 초기단계로 규정할 수 있다. 요한계시록 저자는 에스겔서의 소명환상에서 그것을 받아먹음으로 "입에서 꿀 같이 달았다"는 것으로 나온다.

10절. 요한계시록은 그렇게 하나님의 말씀을 긍정하는 입술의 단계에서 그것을 소화하고 살아내는 체화의 과정 혹은 성육신(incrnation)으로 배를 언급한다. "나의 배가 쓰라리게 되었다"(ἐπικράνθη ἡ κοιλία μου)는 것은 말씀을 체화시켜 그것을 삶에서 살아내는 과정의 어려움을 말한다. 예언자는 말씀을 선포하는 과정에서 달콤했던 그 말씀 때문에 박해와 고통을 경험하면서 배(속이) 쓰라린 고통을 당하는 것처럼 온 몸으로 고통을 감내해야 하는 경우가 있는 것이다. 이것은 이어지는 11장에서 말씀을 예언하는 두 증인의 환상에서 다시 상세하게 설명된다(11:3-13). 이렇게 하나님의 말씀을 전달하고 선포하는 자는 그의 실존을 통해서 말씀의 달콤함과 고통을 동시에 경험하게 된다.

11절. 결론적으로 11절은 지금까지 말한 앞에서의 내용을 종합한다. 즉 예언자는 "반드시 백성들과 민족들과 방언들과 많은 나라들에게 예언을 해야만 한다"(δεῖ σε πάλιν προφητεῦσαι ἐπὶ λαοῖς καὶ ἔθνεσιν καὶ γλώσσαις καὶ βασιλεῦσιν πολλοῖς). 이 문장의 "해야만 한다"(δεῖ)는 것은 예언의 당위성으로 앞에서 말한 예언자의 직무가 개인의 실존을 넘어서는 하나님의 역사에 참여하는 것임을 말한다. 예언자가 복음을 전하는 영역은 제한되지 않는다. 그것은 이 문장이 제시하는 것처럼 '백성들', '민족들', '언어들', '나라들'을 포함하는 모든 인간의 우주적인 영역이다. 이것이 12-19장에 이르면 세계정치의 차원으로 확대된다.[188] 이런 관점을 통해서 요한계시록 안에는 정치에 대해서도 예언을 해야만 하는 강한 정치적인 요소를 가지게 되었다.

13.4. 10장을 위한 해석과 설교방향

요한계시록 안에서 예언과 선포는 거의 동일한 개념으로 사용되고 있다. 구약의 전통에서부터 예언자는 자기의 견해나 의견을 전달하는 사람이 아니라 하나님의 뜻을 전하는 스피커와 같은 역할을 하는 도구였다. 마찬가지로 이런 전통은 요한계시록 안에서도 나타난다. 주석에서 설명했던 '작은 두루마리'(작은 책)는 5장에 나오는 심판과 생명의 책으로 되어 있는 '큰 두루마리'(큰 책)와 비교가 되지 않는다. 그러나 예언자가 감당해야 하는 책의 내용은 이미 하나님의 책으로부터 주어지는 본질적인 내용과 동일한 것이다. 단지 차이가 있다면 예언자는 어린양처럼 하나님의 전권을 가진 존재가 아니라 그 하나님의 전권으로부터 지극히 작은 부분을 담당한다는 것이다. 그렇기 때문에 여기서 작은 책을 강조하는 것을 분명히 이해야 한다. 즉 예언자는 하나님의 모든 것을 위임 받은 자가 아니라 자신의 특성에 맞는 각자의 작은 사명들을 나누어 가진다는 것이다.

사명을 받은 사람들은 이것이 하나님이 천사의 손을 통해서 주신 것임을 알고 그 사명을 충실하게 감당하는 것이다. 이렇게 사명을 감당하는 과

188) A. Satake, *Offenbarung*, 258.

정에서 예언자는 하나님의 선하심을 맛보아 아는 것처럼, 하나님을 아는 것을 즐겁고 기쁘게 생각하며, 특히 하나님의 말씀을 그 어떤 것보다 감미롭게 여기는 사귐의 관계에 들어간다. 구약의 여러 예언자들의 예가 보여주는 것처럼 그 말씀을 받은 자는 하나님과의 밀월관계에만 머물러 있을 수 없다. 그에게는 하나님에게 부름 받은 것처럼 그것을 전해야 하는 의무가 있기 때문이다. 그래서 그는 자신이 살고 있는 자리에 두 발을 딛고 서서 하나님의 말씀을 자신의 삶을 통해서 전해야 한다. 이 말씀은 더 이상 자신의 입을 즐겁게 하는 것이 아니라 자신의 삶 전체에 고통을 안겨줄 수 있는 체화의 과정이다. 예언자는 이렇게 하나님의 말씀을 전하면서 고통을 당하지만, 하나님이 처음에 주셨던 그 말씀의 감미로움 때문에 고통을 이겨낸다. 그리고 그 고통 뒤에 있는 하나님이 주시는 더 큰 은혜의 감미로움을 알기 때문에 지금의 삶에서도 담대하고 기쁘게 말씀을 전할 수 있는 것이다.

• 요한계시록 11장 •

14. 11:1-14 성전측량과 예언자의 운명

14.1. 본문 사역

1 또 나에게 지팡이 같은 갈대가 주어졌습니다. 그가 말하기를 일어나 하나님의
집과 그 제단과 그 안에서 예배하는 자들을 측량하라. 2 그리고 성전 바깥마당
은 제외시키고 측량하지 말라. 왜냐하면 그것은 이방인들에게 주어졌기 때문이
다. 그들은 거룩한 도시를 마흔 두 달 동안 짓밟을 것이다.
3 나는 나의 두 증인에게 그들이 굵은 베옷을 입고 천이백육십 일 동안 예언하
는 권세를 주겠다. 4 그들은 이 땅의 주인 앞에 서 있는 두 그루의 올리브나무와
두 개의 촛대다. 5 만일 누군가 그들을 해롭게 하고자 한다면, 불이 그들의 입으
로부터 나와 그들의 적들을 삼켜버릴 것이다. 그리고 누군가 그들을 해롭게 하

려고 하면 마찬가지로 그들은 죽음을 당해야만 한다. [6] 그들은 예언하는 날 동
안 비가 내리지 않도록 하늘을 닫을 권세를 가지고 있다. 그들은 그들이 원하는
대로 물을 피로 변화시킬 수 있으며 모든 재앙으로 땅을 칠 수 있는 권세를 가
지고 있다.
[7] 그리고 그들이 증언을 마칠 때면 지하세계에서 올라오는 짐승이 그들과 전쟁
을 하며 그들을 이기고 그들을 죽일 것이다. [8] 그들의 시체는 큰 성의 길 위에
있을 것이다. 그것은 영적으로 소돔과 이집트라고 불린다. [9] 백성들과 민족들과
방언들과 이방인들로부터 온 사람들은 그들의 시체를 사흘 반 동안을 볼 것이
며 무덤에 장사지내는 것이 허락되지 않을 것이다. [10] 땅위에 사는 자들은 그들
에 대해서 기뻐할 것이며 서로에게 선물을 보낼 것이다. 왜냐하면 이 두 예언자
들은 땅 위에 사는 사람들을 괴롭혔기 때문이다.
[11] 그리고 삼일 반 후에 하나님께로부터 나오는 생명의 기운이 그들 속에 들어
갔다. 그들은 그들의 발로 일어섰다. 커다란 두려움이 그를 본 사람들에게 덮쳤
다. [12] 그리고 그들은 하늘로부터 이리로 올라오라고 말하는 큰 음성을 들었다.
그들은 구름에 싸여 하늘로 올라갔다. 그들의 적들을 그들을 보았다. [13] 그때에
큰 지진이 있었고 그 도시의 십분의 일이 무너졌고 그로 인해 사람 칠천 명이
죽었다. 그리고 남은 자들은 두려움에 싸여 하늘의 하나님께 영광을 돌렸다.
[14] 두 번째 재앙은 지나갔다 보라 세 번째 재앙이 속이 올 것이다.

14.2. 본문에 대한 전 이해

11장은 10장과 계속 이어지면서 후반부의 시작이 되기도 한다. 11장은 10장에서 말했던 예언자의 직무가 어떤 것이며 어떤 신학적인 의미를 가지고 있는지 두 증인을 통해서 예시적으로 보여준다. 1-2절에 나타나는 성전 측량의 의미는 하나님 임재의 상징이라고 할 수 있는 성전이 공동체와 어떤 관계가 있는지 설명해 준다. 그리고 3-13절은 두 증인으로 대표되는 예언자들이 경험하는 개인적인 운명이 무엇인지 설명해 준다. 두 증인에 대한 이해는 다양한 견해가 있었고, 이단들을 통해서 오해와 오용의 해석이 반복되기도 했다. 가장 중요한 것은 이 두 증인 사상이 철저하게 구약의

전통에 근거를 두기 때문에 그에 대한 이해를 바탕으로 해석되어야 한다는 것이다. 주석가들은 이 이야기도 나팔환상 여섯 번째와 일곱 번째 사이에 존재하기 때문에 후대에 끼워 넣은 본문이라고 주장하기도 한다. 요한계시록은 일곱 개의 환상에서 앞에 나온 다섯 개의 도장을 여는 환상과 나팔환상은 여섯 번째와 일곱 번째 환상 사이에 다른 이야기가 들어있다. 이것을 통해서 그렇게 끼워져 있는 이야기는 저자가 말하고자 하는 의도를 가지고 기록하고 있는 것으로 보아야 한다. 여기서도 저자가 말하고자 하는 의도는 요한계시록 공동체 구성원 개개인이 이 본문에 나오는 두 증인들과 같은 운명을 살아가야 한다는 것이다. 이 본문이 구약의 영향을 받고 있다는 것은 5절 이하에서 나오는 예언자들의 기적 행위들과 11절에서 그들이 죽은 후 살아나서 하늘로 올라가는 행위들은 구약에서 오는 것들이다. 주석가들은 성전측량과 관련해서 주후 70년 예루살렘에서 일어난 유대전쟁을 이 이야기의 배경으로 제안하기도 한다.

14.3. 주석

1절. 성전을 측량하는 이야기는 에스겔 40:3의 전통에서 유래하는 것이다. 그러나 이 본문은 에스겔서와 차이를 보여준다. 우선 에스겔서는 예언자 에스겔이 환상 가운데 예루살렘으로 이동하는 것으로 되어 있다. 그 다음에는 천사의 예루살렘에서 성전에 대한 측량이 땅에 있는 것이 아니라 하늘에 있는 것을 측량하는 것으로 되어 있다. 측량의 기준은 당시에 사용되던 갈대(κάλαμος)를 이용하여 만든 측량도구라는 것을 보여준다. 에스겔서가 보여주는 것처럼 히브리서나 요한계시록 후반부에 나오는 땅 위의 예루살렘 성전은 하늘에 있는 원형인 예루살렘 성전의 모형을 따라서 세워졌다는 것이다. 이것은 이미 모세의 성막이나 다윗의 성전건축도 하나님의 지시를 따른 것이라는 전통에서 나온다.[189] 그러므로 요한계시록에서도 성전을 측량하는 이유는 폐허가 된 예루살렘을 하늘의 원형에 해당하는 예루

189) 출 25:40; 26:30; 27:8; 40:21; 대상 28장; 행 7:44.

살렘 성전을 기준으로 다시 세우기 위한 것이다. 성전의 완성은 인간의 작업으로 완성되는 것이 아니라, 예언자인 요한이 하늘의 지시를 받아서 그 측량대로 성전을 다시 세워야 하는 작업이라는 상징적인 의미를 가진다.

특히 성전측량은 두 단계로 이루어진다. 우선 측량이 이루어지는 곳은 지성소에 해당하는 "하나님의 집"(ὁ ναός τοῦ θεοῦ) 그곳의 안쪽 앞마당에 있는 번제단(θυσιαστήριον)이며 그 안에서 예배하는 자들(τοὺς προσκυνοῦντας)이다.[190] 이렇게 하나님의 임재 장소가 되는 지성소에 대한 측량과 그 안에 있는 사람들을 측량하라는 것은 하나님과 가장 가까이서 예배하는 사람들, 구원받고 선택받은 사람들의 숫자를 헤아려 보라는 것이다(6:9-10을 참조하라). 강조점은 거룩한 집과 제단이 하나님이 가장 가까이 계시는 것을 상징적으로 보여준다. 그러므로 이 측량의 목적은 건물 자체에 대한 것보다는 그 제단에서 예배하는 자들을 말하고자 하는 것이다. 그들은 누구인가? 그들은 바로 지금 고난을 당하지만 하나님을 가장 가까이서 예배하는 요한계시록 공동체와 그 구성원을 말한다.

2절. 1절과 반대로 2절에서 측량에서 배제되는 성전의 바깥마당(ἡ αὐλή ἡ ἔξωθεν)이 언급된다. 이 장소는 이방인의 뜰로 하나님의 임재가 미치지 않는 버림받은 장소라는 의미가 있다. 이 장소는 예수께서 성전정화를 수행했던 이방인들의 뜰이다(막 11:15-18). 그 넓이는 대략 470×300미터에 해당하는 넓은 장소였다. 이 장소를 측량에서 배제하는 것은 요한계시록의 의도가 성전측량이라는 행위를 통해서 측량의 대상을 건물이나 제단이 아닌 예배하는 자들로 보고 있다는 것이다. 특히 요세푸스에 의하면, 이 이방인들의 뜰이 67년에 발발했던 유대전쟁을 계기로 열심당원들이 이곳을 중심으로 로마에 저항했다고 보도하는데, 요한계시록에는 그런 영향도 일부 보여주는 것으로 보인다.[191] 요한계시록은 이와 같은 상징을 통해서 예배

190) 예루살렘 성전 전체를 가리키는 성전이라는 의미와 지성소를 가리키는 하나님의 집이라는 의미에 대해서는 임진수, "예수와 예루살렘 성전과의 갈등: 전승사 연구", 『神學과 世界』 통권 제71호, 서울: 감리교신학대학교, 2011, 45-46을 참조하라.

191) 요세푸스, 『유대전쟁사』(김지찬 옮김), 서울:생명의말씀사 1987, 593.

의 중심이 되는 가장 거룩한 곳에 하나님이 헤아리는 측량에 믿음으로 참되게 예배하는 자들이 포함되어 있다는 것을 말한다.

지금까지의 설명을 통해서 성전측량의 핵심은 하나님과 가장 가까이 있는 예배하는 자들을 헤아려 본다는 것이다. 이들이 구원받은 공동체이며 10장에서 두루마리를 먹는 예언자와 정체성을 함께 하는 자들이고 이후에서 죽었다가 살아나는 두 증인들임을 암시한다. 결론적으로 이것들 모두는 박해를 통해서 하나님의 제단 가장 가까이에서 예배하는 박해받는 요한공동체를 말하는 것이며, 하나님이 그들을 지켜주신다는 확신을 말하고자 한다. 그러므로 성전은 이미 더 이상 지상의 예루살렘에 존재하는 것이 아니라 하늘에 있는 것이고, 이것은 다시 지상의 예루살렘도 더 이상 거룩한 도시가 아니라는 것을 말한다(8절).

이어지는 진술에서 고난의 시간이 나타나는데 그것은 "마흔 두 달 동안"(μῆνας τεσσεράκοντα καί δύο)이라는 시간이다(11:2; 13:5). 이것은 3년 6개월의 시간에 대한 다른 진술로서 7년의 절반에 해당하는 시간이다. 요한계시록은 앞에서 말한 것과 함께 마흔 두 달과 같은 시간으로 "한(1) 때(년)와 두(2) 때(년)와 반(1/2) 때(년)"(καιρὸν καὶ καιροὺς καὶ ἥμισυ καιροῦ)를 언급하며(12:14), 1260일(ἡμέρας χιλίας διακοσίας ἑξήκοντα)을 언급하기도 한다(11:3; 12:6). 구약에서 7은 완전수며, 요한계시록 안에서 이 숫자들은 성도나 신앙을 지킨 사람들이 당하는 고난의 시간이다. 여기에는 영적인 의미도 들어있는데 채워야 하는 고난의 완전 수 7을 하나님이 절반으로 줄이신다는 것이다. 저자는 이런 상징을 통해서 하나님이 구원의 공동체가 겪는 고난의 문제에 개입하여 그 고난의 시간을 단축시킨다는 의미가 들어있다. 즉 하나님은 공동체의 고난의 문제를 외면하는 분이 아니시라는 것을 말한다.

3-13절에 대한 해석은 알레고리적인 자의적인 해석보다는 구약과 전승에 기초하여 해석하는 것이 더 타당하다. 이 이야기에 안에도 두 증인으로서의 삶을 살아가는 예언자의 운명에 대한 사상이 들어있다. 구약의 전승에 따라서 이어지는 이야기는 3단계의 과정으로 전개된다.

1단계: 두 증인의 활동

3-6절: 두 예언자들의 지상에서 권세를 행하며 기적을 행하는 이야기의 모델은 구약성서의 주요한 인물에 해당하는 모세와 엘리야다. 특히 모세는 율법을 대표하고, 엘리야는 예언자들을 대표한다. 여기서 모세는 모세오경을 그리고 엘리야는 예언서를 대변한다. 모세오경과 예언서는 구약성경 전체를 포괄하는 용어다(요 1:45을 비교하라). 하늘에서 불이 내려오게 하고, 하늘을 닫아 비가 내리지 않게 하는 것은 엘리야의 활동이다(왕상 17:1; 왕하 1:10). 그리고 물을 피로 변화시키는 일은 모세를 통해서 일어났다(출 7:17, 19-20).

2 단계: 두 증인의 죽음

7-10절: 여기서는 두 증인의 죽음을 묘사한다. 그들의 죽음은 처참하며 죽어서까지도 모욕을 당하는 것으로 이야기된다. 그래서 그들의 죽음과 시체는 그들의 적들로 하여금 승리를 자랑하게 한다.

3단계: 두 증인의 부활과 승천

11-12절: 이 단계는 적들의 승리가 헛된 것임을 보여주는 반전을 제시한다. 두 증인들은 죽은 것으로 알려졌지만 그들의 생명은 다시 활동하기 시작한다. 즉 하나님에 의해서 새로운 반전이 일어나는 것이다. 여기서 두 증인도 부활하여 이미 구약에서 에녹이나 엘리야가 하늘로 올라간 것처럼 하늘로 들려 올라간다. 특히 엘리야의 승천은 잘 알려져 있지만(왕하 2:11),[192] 모세의 승천은 구약에서는 모호하다. 그러나 신명기 34:6은 모세의 죽음이 이후에 모세의 승천으로 변형되어 이해되는 전승으로 발전한다.

3절. 두 증인은 앞에서 말한 것처럼 모세와 엘리야로 대변되는 이스라

192) 공동번역 집회서 48:9와 요세푸스, 『유대교고대사』(김지찬 옮김), 1987, 288에 그런 전승이 소개되고 있다.

엘과 구약의 신앙전통을 보여준다. 요한계시록은 이 증인의 역할이 지금 박해의 상황에서도 신앙을 지키고 선포해야 하는 저자와 공동체의 자기이해를 반영한다. 두 증인의 역할은 예언을 하는 것(προφητεύσουσιν)으로 규정된다. '둘' 이라는 인물은 증언의 내용이 거짓말이 아니라는 것을 분명하게 보증한다(마 18:16). 그들이 예언을 하면서 당하게 되는 어려움을 그들이 입게 될 옷을 통해서 설명된다. 이 옷은 원래 자루형태의 베옷으로 회개와 슬픔을 나타낸다.[193] 구약에서 예언자들은 그들의 활동을 통해서 당시의 사회와 정치에 하나님이 뜻을 세우고 운명을 결정하는 역할을 하였다.

4절. 이 구절은 한국교회 안에서 가장 많이 잘못 이해되고, 무엇보다 이단들이 알레고리적으로 해석하여 본문의 의도를 잘못 이해하는 본문이다. 그러나 이 본문은 알레고리적으로 해석하기 보다는 구약에 기초하는 것으로 스가랴 4:1-14을 재해석한다. 스가랴서 안에서 두 사람은 다윗계통의 스룹바벨 왕과 대제사장 여호수아다. 그들은 그 본문 안에서 두 개의 올리브나무와 금 촛대의 모습으로 상징화 된다. 스가랴서는 그들이 기름부음 받은 자들로서 하나님이 선택한 자들이라는 사실을 말한다. 두 촛대로 상징되는 일곱 등잔과 그 두 촛대를 타고 흐르는 기름은 성령의 현존이며 동시에 하나님의 현존을 말한다. 요한계시록 저자는 이런 전승을 일차적으로 수용하지만 여기서는 그런 이해를 재해석한다. 그들이 "이 땅의 주인 앞에 서 있다"(αἱ ἐνώπιον τοῦ κυρίου τῆς γῆς ἑστῶτες)는 것은 그들이 사명을 위임받는 파송의 장면을 말하는 것이며, 일곱 촛대는 에스겔의 전통처럼 그들에게 하나님의 영이 계속적으로 힘을 공급하고 있다는 사실을 말하고자 한다. 이렇게 예언자는 하나님의 파송을 받으며 하나님의 영을 지속적으로 공급받아야 한다.

5-6절. 이미 앞에서 말한 것처럼 이들은 모세와 엘리야처럼 활동하는 하나님의 사람들이다. 앞의 설명을 참조하라.

7절. 땅 위에서 이루어진 두 증인의 성공적인 예언 활동은 지하세계(무

---

 193) 사 22:12; 렘 4:8; 욜 1:8; 마 11:21.

저갱)에서 올라오는 짐승(τὸ θηρίον τὸ ἀναβαῖνον ἐκ τῆς ἀβύσσου)의 등장으로 종국을 맞이하며 죽음을 맞이한다. 저자는 여기서 짐승을 미리 제시하여 앞으로 전개되는 12-13장과 17장을 위한 포석이 되게 한다. 이후에 다시 설명하겠지만 짐승은 "옛 뱀이었던 사탄"(12:9)이 빚어낸 존재로 교회와 세상을 혼돈으로 몰아가는 세력이다. 이로써 저자는 짐승으로 대변되는 지상의 정치권력(당시의 황제)이 교회와 하나님의 대척점에 선다는 것을 말한다. 즉 짐승은 두 증인들을 죽이고 박해하는 것처럼 요한계시록 공동체와 믿음의 사람들을 박해하고 죽이는 일을 하는 것이다.

8절. 두 증인이 겪어야 하는 혹독한 운명은 그들이 죽음으로 끝나는 것이 아니다. 그들은 죽고 나서도 평화와 안식을 얻지 못한다. 그것은 그들이 짐승에게 패배 당하자 그들의 시체가 큰 도시의 거리에서 매장되지 못하고 공개적으로 전시된다는 것이다. 이미 로마의 십자가 처형은 공개적인 처형으로 반란을 꾀하는 자들에게 공포심을 자극하고, 저항하는 사람들의 최후가 그럴 것이라고 경고하는 효과를 가지고 있었다. 여기서는 짐승이 그와 같이 죽은 두 증인의 시체를 전시하여 예언자들을 모욕한다. 예언자가 이렇게 죽어도 안식을 누리지 못한다는 사상은 예레미야 8:2에도 반영되어 있다.[194)]

그들이 죽음을 당한 큰 도시(ἡ πόλις ἡ μεγάλη)가 영적으로(πνευματικῶς) "소돔과 애굽"(Σόδομα καὶ Αἴγυπτος)로 언급된다. 이것은 기독교 공동체를 박해하는 세력을 직접적으로 언급하는 것을 피하는 어법이다. 학자들은 전체적인 묘사가 예수가 십자가에 달렸던 예루살렘으로 생각하기도 하고, 로마로 생각하기도 한다. 이 지명들은 짐승과 관련해서 당시 세계의 수도로 알려진 로마로 보는 것이 가장 적절하다. 이 도시는 요한계시록 안에서 지하에서 올라온 짐승의 왕좌가 있는 곳이며 하나님을 대항하는 세력들의 중

194) [1] 여호와의 말씀이니라 그때에 사람들이 유다 왕들의 뼈와 그의 지도자들의 뼈와 제사장들의 뼈와 선지자들의 뼈와 예루살렘 주민의 뼈를 그 무덤에서 끌어내어 [2] 그들이 사랑하며 섬기며 뒤따르며 구하며 경배하던 해와 달과 하늘의 뭇 별 아래에서 펼쳐지게 하리니 그 뼈가 거두이거나 묻히지 못하여 지면에서 분토 같을 것이며.

심지다(13:2).

9절. 이렇게 두 명의 예언자들이 죽은 사건은 "백성들과 민족들과 방언들과 이방인들로부터 온 사람들이 목격하는"(βλέπουσιν ἐκ τῶν λαῶν καὶ φυλῶν καὶ γλωσσῶν καὶ ἐθνῶν) 세계적인 사건이 되었다. 여기에는 당시 사회의 소수민이었던 기독교인들이 세계인의 주목을 받았다는 긍정적인 면도 있다. 중요한 것은 적들이 짐승의 힘으로 하나님의 사람들을 이겼다는 승리의 도취를 드러내는 것이다. 그들이 승리에 도취되어 살아가는 시간은 단지 사흘 반이다. 이미 앞에서 설명한 것처럼 고난의 숫자가 7에서 반으로 줄어들지만, 이것은 반대로 적의 승리도 얼마 못 간다는 역설이다. 즉 예언자들의 죽음은 헛된 것이 아니라 그 순간에 하나님이 개입하신다는 것이다.

10절. 하나님의 적들은 두 증인의 죽음으로 기뻐한다. 두 증인은 하나님을 모르고 살아가는 사람들을 향하여 괴로움을 안겨주었기 때문이다. 왜냐하면 두 증인이 하나님 없이 살아가는 사람들을 향하여 회개를 촉구했기 때문이다. 이제 이들은 그렇게 싫은 소리와 비판을 받지 않아도 된다는 사실에 기뻐하고 있는 것이다. 그러나 그 기쁨은 영원한 것이 아니다. 왜냐하면 하나님이 살아계시기 때문이다. 하나님이 이제 그런 역사를 다시 원점으로 돌려놓으시려는 것이다.

11절. 사흘 반의 시간이 지나가 이제 에스겔 37장에 나오는 마른 뼈들의 환상처럼 "하나님으로부터 나온 생명의 기운이 그들에게 들어간다"(πνεῦμα ζωῆς ἐκ τοῦ θεοῦ εἰσῆλθεν ἐν αὐτοῖς). 그들은 이제 다시 두 발로 일어선다. 이로써 죽은 예언자들의 새로운 차원이 전개된다. 그들은 죽었다가 다시 살아남으로 이제는 더 이상 죽지 않는 새로운 존재로 거듭난다. 이것을 통해서 세상으로 하여금 다시금 경악하게 하는 결과를 안겨준다.

12절. 이 구절은 두 가지를 말한다. 하나는 하나님을 통한 개입으로 적대자들이 가졌던 승리의 도취를 한 순간에 무력화시킨다는 것이다. 다른 하나는 증인으로 살던 사람들을 하늘의 영역으로 초대한다는 것이다. 이로써 두 증인의 삶은 헛된 것이 아니고 새로운 세계의 주인공으로 삶을 누리는 영광을 누린다. 이제 그들은 그런 영광의 삶을 누리기 위하여 "여기로 올라오라"(ἀνάβατε ὧδε)는 하늘의 명령을 따라서 구름 가운데 위로 올라간다. 이렇게 하늘로 올라가는 장면은 엘리야가 하늘로 승천하는 장면과 연결된다(왕하 2:11). 이렇게 신앙을 지키던 사람들이 하늘로 올라가는 장면은 데살로니가전서 4:16-17처럼 그리스도의 재림과 관련해서 이해되는 것이 더 중요하다고 판단된다.

13절. 이렇게 두 증인이 하늘로 올라가고, 그것을 목격한 적들은 11절에서 말한 두려움이 현실이 되는 것을 직접 목격하고 동시에 재앙을 맞이하는 대상이 된다. "도시의 십분의 일이 무너지고 그 도시의 칠천 명이 죽는다"(τὸ δέκατον τῆς πόλεως ἔπεσεν καὶ ἀπεκτάνθησαν ἐν τῷ σεισμῷ ὀνόματα ἀνθρώπων χιλιάδες ἑπτὰ)는 것은 두 증인을 괴롭힌 도시에 대해서 하나님의 반격이 시작되고, 그로 인하여 일어나는 하나님의 심판이 완전함을 보여준다.

이 두 증인의 이야기는 10:1에서 시작된 이야기의 연속이며 앞에서 설명한 것처럼 나팔환상 여섯 번째와 일곱 번째 사이에 존재한다. 나팔은 이미 출애굽기에서 보는 것처럼 하나님의 현현을 알리는 도구였다(출 19:13-19). 저자가 이렇게 나팔재앙을 제시하면서 두 증인을 제시하는 것은 출애굽기의 시내 산 나팔처럼 하나님이 새로운 역사를 시작하셨고 그것을 두 증인, 다시 말해서 두 증인의 삶을 살아가는 요한의 공동체 혹은 교회를 통해서 역사의 마지막이 시작되었고 자신의 뜻을 실현하고 있다는 것이다.

14절. 이 구절은 8:13에서 언급한 첫 번째 재앙, 9:12의 두 번째 재앙, 그리고 이어지는 마지막 나팔과 관련된 세 번째 재앙을 준비한다.

15. 11:15-19 일곱 번째 나팔

15.1. 본문 사역

[15] 그리고 일곱 번째 천사가 나팔을 불었습니다. 하늘에서 큰 소리가 나서 말했습니다. 세상의 나라가 우리 주님과 그리스도의 것이 되었습니다. 그리고 그는 영원히 다스릴 것입니다. [16] 그리고 하나님 앞에서 자신들의 왕좌에 앉아 있던 이십사 장로들은 그들의 얼굴을 땅에 대고 하나님을 경배했습니다. [17] 그들이

말했습니다. 우리는 주 하나님, 전능하시고, 지금도 계시고 전에도 계셨던 당신에게 감사합니다. 왜냐하면 당신은 큰 권능을 잡으시고 다스리고 계시기 때문입니다. [18] 이방인들이 화를 냈지만 당신의 진노가 임하였으며, 죽음을 심판하는 시간이 이르렀습니다. 그리고 당신의 종들인 예언자들과 거룩한 자들과 당신의 이름을 두려워하는 자들, 작은 자들이나 큰 자들에게는 보상을 주셨습니다. 그리고 땅을 부패하게 만들었던 자들은 멸망을 당했습니다. [19] 그리고 하늘에 있는 하나님의 성전이 열린 것과 그의 성전 안에 있는 그의 언약궤가 보였으며 음성들과 번개와 지진과 큰 우박이 있었습니다.

15.2. 본문에 대한 전 이해

일곱 번째 나팔은 지금까지 이어져 오던 여섯 번째 나팔과 이어지면서 앞에서 언급했던 10장의 작은 두루마리 환상과 11장의 두 증인의 이야기를 종합한다. 앞에서 나온 천사의 여섯 나팔은 10-11장의 이야기와 결합되면서 하나님의 예언자와 두 증인 같이 끝까지 믿음을 지킨 사람들을 통해서 하나님의 뜻이 실현된다는 것이다. 그러므로 일곱 번째 나팔을 통해서 언급되는 이야기들은 지금까지 일어난 여섯 나팔과 예언자와 두 증인을 통해서 완성된 하나님의 뜻의 실현이다. 그렇기 때문에 일곱 번째 나팔은 하나님과 예수 그리스도의 최종적인 통치가 실현되었음을 선포한다(15b절). 이어지는 장면은 하늘궁정에 있는 이십사 장로들이 그것에 감사하는 기도를 한다(17-18절). 이렇게 역사의 마지막은 하나님의 일을 위임 받은 존재들과 땅의 예언자들의 활동을 통해서 실현되고, 이것은 이미 앞에서 나왔던 일곱 개의 도장을 여는 이야기보다 더 심오해졌다(비교 8:1).

15.3. 주석

15절. 일곱 번째 천사가 나팔을 부는 것은 10:7에서 예언자들이 말하였던 "하나님의 비밀이 완성될"(ἐτελέσθη τὸ μυστήριον τοῦ θεοῦ) 시간이었고, 그것이 여기서 실현되고 있다. 그러므로 일곱 번째 천사의 나팔은 그 비밀의 완성을 알리는 신호이며, 이어서 그 완성에 대한 선언이 큰 소리로 이어진다. 선언의 내용은 "세상의 나라가 우리 주님과 그리스도의 것이 되었다"(ἐγένετο ἡ βασιλεία τοῦ κόσμου τοῦ κυρίου ἡμῶν καὶ τοῦ χριστοῦ αὐτοῦ)는 것이며, "그가 영원히 다스릴 것"(βασιλεύσει εἰς τοὺς αἰῶνας τῶν αἰώνων)을 말한다. 여기에는 하나님이 만든 창조세계가 다시 하나님의 것이 되고, 주기도문에서 말하는 것처럼 하나님의 뜻이 땅에서 실현되는 비전을 보여준다. 이렇게 하나님의 통치가 실현될 것이라는 사상은 이사야 24:23; 33:22; 미가 4:7; 스가랴 14:16-7에 잘 반영되고 있다.

16-17절. 이렇게 하나님의 신비에 대한 실현은 피조물들의 반응으로 더 확대된다. 먼저 하나님 앞에 있는 이십사 장로들의 경배가 소개된다. 그들은 경배를 통해서 하나님의 뜻이 실현된 것을 감사한다. 17절에서 "그들이 감사하는 것"(εὐχαριστοῦμέν σοι)[195]의 내용은 하나님의 통치보다 먼저 세상 영역과 모든 피조물들 가운데 하나님의 통치가 실현되어 본래의 소유자인 하나님과 그리스도의 것이 된다는 것이다. 이십사 장로들은 이미 앞에서도 설명했지만 구약의 열두 지파와 초대기독교의 열두 사도의 전승을 통해서 가장 잘 이해된다. 이들은 모두 땅에서 살았지만 지금은 하늘에서 신성한 피조물들과 나란히 하나님을 가장 가까이에서 예배하는 자들이다. 이들의 상징성은 지금 공동체들도 그들과 같이 하늘 예배의 참여자라는 것이다(4:8). 이들이 감사를 말하는 4:10에서도 이십사 장로들의 경배가 나오는데, 그 내용은 하나님의 영원하심과 영광이다.

감사의 내용은 1:4과 8절, 4:8에 나오는 "지금도 계시고, 전에도 계셨고, 앞으로 오실 분"에 대한 신적인 서술로 하나님의 현존에 대한 것이다. 여기서 다른 점은 "지금도 계시고, 전에도 계셨던 분"(ὁ ὢν καὶ ὁ ἦν)만 강조한다는 것이다. 즉 "오실 분"(ὁ ἐρχόμενος)이라는 표현이 생략되고 있다는 것이다. 이것은 교회가 기대하고 있는 하나님의 역사가 이제 더 이상의 미래가 없이 마지막임을 역설적으로 표현한다. 바로 지금이 시간의 마지막

195) 17절의 "우리는 당신에게 감사합니다"(εὐχαριστοῦμέν σοι)하는 표현은 디다케서 9:23:10:2-4의 형식과 닮아 있다. 디다케서는 감사를 '주님의 만찬'의 맥락에서 이해한다. 이것을 통해서 기도와 성만찬의 조화가 나타난다.

인 것이다. 앞에서 지적한 것처럼 요한계시록이 사용하는 '감사'는 성만찬(Eucharist)이라는 말의 어원이다. 요한계시록은 감사, 즉 성만찬을 공동체가 식사(성만찬)를 하면서 기도와 감사를 통해서 하나님의 승리를 온 세상에 선포하는 것으로 이해했던 것으로 볼 수 있다.

18절. 여기서도 계속해서 감사를 이어간다. 18절은 시편 2편에 나오는 것처럼 이방인들이 화를 내는 것(τὰ ἔθνη ὠργίσθησαν)과 하나님이 진노(ἡ ὀργή σου)를 대비시킨다(시 2:1-5; 99:1). 그분이 이 땅에 임하셔서 하시는 일은, 하나는 하나님을 모르는 자들을 심판하는 것이고, 다른 하나는 그를 신뢰하던 사람들을 구원하는 것이다. 하나님의 진노는 묵시적이고 종말론적인 것으로 심판을 의미하며, 그것은 차별이 없이 하나님을 모르는 모든 민족들 위에 임한다.[196] 이 심판은 모든 민족을 포함하여 죽은 자나 산 자들 모두를 포함한다(20:11-15을 비교하라). 그 진노는 요한계시록 안에서 땅을 더럽힌 자들에게 해당한다(19:2). 이처럼 요한계시록 저자는 하나님에 대한 반항을 땅을 더럽히는 원인으로 확대해서 해석한다. 결국 요한계시록 저자의 신학에서 볼 때 인간사회의 모든 문제의 근원에는 창조자인 하나님의 뜻을 거부하는 인간의 이기심과 오만이 있다는 것이다. 여기서 하나님이 오시는 사건이 불신자들에게는 심판이지만 당신의 종들에게는 구원을 의미한다. 동시에 그분의 오심은 그에게 순종하면서 믿는 자들 모두, 즉 작은 자나 큰 자들 모두에게 구원이 된다(13:16; 19:5,18; 20:12). 그리고 그들은 행위 결과에 따라서 보상을 받는다(20:13).

19절. 신앙을 지킨 자들에게 가장 큰 보상은 하늘에 대한 비전을 보는 것이다. 다시 말해서 일곱 번째 나팔로 하나님의 비밀이 드러난다. 그 비밀은 하늘에 있는 하나님의 집인 지성소(ὁ ναὸς τοῦ θεοῦ ὁ ἐν τῷ οὐρανῷ) 가 열린다는 것이다. 유대교전승 안에서 땅 위의 예루살렘 성전은 하늘에 있는 성전의 원형을 복사한 것이라는 생각이 있었다(6:9, 8:3). 그러므로 이 장면은 참된 예배, 참된 하나님의 현존이 하늘에 있다는 이상을 말한다. 따라서

196) 롬 1:18을 비교하라.

1절에서 성전측량을 언급하며 이 주변에 모여 있는 사람들은 하나님의 현존을 가장 가까이에서 느끼며 신앙을 지켜나가는 사람들이다. 그들은 마지막 날에 하늘성전의 원형으로 다가가고 지상에서 사라져 버린 것으로 알려진 하늘의 언약궤(ἡ κιβωτὸς τῆς διαθήκης) 앞에 나아가는 영광을 얻게 된다. 언약궤가 하나님이 현현하는 장소라는 사상은 출애굽 전승에 나타난다(레 16:2; 시 99:1). 여기서 하늘의 성전이 열리고 언약궤의 실체가 드러날 때 번개, 음성, 천둥, 지진, 우박과 같은 현상들은 하나님의 현현을 암시한다. 지금까지 자신을 보이지 않으셨던 하나님이 마지막 날에 불신자들을 심판하기 위해서 나타나는 것은 믿는 자들에게 창조질서의 회복과 하늘의 영광을 보여준다는 의미가 들어있다. 하늘이 열리고 하나님의 참된 율법이 들어 있는 법궤가 하늘에 있다는 사상은 공동체들에게 주어지는 보상의 위대함을 통해서 현실을 극복하게 하는 것이다. 동시에 하늘의 성전과 하늘의 언약궤는 유대교가 말하는 지상의 예루살렘 성전과 법궤가 이제는 신앙의 모든 사람들에게 공개된다는 것으로 유대교에 대한 비판적인 새로운 의미도 부여한다. 이것은 당시에 성전과 율법이 유대교와 유대인에게만 유효하다는 입장에 대한 비판이 될 수 있다. 이미 이에 대한 비판은 예수의 "내 집은 만민을 위하여 기도하는 집이라 불릴 것이다"(ὁ οἶκός μου οἶκος προσευχῆς κληθήσεται πᾶσιν τοῖς ἔθνεσιν?)라는 선언을 통해서 나타났다(막 11:17).[197]

15.4. 11장을 위한 해석과 설교방향

11장은 10장에서 설명한 것처럼 일곱 나팔 재앙 중에서 여섯 번째와 일곱 번째 사이에 샌드위치처럼 끼어들어가 있는 이야기다. 10장의 이야기와 11장의 이야기는 서로 내직인 연결을 이룬다. 10장이 예언지기 담당해야 하는 운명에 대해서 알려준 것이라면, 11장은 그렇게 예언을 행하는 사람들이 경험하게 되는 능력, 고난, 부활, 영원한 생명이라는 신앙의 노정을 보여준다.

197) 임진수, "예수와 예루살렘 성전과의 갈등", 46-47.

이미 주석에서도 설명한 것처럼 예언자들은 구약을 대표하는 모세와 엘리야의 신학적인 전승을 이어가는 사람들이며, 궁극적으로 죽음을 극복하고 하늘로 올라간 사람들이다. 예언자들의 삶과 신앙은 요한계시록을 읽고 있는 독자들의 삶과 일치한다. 즉 요한계시록 공동체는 이렇게 구약의 모세와 엘리야의 사역과 같은 노선에서 하나님을 섬기는 사람들이다. 1-2절은 이들이 지금 고난의 한 가운데 있지만 하나님의 거룩한 지성소에 도달해있는 참된 예배를 드리는 자들임을 말한다. 그렇기 때문에 그들은 하나님의 헤아리심, 측량에 포함되는 영광을 누리는 자들이다.

계속해서 이들은 모세와 엘리야처럼 하나님의 살아있는 능력을 행사한다. 하나님의 뜻을 대언하는 예언 속에는 엘리야처럼 하늘을 열고 닫기도 하는 권세가 들어 있다. 그리고 또한 예언자들의 입은 불로 심판하시는 하나님의 진노하심을 전하기에 그 입에서 불과 같은 능력이 나온다. 그러면서 동시에 그들은 하나님의 백성을 인도하는 모세처럼 물을 피로 변화시키는 능력을 가진 율법의 수호자들이다. 이렇게 하나님의 능력을 전하는 이들은 세상에서 승리하는 자들이며, 그들의 활동으로 하나님의 능력이 나타난다.

이렇게 하나님의 말씀이 전파될 때 이 세상의 악한 힘도 세력을 떨치기 시작한다. 요한계시록은 이것을 땅에서 올라오는 짐승으로 표현한다. 짐승의 특징은 이미 다니엘 7:1-8에 나오는 네 짐승들처럼 폭력적이고 하나님을 조롱하며 하늘과 땅의 권세를 장악하려고 한다. 이들의 등장으로 지금까지 승리의 삶을 살았던 두 증인은 고난과 핍박을 당하며 결국 죽음과 죽음 이후의 모욕을 당한다. 외형적으로 보면 이것은 악의 승리, 짐승과 마귀의 승리처럼 보인다(3-4절). 그러나 하나님은 이들의 고난과 죽음을 모른체 외면하시는 분이 아니시다. 하나님은 그들에게 다시 생기를 불어 넣으시고, 그들을 부활하게 하셔서 하늘로 이끌어 올리신다. 이들은 끝까지 신앙의 투쟁을 한 결과로 하나님 나라로 부름받은 것이다. 이것으로 하나님은 숨어계시는 분이 아니라 믿음으로 살아간 자들을 살리시고 하늘의 영광으로 초대하심으로 신자들의 고난에 응답하시는 분이라는 것이 분명해진다. 그리고 또한 이들의 고난과 기도에 응답하셔서 그 도시를 지진으로 심판하신다(13절). 이렇게 해서 10장의 예언자 소명과 그들의 활동을 상징적으로 소개하는 두 증인의 이야기가 마무리 된다.

계시록의 저자는 예언자의 소명과 두 증인의 이야기를 통해서 공동체로 하여금 신앙의 승리를 이루도록 격려한다. 저자는 다시 일곱 번째 나팔을 이야기하면서 하나님의 심판이 승리를 거두는 장면을 소개한다. 앞의 설명처럼 나팔은 하나님의 출현을 알리는 악기였고, 그런 의미에서 나팔환상은 악이 왕성하고 그 가운데서 힘겹게 하나님의 뜻을 전하며 사는 사람들의 기도에 하나님이 응답하고 역사 안으로 들어오심을 말하고자 한다. 하나님은 짐승과 같이 하나님을 모독하고 예언자적인 삶을 멸시하는 악마적인 세력을 멸하시는 역사를 천사의 나팔을 통해서 시작하고 완성하신다. 일곱 번째 나팔은 그 역사의 완성으로 하나님의 위대하심이 드러나고, 그것을 통해서 하늘과 땅에서 참된 예배가 드려지며, 하나님을 모르는 자들에게는 심판이 일어난다. 이것을 통해서 요한계시록 저자는 하늘에 있는 성전과 언약궤를 보여주면서 하나님의 참된 예배가 이루어지는 비전과 고난을 이겨낸 자들에게 주어지는 참된 보상을 비전으로 제시한다(18-19절).

2. 요한의 두 번째 묵시(12:1-19:10): 하나님과 대적자의 투쟁

12장은 지금까지의 이야기와 전혀 다른 이야기로 전개된다. 10-11장은 하나님의 비밀을 전망하면서도 지금까지의 이야기를 마무리하는 성격을 보여준다(10:7; 11:19). 지금까지 보았던 환상들은 5장에서 보좌에 앉으신 분(하나님)으로부터 두루마리를 받아든 어린양 예수 그리스도가 역사를 지배한다는 것이다. 요한계시록의 이 주제는 책 전체를 관통해 나간다. 이어지는 12장의 이야기도 이런 신학적인 의도와 일치한다.

12장 이후부터 전개되는 이야기는 요한계시록의 주제를 다른 각도에서 좀 더 상세하게 역사의 그리스도를 대적하는 악의 실체가 무엇인지를 구체적으로 언급하고 있다. 그 내용은 우선 대적자 사탄과 하나님과의 투쟁으로 전개되고, 그 투쟁은 교회를 중심으로 전개된다. 여기에는 계시록의 저자와 독자들이 경험한 위기와 박해가 반영되어 있다. 교회는 당시의 세계의 실존을 경험하였고 특히 그 중에서도 당시 세계를 지배하던 로마제국의 권력구조 안에 나타나고 있는 악을 경험하고 있었다. 계시록 저자는 그것을 하나님에게 도전하는 악의 행위로 보았고 그 배후에 사탄의 힘이 있다고 설명한다. 그런 상황 속에서 저자는 요한계시록의 교회가 자신들이 경험한 당시의 사건과 일들을 하나님의 힘과 사탄의 힘이 충돌하는 이 세상의 마지막 전투로 이해하고 있었음을 보여준다. 그 마지막 전투에서 사탄의 세력은 하늘에서 설 자리를 잃어버렸기 때문에 땅위에 내려와 이 땅을 지배하면서 악을 행사하고자 한다. 요한계시록은 악의 최후 저항도 궁극적인 하나님의 역사 계획의 한 부분으로 이해한다.

이 이해를 위해서 12장부터 전개되는 이야기는 그 내용들에 대한 신화적인 해석이 필요하고, 그것을 통해서 당시의 교회가 경험하고 있는 실제적이고 정치적인 상황을 분석해야만 한다. 그런 정치적인 분위기는 특히 13장과 17장에 상징적으로 묘사되고 있다.[198]

• 요한계시록 12장 •

16. 12:1-6 해를 입은 여인

16.1. 본문 사역

1 하늘에 큰 표징이 나타났습니다. 어떤 여인이 해를 입고 있었습니다. 달이 그

198) 임진수, "짐승의 숫자 666", 『신학과 세계』통권 제 53호, 서울: 감리교신학대학교, 2005, 87-115.

녀의 발밑에 있었고, 그녀는 머리에 열두 개의 별로 된 면류관을 쓰고 있었습니다. [2] 그녀는 임신 중이었고, 해산의 고통과 아이를 낳으려고 애를 쓰면서 소리를 질렀습니다. [3] 하늘에 다른 표징도 나타났습니다. 보시오. 한 마리 큰 붉은 용이 있 있었는데, 그는 일곱 개의 머리와 열 개의 뿔을 가지고 있었으며 그의 머리들 위에는 일곱 개의 머리띠가 있었습니다. [4] 그의 꼬리는 하늘의 별 삼분의 일을 휩쓸어 그것들을 땅으로 던졌습니다. 그리고 그 용은 그 여인이 아이를 낳자마자 잡아먹으려고 여자 앞에 서 있었습니다. [5] 그녀는 아이를 낳았습니다. 그는 앞으로 쇠막대기로 모든 민족들을 다스릴 것입니다. 그 아이는 하나님과 그의 왕좌로 옮겨졌습니다. [6] 그리고 그 여인은 사막으로 도망쳤습니다. 그곳은 하나님의 의해서 준비된 장소였습니다. 그곳은 그들이 그녀를 천이백육십일 동안 먹이기 위한 곳이었습니다.

16.2. 본문에 대한 전 이해

12장은 계시록 안에서 중요한 부분을 차지한다. 그것은 12장 안에 해를 입은 여인과 그녀의 아들 출산, 용(뱀)의 등장으로 인한 여인의 위기, 하늘에서의 전쟁과 같은 묵시적인 모습들이 해석의 난제를 제공하기 때문이다. 일반적으로 12장은 세 개의 장면을 가지고 있는 이야기로 구분된다.

첫 번째 장면: 1-6절의 해를 입은 여인

두 번째 장면: 7-12절의 하늘에서 일어난 미가엘과 용의 전투

세 번째 장면: 13-18절의 해를 입은 여인의 남은 자녀들

12장의 해석에 있어서 이 세 장면들은 서로 유기적인 관계를 가지며 그 중에서도 7-12절의 미가엘과 용의 전투는 신화적이면서도 요한계시록 해석의 열쇠를 제공한다. 그것은 하늘의 전투에서 패배한 용이 이 땅에 던져져서 땅을 지배하게 되었다는 것이다.

16.3. 주석

1절. 여기서 묘사되고 있는 장면은 신화적인 형식을 가지고 있는 하늘에 나타나는 현상이다. 저자는 어떤 한 여인이 "태양을 입고 있다"(περιβεβλημένη τὸν ἥλιον)고 묘사한다. 그녀는 "발밑에 달"(σελήνη ὑποκάτω τῶν ποδῶν αὐτῆς)을 밟고 있고 머리에는 열두 개의 별로 된 면류관(στέφανος)을 쓰고 있다. 이렇게 태양을 후광으로 삼고 달과 별을 자신의 일부로 취급하고 있는 여인에 대한 묘사는 그녀가 우주적인 힘을 가지고 있다는 것을 상징적으로 말하는 것이다. 고대 이집트 신화에서 여신 이시스(Isis)의 출현은 태양이 처녀좌의 별자리에 등장하는 것과 관계가 있다고 생각했다. 그 경우 밤하늘을 지배하는 보름달은 그녀의 발밑에 있다는 것이 당시의 생각이었다.[199] 요한계시록은 이렇게 신화적인 전통을 받아들이면서도 그것을 자신의 신학적인 의도에 맞게 변형하여 설명한다. 그는 이런 현상을 마지막을 알리는 '표시'(σημεῖον)로 보며, 그렇게 하늘의 여인을 기독교적인 의미로 해석한다. 초대 기독교는 묵시전통을 이어받아 세상의 마지막 때에 그것을 알리는 '신호'(σημεῖον)가 하늘에서 나타난다고 생각했다.[200]

가톨릭의 해석은 종종 이렇게 여인이 하늘에 나타난 장면을 마리아론(Mariology)으로 설명하려고 하였다. 그러나 이런 주장은 현재 받아들여지지 않는다.[201] 특히 강조점은 "낳았다"(ἔτεκεν)는 표현으로 공관복음서의 예수의 출생과 연결하려고 하지만 설득력이 없다. 가장 일반적으로 받아들여지는 해석은 여인이 마지막 때에 하나님의 구원을 실현하는 구원공동체인 교회를 상징적으로 표현한다는 것이다.[202] 이런 교회론적인 해석은 교회가 하나님의 백성의 모임이며 거기에 참여하는 자들은 하늘나라의 상속자라는 전통과 연결된다(사 61:10). 12개의 별이 달린 면류관은 성서적인 전통을

---

199) H. Kraft, 『요한묵시록』, 서울:한국신학연구소, 1992, p.255 이하를 참조하라.

200) 막 13:24-25; 마 24:29-30; 눅 21:25-26.

201) A. Satake, *Offenbarung*, 281.

202) W. Hadorn, *Offenbarung*, 129; C. S. Keener, *Revelation, The NIV Application Commentary*, Grand Rapids: Zondevan, 2000, 314.

따라서 완전과 충만을 말하고 이스라엘의 열두 지파를 나타낸다(창 37:9; 비교. 계 7:4-8; 14:1).[203] 그리고 여인이 태양을 입고 있는 것과 달 위에 서 있는 것은 교회가 우주적인 구원을 완성함을 보여준다.[204] 교회는 미래적인 완성을 통하여 우주적인 승리자가 된다는 것이다(엡 3:9-10).

2절. 위에서 설명한 여인에 대한 교회론적 해석은 여인이 당하는 극심한 해산의 고통이 당시 교회의 절박한 상황을 말해준다. 이런 상황에 대한 암시는 "여자가 해산하게 되면 그때가 이르렀으므로 근심하나 아기를 낳으면 세상에 사람이 태어난 기쁨으로 말미암아 그 고통을 다시 기억하지 아니한다" 말하는 요한복음의 박해상황과도 유비를 이룬다(요 16:21). 요한복음의 유비와 관련하여 구원의 공동체가 경험하는 고통은 구원의 완성을 위한 하나의 예비적인 단계를 보여준다. 여인이 이스라엘이나 교회를 상징한다는 것은 구약의 전통과도 연결되는 것으로 미가 4:9-10이 말하는 '시온의 딸들'이 겪어야 하는 극심한 고통을 말한다.[205] 교회가 고난을 당하고 있다는 암시는 요한계시록의 서두인 1:9에서 "나 요한은 너희 형제요 예수의 환난과 나라와 참음에 동참하는 자라" 고 하는 자기이해에서도 분명하게 나타난다.

3절. 처음에 나타난 표징과 다르게 하늘에서 두 번째 표징이 나타난다. 여기서도 고대 세계의 점성술 신화가 들어있다.[206] 고대 세계는 물뱀의 별자리가 처녀자리와 대립하는 것으로 생각했다. 이처럼 지금 구원의 공동체와 대립하는 커다란 적대세력이 등장했다. 저자는 이것을 붉은 용(δράκων πυρρός)이라고 언급한다. 이미 고대 동방의 신화와 마찬가지로 구약에도 하나님과 싸움을 벌이는 혼돈의 세력으로 바다의 괴물이 있다고 언급한다.

---

203) U.B. Müller, *Messias und Menschensohn in jüdischen Apokalypsen und in der Offenbarung des Johannes*, StNT 6, Gütersloh: Gütersloher Verlagshaus, 1972, 180 이하.

204) H. Gunkel, *Die Psalmen*, Göttingen : Vandenhoeck & Ruprecht, 1968, 121, 은 고대 동방에서의 해와 달과 관련된 여러 가지 자료를 제시한다.

205) 사 26:17; 1 QH 3:7-12; 요 16:19-23.

206) 1절과 관련된 각주를 보라.

구약성서는 그것을 '레비아단'(לִוְיָתָן)[207]으로 부르며, 칠십인역은 이것을 용으로 번역했다(시 74:13-14; 욥 7:12; 암 9:3). 붉은 색은 살인과 죽음의 위협을 나타낸다. 여기에 등장하는 용의 또 다른 특징은 많은 머리(κεψαλαί)를 가진 시편의 표현과 달리 일곱 머리들을 가졌고 열 뿔을 가졌다는 것이다. 이 숫자들은 13:1에서 전개되는 특징을 미리 암시하는 것이다. 용은 13장에서 자신과 동일한 모습으로 바다로부터 올라오는 짐승을 만드는데 이것은 하나님을 대적하는 세계 제국을 상징하는 짐승이다. 그리고 이 숫자는 다시 17장에 등장하는 큰 음녀가 타고 있는 짐승의 일곱 머리와 열 뿔과 일치한다(17:3). 이러한 상징은 다시 다니엘 7장에 나오는 세계 제국을 짐승으로 묘사하는 전통과 연결된다. 여기서는 이 용에게 통치권이 주어져 있다는 사실이 일곱 머리띠를 통해서 상징화 되고 있고, 그 권력은 파괴적인 것으로 묘사된다.

4절. 계속해서 저자는 다니엘 8:10의 "그것이 하늘 군대에 미칠 만큼 커져서 그 군대와 별 중에 몇을 땅에 떨어뜨리고 그것을 짓밟는다" 는 표현을 빌려서 사용한다. 여기서의 차이점은 다니엘처럼 몇 개의 별이 아니라 더 많은 숫자, 즉 "하늘의 별의 삼분의 일을 쓸어버렸고"(σύρει τὸ τρίτον τῶν ἀστέρων τοῦ οὐρανοῦ) 땅으로 던졌다고 말한다. 이것은 요한계시록의 악의 세력이 훨씬 더 강력하다는 것을 의미한다. 다니엘서가 말하는 악의 세력은 헬레니즘 시기에 시리아의 안디옥의 지배자였던 안티오쿠스 4세 에피파네스와 관계가 있다. 그는 예루살렘 성전을 제우스 제의로 바꾸려고 하다가 저항에 부딪힌 역사와 관련이 있다. 다니엘 8:9은 그를 '작은 뿔'로 묘사하지만, 후에 그의 작은 뿔이 하늘까지 높아져 하늘의 별을 땅으로 떨어뜨리는 하나님의 대적자가 된다. 요한계시록은 이렇게 이스라엘 역사와 관련된 다니엘서의 묵시를 바탕으로 현재의 통치세력이 반신적(反神的)인 것임을 말하고자 한다. 특히 이야기가 전개되는 하늘(=성서적인 표현으로는 '공

---

207) 레비아단을 언급하는 히브리어 구약의 본문으로는 Biblia Hebraica Sttutgart(독일성서공회 구약본)에 따르면 욥 3:8; 26:13; 40:25(개역개정은 41:1), 시 74:14; 사 27:1을 제시할 수 있고, 이 본문들 안에는 태고의 혼돈에 대한 암시들이 들어있다.

중')은 용의 활동이 하늘을 배경으로 하며 용의 지배를 받고 있었다는 것을 말하는 것이다. 그래서 요한계시록 12장의 용은 그의 꼬리로 하늘의 별들을 쓸어버린다. 이와 같은 이해를 바탕으로 우리는 이 용이 아이를 출산하고 있는 여인과 아이를 죽이려고 하는 시도는 교회의 절박한 상황에 대한 묵시적인 표현임을 이해할 수 있다. 저자는 이것을 통해서 하늘에서의 전쟁이 그리스도의 탄생과 교회의 출현으로 시작되었음을 알리고자 한다.

5절. 이렇게 지금까지 하늘을 배경으로 일어난 사건이 이제는 땅으로 확대된다(5절 이하). 그리고 다시 이야기의 공간은 7-12절에서 하늘로 되었다가 13-18절에서 땅으로 바뀐다. 아이의 출생과정은 처음부터 구약의 메시아 출생을 암시하는 인상을 준다(사 7:14; 66:7). 그리고 아이가 "모든 민족을 쇠막대기로 세상을 돌볼 것이다"(ὃς μέλλει ποιμαίνειν πάντα τὰ ἔθνη ἐν ῥάβδῳ σιδηρᾶ)는 언급은 시편 2:9의 영향을 보여준다.[208] 쇠막대기는 폭력적인 도구를 말하는 것이 아니라 강력한 보호하심을 나타낸다. 특히 우리말성서 개역개정에서 "다스릴 것이다"라는 말의 본래 의미는 '목자가 양을 돌보다'는 의미다. 이것은 새로 태어난 아기가 목자와 같이 백성들을 돌보며 세상을 평화로 다스린다는 것이다. 이 아기는 세상을 지배하는 용의 권력에 대해서 문제를 제기한다. 그럼에도 불구하고 이 아기는 하나님 앞으로 들려 올라가고 그의 자리에 앉는 것(ἡρπάσθη τὸ τέκνον αὐτῆς πρὸς τὸν θεὸν καὶ πρὸς τὸν θρόνον αὐτοῦ)으로 나온다. 이로써 그는 하나님 앞에서 그분의 뜻을 수행하는 자임이 강조된다. 그는 지금 교회가 위협을 받는 상황에서도 세상의 지배자가 되어 우주적인 마지막 전투에 자신의 존재를 드러낸다. 그러므로 하늘로 올라간 이 아기는 이미 하나님의 보좌를 통하여 자신의 통치권을 받아 하나님의 역사를 완성해가는 어린양에 다른 이해를 보여준다[209](5:6을 참조하라).

---

208) 여기서 태어난 사내 아기가 메시아인가 혹은 기독교인인가 하는 문제가 일어난다. 그러나 일반적으로 시 2:9은 왕위 등극 혹은 메시아 시편으로 알려진다. J.L. Resseguie, *Revelation Unsealed. A Narrative Critical Approach to John's Apocalypse*, BIS 32, Leiden: Brill, 1998,

209) 이런 이해를 반대하는 학자도 있다. U. B. Müller, *Messias*, 172는 단순한 구출로 이해한다.

6절. 여인이 광야로 피난하는 이야기는 지금 현재 공동체가 직면한 상황을 웅변적으로 보여준다. 여인으로서의 교회는 지금 광야에 피신해 있는 것과 같은 상황이다. 12장의 이야기는 앞에서 나온 여러 가지 신화적인 표현을 통해서 현재 공동체의 자기이해를 분명히 한다. 하늘에 있는 아들이며, 통치자인 어린양과 교회는 불가분의 관계에 있다. 그러나 공간적으로는 하늘과 땅의 구분을 통해서 다른 운명을 가는 것처럼 보인다. 즉 이제 여인으로서의 교회는 아이와 함께 있는 것이 아니라 용의 위협을 피해 광야로 멀리 도망친다.

구약에서 광야는 하나님의 사람들이 생명을 보전했던 장소다. 엘리야는 아합과 이세벨을 피하여 도주하는 장소, 그곳에서 하나님이 보내주신 까마귀들과 천사들로부터 음식물을 공급받았다(왕상 17:2-6; 19:5절 이하). 그리고 이 이야기는 하나님이 만나와 메추라기를 하늘에서 내려주던 출애굽 광야전승이 들어있다(출 16장). 여인, 두 증인, 교회가 서로 같은 함의를 가진다는 것은 이 여인이 광야에서 체류하는 1,260일(ἐκεῖ τρέφωσιν αὐτὴν ἡμέρας χιλίας διακοσίας ἑξήκοντα)과 연결된다. 이 숫자는 다시 3년 반과 42개월로 환산된다(비교. 11:2, 11). 이 모든 숫자는 7년이라는 숫자의 반으로 고통이 반으로 줄어든다는 의미가 되어 하나님의 보호를 상징적으로 나타낸다.[210]

17. 12: 7-12 미가엘과 용의 전투

17.1. 본문 사역

7 그리고 하늘에 전쟁이 있었습니다. 미가엘과 그의 천사들이 있었고, 그들은 용과 싸웠습니다. 그리고 용과 그의 천사들도 싸웠지만 8 하늘에서 더 이상 그들의 자리를 찾을 수 있을 만큼 강하지 않았습니다. 9 그래서 큰 용은 쫓겨났습니다. 그는 옛 뱀이며, 마귀나 사탄이라고도 부르고 온 세상을 잘못에 빠지게 하는 자로서 땅으로 쫓겨났던 것입니다. 그때 그의 천사들도 그와 함께 쫓겨났

210) J. Roloff, *Offenbarung*, 113.

습니다. 10 그리고 나는 하늘에서 말하는 큰 소리를 들었습니다. 지금 우리 하나
님의 구원과 능력과 나라와 또 그의 기름부음 받은 자의 권세가 나타났습니다.
왜냐하면 우리 형제들을 고발하던 자가 쫓겨났기 때문입니다. 그는 우리 하나
님 앞에서 그들을 밤낮 고발하던 자입니다. 11 그리고 그들은 어린양의 피와 자
기들의 증언의 말씀을 통하여 그 자를 이겼습니다. 그리고 그들은 죽기까지 그
들이 목숨을 사랑하지 않았습니다. 12 그러므로 너희 하늘들과 그 안에 거하는
자들은 즐거워하라. 그러나 땅과 바다는 저주가 있으라. 왜냐하면 마귀가 크게
화를 내면서 너희에게 내려갔기 때문이다. 그 이유는 그는 약간의 시간만 가지
고 있다는 것을 알았기 때문이다.

17.2. 본문에 대한 전 이해

이 장면을 이해하기 위해서는 전투가 하늘을 배경으로 일어나는 것을 알아야 한다. 즉 하늘의 참된 지배자가 누구인가? 하는 질문이 이 장면에 들어있다. 그것은 용과 천사장 미가엘을 중심으로 한 하늘의 전쟁이다. 이 전쟁으로 하늘에서의 하나님 통치가 실현되고, 이제 용은 땅으로 던져져서 땅을 괴롭힌다. 그러므로 성도들의 고난의 원인은 이 땅에서 활동하는 악마를 통해서 일어나며, 그 과정에서 믿는 자들은 어린양의 피와 말씀을 증언하는 일에 참여하므로 하나님 편에 선 사람들이라는 자의식을 드러낸다.

17.3. 주석

7절. 여기시 이야기의 장면은 다시 하늘로 진환된다. 이야기의 내용은 하나님의 군대들이 천사장 미가엘(ὁ Μιχαὴλ)을 중심으로 용과 싸우는 것이다. 묵시전통에서 미가엘은 이스라엘을 보호하는 모든 천사들을 대변하는 천사장이다.[211] 특히 그가 하는 일은 전쟁을 수행하는 것이다. 그러면서 하나님은 그를 통해서 백성들에게 영원한 도움을 준다. 그를 통하여 이스라엘은 기뻐하게 된다. 이렇게 하늘에서 전쟁이 일어나게 된 원인은 5절에서

---

211) 단 10:13, 21; 12:1; 에녹서 20:5; 1QM 17:6 이하를 참조하라.

설명한 것처럼 여인이 낳은 아이가 하늘로 올라가서 하늘의 주인이며 통치자가 되었기 때문이다.

8절. 용이 미가엘과 싸우는 것은 우주의 통치자에게 저항하는 것을 말한다. 하지만 그는 이제 더 이상 어린양 예수가 다스리는 하늘 어디에서도 설 자리를 찾지 못한다(οὐδὲ τόπος εὑρέθη αὐτῶν ἔτι ἐν τῷ οὐρανῷ). 여기서도 어린양 예수가 용을 직접 대면하지 않는 것은 우주의 통치자로 높여진 어린양의 존재가 용과 비교가 되지 않음을 표현하는 것이다.

9절. 이렇게 용과 천사장 미가엘을 중심으로 하늘에서의 전쟁은 하나님의 승리로 끝난다. 이 전쟁의 결과는 용의 본질이 드러났다는 것이다. 용의 본질에 대한 해석은 모두 성경의 전통을 따르고 있고, 저자는 그에 대한 해석을 통해서 자신의 신학을 드러낸다. 용의 정체는 낙원에서 하나님을 거슬러 이브를 유혹하던 옛 뱀(ὁ ὄφις ὁ ἀρχαῖος)이다(창 3:1). 악마로 불리는 자(ὁ καλούμενος Διάβολος)는 히브리어 사탄(ὁ Σατανᾶς)을 그리스어로 번역한 것이다. 악마의 의미는 '적' 혹은 '대적자'라는 의미를 가진다. 저자는 이런 서술을 통해서 '용'과 '뱀' 이라는 이미지(image)와 '악마'와 '사탄', '고발하는 자', '미혹하는 자'라는 의미(meaning)의 해석을 하고 있다.[212]

구약에서 사탄이 하는 역할은 하나님의 회의장 앞에서 인간을 반대해서 '고발하는 자'로 등장한다(욥 1:6; 슥 3:1). 이처럼 사탄은 구약의 후기의 문헌과 묵시문학에서 비로소 구체화된 악으로 나타나고 하나님의 천사들을 반대하는 자로 나온다(슬라브 에녹서 29:5). 요한계시록은 사탄을 통해서 역사의 처음부터 하나님을 반대하는 악의 근원에 대해서 말한다. 특히 요한계시록에서 사탄이 하늘에서 패배하여 땅으로 던져지는 장면은 예수 그리스도가 등장하기 이전과 그 이후가 구별된다는 의미를 가진다. 그것은 예수 그리스도의 등장으로 하늘에서의 사탄의 세력은 무장해제 되기 때문이다. 이에 대한 이해는 누가복음과 요한복음 안에 나타난다(눅 10:18; 요 12:31).

10절. 사탄의 패배로 이어지는 10-12절은 12장의 승리신학을 표현한다.

212) 자세한 논의는 임진수, "짐승의 숫자 666", 91을 참조하라.

찬양은 하늘의 말로 들려지는데, 그 소리는 하나님을 보좌하는 네 개의 살아 있는 존재들과 이십사 장로들의 찬양으로 생각할 수 있다(4:10-11; 5:8-9; 11:15-16). 10절의 각 문장들은 그 찬양의 내용으로 이루어져 있다. 그것은 세 가지로 구분된다.

첫 번째는 구원의 실현을 노래하는 것으로 다음의 내용으로 정리된다: 구원(ἡ σωτηρία), 능력(ἡ δύναμις), 하나님 나라(ἡ βασιλεία τοῦ θεοῦ), 기름부음 받은 자의 권세(ἡ ἐξουσία τοῦ χριστοῦ)이다. 이것들 모두는 신성에 기초한 하나님의 위엄을 표현하는 어휘들이다.

두 번째 내용은 11:15[213]을 회상하는 승리에 대한 선언이다. 이것은 하늘에서 일어난 전쟁의 승리로 세상과 하나님의 역사에 대전환이 '지금'(ἄρτι) 일어났음을 선언한다. 그러므로 지금이라는 시간은 어린양이 권세를 받음으로 하나님의 역사의 계획을 지상에서 펼쳐나가고 있는 시간이며, 십자가와 부활의 사건으로 열려진 그리스도의 통치와 구속사의 시간이다. 그리고 교회는 바로 그 시간을 살아가고 있다.

세 번째 내용은 땅에 있는 믿는 자들을 "우리들의 형제들"(οἱ ἀδελφοὶ ἡμῶν)이라고 부른다. 이것은 땅에 있는 믿는 사람들이 '지금' 왕이신 그리스도의 통치를 받고 있으며 하늘에 있는 존재들과 형제관계라는 것이다. 사탄은 "고발하는 자"로 하나님과 인간의 관계를 방해하는 자였다. 그러나 요한계시록 공동체는 찬양을 통하여 사탄이 하나님과 믿는 자들 사이를 갈라놓을 수 없다는 확고한 신뢰관계를 말하고자 한다. 그것은 예수 그리스도가 그를 믿는 사람들의 주인이며, 그렇기 때문에 어떠한 세력도 그들을 하나님의 사랑에서 떼어 놓을 수 없기 때문이다(롬 8:33-35).

11절. 11절은 앞에서 말한 찬양을 계속 이어간다. 특히 강조점은 "어린양의 피"(τὸ αἷμα τοῦ ἀρνίου)와 "증언의 말씀"(ὁ λόγος τῆς μαρτυρίας)을 통한 승리의 확신이다. 특히 이들은 승리의 확신으로만 살아가지 않고 오히

213) 세상의 나라가 우리 주님과 그의 그리스도의 것이 되었습니다. 그리고 그는 영원히 다스릴 것입니다.

려 "죽기까지 그들의 목숨을 사랑하지 않았던"(οὐκ ἠγάπησαν τὴν ψυχὴν αὐτῶν ἄχρι θανάτου) 그들의 실존을 통해서 승리에 참여했음이 중요하다. 이것은 그들이 어린양의 피에 의해서 구속받은 자들이라는 확신을 반영하는 것이다(19:5-6).

12절. 여기서는 다시 승리의 기쁨과 고통에 대한 예고가 함께 교차되어 나타난다. 즉 전쟁은 아직 끝나지 않았고, 그 무대가 하늘이 아니라 바로 지금 믿는 자들이 발을 딛고 서 있는 이 땅(ἡ γῆ) 이라는 것이다. 저자는 찬양과 기쁨이 하늘에 속해 있는 자들에게 주어지는 것을 말한다. 그러나 반대로 땅에는 아직도 고통이 남아있고, 역사의 마지막을 달려가는 시점에서 그 고통은 최악에 도달한다. 그 이유는 사탄이 땅으로 쫓겨나서 그곳을 하나님에게 대항하는 최후의 보루로 삼기 때문이다. 특히 저자는 '땅과 바다'(ἡ γῆ καὶ ἡ θάλασσα)가 사탄의 활동무대가 된다고 하는 고대 세계의 세계관을 반영한다. 특히 요한계시록 이해와 관련해서 13:1에서 짐승이 바다에서 올라오는 장면이나, 혹은 20:11 이하에서 땅과 바다가 사라지는 것은 요한계시록 세계관의 중요한 이해다.[214] 이어지는 이야기는 그렇게 악을 행하는 사탄의 세력과 하나님을 대항하는 인간들을 향한 심판이다(13:8, 12, 14; 17:2, 8). 이 구절은 사탄의 마지막 활동과 종말에 직면한 요한공동체로 하여금 구원받은 상태를 지키고 신앙의 투쟁을 준비하라는 경고의 의미를 가진다. 왜냐하면 그는 잠깐의 시간만 가지고 있다는 사실(ὀλίγον καιρὸν ἔχει)이 알려지기 때문이다.

18. 12:13-18 여인과 그의 후손들

18.1. 본문 사역

[13] 용은 땅으로 쫓겨난 것을 알자마자 사내아이를 낳은 여자를 박해했습니다. [14]

---

214) 리차드 보쿰, 『요한계시록 연구』, 233 이하를 참조하라; 혼돈의 바다와 야훼와 용과의 전투에 대한 이해는 H. Giesen, *Die Offenbarung*, 295-299를 참조하라.

그 여인에게는 큰 독수리의 두 날개가 주어졌습니다. 그것은 그녀가 있어야 할 장소인 사막으로 날아가도록 하기 위한 것입니다. 그녀는 그곳에서 한 시간과 두 시간과 반시간 뱀의 낯을 피하여 양육을 받았습니다. 15 뱀은 여자의 뒤에서 그의 입으로부터 강물처럼 물을 토해냈습니다. 그것은 강처럼 흐르는 그물로 그 여자를 물에 떠내려가게 만들려는 것이었습니다. 16 그리고 땅은 그 여인을 도왔고 그 입을 열어서 용이 그의 입으로부터 토해 낸 강물을 빨아드렸습니다. 17 용은 그 여인에 대해서 화가 났고 그 여인의 자손의 남은 사람들과 싸우기 위하여 떠나갔습니다. 그들은 하나님의 계명을 지키며 예수를 증거한 사람들입니다. 18 그리고 그(용)는 바닷가에 서 있었습니다.

18.2. 본문에 대한 전 이해

여기서부터는 땅으로 쫓겨난 용이 여인의 후손의 남은 자들을 박해하고 괴롭히는 것이 본격으로 전개된다는 것을 보여준다. 용은 먼저 여인을 공격하고 이어지는 13장을 통해서는 성도들을 괴롭히는 것으로 이야기가 점점 더 구체화된다. 저자는 고난 중에서도 구약의 전승들을 사용하여 고난당하는 공동체와 성도들을 하나님이 돌보신다는 확신을 보여주고자 한다.

18.3. 주석

13절. 지금부터 전개되는 이야기는 땅으로 쫓겨난 용이 여인과 그의 후손들을 박해했다(ἐδίωξεν)는 것이다. 이것은 신화적인 표현으로 사탄과 교회의 관계를 영적인 투쟁으로 제시한다. 이런 투쟁상황은 교회로 하여금 박해를 경험하게 한 요소가 되었고, 요한계시록 공동체는 그런 상황을 통해서 악의 실체를 경험했던 것이다. 요한계시록의 이런 태도는 당시의 사회에 커다란 반향이 되었고, 기독교가 세속적인 정치와 대립하면서도 그것을 넘어서는 가능성을 보여주었다. 이런 이원론적인 이해 배후에는 공동체를 위한 하나님의 구원과 보호하심이 있다. 이것을 토대로 용으로 대변되는 세력이 로마의 정치적인 체제라고 한다면 이 안에는 교회와 정치, 혹은 국가와 교회라는 고전적인 신학적인 주제가 반영되고 있다고 보아야 한다.

이런 입장에서 보면 요한계시록의 '국가와 교회의 관계'는 바울서신과 다르게 대립적인 것임을 알 수 있다.[215]

14절. 하나님은 교회론적으로 보면 박해당하는 여인 즉, 고난당하는 교회와 믿는 자들을 돌보시고 보호하신다. 그녀는 광야로 도망가서 한 때(1년) 두 때(2년) 반(6개월)을 숨어서 지낸다. 이 숫자도 7년을 절반으로 나눈 것으로 하나님의 구원의지에 의해서 환란의 시간이 길지 않다는 것을 상징적으로 말한다(11:2; 13:5를 참조하라). 여인은 두 개의 독수리 날개(αἱ δύο πτέρυγες τοῦ ἀετοῦ)의 도움으로 위기를 벗어나는데, 이것도 하나님이 독수리 날개로 이스라엘을 구원하신다는 구약의 전승을 반영하고 있다(출 19:4; 신 32:11). 광야에서 음식을 공급받는 이야기도 그들을 돌보시는 하나님의 모습을 반영한다.[216]

15–16절. 용이 자신의 입에서 물을 토해내고, 땅이 물을 빨아들이는 이야기는 구약의 유형론과 신화론적인 모티브가 뒤섞여있다. 신화적인 입장에서 보면 구약과 고대 근동의 전통에서 용은 혼돈의 바다를 지배하는 괴물이다(겔 29:3; 32:2; 시 74:13). 그는 여기서 그의 입으로 강물을 토해서 여인을 익사시키려고 한다. 16절에서 땅이 물을 빨아들이는 이야기는 구약의 유형론을 참조한 것으로 보인다. 그것은 다단과 아비람이 모세에게 반역한 사건을 기억하게 하지만, 구약에서는 땅이 갈라져서 반역자들을 삼키는 것으로 되어있다(민 16:32; 신 11:6; 시 106:17). 이런 이해는 요한계시록 저자가 때로는 신화와 구약의 전승을 자신의 전승에 맞게 변형하거나 새롭게 해석하고 의미를 부여하는 창조적인 신학자라는 것을 보여준다.

17절. 여기서 이야기의 초점은 용에서 다시 여인과 그녀의 후손들(οἱ δὲ λοιποὶ τοῦ σπέρματος)에게 맞추어진다. 즉 용의 공격대상은 여인으로 상징화되는 교회가 아니라 그것을 떠받치고 있는 개별적인 구성원들이다. 이것은 로마가 자신들의 질서에 저항하는 세력을 분열시키는 '나누고 지배하

---

215) 롬 13:1-7; 딛 3:1; 딤전 2:1-2; 벧전 2:13-17.

216) 6절의 설명을 참조하라.

라'(divide et impera)는 원칙을 적용하는 것으로 보인다. 이렇게 용이 신자들 개개인을 공격한다는 것은 이어지는 이야기들에서도 계속된다. 이에 대해서 저자는 교회의 남은 자 사상을 설명하는데 그들을 가리켜 "하나님의 계명을 지키며 예수를 증거한 사람들"(οἱ τηρούνττες τὰς ἐντολὰς τοῦ θεοῦ καὶ ἐχόντες τὴν μαρτυρίαν Ἰησου)이라고 말한다. 이것보다 앞에서 언급된 그녀의 후손들을 알레고리적으로 해석해 보면 창세기 3:15을 염두에 둔 이브의 '여인의 후손'임을 추측할 수 있다. 즉 요한계시록 저자는 뱀의 후손과 여인의 후손과의 적대관계를 기억해내면서 요한공동체의 남은 자 사상을 하나님 자녀의 원형으로 제시하고 한다(갈 4:26을 비교하라). 교회가 박해를 받는 상황에서도 가장 중요한 것은 교회와 그 구성원들이 '하나님의 계명을 지키는 것'이다. 이것을 통해서 믿는 사람들은 불순종의 세상에서 하나님의 뜻에 순종함으로 하나님의 계명을 지키는 참 증인이 되어야 한다는 것이다. 이렇게 교회가 하나님과 예수 그리스도를 증거하며 순종하는 하나님의 공동체라는 사실은 요한계시록 전체를 통하여 지속적으로 강조되고 있다(1:9; 6:9; 12:11; 20:4).

18절. 이제 용은 자신의 활동 무대가 되는 바다와 땅을 토대로 교회를 박해하기 위한 새로운 계획을 준비한다. 이미 앞에서 말한 것처럼 바다는 혼돈의 세력인 뱀의 활동무대이며, 요한계시록이 기록될 당시에 동양인들은 바다라는 혼돈의 세력을 로마의 권력과 동일시하였다.[217] 여기서는 사본학의 평가에 따라서 18절을 13:1과 연결된 문장으로 보아야 한다는 입장이 지배적이다. 그것은 이 용과 13장에서 등장하는 짐승과는 악의 실체리는 존재론적인 연결이 가능하기 때문이다.

217) 구약외경 4에스라서 11:1에 다음과 같은 전승이 나타난다. "그때 나는 꿈을 꾸었다. 보라, 그때 바다에서 한 마리의 독수리가 올라왔다. 그 독수리는 깃털로 뒤덮인 12개의 날개를 가지고 있었고, 머리는 세 개였다. 이 문장에서 중요한 것은 독수리로 상징되는 로마가 바다에서 올라왔다는 것이다.

18.4. 12장을 위한 해석과 설교방향

계시록을 해석하면서 늘 염두에 두어야 할 것은 계시록의 저자가 구약과 당시의 종교적인 전승에 대해서도 폭넓은 이해를 가지고 있었다는 것이다. 그는 전승을 통해서 기존의 유대교 신앙과 기독교의 신앙의 관계를 적절하게 설명하였고, 그것을 기독론에 기초한 기독교의 묵시사상으로 발전시키고 있다. 그러므로 그가 구약과 외경의 전통을 어떻게 이해하고 있는지 파악하는 것이 중요하다. 그리고 그는 당시의 주변세계의 종교와 신화에 대해서도 폭 넓은 이해를 가지고 있었다. 그는 이런 것들을 적절하게 이용하여 당시의 교회에 대한 이해를 우주적인 차원으로 해석하는 시도를 하고 있다. 12:1-6의 이야기도 신화와 구약의 전승의 요소들이 들어있지만, 그것들 모두는 여인으로 묘사되는 교회의 위치를 우주의 중심으로 보는 신화적인 설명과 그 여인을 보호하는 구약의 전통을 동시에 담아내고 있다. 우리는 해를 입은 여인에 대한 해석에서 이런 부분을 심사숙고해야 한다.

이어지는 7-12절은 여인의 등장, 즉 교회의 등장으로 인하여 하나님의 아들의 등장이 나온다. 이에 대한 설명은 아들과 교회라는 시간적인 이해 때문에 난제가 될 수 있다. 그러나 저자의 관심은 교회가 되는 여인과 하나님의 아들은 불가분의 관계에 있다. 동시에 하나님의 아들이 없던 시간을 틈타서 공중의 권세를 누리던 사탄(용)의 권세를 예수 그리스도의 활동과 죽음이 파괴했다는 것이다. 그러므로 이제 하늘은 다시 하나님의 뜻이 실현되는(뜻이 하늘에서 이루어진 것 같이) 그리스도의 통치영역이 실현되었다는 것이다. 그로 인하여 하늘에서는 하나님의 영광이 선포되고, 그 영광의 찬양의 핵심은 11절에서 노래하듯이 "그들은 어린양의 피와 자기들의 증언의 말씀을 통하여 그 자를 이겼다" 는 것이다. 이것으로 미가엘 천사의 싸움도 결국 성도들의 승리를 위한 것임을 확인시킨다.

우리는 이런 이해를 통해서 13절 이하에서 용이 땅으로 던져지는 논리적인 과정을 이해할 수 있다. 저자는 이 장면을 통해서 믿음의 사람들이 질문하는 "왜 이 땅에는 아직도 악이 창궐하고 있는가? 에 대한 신정론적인 대답을 하고 있다. 지금의 시간은 하늘에서 설 자리를 잃은 사탄(용)이 활동하기 때문이다. 그 중에서 사탄의 주된 활동은 교회를 파괴하고 믿음의 사람들을 신앙의 길에서 돌아서게 하는 것이다. 그러나 결론은 하나님께서 교회와 믿음의 사람들을 지키고 보호하신다는 것이다. 하나님은 구약의 신앙의 사람 엘리야를 돌보시고 구원하셨던 것처럼, 그리고 출애굽 백성을 보호하셨던 것처럼 지금도 교회와 성도들을 지키신다는 것이다. 그들은 하나님의 계명을 지키며 예수그리스도의 말씀을 증언하는 여인의 후손, 즉 교회의 남은 자들인 것이다. 이들은 모두 하나님의 영원한 보호 아래에 있다는 것이 저자의 관심이다.

● 요한계시록 13장 ●

19. 13:1-10 바다에서 올라온 짐승과 그의 권세

19.1. 본문 사역

1 나는 바다에서 올라오는 한 짐승을 보았습니다. 그것은 열 개의 뿔과 일곱 개
의 머리를 가지고 있었고 열 뿔 위에는 머리띠가 둘러져 있었고 그의 머리들 위
에는 신을 모독하는 이름이 있었습니다. 2 내가 본 그 짐승은 표범 같았습니다.
그의 발은 곰의 발 같았고 그의 입은 사자의 입 같았습니다. 용은 그에게 그의
힘과 그의 왕의 자리와 큰 권세를 주었습니다. 3 그의 머리들 중 하나는 죽기 위
해 죽음을 당한 것 같았습니다. 그의 죽음의 상처는 나았습니다. 온 땅은 놀라
서 그 짐승 뒤에 섰고 4 용에게 경배했습니다. 왜냐하면 그는 짐승에게 권세를
주었기 때문입니다. 그들은 짐승을 경배하며 말했습니다. 누가 그 짐승과 같은
가? 누가 그와 함께 싸울 수 있을까? 5 짐승에게는 크게 말하고 신을 모독하는
입이 주어졌으며 그에게는 마흔두 달 동안 행사할 권세가 주어졌습니다. 6 그
짐승은 하나님의 이름과 그분의 장막과 하늘에 거하고 있는 사람들을 모욕하기
위하여 하나님을 모독하기 위한 그의 입을 열었습니다. 7 그에게는 성도들과 전
쟁하고 그들을 이기는 것이 주어졌습니다. 그에게는 각 민족과 백성과 방언과

나라를 지배하는 권세가 주어졌습니다. [8] 그리고 땅 위에 살고 있는 자들은 그를 경배할 것입니다. 그의 이름은 창세로부터 죽임을 당한 어린양의 생명책에 기록되어 있지 않았습니다. [9] 누구든지 귀가 있다면 들으시오. [10] 누군가 잡혀갈 경우가 된다면 잡혀갈 것이며, 누군가 칼로 죽음을 당하게 되는 경우가 있다면, 그는 칼로 죽게 될 것입니다. 여기에 성도들의 인내와 믿음이 있습니다.

19.2. 본문에 대한 전 이해

계시록 13장 안에는 당시의 상황을 상징적으로 압축해서 묘사하고 있다. 그것은 지금 요한계시록 공동체가 경험했던 당시의 상황이 하나님의 역사계획 안에 들어 있음을 강조한다. 즉 그 상황은 이미 예언된 것이었다.

1. 먼저 이 본문을 우리는 요한계시록이 사용하고 있는 상징들이나 이미지들이 전승과 어떻게 연결되고 있는지 고려해야 한다. 이 환상 안에는 마지막 때에 메시아에게 대항해서 등장하는 적그리스도의 전승이 들어있다. 이 전승의 기초는 첫 번째 자료는 다니엘서다(단 7:2-27; 9:27; 11:3; 12:11). 쿰란은 이 일을 주도하는 왕을 벨리알(Belial)로 명명했다.[218] 그리고 다른 요한문헌들도 하나님과 예수 그리스도를 반대하는 자들을 적그리스도로 규정한다.[219] 그리고 이와 유사한 표현들도 신약성경에 나온다.[220]

2. 저자는 이렇게 전승을 받아들이면서도 그것을 지금의 상황에 어떻게 적용하고 있는지 살펴보아야 한다. 요한계시록이 묘사하는 13장의 이미지는 다니엘 7:2-27에 나오는 네 강대국에 대한 환상에서 유래한다. 다니엘서는 바다에서 올라오는 사자, 곰, 네 개의 머리를 가진 표범, 열 개의 뿔을 가진 짐승을 묘사한다. 여기서 말하는 앞의 사자, 곰 표범은 미디안, 페르시아, 알렉산더와 그 후계자들의 나라를 말한다. 마지막에 등장하는 열 개의 뿔들 중에서 네 번째 짐승은 열 명의 군주들을 말하며 그 마지막은 안티

218) 4Qtest 22 이하와 고후 6:15를 비교하라.

219) 요일 2:18, 22; 4:3; 요이 1:7.

220) 막 13:6, 22; 행 5:36; 살후 2:3 이하.

오쿠스 에피파네스를 상징한다. 이 중에서 특히 요한계시록은 네 번째 짐승이 일곱 개의 머리에 열 뿔을 가진 것으로 약간 다르게 표현한다. 이것을 통해서 우리는 요한계시록이 말하고자 하는 것이 다니엘서와 다르다는 것을 알게 된다. 요한계시록은 이렇게 이미지의 변경을 통해서 로마제국의 세력이 다니엘서에 나오는 하나님을 대적하는 세력보다 더 강하다는 것을 묘사한다(12:3을 참조하라).

3. 마지막으로 계시록 저자는 하나님을 대적하는 자를 풍자(parody)[221]의 방식으로 설명한다.[222] 풍자는 풍자의 대상이 되는 존재나 상대편을 깍아 내리거나 조롱하는 방법이다. 특히 여기에 나오는 용과 첫 번째 짐승 그리고 그 다음에 등장하는 두 번째 짐승은 요한계시록 5장에 등장하는 어린양의 모습을 따라하는 것처럼 보인다.[223] 예를 들어, 용이 첫 번째 짐승에게 권세로 힘을 주며(2절을 5:7, 12절과 비교하라), 첫 번째 짐승은 어린양처럼 모든 족속, 민족, 언어, 나라를 다스린다(7절을 5:9과 비교하라). 하늘의 네 생물처럼 모든 땅의 주민들이 동물 앞에서 굽혀 경배하며 그를 찬양한다(4절을 5:12과 비교하라). 어린양이 죽음의 흔적을 가지고 있는 것처럼, 이 짐승도 죽음의 상처를 가지고 있다(3절을 5:6과 비교하라). 이것은 저자가 하나님을 반대하는 세력을 다양한 방식으로 조롱하는 풍자 형식이다. 이 과정은 13장과 함께 요한계시록의 끝까지 이어진다. 이것은 요한계시록이 환상으로만 기록된 것이 아니라 저자의 의도에 의해서 작성되었음을 보여준다. 특히 17장에 나오는 음녀의 도시 바빌론은 하늘의 구원공동체와 대립되는 것으로 묘사된다(18:21이하).

221) 린다 허치언, 『패러디 이론』(김상구, 윤여복 옮김), 1998, 55. 허치언은 패러디가 '대응노래'(counter-song)라는 의미의 헬라어 paradia(παραδία)에서 왔다고 말한다. 그는 정의하기를 "패러디는 조롱하거나 우습게 만들려는 의도를 지닌 채 하나의 텍스트를 다른 텍스트와 대조시키는 것" 이라고 한다. 임진수, "짐승의 숫자 666", 95를 참조하라.

222) 임진수, "짐승의 숫자 666", 95페이지 이하의 설명을 참조하라.

223) 박두환, "사탄의 파워 구조 - 계 12-13장에 나오는 용과 두 짐승의 관계를 중심으로", 『신약논단』, 1999, 169, 은 이것을 '교회와 제국간의 갈등'이라고 올바르게 표현한다.

19.3. 주석

1절. 이 본문을 잘 이해하기 위해서는 용이 바닷가에 서있고, 바다에서 짐승이 올라오는 장면(ἐκ τῆς θαλάσσης θηρίον ἀναβαῖνον)은 12:12에서 설명한 바다에 대한 고대 세계의 이해와 12:17에 설명한 바다로 상징되는 로마제국의 관계를 고려해야만 한다. 중요한 것은 바다에서 올라오는 짐승이 용의 피조물로 이해되어야 한다는 것이다. 그것은 이 짐승이 용의 말과 명령을 용의 분신처럼 수행하기 때문이다. 용이 짐승을 만들어내는 이유는 12장에서 말하는 여인의 후손의 남은 자들, 즉 구원받은 공동체를 파멸시키려는 것이다. 여기서 용은 바닷가에 서서 자신의 모습을 물에 비추는 모습을 통해서 첫 번째 짐승을 만들어 낸다. 이 짐승도 12장에 나오는 용처럼 일곱 개의 머리와 열 개의 뿔을 가지고 있다. 일곱이라는 숫자와 열 개의 뿔은 지배와 권력의 상징이 된다. 특히 짐승의 열 뿔 각각에는 머리띠(diadem)가 둘러져 있고, 그 위에 신을 모독하는 내용이 기록되어 있다. 당시 로마의 황제들은 자신들을 신격화 하도록 요구하기도 했는데 그에 대한 명칭은 다음과 같다: 신(divus), 존귀한 자(augustus), 주와 신(dominus ac deus).[224] 이 현상에 대해서 요한계시록 저자는 짐승을 용이 배후에서 조종하는 로마제국으로 보고 있으며, 그것이 바다에서 올라오는 것으로 묘사한다. 당시 근동 사람들은 바다를 악마의 본거지로 생각했다. 따라서 첫 번째 짐승이 바다에서 올라오는 것은 이런 의도에서 읽어야 한다.

2절. 요한계시록에 등장하는 짐승은 다니엘서와 다르게 표범과 같은 모습(ὅμοιον παρδάλει), 곰과 같은 발(οἱ πόδες αὐτοῦ ὡς ἄρκου), 사자 같은 입(τὸ στόμα αὐτοῦ ὡς στόμα λέοντος)을 가진 합성체의 형상이다. 이것은 저자가 다니엘 7:2-8의 존재들을 모두 종합하여 한 존재에게 집중하고 있는데, 이것은 로마의 세력이 지금까지의 다른 어떤 권력보다 크고 강력하다는 것을 보여준다. 아무튼 용은 첫 번째 짐승에게 자기의 왕의 자리와 전권을 준다

224) 임진수, "헬레니즘기 이후 서양 고대 세계의 지배자 숭배에 대한 저항", 『서양고대사연구』 29, 149-194를 참조하라.

(ἔδωκεν αὐτῷ ὁ δράκων τὴν δύναμιν αὐτοῦ). 이 묘사는 5:2에 나오는 어린양의 즉위식과 비교해 볼 때 익살맞은 장면으로 만드는 문학적인 풍자(parody)다. 이렇게 저자는 5장을 염두에 두면서 짐승이 어린양의 등장을 모방하고 있는 불완전한 권력임을 조롱하고 있다. 이로써 저자가 세상의 권력이 때로는 하늘 높은 줄 모르고 올라가며 하나님을 흉내 내지만 그 결과는 아무것도 아니라는 당시의 권력에 대한 비판이요 평가절하다. 이것을 통해서 세상의 권력이 영원한 것이 아니고 하나님 앞에서 보잘 것 없는 상대적인 것임을 말한다.

3절. 세상의 권력에 대한 조롱과 풍자는 계속해서 이어진다. 그것은 어린양이 죽임을 당했다가 다시 살아난 것처럼, 짐승의 일곱 개의 머리 중에 하나가 죽은 듯 하다가 나은 것으로 되어 있다(μίαν ἐκ τῶν κεφαλῶν αὐτοῦ ὡς ἐσφαγμένην εἰς θάνατον, καὶ ἡ πληγὴ τοῦ θανάτου αὐτοῦ ἐθεραπεύθη). 이것은 짐승이 어린양이 가지고 있는 상처를 모방하고 있음을 보여준다(5:6). 이 묘사는 요한계시록 안에서 이 짐승이 어떤 정치권력을 상징하는 것인지 논란이 되며, 13:18의 짐승의 숫자 666과 관계가 있다. 왜냐하면 짐승(θηρίον)이라는 단어와 숫자 666(ἑξακόσιοι ἑξήκοντα ἕξ)은 이 문제를 해결하는 중요한 단서를 제공하기 때문이다. 이것을 위한 이해는 17:8이하(특히 11절)에 나오는 숫자와 맞물려 있다.[225]

이렇게 죽은 것 같았다가 살아난 것으로 보이는 머리에 대한 언급은 당시의 황제권력에 대한 전설과 암시를 반영한다. 그 입장을 잘 보여주는 것이 당시에 널리 퍼져 있던 네로의 도망(Nero redux)[226]에 대한 전설이다. 그 내용은 68년에 자살한 것으로 알려진 네로가 사실은 죽지 않았다는 것이다. 그는 로마로부터 도망을 쳐서, 당시 로마와 대립하고 있던 파르티아(Parther) 왕국[227]의 원조를 받아 사령관의 신분으로 다시 로마로 돌아와 그

225) 임진수, "짐승의 숫자 666", 98 이하를 보라.

226) Barrett/Thoronton (ed.), *Texte zur Umwelt des Neuen Testaments*, UTB 1591, Tübingen: Mohr Siebeck, 1991(2.Aufl.), 18.

227) 파르티아는 이란의 아케메네스 왕조가 멸망한 뒤인 기원전 247년(혹은 239년) 이란에서 등

의 적을 무찌른다는 것이다. 그리고 이 전설은 다시 죽은 네로가 죽음의 나라에서 환생하는 것(Nero redivivus)[228]으로 변형되어 유포되기도 했다.[229]

4절. 계속해서 짐승의 즉위는 그의 현존을 알리고 그에 맞는 경배를 받는다. 그러나 그가 경배를 받는 영역은 그가 지배하는 지상의 영역으로 제한된다. 즉 세상의 나라들은 그에게 신적인 경배를 하며, 그의 권세에 대해서 누구도 저항할 수 없음을 말한다. 이에 대한 풍자도 5:13을 모방하는 것으로 짐승도 하나님을 모방하고 있음을 고발한다. 즉 짐승에 대한 경배는 용에 대한 경배로 거슬러 올라간다. 따라서 "누가 이 짐승과 같으랴? 누가 이 짐승과 싸울 수 있으랴?"(τίς ὅμοιος τῷ θηρίῳ καὶ τίς δύναται πολεμῆσαι μετ' αὐτοῦ;) 하는 수사학적인 질문은 하나님을 모방하는 것으로 구약의 전통에서 나온다(시 89:6; 113:5). 이처럼 로마는 황제숭배를 통해서 하나님을 경배하지 않을 뿐만 아니라, 자신들을 신으로 경배할 것을 강요하고 있었다.

5절. 이 네 구절 안에는 짐승에게 주어진 일과 힘과 권력이 서술된다. 그것은 "짐승에게는 크게 말하고 신을 모독하는 입이 주어졌다"(ἐδόθη αὐτῷ στόμα λαλοῦν μεγάλα καὶ βλασφημίας)는 것이다. 이것은 짐승이 앞으로 행하게 되는 주된 역할을 말하는 것으로 핵심적인 용어는 '신성모독'(βλασφημίας)이다. 짐승은 자신의 권력을 이용하여 하나님을 모독하고, 자신의 통치 영역 안에서 왕이라는 사실이 강조된다. 특히 그는 자신의 권력을 행사하면서 하나님도 자신의 지배 아래 두고자 한다. 신성모독에 대한 암시는 이미 짐승의 뿔이나 머리띠 같은 곳에 새겨진 글들을 통해서 인간의 권력이 신성의 권력을 끌어들여 통치 이데올로기로 삼고 있다는 사실을 드러낸다. 이

장한 새로운 왕조로 AD. 224년 사산 왕조에 정복당했다. 로마제국 당시에는 로마에 대적하는 세력으로 이름을 날렸다.

228) 여기서는 시빌리엔 신탁서에 나오는 네로 환생설의 개요만을 제시한다. 보다 자세한 것은 H.J. Klauck, "Do they never come back? Nero Redivivus and the Apocalypse of John", in: *CBQ* 63 (2001), 686-690, 을 참조하라. 그리고 계속해서 L. Kreitzer, "Hadrian and the Nero Redivivus Myth", in: *ZNW* 79 (1988), 95-99.

229) 네로 전설과 관련된 자료들로는 Sueton, Nero 57,2-3; Dion Chrysostomus, Oratio 21:10; Sib.5,23f을 참조하라.

로써 사탄의 조종을 받는 짐승의 권세와 하나님의 권세는 이원론적인 대립이 된다. 그러나 통치 기간은 다시 묵시적인 숫자인 42개월(=3년 반)로 제한되며, 이것은 그의 힘이 시간적으로 제한되어 있다는 것을 말한다. 따라서 교회가 겪어야 할 박해의 시간도 정해진 것이기에, 교회는 믿음을 지키고 잘 인내해야만 한다는 것을 말한다(12:6의 설명을 참조하라).

6절. 여기서는 짐승의 활동이 하나님을 모독하는 것임이 드러난다. 특히 이 문장에서 핵심은 '그(하나님)의 이름을 모독하는 것'이다. 하나님의 이름은 하나님 자신을 말하는 것이며, 성서적인 전통에서 십계명의 두 번째 계명으로 하나님의 이름을 모독하지 말라는 것과 연결된다(출 20:7; 신 5:11). 이 모독의 말은 이미 1절에서 설명한 것처럼 로마가 옥타비아누스 황제 이후 세계를 평정하고 로마의 평화를 선포하고 황제 칭호에 아우구스투스(Augustus)라는 신적인 권위를 부여한 것을 의미한다. 이런 칭호들은 당시 로마제국의 통합을 위한 중요한 이데올로기로 작용했다. 그러나 기독교는 이런 사실에 대해서 거부하고 저항하면서 점차 정치적인 박해를 경험하게 되었고 고난을 겪었다. 그것은 세상 권력의 일시적인 승리로 보였다. 계시록 저자는 그것에 대항하여 하나님이 역사의 주인임을 강조하면서 하나님과 어린양이 역사의 최후에 말씀으로 짐승으로 대변되는 제국의 질서와 그 질서를 움직이는 배후의 세력인 사탄을 멸망시킨다는 비전을 제시하고자 한다. 그리고 "그의 장막"은 하나님의 왕좌가 있는 곳이며, "하늘에 거하는 자들"은 천사나 혹은 신앙을 지킨 성도들로 이해할 수 있다.[230]

7절. 이 절에서 강조되는 내용은 짐승이 성도들과 진쟁을 하여 이기는 것과 온 세상에 대한 통치를 수행하는 것이다. 이것은 12:17에서 말했던 용이 성도들과 싸우려고 했던 것이 실현되고 있다는 것을 말한다. 그러면서도 주목할 것은 "성도들"(ἅγιοι)은 다음에 나오는 "각 민족과 백성과 방언과 나라"와 구별되어 있다는 것이다. 이들은 바로 어린양의 편에 서 있는 믿음을 지키는 자들이다.

230) A. Satake, *Offenbarung*, 299.

8절. 이 문장은 내용이 두 개로 나누어진다. 우선적인 것은 "모든 땅에 있는 자들이 짐승을 경배한다는 것이다". 이것은 짐승으로 대변되는 황제 권력을 신으로 숭배한다는 것을 의미한다. 저자는 이렇게 짐승에게 경배하는 사람들 개개인의 "이름은 창세로부터 죽임을 당한 어린양의 생명책에 기록되어 있지 않았다" 고 말한다. 이미 생명책은 3:5에서 언급된 것이며, 17:5에도 유사한 유비가 나온다. 특히 여기서의 강조점은 "죽임을 당한 어린양의 생명책에"(ἐν τῷ βιβλίῳ τῆς ζωῆς τοῦ ἀρνίου τοῦ ἐσφαγμένου)라는 표현이다. 이렇게 생명책에 이름이 기록된 사람들은 6절에 나오는 하늘에 있는 사람들이며, 예수 그리스도의 고난에 참여하는 사람들이다. 특히 죽임당한 어린양과 "창세로부터"(ἀπὸ καταβολῆς κόσμου)라는 용법은 그리스도의 구속 사건에 대한 신뢰가 하나님의 선재사상으로 거슬러 올라가는 것처럼 중요한다는 것을 의미한다.[231)]

9절. 여기서 "귀가 있다면 들으시오" 하는 명령법은 깨어있으라는 예언자적인 경고다. 이 형식은 요한계시록의 일곱 교회로 보내는 각 편지의 마지막 문구와 같은 것이다. 이것은 박해에 직면해서 요한계시록 공동체에게 주어지는 행동지침이다(이것은 요한계시록 2-3장에 나오는 일곱 교회로 보내는 편지의 말미에 나오는 경고형식이기도 하다).

10절. 계속해서 이어지는 말은 공동체가 박해에 직면해서 경험하게 되는 사건을 설명한다. 특히 이 말은 앞으로 전개될 일을 신탁의 형식을 취하고 있는 것으로 예레미야 15:2; 43:11에 대한 회상을 토대로 전개되는 내용이다. 예언의 내용은 감금을 당한다는 것(εἰς αἰχμαλωσίαν ὑπάγει), 칼로 죽게 될 것(ἐν μαχαίρῃ ἀποκτανθῆναι)을 알리는 것이다. 이 이야기의 핵심은 신앙을 가지고 있는 사람들에게는 이렇게 짐승으로 대변되는 로마의 황제권력과 그 영향력을 벗어날 수 없다는 것을 말한다. 이것을 통해서 요한계시록 저자는 기독교인들이 황제숭배에 저항하면서 겪게 될 위험을 암시한다. 그리고 동시에 그 저항을 피할 수 없다는 사실도 암시한다. 저자는 이것도 모

231) A. Satake, *Offenbarung*, 300.

두가 하나님의 경륜 속에 있다는 것을 강조하고자 한다.[232] 이런 상황에서 요한계시록 공동체가 할 수 있는 가장 중요한 일은 믿음을 지키고 그 고난을 견디어 내는 것이다. 그렇게 고난을 견디어 내는 인내 자체가 믿음을 증거 하는 일이 된다. 왜냐하면 그들은 거룩한 자들이기 때문에 그 거룩함은 인내와 믿음을 통해서 증명되기 때문이다.

20. 13:11-18절: 땅의 짐승

20.1. 본문 사역

11 나는 땅에서 올라오는 다른 짐승을 보았습니다. 그는 어린양처럼 두 개의 뿔을 가지고 있었고 용처럼 말했습니다. 12 그는 처음 짐승의 모든 권세를 그 앞에서 행사했습니다. 그는 땅과 그 안에 살고 있는 자들에게 첫 번째 짐승을 경배하게 했습니다. 그는 그의 죽음의 상처가 나았던 그 짐승입니다. 13 그는 큰 표적을 행하였는데, 그것은 사람들 앞에서 하늘로부터 땅에 불이 떨어지게 하는 것이었습니다. 14 그는 그 짐승 앞에서 그가 행하도록 주어인 기적을 통해서 땅위에 살고 있는 사람들을 잘못된 길로 가게 하였습니다. 그는 땅위에 살고 있는 사람들에게 그 짐승을 위하여 우상을 만들라고 말했습니다. 그는 칼의 상처를 가지고 있다가 살아난 자입니다. 15 그에게는 우상에게 생기를 불어 넣을 수 있는 것이 주어졌는데, 이것은 또한 짐승의 우상이 말하게 하고 그들이 짐승의 우상에게 경배하지 않으면 그들을 죽이고자 하려는 것이었습니다 16 그는 모든 자들 곧 작은 자들과 큰 자들, 부유한 자들과 가난한 자들, 그리고 자유를 얻은 자들과 종들에게 그렇게 행했습니다. 그것으로 그들은 그들에게 그들의 손이나 혹은 그들의 이마 위에 표를 받게 했습니다. 17 만약에 짐승의 이름으로 된 표나 혹은 그의 이름으로 된 숫자를 가지고 있는 사람이 아니면 어느 누구도 사거나 팔거나 할 수 없었습니다. 18 여기에 그 지혜가 있습니다. 생각을 가지고 있는 사람은 그 수를 세어봐야 합니다. 왜냐하면 그것은 사람의 숫자이기 때문입니

232) A. Satake, *Offenbarung*, 300.

다. 그리고 그 숫자는 육백육십육입니다.

20.2. 본문에 대한 전 이해

이 단락은 앞의 이야기와 연결되며 두 번째 짐승의 출현을 설명한다. 이 두 번째 짐승에 대한 이미지는 독특한 것이다. 이렇게 첫 번째 짐승이 두 번째 짐승을 조종하는 이야기는 구약과 묵시문헌에 그 예를 찾아보기가 어렵다. 땅에서 사는 짐승의 강력함을 묘사하는 장면은 욥기 40:15이하에 나오는 베헤못(בְּהֵמוֹת)을 통해서 살펴볼 수 있다. 이 본문에 등장하는 두 번째 짐승의 역할은 그것과 다르다. 따라서 요한계시록 저자가 두 번째 짐승에 대한 이해를 독자적으로 서술하는 것으로 보아야 한다. 두 번째 짐승에 대한 묘사는 요한계시록 공동체가 경험하는 위험과 박해의 실체를 묵시적 전통 형식으로 나타내는 신학이다. 그 실체는 바로 마지막 때가 되면 거짓 예언자들의 등장이다(막 13:22; 마24:24). 이렇게 해서 저자는 적그리스도의 출현과 거짓 예언자들의 영향과 그들의 현상이 서로 연결되고 있음을 지적한다. 아무튼 여기에는 용, 첫 번째 짐승, 두 번째 짐승, 거짓 예언자들로 이어지는 순서가 있다(16:13; 19:20; 20:10). 이렇게 용과 두 짐승들은 서로가 직접 연결되고 있다. 이렇게 용-첫 번째 짐승-두 번째 짐승으로 이어지는 순서를 융 스틸링(Johann Heinrich Jung-Stilling, 1740-1817)은 '사탄의 삼위일체론'(satanic Trinity) 이라고 불렀다.[233] 이후에 전개되는 내용에서도 설명하겠지만 여기에는 용으로부터 시작되는 사탄의 파워구조가 들어있으며, 그것은 마치 하나님-어린양-예언자들로 이어지는 하나님의 권위를 모방하고 있는 것으로 보인다. 앞으로 전개되는 해석도 저자의 이러한 의도를 파악하는 것과 관련이 있다.

20.3. 주석

11절. 두 번째 짐승이 출현하는 방식은 1절에 등장했던 첫 번째 짐승과

---

233) J. Roloff, *Offenbarung*, 139.

유사하다. 단지 차이는 그가 땅에서 올라온다(ἄλλο θηρίον ἀναβαῖνον ἐκ τῆς γῆς)는 것이다. 이것은 땅으로 쫓겨난 용으로 인하여 땅과 바다가 저주를 받는다는 12:12의 내용과 관계가 있는 것이다. 이제 바다와 땅, 땅과 바다가 사탄이 지배하는 영역이 되었다는 것이다. 그러므로 두 번째 짐승도 용의 피조물이며, 이 두 번째 짐승의 출현으로 공동체에게 가해지는 박해의 내용이 더욱 구체화된다. 땅에서 올라오는 짐승, 혹은 땅의 짐승에 대한 이해는 구약과 묵시문헌을 통해서 유추해 볼 수 있다.[234] 두 번째 짐승의 이미지는 첫 번째 짐승과 다르다. 그는 두 뿔을 가지고 있고 용처럼 말을 한다. 이런 모습들은 두 짐승들이 모두 어린양을 모방하는 것임을 말하며, 요한계시록 저자는 이런 묘사를 통해서 그들의 권력을 조롱하고 비판한다는 사실을 암시한다. 아무튼 그들은 용이 하는 일들을 대행하는 것이다.

12절. 두 번째 짐승에 대한 요한계시록 저자의 설명은 그것이 첫 번째 짐승에게 종속되어 있다는 것이다. 그들이 하는 역할은 사탄의 일을 모방하고 행하는 것이다. 두 번째 짐승이 하는 일은 죽음의 상처를 가지고 있다가 회복된 첫 번째 짐승을 경배하도록 강요하는 것(ἵνα προσκυνήσουσιν τὸ θηρίον τὸ πρῶτον)이다. 이것은 주후 1세기 소아시아에서 유행하였던 황제숭배에 대한 암시다. 로마제국은 황제숭배를 제국의 안정을 위한 이데올로기로 사용했고 그것을 위하여 제사를 수행하도록 강요했다. 이런 경향은 갈리굴라(Gaius Caesar Germanicus)와 도미티안(Titus Flavius Domitianus) 황제 재위 때 강하게 나타났다. 도미티안은 자신을 '주와 하나님'(dominus ac deus)으로 부르도록 강요했고 이런 증거는 에베소에서 발굴되는 유적에서 확인된다(Sueton, Domitian 13,2).

여기서도 첫 번째 짐승이 죽었다가 다시 살아났다는 사실(οὗ ἐθεραπεύθη ἡ πληγὴ τοῦ θανάτου αὐτου)을 강조한다. 이것은 앞에서 설명한 네로 전설에

234) 리차드 보컴, 『요한계시록 연구』, 234f. 여기서 말하는 땅의 짐승(계 13:11-17)과 관련된 고대 신화를 유추할 수 있는 것으로 이디오피아 에녹서 60:7-9; 4에스라서 6:49-52; 아브라함 묵시록 21:4; 시리아 바룩서 29:4가 있다. 이것들을 사 27:1; 30:6; 욥 40:15-24; 시 74:14; 104:26 등과 비교하라.

대한 반영이다. 당시 네로 전설은 그가 환생을 하거나 아니면 도망갔다가 다시 돌아오는 것으로 이해했다(13:1의 주석을 참조하라). 여기에는 당시의 기독교인들이 도미티안 황제로부터 박해를 받자 네로 시대에 가해진 박해 상황을 떠올리며 죽은 네로가 다시 살아났다는 생각을 한 것으로 보인다. 그런 박해의 원인 중에 하나가 기독교인들은 당시의 황제숭배에 대해서 거부하는 태도를 보였기 때문이다. 따라서 이런 이미지들은 요한계시록이 황제를 거부하기 보다는 황제숭배를 수행하는 로마제국의 본질에 대해서 비판적이었다는 것을 보여준다.

13절. 여기서 묘사되는 두 번째 짐승의 활동은 다시 11장에 등장했던 두 증인의 모습을 모방하는 것으로 그리고 있는 저자의 풍자방식이다(11:5). 구약의 전승과 관련하여 하늘에서 불을 내리게 하는 예언자는 엘리야였다(왕상 18:38). 따라서 두 번째 짐승이 하는 일은 황제숭배를 선전하는 것으로 예언자의 모습을 흉내 내고 있다. 그는 인간과 그 추종자들에게 첫 번째 짐승의 권력에 복종할 것을 강요한다.

14절. 이 구절은 황제숭배의 거행과 그 결과를 보여준다. 힘에 의해서 강요된 황제숭배는 나름대로 성공을 거둔다. 그것은 땅위에 사는 사람들(οἱ κατοικοῦντες ἐπὶ τῆς γῆς)이 두 번째 짐승의 기적을 보고 첫 번째 짐승을 숭배하는 일에 동참했기 때문이다. 이것으로 인하여 땅위에 사는 사람들은 하나님을 대적하는 적대자가 되었다. 그러나 구원받은 공동체는 이 권력에 복종하는 것을 거부한다. 황제숭배는 강요와 우상숭배라는 방식을 통해서 일어난다. 여기서도 다시 한 번 첫 번째 짐승이 "칼의 상처를 가지고 있다"(ἔχει τὴν πληγὴν τῆς μαχαίρης καὶ ἔζησεν)는 것을 강조한다. 이 상처는 앞의 3절과 12절에서 반복해서 강조되고 있는 내용이다. 이것은 이미 지적한 것처럼 5장에 나오는 십자가에 달리신 예수 그리스도와 그것을 통해서 그가 하늘의 궁정에서 온 우주의 지배자로 등극한 것을 모방하는 것이다.

15절. 이 장면은 당시에 일어난 황제숭배의 제사행위를 구체적으로 묘사한다. 그것은 우상숭배의 방식으로 이루어지고 있었다. 14절에서 우상을 만들라는 지시와 15절에서 우상에게 생기를 불어 넣어 말하게 하는 장면은 황제숭배를 신에 의해서 용인된 것으로 말하고자 하는 선전의 의도를 보여준다. 이것은 당시의 황제숭배가 대단히 용의주도하게 진행되었다는 것을 보여준다. 신상이 움직인 것에 대한 보도는 당시의 문헌에 등장하기도 한다.[235] 저자는 이렇게 우상숭배를 강요했을 때 그것에 대해서 거부하는 사람들은 죽음을 당했음을 말한다. 이것으로 황제숭배에 대한 거부가 기독교의 박해로 이어졌다는 것을 보여주며 이에 대한 정황들은 112년경 플리니우스 2세(Plinius II.)가 트라얀 황제에게 보내는 서신의 왕래를 통해서 유추해 볼 수 있다.[236] 그 박해의 역사적인 정황은 도미티안 황제가 통치하던 시대에 있었다는 입장이 지배적이다.

16절. 이제 박해의 상황은 단지 우상숭배에만 국한되지 않고 사회경제적인 영역으로 확대된다. 우선 두 번째 짐승이 강요하는 우상숭배는 사회의 모든 계층을 포함하고 있는 것으로 나타난다. 이것은 요한계시록이 기록될 당시에 기독교인들이 이방인 사회에서 많은 압력을 받고 있음을 보여준다. 요한계시록은 황제숭배로 대변되는 우상을 중심으로 한 제사에 참여하는 자들에게 오른손과 이마에 '표'(χάραγμα)가 주어졌다고 말한다.[237] 이 표는 7:2과 14:1에서 말하는 하나님의 도장(σφραγίς)을 받는 것과 대립하는 모습으로 사탄에게 종속되었다는 것을 의미한다.

17절. 저자는 이 표가 당시 사회의 공식적인 생활과 무역과 활동에 참여하는 허가표시라고 말한다. 두 번째 짐승은 이 표를 가지고 "어느 누구도 사거나 팔거나 할 수 없게 하는 목적"(ἵνα μή τις δύνηται ἀγοράσαι ἢ πωλῆσαι)이 있다고 밝힌다. 여기서 사용되는 '표'라는 단어는 황제가 제공하는 공식적인 권한을 말한다. 이것은 공식적인 문서나 기록과 관련된 법적인 효력을 나타낸다. 따라서 기록은 황제숭배에 참여하거나 그 권력에 복종하는

235) J. Roloff, *Offenbarung*, 142.

236) 당시 폰투스 지방의 총독이었었던 Plinius 2세와 (young plinius) 트라얀 황제의 서신교환에 대해서는 한스 콘첼만, 『초대기독교역사』, 성광문화사, 1994, 260-263.

237) 이 표의 기원에 대한 논의는 U. Wilckens, "χάραγμα", *ThWNT* IX, 405-407을 보라. 여기에는 또한 반(反)유대교적인 기원이 들어 있다는 주장도 있다. C. Schneider, "μέτωπον", *ThWNT* IV, 639를 보라.

표식이다. 우리는 이 표가 손과 이마에 노예임을 표시하던 것에서 유래한 것인지 아니면, 공문서에 표기된 것인지 분명하게 말할 수 없다.

위에서 지적한 것처럼 짐승이 주는 표시는 어린양의 예배에 참여하는 사람들이 받게 되는 '도장'(σφραγίς)과 구분된다(7:2을 참조하라). 이미 이 개념은 기독교의 세례와 관련된 상징으로 이해되기도 했다. 즉 그리스도의 세례에 참여하는 자는 예수 그리스도에게 복종하는 표를 받는 것과 같다(마 28:19; 행 2:38; 10:48). 그는 예수 그리스도의 통치 아래에 있는 구성원이 된다. 그래서 그들은 하나님의 소유라는 표시를 받는다(7:3-4; 9:4). 누구든지 그 표를 받는 자는 완전한 구원 공동체의 구성원이며 그들의 삶의 완성에 참여한다. 따라서 이 표는 어린양의 도장에 대한 유비(analogy)가 된다. 즉 황제 숭배에 참여하는 자들은 노예처럼 그들의 소유가 되어 제국사회의 구성원으로 인정을 받는다.

18절. 이 절은 9절처럼 독자들에게 주의를 환기시킨다. 저자는 지금까지 일어난 일들을 정리하면서 독자들에게 지혜를 요구한다. 그 지혜는 하나님이 주시는 것이며 마지막 때의 사건에 참여하는 사람들에게만 주어지는 비밀의 열쇠와 같다. 여기서 지혜는 숫자를 효과적으로 해석하기 위한 것이다. 주어진 해석을 위한 단서는 666(ἑξακόσιοι ἑξήκοντα ἕξ) 이라는 짐승의 숫자가 곧 사람의 숫자라는 것이다. 이로써 이 숫자가 어떤 사람을 염두에 두고 있음을 알게 된다. 그러나 저자의 의도는 그 이름을 공개적으로 밝히기를 꺼려한다. 따라서 이는 여러 가지 각도에서 해석된다. 이 문제를 풀기 위한 해석방법으로는 1) 산술적인 해석, 2) 숫자 수수께끼(gematry[238]=수비학)에 의한 해석방법, 3) 상징적이고 신학적인 해석 방법이있다. 이 중에서 상징적인 해석방법은 7을 완전수로 보고, 6은 그에 미치지 못하는 불완전한 존재라고 보는 해석방법이다. 예를 들어, 666은 777에 못미치는 불완전함의 상징이다. 그러나 이 해석도 이 숫자와 관련된 난제를 해결하는데 도

---

238) 이 단어는 헬라어 γεωματρία에서 유래한다. 이 말뜻은 원래 측량술(Geometry)을 의미한다.

움이 되지 않는다.[239] 오히려 가장 설득력이 있는 당시의 수비학을 적용하는 것이다.[240]

당시에는 숫자를 알파벳으로 표시했다. 따라서 이 숫자를 해석하기 위해서는 이 숫자를 사람의 이름과 관련시켜서 히브리어와 라틴어 혹은 그리스어의 알파벳을 대입시켜 보는 것이다. 이 때 중요한 것은 이름과 더불어 나타나고 있는 황제라는 칭호가 중요한 역할을 한다. 이 둘의 관계가 적절하게 해명될 때 666이라는 암시적인 숫자가 그 의미를 드러낸다. 그에 대한 해석은 또한 17장에 등장하는 8명의 왕(황제)들이 누구인지 확정하는 것과 밀접한 관련이 있다(17:11). 그 중에서도 숫자조합(gematry=수비학)을 가지고 이 문제를 해결하는 것이 가장 설득력이 있는데, 위의 설명대로 당시에는 아라비아 숫자가 없기 때문에 알파벳이 곧 숫자라는 등식관계가 있었다. 요한계시록의 히브리어 전통에 따라서 로마황제 네로(Caesar Nero)의 히브리어 표기는 נרון קסר 이다.[241] 이것을 히브리어에 대입해 보면 n(נ)=50, r(ר)=200,w(ו)=6, n(ן)=50, q(ק)=100, s(ס)=60, r(ר)=200으로 총 합이 666이다. 이처럼 666에 대한 해석은 여러 가지가 있지만 일차적으로 네로를 지칭하는데, 13장의 본문에서는 "죽었다가 살아난 머리"에 대한 언급은 죽은 네로의 환생과 같은 당시의 이해를 반영하는 것이다(3절의 주석을 참조하라). 이에 대한 이해는 다시 17장에 나오는 왕들의 순서와 연결되어 해석되어야 한다.

20.4. 13장을 위한 해석과 설교방향

13장은 요한계시록 해석에서 난제에 해당한다. 그러나 위의 주석에서

---

239) A.J. Beagley, *The Sitz im Leben of the Apocalypse with Particular Reference to the Role of the Church's Enemies*, BZNW 50, Berlin/New York: de Gruyter 1987, 76쪽 이하; R. Halver, *Der Mythos im letzten Buch der Bibel. Eine Untersuchung der Bildersprache der Johannes Apokalypse*, ThF32, Hamburg: Reich Evangelischer Verlag, 1964, 40.

240) 이에 대한 논의는 임진수, "짐승의 숫자 666", 102-113을 참조하라.

241) 위의 견해를 지지하는 학자들을 보려면 J. Frey, "Erwägungen zum Verhältnis der Johannesapokalypse, 411쪽 각주 478을 참조하라.

제시한 것처럼 해석을 위한 핵심적인 대상은 용-첫 번째 짐승-두 번째 짐승으로 이어지는 해석의 연결고리다. 요한계시록 저자는 용을 영적인 실체로 이해하지만 본문에서는 배후에서 첫 번째와 두 번째 짐승을 조종하고, 두 짐승은 용을 위해서 존재한다는 것을 말한다. 이미 지적한 것처럼 이 본문에 나오는 첫 번째 짐승이 용으로부터 권력을 위임받고, 두 번째 짐승도 첫 번째 짐승의 의도에 맞게 움직이고 행동하는 것은 모두가 5장 이하에서 드러난 하나님-어린양-두 증인들처럼 하나님을 모방하는 구조를 따른다는 것이다. 즉 용과 짐승들이 하나님의 흉내를 내려고 한다는 것이다. 이 상황이 당시 요한계시록 공동체에게는 엄청난 위협과 고난을 가져다주었지만, 저자는 이 악의 번성함과 활동을 하나님의 절대성과 비교하여 상대적인 것이고, 오히려 하나님 앞에서 보잘 것 없음을 풍자적인 방식으로 설명해 나가고 있다. 저자는 인간이 만들어내는 세상의 권력은 그것이 아무리 강해 보여도 하나님 앞에서는 상대적이라는 사실을 강조하고 있다. 그렇기 때문에 그는 그렇게 악을 조롱하고 상대화하는 정신을 보여주고 있다. 마치 해 아래 새 것이 없는 것처럼, 인간이 만들어내는 권력은 그 속성이 악하고 헛되며, 하나님의 눈으로 볼 때는 가련하고 헛된 것에 지나지 않는다. 따라서 성도는 이런 상황에서도 어떤 자세를 취하고, 무엇을 선택할 것인지 도전을 받는다. 저자는 그런 상황에서도 성도들에게 그들의 이름이 생명책에 기록되어 있다는 것을 기억하며 신앙의 투쟁을 하라고 주문한다 (9, 10절).

11절 이하에서 전개되는, 두 번째 짐승에 의해서 수행되는 지배권력에 대한 복종을 요구하는 일은 예배적인 형태로 전개된다. 이것은 복종을 용이하게 하기 위하여 기적과 우상숭배라는 조작을 통해서 일어난다. 이 우상숭배에 참여하는 사람들은 그로 인하여 사회적인 활동을 보장 받는다. 이처럼 당시의 지배권력은 황제숭배와 같은 이데올로기를 통하여 사회를 통합하려고 시도했다. 그러나 여기에는 그로 인하여 고통을 당해야 하는 피지배 민족들의 아픔이 들어 있다. 특히 요한계시록 공동체는 유대교적인 전통을 가지고 있었고, 그로 인하여 당시의 정치 문화와 관련된 당시의 환경을 우상숭배로 보는 신학적인 견해가 있었다. 이것은 종교와 문화가 서로 대립되는 양상을 보여주는 것으로 당시 로마를 중심으로 재편되었던 제국의 질서에 대한 도전이 되었다. 요한계시록 공동체는 세상의 권력을 상대화시키는 하나님의 지배와 역사의 마지막이 있다는 종말론적인 자의식을 가지고 그런 상황을 극복해 나가는 정신을 보여주고 있다. 그 정신의 중심에는 자신들이 짐승의 종이 되는 표(χάραγμα)를 받지 않고 하나님의 백성으로 인치심(σφραγίς)을 받은 사람들이라는 자기이해가 들어 있다.

• 요한계시록 14장 •

21. 14: 1-5 어린양과 시온위에 있는 십사만 사천

21.1. 본문 사역

1 나는 보았습니다. 보시오. 어린양은 시온 산에 서 있었고 그와 함께 십사만 사
천 명이 서 있었습니다. 그들은 그의 이름과 아버지의 이름을 가지고 있었는데,
그것이 그들의 이마 위에 기록되어 있었습니다. 2 나는 하늘로부터 나는 소리를
들었습니다. 그 소리는 마치 많은 물소리 같기도 하고 큰 천둥소리 같기도 했습
니다. 내가 들었던 그 소리는 마치 기타를 치는 사람들이 자신들의 기타로 연주
하는 것 같았습니다. 3 그들은 왕의 자리와 네 개의 살아 있는 존재들과 장로들
앞에서 새 노래를 불렀습니다. 십사만 사천 명 외에는 아무도 그 노래를 배울
수 없었습니다. 그들은 땅으로부터 구속함을 받은 사람들입니다. 4 이 사람들은
여인들에 의해서 더렵혀지지 않은 사람들입니다. 그들은 결혼하지 않은 남자들
입니다. 그들은 어린양이 어디든지 간다면 따라가는 사람들입니다. 그들은 하
나님과 어린양을 위하여 사람들로부터 값을 치르고 산 첫 열매입니다. 5 그들의
입에서는 거짓과 잘못된 것이 없었습니다.

21.2. 본문에 대한 전 이해

14장의 장면은 13장과 대립되는 내용이다. 13장은 사탄과 그가 만들

어낸 짐승들의 활동으로 교회가 고난을 겪고 있음을 설명하였다. 저자는 그렇게 고난을 당하는 상황 속에서 믿음을 지킨 공동체의 미래가 어떤 것인지 제시하고자 한다. 14장에 나오는 십사만 사천 명의 이야기는 7:1-8에 나오는 십사만 사천 명이 하나님의 도장(σφραγίς)을 받는 것과 연결된다(5-6장, 8:1). 믿음을 지킨 사람들에게 도장으로 표시를 해 주는 것과 어린양이 도장을 여는 내용은 서로 연관되어 이해된다. 저자는 이 이야기를 통해서 믿음을 지킨 사람들이 다가오는 심판에서 구원받을 것을 강조한다. 그들이 구원을 받는 것은 하나님의 소유로 도장을 받았기 때문이다. 이들이 도장을 받는 것은 이미 설명한 것처럼 세례에 대한 상징으로 이해할 수 있다(7장을 참조하라). 그리스도인들이 세례를 통해서 하나님의 소유가 된다는 것은 널리 알려진 것이다. 아무튼 14:1-5은 심판에 직면한 공동체의 현재와 미래의 상황을 다룬다. 여기서 말하고자 하는 것은 교회가 황제숭배를 거부하고 투쟁하면서 완전해진다는 것이다. 여기에 등장하는 십사만 사천 명은 완전한 순교자들이 아닌 세상에 존재하는 믿음을 지킨 사람들이다. 그들은 지상의 최대 권력이었던 짐승과 싸우면서 굴복하지 않았고 오히려 어린양을 전적으로 신뢰하면서 그가 현재와 다가오는 세계의 통치자라는 것을 고백했다. 따라서 이들은 12:17에 나오는 여인의 후손들을 구체적으로 묘사한다고 볼 수 있다. 이처럼 교회의 구성원이라고 할 수 있는 여인의 후손들은 땅을 지배하는 대적자를 통해서 지속적인 위협을 받는다. 그러나 주님은 그들을 혼자 버려두지 않는다. 왜냐하면 교회는 예수 그리스도의 통치에 참여하는 중심에 서 있고, 그리스도는 그 교회를 보호하기 때문이다.

21.3. 주석

1절. 13장에서 용이 땅과 바다를 배경으로 활동을 한다면 14장의 배경은 예루살렘 성전이 있는 시온(Σιών)산이다. 여기서 저자는 어린양과 그를 둘러서 있는 무리를 보았다. 유대교 전승은 시온 산을 메시아의 구원이 완성되며, 메시야가 그의 백성들을 모으는 장소로 보았다. 시온 산은 예언자들이 예언했던 구원의 장소다(욜 2:15; 3:16-17). 그리고 예루살렘은 거룩한 도시로 구원받은 공동체를 위한 종말론적인 상징으로 이해되었다(3:12; 21:2; 갈 4:25-26).[242] 그렇기 때문에 요한계시록 21장에서 시온 산은 중요한 역할을 한다. 저자는 이렇게 새로운 비전을 제시하면서 믿음을 지킨 자들은 새 예루살렘에 참여하는 것이 보장되어 있다고 말한다. 이들은 사탄의 도시와 대립하는 자들이며(17-18장) 마지막 시간을 위하여 하나님이 주관하는 큰 모임의 장소인 시온 산에 참여하고 있는 것이다. 십사만 사천 명이라는 숫자는 이렇게 하나님이 완성하는 역사에 참여하는 구원을 얻은 민족과 사람들의 숫자들이다. 7:3에서 이들은 이마에 도장을 받았는데 여기서는 그 의미는 더 분명해진다. 저자는 그 도장의 내용을 그(어린양)와 그의 아버지의 이름(τὸ ὄνομα αὐτοῦ καὶ τὸ ὄνομα τοῦ πατρὸς αὐτοῦ)이라고 분명하게 규정한다. 이것은 이들이 13장에서 짐승의 표를 받는 사람들과 분명하게 구분된다는 것을 말한다(13:16-18). 그러므로 여기에 등장하는 사람들은 믿음을 지킨 교회의 구성원들이며 어린양과 하나님의 소유라는 것이 밝혀진다. 이것을 통해서 다시 한 번 하나님의 대적자에게 참여했던 사람들과 어린양과 하나님의 일에 참여한 사이에 분명한 구분이 일어난다.

2절. 구원을 얻은 사람들은 5장에서 설명한 것처럼 하늘의 예배에 참여한다(5:8-11). 여기서도 하늘의 음성과 환상을 통해서 하나님의 능력과 위엄이 강조된다(1:15; 4:5; 8:5; 19:6).

3절. 저자는 구원받은 자들의 노래가 새 노래(ᾠδή καινή)라는 것을 강조한다. 그 노래의 주제는 어린양을 찬양하고 하나님의 역사가 마지막에 도달했음을 말한다. 이것을 통해서 저자는 구원을 받은 공동체가 하나님의 역사가 완성되는 자리에 서 있나는 종말론적 구원을 강조한다. 그들은 새로운 노래를 부르는 일에 참여함으로 하나님의 대적자의 일에 참여한 자들과 완전하게 구별된 존재임이 분명해 진다.

---

242) P. Volz, Eschatology, 225, 371-6; Strack-Billerbeck, *Kommentar zum Neuen Testament* IV, 883-5, 919-31; G. Fohrer,"Σιών", *ThWNT VII*, 298; E. Lohse, "Σιών", *ThWNT* VII, 324를 참조하라.

4절. 저자는 이들을 "여인들과 자신들을 더럽히지 않은"(οὗτοί εἰσιν οἳ μετὰ γυναικῶν οὐκ ἐμολύνθησαν) 순결한 남성들(παρθένοι)로 언급한다. 문자적으로 보면 이들은 바울 서신에 나오는 것처럼 신앙을 위하여 결혼을 포기한 사람들이다(고전 7:1,26-40). 주석가들은 이들이 신앙을 위해서 남자들 위주로 구성된 수도원적인 공동체라고 주장하기도 한다.[243] 이런 표현은 이미 구약성경 안에서 간음과 무절제를 의미하고 하나님으로부터 멀어지는 타락을 말하는 은유와 관련이 있다(호 2:4-23; 렘 2:2-6). 따라서 요한은 이들이 신앙의 순결을 지킨 때 묻지 않은 교회임을 상징적으로 표현하고 있다. 이 표현은 다시 어린양을 위한 신부로 표현된다(22:17, 비교. 고후 11:2). 이 이미지는 다시 이어지는 음녀 바벨론의 모습과 대조를 이루기도 한다(14:8; 17:2, 4; 18:3, 9; 19:2). 요한계시록을 이런 관점과 관련하여 읽을 경우 여인과 더불어 자신들을 더럽히지 않았다고 말하는 이들은 방랑선교사의 전통과 관련이 있었던 시리아-팔레스타인 교회의 상황을 고려하게 한다. 예수가 제시한 제자도에도 결혼을 포기하고 가족을 버리라는 급진적인 입장이 나타난다(마 10:37-8; 19:10-12; 눅 14:26).

저자는 이렇게 더럽히지 않은 사람들에게 그들이 "하나님과 어린양을 위하여 사람들로부터 값을 치르고 산[244] 첫 열매"(ἠγοράσθησαν ἀπὸ τῶν ἀνθρώπων ἀπαρχὴ τῷ θεῷ καὶ τῷ ἀρνίῳ) 임을 강조한다. 여기서 첫 열매는 하나님께 바치는 제물을 의미한다. 요한계시록에서 '첫 열매'는 이곳에만 나온다. 이 단어의 의미는 우주적인 구원에 대한 희망을 의미하는 것으로 이들이 하나님의 백성이며 그리스도의 소유임을 강조하는 것이다.[245]

5절. 특히 이들의 제자도는 그들의 언행을 통해서 나타난다. 그들은 하나님과 어린양의 구원공동체로서 그들의 입으로 그들의 신앙을 부인하

---

243) J. Roloff, *Offenbarung*, 149.

244) '샀다'는 의미에 대해서는 임진수, "요한계시록의 구조와 초대기독교 예배연구", 『神學과 世界』 통권 제68, 서울: 감리교신학대학교, 2010, 38을 참조하라.

245) W. Hadorn, *Offenbarung*, 150; E. Lohse, *Offenbarung*, 85; A. Pohl, *Die Offenbarung des Johannes II*, WStB, Wuppertal: Brockhaus, 1971, 155.

지 않은 사람들이다. 이것은 그들의 말과 행동이 다르지 않은 온전한 모습을 보여준다. 이것으로 그들은 그들의 신앙이 곧 행동으로 연결되며 하나님에게 속한 자들임이 증명된다. 이렇게 "그들의 입에 거짓이 없다"(ἐν τῷ στόματι αὐτῶν οὐχ εὑρέθη ψεῦδος)는 사상은 구약에서 말하는 흠 없는 제물에 대한 이해와 연결될 수 있다(출 12:5; 레 23:12-13). 하나님은 흠 없고 거짓이 없는 사람들을 자기의 소유로 선별하시고 거룩하게 하신다는 것이 요한계시록의 생각이다.

22. 14:6-20 심판에 대한 전망

22.1. 본문 사역

6 나는 하늘 한 가운데로 날아가는 다른 천사를 보았습니다. 그는 땅 위에 거주
하는 사람들, 즉 모든 민족과 종족과 방언과 백성에게 전할 영원한 복음을 가지
고 있었습니다. 7 그가 큰 소리로 말했습니다. 하나님을 두려워하고 그에게 영
광을 돌리라. 왜냐하면 그의 심판의 시간이 왔기 때문이다. 하늘과 땅과 바다와
물의 원천을 만드신 그분에게 경배하라. 8 다른 두 번째 천사가 그 뒤를 따르며
말했습니다. 큰 바빌론이 무너졌다. 그 도시는 그녀의 음행의 진노의 포도주로
부터 모든 민족들을 마시게 하였다. 9 다른 세 번째 천사가 그들의 뒤를 따르며
큰 소리로 말했습니다. 만약에 누구든지 짐승과 그의 우상을 경배하고 그의 이
마와 손에 표를 받으면 10 그 사람 역시 하나님의 진노의 포도주로부터 마시게
될 것이다. 그 포도주는 그의 진노의 잔 안에 아무것도 섞이지 않은 것이다. 그
것은 천사들과 어린양 앞에서 불과 유황으로 고문을 받는 것이다. 11 그들이 고
문을 당하는 연기는 영원히 위로 올라간다. 누구든지 그의 이름의 표를 받고 그
짐승과 그 우상에게 경배하는 사람들은 밤낮으로 안식을 가지지 못한다. 12 여
기에 하나님의 계명과 예수에 대한 믿음을 지키는 성도들의 인내가 있습니다.
13 나는 하늘로부터 말하는 소리를 들었습니다. 기록하여라. 지금부터는 죽은
자들, 즉 주 안에서 죽은 자들이 복이 있다. 성령이 예 라고 말했습니다. 그들은
그들의 힘든 일로부터 쉬게 될 것이다. 왜냐하면 그들의 행위들이 그들과 함께

따라가기 때문이다. [14] 나는 보았습니다. 보시오. 빛나는 구름이 있었고, 그 위에
인자와 같으신 분이 앉아 있는 것을 보았습니다. 그는 그의 머리에 금관을 쓰
고 있었고 그 손에는 날카로운 낫을 가지고 있었습니다. [15] 다른 천사가 성전으
로부터 나와 큰 소리로 구름 위에 앉아 계신 분에게 말했습니다. 낫을 보내시고
추수를 하십시오, 왜냐하면 추수할 시간이 왔고 땅의 곡식이 다 익었기 때문입
니다. [16] 구름 위에 앉아 계신 분이 낫을 땅으로 던졌고 땅이 거두어졌습니다. [17]
다른 천사도 예리한 낫을 가지고 하늘에 있는 성전으로부터 나왔습니다. [18] 다
른 천사가 제단으로부터 나왔습니다. 그는 불을 다스리는 권세를 가지고 있었
습니다. 그가 낫을 가지고 있는 천사에게 큰 소리로 말했습니다. 또 너의 날카
로운 낫을 보내고 땅의 포도송이를 모으라. 왜냐하면 포도나무가 다 익었기 때
문이다. [19] 그 천사는 자신의 낫을 땅으로 던졌고 땅의 포도들을 모았으며 하나
님의 진노의 큰 포도주 압착기에 던져 넣었습니다. [20] 그 포도주 압착기는 그 도
시 외부까지 짓밟혔고, 피가 그 포도주 압착기로부터 나와 말의 재갈물리는 곳
까지 닿아 천육백 스다디온까지 흘러갔습니다.

22.2. 본문에 대한 전 이해

이 장면은 신앙을 지킨 사람들의 정체성을 설명하는 앞의 이야기와 대조된다. 앞에서 언급한 십사만 사천 명은 구원을 얻은 사람들이다. 그러나 지금부터 묘사되는 설명은 세상에 대한 심판을 다룬다. 앞의 장면은 구원받은 공동체가 하나님과 사귀는 종말론적인 친교를 다룬다. 그러나 여기서는 하나님을 대적하는 인간들에 대한 심판을 묘사한다. 이 이야기는 12:1에서 시작된 이야기의 마무리에 해당한다. 12장 이후에 묘사된 내용은 사탄과 그의 피조물들이 지상에서 활동하는 시간이 제한되어 있음을 말한다(12:12). 그 이유는 하나님이 이미 세상의 마지막을 준비하고 있기 때문이다. 여기서 마지막 심판은 미래를 암시하는 형식으로 되어 있다. 이어지는 이야기는 미래의 심판이 이미 일어나고 있다는 전망을 제시한다. 이런 의미에서 본다면 14:6-20은 심판을 전망하는 스케치와 같다. 이후에 나오는 이야기는 일곱 개로 구분된다. 그것은 심판을 예고하는 세 천사와 그것을

완성하는 세 천사의 이야기로 되어 있으며, 마지막은 '인자와 같은 이'가 환상의 중심에 서서 심판에 대한 전권을 수행한다.

22.3. 주석

6절. 다시 새로운 환상이 시작된다. 요한은 하늘 높이 날아가는 천사를 본다. 여기서는 천사의 이름이 언급되지 않고 '다른 천사'(ἄλλος ἄγγελος)라는 칭호가 사용된다. 요한계시록은 미가엘 천사를 제외하고는 고유 명사를 사용하지 않는데 이것은 천사를 숭배의 대상으로 보지 않으려는 의도가 들어있다(8:3). 여기 등장하는 천사는 하나님의 소식을 전하는 전령사로 복음(εὐαγγέλιον)을 전하는(εὐαγγελίσαι) 역할을 한다. 그 복음의 내용은 세계를 대상으로 한 선교가 아니라 하나님의 구원과 심판이다. 따라서 천사가 전하는 소식은 땅에 거주하는 통치자들을 포함한 짐승에게 경배한 그들이 하나님의 종말을 경험한다는 것이다(13:6-7을 참조하라).

7절. 이제 그들에게 마지막으로 회개할 기회가 주어진다. 7절에는 예배에서 사용되는 세 개의 명령문으로 경고의 의미를 가지고 있다. 1)하나님을 두려워하라. 2) 그에게 영광을 돌려라. 3) 하늘과 땅과 바다와 물의 원천을 만드신 그분에게 경배하라. 이 세 가지 내용은 15장에 다시 나오는 것으로 핵심은 심판의 시간이 다가왔다는 것이다. 이 말 속에는 사람들이 사탄의 권세가 되는 우상숭배를 포기하고 하나님에게 돌아서라는 것이다. 그리고 그들은 하나님이 세상의 창조자이며 역사의 심판자가 되심을 인정하고 그에게 영광을 돌려야 한다.

8절. 계속해서 두 번째 다른 천사(ἄλλος ἄγγελος δεύτερος)가 처음 천사를 뒤따라 나오며 선포가 이어진다. 그것은 하나님이 지상에서 그를 대항한 각 도시들, 특히 그 중심이 되는 큰 (도시) 바빌론(Βαβυλὼν ἡ μεγάλη)을 멸하셨다고 선포한다. 바빌론은 앞에서 나왔던 시온과 영적으로 대립하는 도시를 의미한다. 이 바빌론의 멸망에 대한 자세한 묘사는 16:17부터 시작하여 18장까지 이어지는 긴 이야기를 통해서 언급된다. 중요한 것은 천사의 선포를 통하여 세상을 심판하려는 하나님의 계획이 변경되지 않았음이 강조되고 있다는 것이다. 특히 이 천사는 큰 도시의 파멸을 단순과거형으로 선포한다. 이렇게 도시 바빌론이 멸망했다는 것은 예언자적인 선포를 수용하고 있다(사 21:9; 렘 51:7-8). 물론 여기서 말하는 바빌론은 로마의 별명이다(벧전 5:13을 비교하라). 이렇게 로마를 바빌론으로 묘사하는 문헌들은 중간기 문헌에도 등장한다.[246] 여기서 말하고자 하는 바빌론 멸망의 원인은 첫째, 바빌론은 음행(πορνεία)을 한다. 이 음행으로 인하여 우상숭배와 그로 인하여 파생되는 비도덕적인 삶의 방식이 생겨난다. 둘째, 유혹의 방식으로 주어지는 포도주(ὁ οἶνος τοῦ θυμοῦ τῆς πορνείας) 잔에 대한 강조다. 이것은 9절에서 말하는 하나님의 진노의 잔(ὁ οἶνος τοῦ θυμοῦ τοῦ θεου)과 비교된다. 음행의 포도주는 하나님에 대한 불순종과 하나님의 진노라는 심판을 일으키는 원인이다.[247] 이로써 시온과 다르게 음행을 저지르는 바빌론도 하나님의 손 안에 있고 심판을 피할 수 없음이 선포된다.

9–11절. 다른 세 번째 천사(ἄλλος ἄγγελος τρίτος)가 모든 인간들에 대한 경고를 선포한다. 그의 경고의 핵심은 짐승과 그의 우상을 경배하고 그들의 이마와 손에 표를 받는 자에게 주어지는 심판의 가혹함이다(9-11절). 이 경고 안에는 그리스도인들도 함께 포함된다. 그리고 동시에 이 선포는 13장과 연결하면 황제숭배에 참여한 자들을 향한 경고가 된다. 그 심판은 이미 8절에서 말하는 것처럼 진노의 잔에 의해서 일어나는 심판이다. 여기서 진노의 심판을 순수한 포도주로 비유하는 것은 심판이 가혹하게 가감 없이 진행됨을 말한다. 이렇게 진노의 심판에 대한 이해는 전승사에 나타난다. 첫째는 소돔과 고모라에 내린 불과 유황이 섞여서 내리는 비의 심판이다(창 19:24; 신 29:22-23; 눅 17:29). 둘째는 힌놈 계곡(예루살렘 남서쪽)의 대한 형벌의 이야기다. 특히 힌놈 골짜기는 불지옥으로 묘사되며 나중에 통상적으로 '게헨나'로 언급되기도 한다.[248] 이렇게 마지막 심판의 가혹함은

---

246) 시빌리엔 신탁서 5,143.159; 시리아 바룩서 67,7; Strack-Billerbeck, *Kommentar zum Neuen Testament* III, 816.

247) 시 75:8, 사 51:17, 4QpHab. 11:14f.

 248) 이디오피아 에녹서 90:26-27, 시리아 바룩서 85:13 이하, 4에스라 7:36, 마 5:22; Strack-

하나님에게 불순종하고 하나님을 경외하지 않는 자들은 낮과 밤(ἡμέρας καὶ νυκτὸς)의 구별 없이 끊임없는 형벌을 당해야 한다는 것이다.

12절. 이 구절은 이야기의 방향을 심판에서 성도들의 믿음과 인내로 바꾼다. 왜냐하면 그들도 이제는 하나님의 심판에 직면하기 때문이다. 이 13:10에서 유사하게 언급되었다. 그러므로 그들은 다가오는 시간 속에서 굳건하게 견디며 '예수 그리스도에 대한 믿음'[249]을 굳게 지켜야 한다. 이렇게 믿음을 지키는데 있어서는 협상과 타협이 필요 없다.

13절. 저자는 다시 하늘의 음성을 기록하라는 소리를 듣는다. 그리고 그 기록의 내용은 '지금부터 주안에서 죽은 자들'(μακάριοι οἱ νεκροὶ οἱ ἐν κυρίῳ ἀποθνῄσκοντες ἀπ' ἄρτι)에 관한 것이다. '주 안에서' 라는 표현은 바울의 전승에도 나오는 표현이다(고전 15:18; 살전 4:16). 이들에게 믿음에 따른 보상이 주어지는데 그것은 축복문의 형식으로 나타난다(μακάριοι). 강조점은 그 복이 고난을 당하고 있는 '지금부터'(ἀπ' ἄρτι) 시작된다는 것이다. 이것은 결국 공동체가 경험하는 현재적인 상황과 위협을 암시한다(13:9-10를 비교하라). 그들이 보상을 받는 이유는 그들이 현재 경험하는 짐승에 대한 숭배를 거절하여 감옥에 갇히고 죽는 것인데, 저자는 그것을 구원의 시작이라고 강조한다.

14절. 여기서 다시 이야기의 전환이 일어난다. 지금까지 활동했던 천사들과 달리 '인자와 같은 이'(ὅμοιον υἱὸν ἀνθρώπου)가 나타나서 심판을 수행한다는 것이다. 그는 묵시적인 전승처럼 구름을 타고 나타나 지금까지 예고된 심판을 완성한다.[250] 요한계시록 저자는 '인자'라는 단어를 직접 사용하지 않는다(비교. 단 7:13).[251] 그럼에도 이 칭호는 사람들로 하여금 예수가 심판을 위해 다시 오는 묵시적인 존재임을 상기시킨다. 그가 머리에 금

Billerbeck, *Kommentar zum Neuen Testament* IV, 1096 이하를 참조하라.

249) W. Bousset, *Offenbarung*, 386.

250) 임진수, "요한계시록의 인자와 같은 이", 65-93, 을 참조하라.

251) R.H. Charles, *Revelation*, Vol. 2,19, 는 이 인자의 용법을 단 7:18, 22, 27 지극히 높으신 분(The Most High)과 연결한다

관을 쓰고 있는 이미지는 그가 하나님의 존재로 현현하는 특별한 상태를 설명한다. 구름 역시 예수 그리스도의 도래를 알리는 도구다(1:7; 막 13:26; 14:62; 행 1:9, 11).[252] 그 손에 있는 낫은 심판의 상징이며(욜 3:13), 곡식 추수는 세계 심판을 나타내는 전통적인 이미지다(마 3:12; 9:37; 13:30).[253]

15절. 인자는 하나님의 거룩한 왕좌가 있는 하늘의 성전에서 다른 천사가 나와서 하나님의 명령을 전달하기 까지 기다리고 있다(6:9; 8:3; 11:3). 인자 칭호는 유대기독교의 전통과 연결된다(단 7:13). 요한계시록은 여기서 '인자' 예수를 천사들 위에 있는 존재로 설명한다. 여기서 말하고자 하는 것은 하나님이 심판을 위해서 준비했던 시간이 임박했다는 것이다(막 4:29).

16절. 요한계시록 저자는 곡식을 거두는 이미지를 통해서 심판이 시작되었음을 말한다. 인자와 같은 이는 낫을 휘둘러 곡식을 거둔다. 14-16절에서 강조되고 있는 곡물 추수는 이후에 전개되는 포도주 수확과 대비된다. 여기서 "땅이 수확이 된다"(ἐθερίσθη ἡ γῆ)는 의미는 땅에서 믿음을 지킨 사람들을 곡식에 비유하고 '인자와 같은 이'가 직접 참여하여 그들의 신앙을 책임진다는 의미를 가진다. 이것은 14:1-5에서 말한 '첫 열매'의 수확과 관계가 있다. 즉 인자는 믿음을 지킨 이들을 직접 거두어 들여서 하나님 앞에 첫 열매로 드린다는 구원의 의미를 말한다.[254]

17-20절. 이 단락은 14:6 이하에서 다루는 두 번째 심판의 이야기다. 이 이야기는 앞에서 다룬 곡식을 추수하는 이야기와 대립되는 포도수확에 관한 이야기다. 이미 요한계시록 안에서 포도주는 음녀 바빌론의 음행과 하나님의 진노를 표현하는 이야기와 연결된다. 앞의 이야기와 관련해서 두 이야기는 종말의 심판이라는 공동의 주제를 가지지만, 그 심판에서 구원과 형벌이라는 분리가 일어난다는 사실을 강조한다. 또 다른 차이점은 인자가 포도수확을 하지 않고 천사가 그 일을 수행하는 것이다.

---

252) 구름과 금의 상징적인 의미에 대해서는 임진수, "요한계시록의 인자와 같은 이", 68 이하를 참조하라.

253) 리차드 보쿰, 『요한계시록신학』, 2000, 143.

254) 임진수, "요한계시록의 인자와 같은 이", 88을 보라.

이미 지적한 것처럼 포도는 14절 이하의 이야기와 연결된다. 여기서 또 다시 주목할 것은 불을 다스리는 천사가 등장하는 것이다. 이들은 인자와 같은 이의 일을 대신 수행하는 천사들로서, 불을 다스리는 천사는 하늘 제단으로부터 나오는 불의 권세와 연결된다(6:9). 이 천사는 나팔환상 전주와 관련해서는 성도들의 기도였던 제단의 불을 땅위에 던졌던 천사와 같은 존재일 수 있다(8:3-5). 그러므로 지금 시작되는 불 심판은 성도들의 기도에 대한 하나님의 응답으로 해석된다. 여기서 포도즙은 피에 대한 상징으로서 짐승과 우상에게 예배하고, 그 표를 받아서 바빌론의 음행에 참여한 자들에 대한 심판의 가혹함을 의미한다(사 63:1-3; 욜 3:13). 그리고 피가 말의 재갈 높이 까지 차올라서 흘러가는 거리도 전투적인 의미를 상징한다.[255] 1,600스타디온(1스타디온 약 200미터)은 4로 나누어지는 숫자로 세상의 동서남북이라는 의미로 해석이 가능하다. 그러므로 하나님의 진노의 심판은 지협적인 것이 아니라 온 세상을 향한 것임을 말한다. 이 이미지와 대비해서 이미 앞에서 말한 시온의 공동체는 첫 열매이며 알곡으로서 그렇게 가혹한 심판의 순간에도 하나님과 어린양에 의해서 보호를 받으며 미래의 기쁨을 누리는 영원한 구원의 사람들이다(21:2).

22.4. 14장을 위한 해석과 설교방향

14장을 이해하기 위해서는 요한계시록 구조에 대한 이해를 염두에 두어야 한다. 12-13장은 하늘에서의 전투와 하늘에서의 용의 추락, 용이 만들이내는 첫 번째 짐승과 두 번째 짐승으로 인하여 여인의 후손의 남은 자들이 당하게 될 고난과 그에 대한 예고다. 특히 13장에 등장하는 첫 번째 짐승과 두 번째 짐승이 5장에 나오는 어린양의 권세를 모방하고 11장에 나왔던 두 증인의 활동을 모방하는 것은 그들의 활동이 허상이며 하나님 앞에서 우스운 것임을 역설적으로 말하고자 한다. 그럼에도 불구하고 두 짐

---

255) A.Y. Collins, *The Combat Myth in the Book of Revelation*, HDR 9, Missoula: Scholars Press, 1976, 37.

승의 활동으로 당시의 세계는 인간의 권력과 우상을 숭배해야 하는 상태에 빠진다. 그런 상황을 맞이하는 성도들에게 요청되는 것은 믿음과 인내다. 14장의 1-4절에 해당하는 부분은 그렇게 절체절명의 상황에서 믿음을 지킨 사람들에게 주어지는 종말론적인 구원을 노래한다. 그들은 십사만 사천이라는 완전수에 해당하며 영적인 순결을 지킨 신부와 같은 사람들이다. 그들에게 주어지는 영광은 그들이 아들과 아버지의 소유임이 확인되고, 하늘 궁정에서 새 노래를 부르는 사람들로 알려지는 것이다. 그들은 하나님께서 값을 치르고 사신 구원을 얻은 사람들이며 하나님께 드려지는 첫 열매다. 이것은 이들이 신앙의 승리를 통해서 하나님의 구원이 임하는 시온의 주인공이 된다는 것이다.

그리고 6-20절은 시온에 서 있는 사람들과 달리 짐승의 우상에게 예배하고 그 표를 받았기 때문에 심판이 예고된다. 세 천사에 의해서 선포되는 심판의 예고는 1) 하나님에 대한 경외와 영광, 창조주 하나님을 인정하라는 것이고, 2) 두 번째 천사는 악의 본거지인 바빌론의 멸망을 예고한다. 그 멸망의 원인은 우상숭배와 같은 음행을 했기 때문이다. 3) 마지막으로 세 번째 천사는 짐승의 표를 받는 것에 대한 영원한 심판을 예고한다. 이처럼 재앙 선포가 1-5절에 나오는 내용과 대비를 이룬다는 것은 중요하다.

계속해서 세 번째 부분도 다시 14-16절, 17-20절으로 구분되어 추수의 이야기를 서술한다. 추수와 추수하는 시간은 성서에서 말하는 종말론의 중요한 모티브다. 첫 번째 이야기는 곡식을 추수하는 것으로 이야기의 주인공은 '인자와 같은 이'다. 이 인자와 같은 이는 요한계시록 안에서 1장과 여기에 두 번 나오지만 요한계시록의 묵시적인 이해와 잘 일치한다. 즉 인자는 마지막 때에 알곡과 같은 처음 열매에 해당하는 성도들을 구원하신다. 따라서 곡식추수 이미지는 구원을 얻게 되는 사람들에 대한 이해를 반영하고 있음을 알아야 한다. 반대로 포도 추수는 8절에 나오는 음행의 진노의 포도주와 10절의 하나님의 진노의 포도주를 확대해서 설명하는 것이다. 마지막에 일어나는 심판은 신앙을 지킨 사람들에게는 구원의 시간이 되지만, 짐승의 우상숭배에 참여한 사람들에게 심판과 고통의 시간이 된다. 이 이미지를 통하여 저자는 고난 가운데 있는 성도들이 올바른 신앙의 선택을 하도록 결단을 촉구하고 있다.

● 요한계시록 15장 ●

23. 15:1-8 일곱 대접 재앙의 전주곡

23.1. 본문 사역

1 나는 또 하늘에서 크고 놀라운 다른 표징을 보았습니다. 일곱 천사들은 마지
막 일곱 재앙을 가지고 있었습니다. 왜냐하면 그 안에서 하나님의 진노가 끝나
기 때문입니다. 2 또한 나는 불이 섞인 유리 바다 같은 것을 보았고 그 짐승과
그의 우상과 그의 이름의 수를 이긴 사람들을 보았습니다. 그들은 하나님의 기
타를 가지고 유리 바다 위에 서 있었습니다. 3 그들은 하나님의 종 모세의 노래,
어린양의 노래를 부르며 말했습니다. 전능자 주 하나님이시여, 당신의 일은 크
고도 놀랍습니다. 당신의 길들은 올바르고 진실합니다. 당신은 민족들의 왕이
십니다. 4 주여, 누가 두려워하지 않을 것이며 누가 당신의 이름에 영광을 돌리
지 않겠습니까? 왜냐하면 당신만이 홀로 거룩하시기 때문입니다. 왜냐하면 당
신의 의로우신 일들이 드러났기 때문에, 모든 민족들이 와서 당신 앞에서 경배
할 것입니다. 5 그 후에 나는 보았는데, 그것은 하늘에 있는 증거의 장막의 성전
이 열리는 것이었습니다. 6 일곱 재앙을 가진 천사들이 나왔습니다. 그들은 희
고 정결하게 빛나는 세마포 옷을 입고 가슴에 금띠를 두르고 있었습니다. 7 네
개의 살아 있는 존재들 중에 하나가 일곱 개의 금 대접을 그 일곱 천사들에게
주었습니다. 그 대접들은 영원히 살아 계신 하나님의 진노가 채워져 있었습니
다. 8 그 성전은 하나님의 영광과 그의 능력으로부터 나오는 연기로 가득 찼습
니다. 그리고 어느 누구도 일곱 천사들의 재앙이 끝날 때 까지 성전에 들어가지
못했습니다.

23.2. 본문에 대한 전 이해

지금까지 요한계시록을 설명하면서 이야기의 논리적인 순서보다는 오히려 이야기의 반복과 순환상승의 구조를 가지고 있다는 것을 알게 된다. 이것은 요한계시록의 강조점이 반복되며 동시에 그런 구조를 통하여 앞의 이야기들과 이어지는 이야기들이 내적으로 밀접하게 연결되어 있다는 것을 말한다. 이것은 저자가 여러 가지 이미지와 환상을 가지고 마지막에 일어나는 사건을 다양한 각도로 조명하고 있음을 의미한다. 따라서 15장의 이야기도 앞의 이야기 14:6-20을 요약하고 있다. 동시에 15장의 이야기는 16:21까지 확대되고 있으며, 하나님이 역사를 이끌어가는 역사의 주인이며 대적자들은 진노의 심판을 당한다는 것이다.

15장부터 시작되는 환상의 주제는 일곱 대접 재앙이다. 이 일곱 대접 환상은 앞에 나왔던 일곱 개의 나팔 환상과 유사하다(8:1-5). 두 이야기 안에는 출애굽 전승을 담고 있으면서도 많은 부분은 그것을 벗어난다. 그리고 일곱 나팔과 일곱 대접 이야기는 서로 많은 부분이 공통의 요소를 가진다. 중요한 것은 15장이 16장을 위한 도입부와 같은 역할은 한다는 것이다. 15장 두 부분으로 구분된다. 첫 번째 부분은 진노의 대접을 쏟아 붓기 위한 준비(1, 5-8절), 두 번째 부분은 하늘에서 부르는 승리한 자들의 찬양이다(2-4).

23.3. 주석

1절. 여기서 소개되는 일곱 천사와 일곱 재앙은 16장을 위한 도입부의 기능을 가진다. 이야기가 새롭다는 것은 표징(σημεῖον)이라는 단어를 통해서 나타난다(12:1, 3).[256] 저자가 보았던 하늘의 일곱 천사들(ἄγγελοι ἑπτά)과 관련된 진술에서 강조점은 그들이 "마지막 일곱 재앙을"(πληγαὶ ἑπτὰ αἱ ἐσχάται) 가지고 있다는 것이다. 이 재앙의 특징은 우주적인 현상으로 전개되고 있다는 것이며 12장의 신화적인 이해와 닮아있다. 저자는 '마지막'이

---

256) 학자들 중에는 이 표징을 12:1과 3절에 있는 것과 연결한다. W. Bousset, *Offenbarung*, 392; K.H. Rengstorf, "σημεῖον", *ThWNT* VII, 244; 15장의 표징은 12장에 나오는 하나님을 대적하는 세력의 것과 관련이 없다.

라는 단어를 통해서 용이 땅에 추락하여 시작된 하늘의 여인과 그의 자녀들과의 싸움이 마지막에 도달했다는 것을 말한다. 요한계시록은 이렇게 하나님이 악을 징벌해 가는 과정을 순차적으로 제시한다. 특히 일곱 개의 대접은 8:3-5에서 말한 성도들의 기도에 대한 응답으로 이해된다.

2절. 본문에 대한 전 이해에서 밝혔던 2-4절은 하늘에서 준비되고 있는 일곱 개의 재앙이 믿음을 지킨 사람들에게는 아무런 상관이 없다는 것을 말한다. 오히려 그들은 하나님을 가장 가까이에서 대면하고 있는 하나님의 왕좌가 있는 "유리바다"(θάλασσα ὑαλίνη) 위에 서 있다. 여기에 나오는 이미지는 고대의 세계관을 반영한다. 당시 사람들은 하늘이 둥근 천정으로 되어있는 것으로 이해했다. 그리고 하늘도 큰 바다로 되어 있는 것으로 생각했으며, 하늘로부터 나오는 번개는 하늘의 물이 불과 뒤섞여 있는 것에서 발생한다고 생각했다.[257]

내용적으로 중요한 것은 여기에 나타나는 신학적인 의미다. 핵심은 "그 짐승과 그의 우상과 그의 이름의 수를 이긴 사람들을"(τοὺς νικῶντας ἐκ τοῦ θηρίου καὶ ἐκ τῆς εἰκόνος αὐτοῦ καὶ ἐκ τοῦ ἀριθμοῦ τοῦ ὀνόματος αὐτοῦ)을 언급하고 있다는 것이다. 저자는 이긴 자들이 강을 건넌 이미지를 언급하는데, 이것은 그의 출애굽 전승에 대한 이해를 반영한다. 그것은 이긴 사람들이 홍해를 건너서 살아난 것과 유비가 된다. 이것은 마치 시편에서 물과 불을 통과했다는 표현과도 어울리는 것이다(시 66:12). 중요한 것은 이긴 자들은 당시 교회의 구성원들이며, 로마 제국의 권력에 대해서 항거하는 사람들이다. 이긴 자들이 불의 바다를 통과한 것은 그 불의 바다가 이제는 불신자들에게 재앙이 된다는 것을 역설적으로 말한다.[258]

3절. 여기서부터는 이긴 사람들이 부르는 승리의 노래에 대한 내용이 나온다. 그들의 노래는 2절에 나오는 하나님의 기타(κιθάρα τοῦ θεοῦ)에 맞추어 부르는 노래다. 기타는 요한계시록 안에서 세 번 언급되며(5:8; 14:2;

257) J. Roloff, *Offenbarung*, 157 이하; 슬라브 에녹서 29:2.

258) 데이비드 E. 아우내, 『요한계시록 6-16』, 867.

15:2), 결혼, 예배, 축제와 같은 곳에서 사용되는 전형적인 악기다.[259] 노래의 제목은 "하나님의 종 모세와 어린양의 노래"(ἡ ᾠδὴ Μωϋσέως τοῦ δούλου τοῦ θεοῦ καὶ ἡ ᾠδὴ τοῦ ἀρνίου)다. 모세의 노래는 출애굽기 15장에 나오는 것으로 홍해를 건넌 후 하나님의 놀라운 기적과 구원을 노래하는 것이다(출 15:1-21). 어린양의 노래가 무엇인지는 내용을 추적하기 어렵다. 그러나 모세의 노래가 구속사의 의미를 가지는 것처럼, 어린양의 노래는 믿음의 사람들을 대적자들의 손에서 건져내어 이기게 하신다는 것이다. 이것으로 모세를 통해서 시작된 출애굽이 어린양을 통해서 완성된다는 구속사 유형론의 완성을 보여준다.[260] 3b절은 이긴 자들의 찬양으로 역사 안에서 일어난 하나님의 구원 행위를 시편의 형식으로 노래한다(시 98:1; 111:2-3; 139:14). 그 내용은 그들의 신앙고백으로 하나님의 창조, 역사를 지배하는 하나님의 전권, 전능자이며 주가 되시는 하나님이 민족들의 왕이라는 것이다.

4절. 여기서는 예레미야 10:7과 시편 86:8을 반영하는 것으로 "누가 두려워하지 않을 것이며 당신의 이름에 영광을 돌리지 않겠습니까?"(τίς οὐ μὴ φοβηθῇ, κύριε, καὶ δοξάσει τὸ ὄνομά σου;) 하는 수사학적인 물음이 나온다. 이것은 하나님이 역사 안에서 대적자들을 응징하시고 그 결과 모든 사람들이 그에게 존귀와 영광을 돌려야 한다는 것이다. 이것은 앞에서 나온 짐승을 예배했던 것과 대립하는 것으로, 하나님만이 의롭고 거룩하다는 사실에 근거한다. 그러므로 모든 민족이 하나님을 경배하는 올바른 예배는 앞으로 이어지는 대접 심판을 통해서 일어나는 하나님의 마지막 전쟁을 통해서 실현된다. 저자는 이런 예시를 통해서 공동체로 하여금 새로운 창조를 향해 가는 과정에는 그것을 이겨내야 하는 진통이 있다는 것을 말하고자 한다.

5절. 5절은 1절의 도입부와 연결된다. 지금부터 대접재앙을 시행하기 위한 과정이 소개된다. 요한은 하늘에 있는 "증거의 장막의 성전"(ὁ ναὸς τῆς σκηνῆς τοῦ μαρτυρίου)을 본다. '증거의 장막'이라는 단어는 요한 요한계시

---

259) W. Schrage, *Der Erste Brief an die Korinther (1Kor 11,17-14,40)*, Benziger/Neukirchen-Vluyn: Zürich/Neukirchner Verlag, 1999, 393.

260) 데이비드 E. 아우내, 『요한계시록 6-16』, 871.

록 안에서 여기서만 언급된다. 학자들은 이것이 구약에 나오는 '회막'에 대한 잘못된 번역으로 이해하기도 한다.[261] 중요한 것은 증거의 장막이 출애굽기 30:26과 40:3 이하, 민수기 7:89과 같은 구절들을 반영하는 것으로, 요한계시록 11:19의 언약의 법궤와 연결되어 여기서 '증언의 장막'으로 이해되고 있다는 것이다. 이것은 2-4절에서 언급된 출애굽 이야기를 배경으로 한 구원에 대한 암시로 이해된다. 특히 이것과 관련된 "성전"(ὁ ναὸς)은 11:1의 '성전측량'과 연결된다. 거기서도 성전의 핵심은 지성소로 구원받은 사람들이 하나님과 가장 가까이 있는 장소다(11:1의 주석을 보라). 여기서 '증언'의 의미는 어린양과 그의 말씀에 대한 증언을 의미한다(계 1:2, 9; 11:7; 12;17).

6절. 이제 일곱 재앙을 가진 천사들이 성전에서부터 나오기 시작한다. 그들의 옷은 그들 임무의 중요성과 해석을 제시하는 것으로 하나님의 영광을 드러내는 것이다. 그들은 제사장들처럼 흰 세마포로 된 긴 옷을 걸치고 있다. 이것들은 금으로 된 가슴띠에 의해서 고정되고 있는데, 그것들은 그들의 신분의 고귀함을 나타낸다. 특히 황금으로 장식된 가슴의 띠는 신의 권위를 상징하는 것으로 신 자신의 현현이나 혹은 천사의 권위로 이해해야 하는지 논란이 되기도 했다. 중요한 것은 이들은 모두 하나님을 보좌하는 존재들이라는 것이다.[262]

7절. 그들 각자는 하나님의 보좌 앞에 있는 네 개의 살아있는존재들 중 하나로부터 하나님의 진노로 채워진 일곱 개의 금 대접(φιάλας χρυσᾶς γεμούσας τοῦ θυμοῦ τοῦ θεοῦ)을 받는다. 이깃은 다시 14:10에 나오는 '하나님의 진노'를 상기시키는 것으로 짐승을 숭배하고 그 표를 받은 결과에 대한 하나님의 응징을 말하고자 한다. 금 대접은 요한계시록 안에서 제사를 드리는 도구로 혹은 심판를 거행하는 도구로 이중적인 이해를 가진다.[263] 이

261) H. Stratmann, "μάρτυς", *ThWNT* IV 485,21ff.

262) '가슴의 금띠'와 관련된 논의는 임진수, "요한계시록의 인자와 같은 이", 68-72를 보라.

263) E.S. Fiorenza, *The Book of Revelation. Justice and Judgement*, Philadelphia: Fortress Press, 1985, 73 이하를 보라.

일곱 천사는 보좌에 앉아 계신 분과 함께 하는 존재들이고 하나님의 심판에 참여하고 있다.

8절. 출애굽기 19:18이나 이사야 6:4이 예시하는 것처럼 구름과 연기는 하나님의 현존을 상징하는 매체다. 이런 이해는 모세는 하나님의 현존을 알리는 구름이 덥혔을 때 증거의 장막에 들어가지 못하거나 혹은 솔로몬이 성전 봉헌을 했을 때 그 안에 연기가 가득차서 들어가지 못한 것과 연관이 있다(출 40:34; 왕상 8:10-11). 이것은 하나님의 거룩함에 대한 상징이며, 그 거룩함은 심판을 통해서 나타나는 것이므로 심판이 완성되기까지는 아무도 그 앞으로 나아갈 수 없다.

23.4. 15장을 위한 해석과 설교방향

15장을 올바르게 이해하기 위해서는 15장이 가지는 두 가지 측면을 이해해야 한다. 하나는 2-4절을 통해서 나타나는 구속사 신학이다. 이미 히브리 전통은 출애굽이라는 광야전승을 가지고 이집트와 홍해를 대척점에 세운다는 것이다. 그것은 홍해가 이스라엘 백성들에게는 구원의 상징이지만, 이집트에게는 죽음과 재앙의 상징이다. 모세는 출애굽기 15장에서 이렇게 홍해를 건넌 것을 노래했고, 이것이 구속사의 상징이 되었다. 따라서 요한계시록 15장의 불이 섞인 유리바다는 하늘이라는 이미지를 통해서 구속사를 강화한다. 다시 말해서 출애굽 당시의 홍해가 지금 고난을 겪고 있는 요한계시록 공동체에게는 불과 물로 구성되어 있는 하늘의 바다로 상징화되어 고난을 극적으로 표현하고 있다. 그것은 이미 이스라엘이 하나님의 보호로 홍해를 건넌 것처럼, 요한계시록 공동체는 어린양의 돌보심과 보호를 통해서 생명의 땅에 발을 딛고 서 있는 것이다. 그러므로 승리한 그들에게는 새 노래를 부르는 제사장적인 권리가 주어진다.

반대로 1절과 5-8절은 16장에서 전개되는 금 대접 심판을 준비하고 있다. 여기서 증거의 장막 성전이 열리는 것을 보는 것은 앞으로 전개되는 금 대접 재앙이 하나님으로부터 일어난다는 것을 말하고자 하는 것이다. 이것은 요한계시록 공동체의 교회관을 반영하는 것이다. 저자는 참된 성전이 지금 하늘에 있다는 것과 구약의 회막처럼 하나님을 대면하기 위한 새로운 조건은 바로 어린양과 그 말씀에 대한 증언이라는 것이다. 저자는 성도들의 기도가 향불이 되어 하늘로 올라가 성전에 드려지고 그것이 다시 천사들이의 손에 들려서 땅을 심판하는 불이 되어 되돌아간다는 것을 말하고자 한다. 그러므로 이런 재앙을 직면하기 전에 사람들은 하나님의 전능하심과 역사의 주인 되심, 그리고 그분의 심판의 엄중함을 알고 돌이켜 회개하며 하나님에게로 돌아가야 한다.

• 요한계시록 16장 •

24. 16:1-21 일곱 대접 심판

24.1. 본문 사역

[1] 나는 일곱 천사들에게 말하는 성전에서 나는 큰 소리를 들었습니다. 가라 그
리고 하나님의 진노의 일곱 대접을 땅에 쏟으라. [2] 첫 번째 천사가 가서 그의 대
접을 땅에 쏟았습니다. 그리고 악하고 독한 종기가 짐승의 표를 가지고 있는 사
람들과 그 우상에게 경배하는 자들 위에 생겼습니다. [3] 두 번째 천사가 그의 대
접을 바다에 쏟았습니다. 그리고 죽은 자의 피처럼 되어 생명의 모든 영혼이 바
다에 있던 것들을 죽였습니다. [4] 세 번째 천사가 그의 대접을 강과 물의 근원
에 쏟았습니다. 그것은 피가 되었습니다. [5] 나는 물의 천사가 말하는 것을 들었
습니다. 당신은 의로우신 분입니다. 당신은 지금도 계시고, 과거에도 계셨던 분
이며, 거룩하십니다. 왜냐하면 당신은 이것들을 심판하셨기 때문입니다. [6] 그들
이 성도들과 예언자들의 피를 흘리게 했기 때문에, 그들에게 피를 마시게 하는
것은 합당한 것입니다. [7] 그리고 나는 제단이 말하는 것을 들었습니다. 맞습니
다. 전능자 주 하나님이여, 당신의 심판은 진실하고 의로운 것입니다. [8] 네 번째
천사가 그의 대접을 해 위에 쏟았습니다. 그에게는 불로 사람들을 태우는 권세
가 주어졌습니다. [9] 사람들은 커다란 불에 타버렸습니다. 그들은 이 재앙에 대

한 권세를 가지고 있는 하나님의 이름을 모독했고 그에게 영광을 돌리는 회개를 하지 않았습니다. [10] 다섯 번째 천사가 그의 대접을 그 짐승의 왕좌에 쏟았습니다. 그리고 그의 나라는 어둡게 되었고, 그들은 그 고통 때문에 그들의 혀를 깨물었습니다. [11] 그들은 그들의 고통과 그들의 종기 때문에 하늘의 하나님을 모독하고 그들의 행위로부터 돌아서지 않았습니다. [12] 여섯 번째 천사가 그의 대접을 큰 유프라데스 강에 쏟았습니다. 그 물이 말라버렸습니다. 그러자 동쪽에 있는 왕들의 길이 준비되었습니다. [13] 그리고 나는 용의 입과 짐승의 입과 거짓 예언자들의 입에서 나오는 개구리 같이 부정한 세 영을 보았습니다. [14] 그들은 표적을 행하는 귀신들의 영이었습니다. 그들은 온 세상의 왕들에게 가서 전능하신 하나님의 큰 날의 전쟁을 위하여 그들을 모았습니다. [15] 보라 내가 도둑 같이 올 것이다. 누구든지 깨어 자기 옷을 지키는 사람은 벌거벗지 않을 것이며 자기의 부끄러움을 보지 않을 것이다. [16] 그들은 히브리어로 아마겟돈이라 하는 곳에 그들을 모았다. [17] 일곱 번째 천사가 그의 대접을 공중에 쏟았습니다. 큰 소리가 성전의 왕좌로부터 났습니다. 다 되었다. [18] 빛과 소리들과 천둥소리와 큰 지진이 일어났습니다. 그 지진은 그 크기가 얼마나 큰지 사람이 땅에 있게 된 이후 그처럼 큰 지진이 없었습니다. [19] 그 큰 도시는 세 개로 갈라졌고 민족들의 도시들도 무너졌습니다. 큰 바벨론도 하나님 앞에 기억되어 그의 진노에 진노가 더해진 포도주 잔이 거기에도 주어졌습니다. [20] 그리고 모든 섬이 사라져 버렸고 산들도 보이지 않았습니다. [21] 하늘로부터 달란트 같은 큰 우박이 사람들 위에 내렸습니다. 사람들은 그 우박재앙 때문에 하나님을 비방했습니다. 그것은 우박재앙이 매우 컸기 때문입니다.

24.2. 본문에 대한 전 이해

이미 많은 주석들이 밝히고 있는 것처럼 대접환상은 나팔환상의 내용과 겹치는 것들이 있고, 그 전승은 출애굽의 열 가지 재앙을 바탕으로 한다. 그러나 저자는 이미 언급한 것처럼 그 전승을 자신의 신학적인 의도에 맞게 변형한다. 그 의도는 19절에서 언급한 것처럼 재앙의 대상은 "그 큰 도시(ἡ πόλις ἡ μεγάλη)"와 "이방인의 도시들"(αἱ πόλεις τῶν ἐθνῶν)이다. 큰 도시가 무엇을 의미하는지에 대해서는 주석가들의 견해가 다르지만 그 도시를 '로마'로 보거나 아니면 '예루살렘'으로 보는 견해가 있다(11:8을 비교하라). 요한계시록의 유대기독교적인 노선으로 보면 그 도시는 어린양을 거부한 예루살렘으로 볼 수도 있지만, 많은 주석가들이 큰 도시를 로마로 이해한다.

이 대접환상은 나팔환상과 맞물려 재앙의 의미를 더 강조하며 절정을 향해서 나아가게 한다. 우리는 이렇게 구조를 파악하여 저자의 신학적인 의도를 파악해야 한다. 그 의도는 두 가지로 파악된다. 첫째, 16장 안에서도 하나님을 대적하는 세력들을 짐승(10절), 그 숭배자들(2절), 거짓예언자들(13절) 큰 도시 바빌론(19절)으로 규정한다. 둘째, 대접환상으로 시작된 마지막 심판은 우주적인 파국을 역사적으로 묘사하며, 로마제국의 멸망을 역사적 현상과 연결한다. 그것은 16장 안에 당시 로마를 위협하던 유프라테스 강 동쪽의 파르티아 기병이 출현하여 전쟁이 일어난다는 것을 소개하기 때문이다(12, 14절). 저자는 역사의 주인이 하나님이며, 그가 심판을 통해 불신자들에 대한 형벌을 집행한다고 말한다. 셋째, 요한의 관심은 마지막 사건과 심판의 의도를 설명하는 것이다. 16:5-7 안에는 하나님이 역사에 대한 전권을 가지고 심판과 구원을 강조하는 찬양이 언급된다.

24.3. 주석

1절. 저자는 성전에서 나오는 큰 소리를 듣는다. 그 소리는 일곱 천사들에게 이미 준비된 재앙을 실행하라는 것으로, 재앙의 내용은 "하나님의 진노의 일곱 대접"(αἱ ἑπτὰ φιάλαι τοῦ θυμοῦ τοῦ θεοῦ)이다. 이것은 심판을 수행하시는 분은 하나님임을 강조한다. 그리고 금 대접은 제단용 도구로서 성도들의 기도를 담은 금향로와 연결된다(8:3-5). 구약에서 하나님의 진노나 노여움은 그 자체가 심판을 의미한다.[264] 그 심판이 일어나는 장소는 '땅'이다. 땅이 심판을 받아야 하는 이유는 12장에서 언급한 것처럼 지금 용이

264) 시 69:24; 렘 10:25; 42:18; 습 3:8.

하늘에서 쫓겨나 통치하는 장소가 되었기 때문이다(12:9). 그래서 땅은 심판에 직면한 하나님을 거부하는 영역이 되었고 대립하는 장소가 되었다. 그러므로 새 창조는 새 하늘과 새 땅으로 나타난다(21:1). 이후에 진행되는 심판은 땅을 구성하는 땅, 바다, 강으로 구분하여 진행되고, 이것이 다시 우주적인 차원으로 확대된다. 이것은 나팔재앙과 비교되어 해석되어야 하는데, 대접재앙은 나팔재앙에서 재앙을 면한 나머지 부분에 해당한다(8:6-13). 이로써 하나님의 심판은 지구와 우주를 모든 포함한 모든 영역에서 철저하게 진행된다.

2절. 첫 번째 천사가 대접을 땅에 쏟았을 때 일어나는 재앙은 "악하고 독한 종기"(ἕλκος κακὸν καὶ πονηρὸν)다. 이 재앙을 당하는 사람들은 짐승의 표를 가지고 있는 자들로 황제숭배를 용인하고 참여하는 자들이다. 악성종기가 하나님의 심판을 보여준다는 의미는 출애굽기 여섯 번째 재앙과 관련이 있고(출 9:10-11), 성서적인 의미에서는 종기가 부정한 질병에 해당하는 하나님의 심판을 의미한다. 출애굽 전승에서는 종기가 짐승과 가축에게로 확대되어 있지만 여기서는 인간들에게만 집중하고 있다는 것도 주목해야 한다. 짐승의 표를 받은 자들은 유대교의 정결법과 관련해서 해석하면 '부정함'으로 하나님에게 끊어진 자들이라는 의미를 가진다.

3절. 이어지는 두 번째 재앙과 세 번째 재앙은 물을 대상으로 한다는 공통점이 있고, 이 물의 의미가 다시 5절에서 종합되고 있다는 것을 알아야 한다. 세 번째 재앙이 일어나는 영역은 "바다"(θάλασσα)다. 바다와 물은 이미 앞에서도 여러 번 설명한 것처럼 고대 근동 설화에서 하나님을 대적하는 악의 근원이다. 요한계시록 안에서 바다는 로마제국을 움직이는 용의 힘에 의해서 첫 번째 짐승을 만들어낸 장소다(12:17-13:1). 그러나 바다가 피로 변하는 이야기의 출처는 출애굽 전승에 나오는 이집트 위에 내리는 첫 번째 재앙이다(출 7:20-21).

4절. 세 번째 천사에 의해서 일어나는 재앙의 대상은 강들(ποταμοί)과 샘들(πηγαί)다. 위의 주석에서처럼 고대 근동의 강의 이미지도 신화적이며 부정적으로 표현된다. 고대 바빌론이 물을 끌어들여서 치수사업을 한 것은 그 일을 감당하는 노동자들에게는 고통으로 이해되었음을 반영하는 것으로 이해할 수 있으며, 강을 중심으로 일어나는 문명을 의미하는 것으로 이해할 수 있다. 물의 근원이 되는 샘도 역시 같은 의미로 해석될 수 있다. 요한계시록은 이렇게 강과 물의 근원을 통해서 이루어진 인간의 문명과 그로 인한 타락을 부정적으로 보는 입장이 있다. 이것은 21:6의 예수가 생명수 샘물(πηγή τοῦ ὕδατος τῆς ζωῆς)이며 22:1의 생명수 강(ποταμός ὕδατος ζωῆς)이라는 사실과 대립된다. 이로써 저자는 물에 대한 심판이 궁극적으로 인간이 만들어 내는 도시 문명에 대한 문명비판 사상을 보여주고 있다.

5-6절. 여기서 갑자기 재앙이 중단되고 찬양이 소개된다. 찬양을 부르는 주체는 물의 천사(ἄγγελος τῶν ὑδάτων)로 나오는데 이디오피아 에녹서 66:2에서 확인해 볼 수 있다.[265] 이들은 찬양을 통해서 지금의 심판이 합당하다는 것과 그 이유를 말한다. 하나님의 심판은 하나님을 대적한 것에 대한 하나님의 응답이며, "성도들과 예언자들"(οἱ ἅγιοι καὶ οἱ προφῆται)로 대변되는 구원받은 자들의 피를 흘리게 한 것에 대한 응답이다. 이것은 '피는 피로 보복한다' 동형보복법(ius talionis)의 원리를 보여준다.[266] 여기에는 세상에 대한 심판이 공동체를 박해한 악에 대한 응징의 결과라는 의미가 들어 있다. 그러므로 용과 짐승들이 교회를 박해한 대가는 심판이며, 이 하나님의 심판은 "그들에게 합당한 것"(ἄξιοί εἰσιν)이다.

7절. 5-6절의 물의 천사의 찬양은 교창 형식의 노래로 이어진다. 노래의 주체는 하늘의 "제단"(θυσιαστηρίον)이다. 요한계시록에서 제단의 신학적인 중요성은 6:9; 8:3-5; 9:13; 14:18에서 중요한 역할을 한다. 제단은 하나님의 임재를 상징하며 하나님을 경험하는 장소다. 죽음을 당한 자들의 영혼이 하나님의 제단 둘레에 있었고, 그래서 제단은 하나님께 자신들이 경험한 박해와 고통을 신원하는 장소다(6:9). 그리고 하나님은 그 신원을 외면하지 않으시고 응답하신다. 그러므로 제단에서의 음성은 하나님 자신의 응

265) 영들의 주님이 앞으로 나아가고 있었던 천사들에게 그들은 바다의 물결이 일어나게 해서는 안 되고 그것들을 붙들고 있으라는 명령을 하셨다.

266) 사 49:26; 희년서 6:7 이하; 롬 1:22-32; 행 7:42; 15:20, 29.

답으로 이해할 수 있다.

8절–9절. 네 번째 천사의 재앙은 그 영역이 우주로 확대된다. 나팔 환상 안에서도 하늘의 별이 재앙을 당하는 것으로 나온다(8:12). 네 번째 나팔에서 해가 어두워지는 것으로 이집트에 내린 어둠의 재앙을 염두에 두었지만, 여기서는 대접을 태양에 부어버리자 뜨거워지는 고통이 주어진다. 그 열기로 인하여 '짐승을 경배한 자들'을 태우는 재앙이 임하게 된다. 태양의 뜨거움으로 인한 고통은 구약의 여러 곳에서 언급된다.[267] 저자는 이렇게 태양의 고통을 극대화 하면서 그렇게 하나님의 심판 앞에서도 회개하지 않는 인간의 강퍅함을 이야기 한다. 그것은 출애굽기에 나타나는 10가지 재앙에서도 자신의 고집을 꺽지 않는 파라오의 모습을 연상하게 해 준다(9:20을 참조하라). 이렇게 악의 저항과 교만함은 끈질기게 이어진다. 그러나 이것은 이렇게 심판에 직면해서도 아직은 회개의 기회가 있다는 의미로도 해석된다.[268]

10–11절. 이제 심판은 점점 더 악의 중심을 향해서 나아간다. 다섯 번째 천사는 대접을 그 짐승의 왕좌 위에 쏟는다. 이것은 16장에서 일어나는 재앙의 구조는 주변적인 것에서 악의 핵심을 향해서 나아가는 것을 의미한다. 저자는 자신의 신학적인 의도를 가지고 이렇게 환상을 배열하고 있는데, 이미 언급한 것처럼 앞에서 종기, 바다, 물과 샘, 태양은 모두 짐승의 권력의 토대가 되는 악의 자리다. 그 자리에는 사탄의 뜻을 따르는 추종자들이 있고, 그들이 바로 짐승의 표를 받은 짐승에게 경배하는 자들이다. 그러므로 다섯 번째 재앙은 이제 그 핵심이 되는 짐승의 왕좌(ὁ θρόνος τοῦ θηρίου)라는 장소다. 이 단어는 요한계시록 안에서 주로 하나님이 앉아 계시는 자리를 의미한다. 이 단어는 지상의 권력이 하나님의 권세를 모방하고 있음을 말한다. 이 재앙의 결과 어두움의 재앙이 온 도시로 확대되는데, 이것은 출애굽기의 아홉 번째 재앙과 비교된다(출 10:22). 이 재앙은 앞에

267) 시 121:6; 사 4:6; 렘 36:30.

268) R.H. Charles, *Revelation II*, 27; E. Lohmeyer, *Offenbarung*, 1926, 135.

서 나온 네 번째 나팔환상과 중복된다(8:12). 여기서 어두움은 하나님의 심판에 직면하여 방향감각을 상실하고 있음을 의미한다. 하지만 이집트의 출애굽 재앙처럼 그들은 이미 앞에서도 고통과 심판을 당하지만 더욱 고집을 부리며 회개하지 않는다.[269]

12절. 여섯 번째 재앙은 유프라테스(Εὐφράτης) 강이다. 이것은 9:14의 여섯 번째 나팔환상과 연결된다. 9장의 여섯 번째 재앙은 유프라테스 강 동쪽에 있는 제국으로부터 죽음과 파멸을 가지고 오는 기병들(στρατεύματα τοῦ ἱππικοῦ)을 언급한다(9:13-16을 비교하라). 그에 대한 언급이 여기에는 없다. 그러나 중요한 것은 그렇게 유프라테스 강이 마르게 되어 "동쪽 왕들의 길"(ἡ ὁδὸς τῶν βασιλέων τῶν ἀπὸ ἀνατολῆς ἡλίου)이 열려져서 당시 로마의 경계가 침범을 당한다는 사실을 강조한다. 이미 9:14 이하에서 설명한 것처럼 이 진술은 당시 동방의 나라였던 파르티아가 국경을 넘어서 로마로 침입해 들어올 것이라는 생각을 반영하는 것이다.[270] 이것은 마지막 때에 하나님이 로마를 대항하는 세력을 세워서 당신의 뜻을 관철하실 것이라는 생각을 말하는 것이다. 이렇게 큰 전쟁이 일어난다는 것은 성서적으로나 혹은 일반적으로 세계 종말의 징조처럼 이해된다.

13절. 잠시 일곱 대접의 이야기를 쉬게 하고 새로운 이야기를 소개한다. 그 내용은 12절과 다른 것처럼 보이지만, 12절의 세계 종말의 현상보다 더 심각한 것이 있다는 것을 말하고자 하는 것이다. 즉 세상의 종말과 심판을 앞당기는 전쟁보다도 하나님을 대적하는 세력들이 등장한다는 것이다. 개구리들(βάτραχοι) 같은 더러운 세 영들(πνεύματα τρία ἀκάθαρτα)의 출현은 출애굽기 8:2의 재앙과 유비가 되지만 직접적인 연결은 어렵다. 악령들은 13장에 나오는 사탄의 삼위일체적 구조(용-첫 번째 짐승-두 번째 짐승)와 연결된다. 여기서는 "용의 입과 짐승의 입과 거짓 예언자들의 입"으로 되어 있는데, 마지막에 나오는 거짓 예언자들은 13장에 나오는 두 번째 짐승과 그

---

269) G.R. Osborne, *Revelation*, Baker Exg. Comm. on NT, Grand Rapids: Baker Academic, 2002, 588.

270) 이필찬, 『내가 속히 오리라』, 이레서원, 2010, 678.

가 세운 거짓 예언자들과 서로 연결된다. 이들은 로마제국의 황제숭배 이데올로기를 숭배했던 자들이다.[271)]

14절. 저자는 이렇게 용을 근거로 하여 활동하는 개구리 같은 영들의 활동이 "전능자 하나님의 큰 날의 전쟁"(πόλεμος τῆς ἡμέρας τῆς μεγάλης τοῦ θεοῦ τοῦ παντοκράτορος)을 위하여 사람들을 선동하고 표적들(σημεῖα)을 통해서 사람들을 주의를 끌려고 한다(13:13-14을 비교하라). 이것으로 악령들은 12절에서 하나님의 도구로 사용되는 동방의 군대와 전쟁을 치르려고 한다. 이것은 당시 로마 제국이 자신들 제국의 통치 이데올로기를 중심으로 변방의 이탈을 방지하는 정책을 반영하는 것이다. 이렇게 하나님이 악이 대항해 오는 전쟁에 대해서 주도권을 가지고 있다는 내용은 17:12-14; 19:19-21; 20:7-10에도 나타난다.

15절. 이런 상황에 직면해서 저자 요한은 다시 한 번 공동체의 각성을 요청한다. 그 내용은 예수의 "내가 도둑같이 올 것이다"(ἔρχομαι ὡς κλέπτης)라는 재림에 대한 예고다. 그런 갑작스런 재림과 관련된 요청에 대한 응답을 하는 사람은 "깨어 있어 그의 옷을 지키는 사람"(ὁ γρηγορῶν καὶ τηρῶν τὰ ἱμάτια αὐτου)이다. 이것은 현재의 위기에서 각성하며 구원받은 상태를 유지하라는 요청이며 신약성경의 재림에 대한 이해와 연결되어 요한계시록의 "속히 오리라"는 신학적인 입장과 연결된다(마 24:29-30; 살전 5장 이하; 벧전 4:5; 벧후 3;10). 이 경고는 3:3에서 사데 교회를 향한 경고와 3:20의 문 두드리시는 예수의 재림을 말한다. 이렇게 마지막 심판은 불신자들을 향하지만 동시에 믿는 자들에게도 해당한다. 즉 심판이 불신자들에게는 파멸이지만 신앙을 지킨 자들에게는 영원한 복(μακάριος)으로 들어가는 관문이 된다.

16절. 마지막 전쟁이 일어나는 장소를 언급한다. 이 문장과 장소는 많은 논란을 야기하기도 했다. 이 장소는 저자의 신학적인 의도를 보여준다. 본문에 나오는 "히브리어로 된 아마겟돈으로 불리는 장소"(ὁ τόπος ὁ καλούμενό Ἑβραϊστὶ Ἁρμαγεδών). 이 말을 히브리어로 표기하면 '산'을 의미하는 '하

---

271) R.H. Mounce, *Revelation*, 299; C.S. Keener, *Revelation*, 395.

르'(הַר)와 장소의 이름인 므깃도(מְגִדּוֹ)의 결합이다. 그 의미를 풀어보면 '므깃도의 산'을 의미한다.[272] 므깃도는 해안 평지에서 요단강 계곡까지 이르는 갈릴리 남쪽에 위치한 이즈르엘(Jesreel)평지를 말한다. 이곳은 역사적으로 이스라엘 초기시대에 가나안 왕들을 물리친 곳이며(삿 4:6 이하; 5:19), 요시아 왕이 이집트의 바로 느고와 대항하다가 전사한 곳이기도 하다(왕하 23:29). 이 장소가 이런 전통과 관련해서 요한계시록 안에서 묵시적으로 마지막 때에 일어나는 결전의 장소로 나온다. 여기에는 하나님을 대적하는 세력들은 하나님의 산에서 파멸을 당할 것이라는 이해가 들어있다(사 14:13-14).

17절. 일곱 번째 천사는 마지막 재앙을 공중(ἀήρ)에 쏟아 붓는다. 에베소서 안에서 공중은 그리스도의 출현이 있기 전까지 다른 지배자의 영역이었다(엡 2:2). 여기에는 고대 세계가 말하는 세계를 구성하는 4원소(물, 불, 공기, 흙)의 한 영역으로 이해되기도 한다. 여기서는 전 지구적이고 우주적인 차원을 말한다. 일곱 번째 천사의 활동으로 이제 모든 환상이 준비해온 최종적인 결론에 도달한다. 그것은 바로 하늘 성전에서 나는 소리로 "다 되었다"(γέγονεν)는 선언이다. 이 선언은 21:6에서 그것들이 "다 이루어졌다"(γέγοναν)는 의미의 복수로 나타난다. 이런 이해는 이 구절의 선언이 앞에서 일어난 세 가지 환상과 관련된 재앙의 마무리를 의미하고, 21:6의 "이루어졌다"는 구원의 완성이라는 새로운 차원을 가진다. 그러므로 이것은 17장을 위한 암시가 된다.[273]

18절. 이 선언으로 이어지는 최종적인 재앙은 번개와 천둥(18절), 한 달란트"(ταλαντιαία, 20-30킬로그램)나 되는 파괴력 있는 우박을 통해서 일어난다(21절). 앞에서 나열한 이 세 가지 요소는 17절에 나온 '공중'이라는 공간과 연결되는 것이다. 그리고 그 세 가지 요소들은 하나님의 권능과 현현을 나타내는 자연의 현상이다. 우박은 출애굽의 일곱 번째 재앙에 기원을 가

---

272) 신동욱, 『요한계시록 주석』, 171.

273) 이필찬, 『내가 속히 오리라』, 692.

지며(출 9:22 이하), 요한계시록의 일곱째 나팔 환상을 다시 반복하는 것이다(11:19).

19절. 이런 우주적인 현상에도 불구하고 저자의 최종적인 관심은 하나님에게 대항했던 "큰 도시"(ἡ πόλις ἡ μεγάλη)에 대한 심판이다. 그 도시는 우주적인 파국을 통하여 "세 부분으로"(εἰς τρία μέρη)로 무너져 버렸는데, 그것은 회복 불가능을 의미한다. 그 도시의 파멸은 그 도시와 관련된 다른 도시들로 확대된다. 이것은 17절에서도 설명한 것처럼 17장의 바빌론과 연결되는 것으로, 이미 14:8에서 말한 바빌론의 파멸이 여기서 다시 강조된다. 멸망에 대한 구체적인 묘사는 17장과 18장에서 확대해서 해석된다. 요한계시록 안에서 바빌론은 하나님과 그의 구원공동체를 반대하는 사탄의 중심이다. 그들이 심판을 당하는 이유는 14:10에서 말한 진노의 포도주의 결과다.

20절. 이 마지막 재앙을 통하여 이제 모든 섬들과 산이 사라져 버린다. 고대 세계의 세계관은 섬들과 산은 하늘을 떠받치는 기둥으로 이해되었다. 그러므로 이것은 모든 피조물의 몰락을 예시하는 것이다.[274]

21절. 우박에 대한 설명은 위에서 언급한 18절을 참조하라. 이렇게 우주적인 최후의 파괴와 심판에도 불구하고 그 도시에 살던 자들은 돌아서지 않고 회개하지 않는다. 이것은 하나님을 부인하는 대적자들의 본질이 얼마나 악마적인 것인지를 역설적으로 말하는 것이다.

24.4. 16장을 위한 해석과 설교방향

16장은 요한계시록에 나오는 세 개의 환상 중 마지막이다. 각각의 환상은 일곱 개의 사건이 순차적으로 진행되는 이야기들이다. 16장의 일곱 대접환상은 앞에 나온 일곱 개의 도장을 여는 환상과 일곱 나팔환상과 연속성을 가진다. 앞에 나오는 두 개의 환상은 일곱 개의 이야기들이 어느 시점

---

274) W. Förster, "ὄρος", *ThWNT* V, 486; C.H. Giblin, "Structural and Thematic correlation in the Theology of Relation 16-22", *Bib* 55 (1974), 502.

에서 중단되고 그 안에 다른 이야기들을 확대해서 서술한다. 그러나 16장의 환상은 중간에 그렇게 큰 이야기들이 끼어들지 않고 곧바로 진행되고 있다는 것이 다른 점이다. 그럼에도 불구하고 16장도 이렇게 이야기가 진행되다가 잠시 다른 이야기가 들어 있다. 예를 들어서 5-7절이 그런 경우인데, 그 이야기들은 심판의 이유를 설명한다. 여기서 말하는 종말심판의 이유도 공동체를 박해하는 세상의 권력에 대한 하나님의 개입과 기도에 대한 응답이다. 이 본문을 이해하기 위해서는 출애굽 전승에 나오는 열 가지 재앙을 요한계시록 저자가 어떻게 새롭게 의미를 부여하고 있는지 파악해야 한다.

일곱 대접 이야기의 분석을 위해서는 우선 땅을 향한 처음의 세 가지 재앙, 네 번째의 태양 위에 내리는 재앙, 다시 다섯 번째의 짐승의 왕좌와 여섯 번째의 유프라테스 강의 재앙, 마지막으로 일곱 번째의 공중재앙의 의도를 파악하는 것이다. 이렇게 나열해 보면 핵심은 다섯 번째 짐승의 왕좌로, 세상 권력의 중심을 말한다. 이곳은 하나님을 대적하는 악이 시작하는 시점이고, 그 왕좌 위에 어두움이 내리는 것은 출애굽의 열 번째 재앙을 앞둔 것처럼 권력의 핵심인 바로의 장자를 치는 것을 연상시킨다. 이처럼 요한계시록도 이후에 전개되는 이야기를 통해서 바빌론으로 상징되는 로마라는 당시의 거대한 정치세력에 대한 하나님의 응징을 예고한다. 이런 것들을 이해하기 위해서 구약의 전승을 잘 이해하고 그것을 통해서 본문과 어떤 연결을 이루는지 파악하려는 노력이 16장의 대접재앙의 의미를 파악하는데 도움이 된다. 중요한 것은 대접재앙이 마지막 재앙이 아니라는 것이다.

● 요한계시록 17장 ●

25. 17:1-18 음녀 바빌론과 짐승

25.1. 본문 사역

1 일곱 대접을 가진 일곱 천사 중 하나가 와서 나와 함께 말했습니다. 이리 오
라! 나는 많은 물 위에 앉은 큰 음녀의 심판을 너에게 보여줄 것이다. 2 땅의 임
금들은 그녀와 함께 음행하였고, 땅에 사는 자들은 그녀의 음행의 포도주로 취
했다. 3 그리고 그는 나를 성령 안에서 광야로 데리고 갔습니다. 나는 붉은 색의
짐승을 타고 있는 여인을 보았습니다. 그 짐승은 하나님의 이름을 모독하는 것
으로 가득했고 일곱 머리와 열 뿔을 가지고 있었습니다. 4 그 여인은 자주 빛과
붉은 빛 옷을 입었으며 금과 보석과 진주로 장식했고 그 손에는 금잔을 가졌습
니다. 그 잔은 가증한 것들과 그녀의 음행의 부정한 것으로 가득 차 있었습니
다. 5 그녀의 이마에 이름이 기록되어 있었습니다. 그것은 비밀이지만, 큰 바빌
론입니다. 그것은 땅의 음녀들과 가증한 것들의 어머니였습니다. 6 나는 이 여
인이 성도들의 피와 예수의 증인들의 피에 취해 있는 것을 보았습니다. 그렇게
나는 그 여인을 보고 크게 놀랐습니다. 7 그 천사가 나에게 말했습니다. 왜 놀라
느냐? 나는 너에게 그 여인과 그녀가 타고 있는 일곱 머리와 열 뿔 가진 짐승의
비밀을 말해주겠다. 8 네가 본 그 짐승은 이전에 있었다가 지금은 없고 앞으로
지하세계에서 올라와 멸망으로 들어갈 것이다. 그리고 땅 위에 사는 자들은 놀
라게 될 것이다. 그들의 이름은 세상의 창조 이후로부터 생명책에 기록되지 않
았다. 그들은 이전에 있었다가 지금은 없으나 장차 나올 짐승을 보게 될 것이
다. 9 여기에 지혜를 가지고 있는 깨달음이 있다. 그 일곱 머리는 일곱 개의 산
이며, 그곳은 그 여인이 그 위에 앉아 있는 장소다. 그리고 일곱은 왕들을 말하
기도 한다. 10 다섯은 이미 몰락했고, 하나는 지금 있는 왕이며, 다른 하나는 아
직 오지 않았다. 그리고 그가 올 경우에는 잠시 동안만 머물러야만 한다. 11 그
리고 전에 있었다가 지금은 없는 그 짐승은 여덟 번째 왕으로 일곱의 왕으로부
터 나온 자다. 그는 멸망에 이를 될 것이다. 12 네가 보았던 열 뿔은 열 명의 왕

들이다. 그들은 아직 통치권을 얻지 못하였다. 그러나 그들은 그 짐승과 함께 왕처럼 한 때 권세를 받을 것이다. 13 그들은 같은 마음을 가졌고 그 짐승에게 능력과 권세를 주었다. 14 그들은 어린양을 대항하여 싸우겠지만, 어린양이 그들을 이길 것이다. 왜냐하면 그는 주인들의 주이며 왕들 중의 왕이기 때문이고, 그와 함께 있는 자들은 부름 받은 자들이며 선택받은 자들이요 충성스러운 자들이기 때문이다. 15 그리고 그가 나에게 말했습니다. 음녀가 앉아 있는 물은 백성들과 군중들과 민족들과 방언들이다. 16 네가 본 열 뿔과 그 짐승은 이들이며, 그들은 그 음녀를 미워할 것이며 그녀가 황폐화게 되도록 만들 것이며 벌거벗게 하여 그녀의 살을 먹을 것이고 그녀를 불로 태워버릴 것이다. 17 왜냐하면 하나님이 하나님의 말씀들이 이루어질 때까지 그의 뜻을 행하며 한 마음으로 행하고 그 짐승에게 그들의 통치권을 주도록 하는 것을 그들의 마음에 주셨기 때문이다. 18 또 네가 본 그 여인은 땅의 왕들을 지배하는 통치권을 가진 다스리는 큰 도시다.

25.2. 본문에 대한 전 이해

17장은 13장부터 등장하는 짐승과 14:8부터 언급되었던 도시 바빌론을 집중적으로 다루고 있다. 여기서는 도시를 바빌론 음녀로 규정하며 짐승을 타고 있다는 것, 짐승의 머리 숫자에 대한 해석들이 주의 깊게 다루어져야 한다. 이야기는 일곱 재앙을 가졌던 천사 중 하나가 환상을 보여주고 그에 대한 비밀을 푸는 형식으로 되어 있다. 내용은 두 부분으로 구성된다. 첫 번째 부분은 1-6절까지의 음녀 바빌론에 대한 환상이고, 두 번째 부분은 7-18절의 그에 대한 천사의 해석이다. 묵시문학 안에는 이렇게 환상을 먼저 제시하고 이어서 그에 대한 해석을 시도하는 특징이 있다. 여기서 중요한 것은 저자가 그것을 어떤 관점으로 서술하는가 하는 것이다. 묵시문학은 그 해석의 어려움 때문에 종종 오용되는 경우가 많이 있다. 저자는 환상이라는 문학적인 수단을 통해서 황제숭배와 그것의 핵심이 되는 도시를 음녀 바빌론이라는 은유(Metaphor)로 나타내고자 한다. 17장의 의미가 황제숭배와 우상숭배라는 음행으로 대변되는 로마와 그 추종자들을 나타내며 18장까지 이어진다. 이것은 19:1-10의 신앙을 지킨 성도들이 순결한 신부가 되어 어린양과 결혼한다는 이야기와 대립된다. 이런 구조적인 이해는 이 후의 내용을 파악하는데 중요한 관점이다. 여기서 주목해야 하는 주제들은 12-13장에 나온 짐승과 그 머리들을 구체적으로 다루고 있다는 것과 음녀의 모습을 통해서 나타나는 은유에 대한 해석이다. 짐승(8절), 일곱 머리(9-11절), 열 개의 뿔(12-14,16절), 물들(15절), 여인(16-17절)과 같은 어휘들은 해석을 하는데 있어서 우선적으로 고려되어야 하는 것들이다.

25.3. 주석

1절. 환상을 시작하면서 언급되고 있는 "일곱 대접을 가진 천사 중 하나"(εἶς ἐκ τῶν ἑπτὰ ἀγγέλων τῶν ἐχόντων τὰς ἑπτὰ φιάλας)는 이 이야기가 16장에 나온 일곱 대접 재앙을 계속 이어가고 있다는 것을 말한다. 그러므로 이 이야기는 앞에 나온 대접심판에 대한 해석으로 이해할 수 있다. 이렇게 본다면 이 이야기는 이후에 나오는 18장의 바빌론의 멸망, 19장의 백마를 탄 자(11-21절), 20장의 천년왕국, 용의 심판, 크고 흰 보좌 위에서의 심판 등은 대접환상 심판과 계속적인 연결을 이루는 것들이다. 중요한 것은 사람들을 짐승에 대한 숭배로 타락하게 한 "큰 음녀에 대한 심판"(τὸ κρίμα τῆς πόρνης)이다. 이 음녀가 행한 악한 일은 14:8에서 언급되었고, 17장의 '큰 음녀'의미는 5절에 나오는 "땅의 음녀들과 가증한 것들의 어머니"(ἡ μήτηρ τῶν πορνῶν καὶ τῶν βδελυγμάτων τῆς γῆς)라는 표현을 통해서 규정된다.

이 음녀의 특징은 "많은 물들 위에 앉아 있는"(τῆς καθημένης ἐπὶ ὑδάτων πολλῶν) 것으로 묘사되고 있다. 일반적으로 남유다를 멸망시킨 바빌론은 유프라테스 강을 끌어들인 많은 수로를 가지고 있었다(렘 51:13). 이렇게 바빌론과 유비(analogy)를 이루는 로마는 티베르 강과 오스티아 항구를 중심으로 세계를 지배하던 나라였다. 그러므로 2절에 "땅의 왕들"(οἱ βασιλεῖς τῆς γῆς)은 로마의 지배를 받는 나라들을 말한다. 이처럼 로마는 당시에 지중해를 중심으로 왕들과 그 안에 살고 있는 사람들로 하여금 로마의 지배이데올로기인 황제숭배에 동참하도록 강요당했다는 암시를 "그녀의 음행의 포도주로 취했다"를 표현을 통해서 보여준다.

2절. 음녀는 구약 안에서 한 백성이나 하나의 도시와 비교되기도 한다. 특히 이스라엘과 예루살렘이 음녀로 표현되기도 한다.[275] 이사야 23:15-18에서는 두로가 그리고 나훔 3:1-7에서는 니느웨가 거래하는 무역으로 인하여 음녀로 규정되기도 한다. 이에 대한 이해는 18장에서 유비적인 형식으로 다시 언급된다. 여기서 말하는 "음행"(πορνεία)과 "음행 하는 것"(πορνεύω), "음녀"(πόρνη)는 다른 신을 숭배하는 우상숭배와 관련이 있다.

3절. 환상은 저자가 "영에 의해서"(ἐν πνεύματι) 사막으로 이동하는 것으로 되어 있다. 음녀와 사막의 관계는 구약과 묵시적인 배경에서 악령들의 장소로 해석되기도 하고 바빌론으로도 해석될 수 있다. 결국 이것은 바빌론의 멸망에 대한 예고다. 이렇게 바빌론이 맞이하는 운명은 제국과 그 권력을 가진 자들에게도 해당된다.

이어지는 진술은 붉은색과 짐승과 여인에 대한 묘사이며, 짐승의 일곱 머리와 열 뿔은 12장에 나온 것과 같다. 여인이 입고 있는 짐승의 "붉은 빛"(πορφυροῦς καὶ κόκκινος)은 죄에 대한 상징으로 이해된다(사 1:18; 클레멘트 1서 8:3 이하[276]). 저자는 이 붉은 색을 "신성모독의 이름"(ὀνόματα βλασφημία)과 연결하고 있다. 그 이름은 13:1의 반복으로 그 이름의 내용은 황제숭배에 적용되던 당시의 칭호들을 말한다.

4절. 여인이 짐승을 타고 있다는 것은 13:1과 연결하여 사탄의 피조물을 타고 있다는 의미로 해석된다. 이런 이미지는 고대 세계 안에서 짐승을 타고 등장하는 여신들에 대한 이미지를 반영하는 것이다. 여인이 입고 있는 "자주 빛과 붉은 빛"(πορφυροῦς καὶ κόκκινος)은 갈리굴라 이후의 황제들과 도미티안 황제들이 입던 외투를 반영한다.[277] 저자는 이런 외적인 묘사를 통해서 하나님의 대적하는 세력을 여인과 짐승이 결탁한 야만성의 모습

275) 사 1:21; 23:16-17; 겔 16:15-16; 23:1-2.

276) 라이트푸트/하머, 『속사도교부들』, 48.

277) Sueton, Dom. 4,4; A. Satake, *Offenbarung*, 345.

으로 그려낸다. 그것은 사치로 치장된 부유함과 교만과 욕망으로 가득 찬 음탕한 모습이다. 그리고 그녀가 행하는 "가증한 일"(βδελύγματα)도 묵시적인 전통 안에서는 지배자 숭배라는 문맥에서 사용되는 용어다.[278] 여기에 묘사되고 있는 색은 당시의 염료 기술로 만들어내는 보라색이 섞인 자색의 고가품의 옷감을 말한다(18:12). 여인을 장식하고 있는 값비싼 장신구들은 하나님을 모르는 오만과 탐욕의 모습이다. 이런 모습은 요한계시록에서 강조하는 구원공동체의 흰 옷과 대조를 이룬다(3:18; 6:11; 7:9; 19:14). 마지막으로 여인이 들고 있는 술잔과 만취상태는 2절에 나오는 그녀의 '음행의 포도주'를 다시 강조한다. 이렇게 저자는 제국의 수도 로마를 음녀로 묘사하며, 그 안에서 일어나는 황제숭배가 '음행'이라고 말한다.

5절. 계속해서 저자는 음녀의 본질을 더욱 드러내고자 한다. 그 본질은 그녀의 이마에 있는 표시를 통해서 나타난다. 요한계시록 안에서 이마에 있는 표시는 현재의 인간상태를 규정하는 중요한 은유다. 모든 인간들에 존재를 알리는 특징이나 칭호가 된다(3:16; 7:3; 9:4; 14:19; 17:5; 20:4; 22:4).[279] 여기서는 그녀의 이름이 "비밀"(τὸ μυστήριον)이라고 말하지만 사실은 비밀이 아니다. 왜냐하면 그녀의 본질은 하나님의 마지막 구원 계획을 통해서 다 드러나기 때문이다. 그녀는 이렇게 모든 악행을 주관하는 "어머니"로 대변되는 악의 본질이다(1절의 설명을 참조하라).

6절. 이 여인이 "성도들의 피와 예수의 증인들의 피"(τό αἷμα ἁγίων καὶ τῶν μαρτύρων Ἰησοῦ)로 취해 있다는 것은 요한계시록의 박해상황을 반영한다(6:10; 12:11; 16:6; 18:24). 이것은 여인의 음행이 성도들에게는 죽음이라는 가혹한 결과로 나타나고 있음을 말하는 것이다.

7절. 여기서 천사가 말하는 내용은 알레고리적인 형식을 취한다. 알레고리는 어떤 객관적인 대상에게 의미를 부여하여, 그 객관적인 것을 말하는 사람의 의도에 맞게 변형하는 것을 말한다. 중요한 것은 천사가 환상

---

278) 단 9:27; 11:31; 12:11; 막 13:14의 공관복음 평행절; 계 21:27.

279) 7:3; 9:4, 14:1, 17:5; 20:4; 22:4.

을 보여주고 말하는 것은 요한계시록의 묵시적인 해석방식으로 '천사의 해석'(interpretation of angel)으로 이해된다.

8절. 지금부터 천사가 풀어주는 비밀은 13장에 나오는 짐승에 대한 해석과 연결된다. 이미 언급한 것처럼 12장부터 등장하는 용과 짐승은 하나님의 권세를 모방하는 모습을 가지므로 그런 이해를 염두에 두면서 해석을 하는 것이 중요하다. 1:8에 하나님은 "지금도 계시고 전에도 계셨으며 앞으로도 오시는 분"(ὁ ὢν καὶ ὁ ἦν καὶ ὁ ἐρχόμενος)이다. 마찬가지로 여기에 나오는 8절에서 말하는 것처럼 "짐승이 전에는 있었으나 지금은 없고 앞으로 있다가 사라질 것이다"(τὸ θηρίον ὅτι ἦν καὶ οὐκ ἔστιν καὶ παρέσται). 이 두 문장의 비교는 결국 짐승의 활동은 하나님과 비교가 되지 않는 제한되어 있는 세력일 뿐이다. 이 짐승은 "이전에 있었지만 지금은 없고 아비소스에서 올라온 앞으로 없을 것"(τὸ θηρίον ὃ εἶδες ἦν καὶ οὐκ ἔστιν καὶ μέλλει ἀναβαίνειν ἐκ τῆς ἀβύσσου καὶ εἰς ἀπώλειαν ὑπάγει)으로 묘사된다. 이것은 이런 황제권력이 하나님의 심판으로 끝날 것에 대한 예고다.

계속해서 '땅 위에 사는 자들'이 나오는데 요한계시록에서 짐승의 예배에 참여하는 손과 이마에 짐승의 표를 받은 자들을 말한다(13:8; 16:2). 그리고 그들은 생명책에 기록되지 않는 심판을 당하게 될 사람들이다(13:8; 20:12, 15; 21:27). "그들은 이전에 있었다가 지금은 없으나 장차 나올 짐승을 보게 될 것이다." 이것은 이미 13장에서 설명한 네로 전설과 연결되는 내용이다.[280] 이런 정황들은 13장에서 말했던 짐승의 죽음의 상처 666이라는 숫자가 일련의 관계가 있다는 것을 인식하게 해 준다(13:3, 12, 18).

9절. 우선 저자는 음녀가 타고 있었던 짐승, 곧 13장에 나왔던 짐승의 본질을 알기 위해서는 지혜(ἡ σοφία)를 가지도록 요청하는데 이것은 이미 13:18에서 강조하는 분별력 있는 지혜와 같은 내용이다.[281]

해석의 대상은 짐승의 "일곱 머리는 '일곱 개의 산'(ἑπτὰ ὄρη)"에 대한

280) 하인리히 크라프트, 『요한묵시록』, 337.

281) J. Schmidt, "NOUS und SOFIA in Offb 17", *NT* 46/2 (2004), 164-189.

것으로, 천사의 해석은 그녀가 앉아 있는 장소를 말한다. 학자들은 이것이 로마의 기초가 되었던 로마의 일곱 개의 언덕을 상징하는 것이라는 의견을 받아들인다.[282] 다시 일곱 개의 머리는 "일곱 왕들"을 말한다. 계시록 당시 동양에서는 로마의 황제들을 왕으로 불렀다(벧전 2:13-17; 딤전 2:2).[283] 중요한 것은 이 일곱 명의 왕이 누구인가 하는 것이다.

10-11절. 그 일곱에 대한 해석의 난제는 여기서 나타난다. 특히 그 난제는 11절에 나오는 일곱의 왕에게서 나온 여덟 번째 왕이 누구인가 하는 것이다. 그러므로 여기에는 8에 대한 암시가 결정적인 것이고 11절에서 말하는 "전에 있었다가 지금은 없는 그 짐승"(τὸ θηρίον ὃ ἦν καὶ οὐκ ἔστιν)이다. 이에 대한 복잡한 논의는 아직도 학자들의 견해들에 따라서 달라지고 있지만 일반적으로 받아들여지는 입장은 다음과 같다. 여기서는 롤로프의 해석을 따라서 다음과 같이 설명한다.[284] 이에 대한 논의는 그의 설명을 따른다. 롤로프는 8을 해석하기 위해서 다음과 같은 원칙을 세운다. 첫째, 어떤 황제들을 8이라는 숫자에 포함시켜서 계산해야 하는가? 둘째, 어떤 황제를 그 숫자에서 고려해야 하는가? 셋째, 누가 여덟 번째, 즉 지금의 황제인가? 계시록이 기록되던 당시로 추정되는 도미티안 황제까지의 황제들의 목록은 다음과 같다.

① 아우구스투스(Augustus): 재위기간 주전 27-주후 14년

② 티베리우스(Tiberius): 재위기간 14-37년

③ 갈리귤라(Gaius): 재위기간 37-41년

④ 클라우디우스(Claudius): 재위기간 41-51년

---

282) H.B. Swete, *Revelation*, 220; E. Lohmeyer, *Offenbarung*, 143; 데이비드 E. 아우내, 『요한계시록 17-22』(WBC 52하), 130 이하.

283) A. Deissman, *Licht vom Osten*, Tübingen: J.C.B. Mohr, 1923, 310; K.L. Schmidt, "βασιλεύς", 576.

284) H. Giesen, "Das Römische Reich im Spiegel de Johannes-Apokalypse", *Studien zur Johannes-Apokalypse* (ed. Giesen), SBAB 29, Stuttgart: Verlag Katholisches Bibelwerk, 2000, 106-114.

⑤ 네로(Nero): 재위기간: 54-68년

⑥ 갈바(Galba)-오토(Otto)-비텔리우스(Vitellius): 재위기간 69년

⑦ 베스파시안(Vespasian): 재위기간 69-79년

⑧ 티투스(Titus): 재위기간 79-81년

⑨ 도미티안(Domitian): 재위기간 81-96년

계시록의 기록된 시기를 생각하면 도미티안이 여덟 번째 황제에 가장 근접한다. 신약성경 안에서 예수 그리스도의 탄생과 연관이 있는 황제는 아우구스투스다(눅 2:1). 그리고 요한계시록 공동체와 박해와 시기는 도미티안 황제가 통치할 때다. 이렇게 황제의 명단을 만들어 계산하다보면 69년 안에는 세 명의 군인들이 황제가 되는 사건이 있었다. 이들의 통치 시기는 일 년이 넘지 않기 때문에 세 명의 군인 황제를 제거할 경우 도미티안 황제가 여덟 번째 황제가 된다. 11절에서 짐승은 '이전에 있었고 지금은 없는' 존재로 묘사된다. 그러므로 그는 요한계시록을 기록하는 저자의 입장에서 위협이 되지 않는다. 이렇게 모호한 진술은 네로의 환생이나 도주와 같은 네로에 관한 당시의 견해와 연결되어 있다. 그러므로 해결의 열쇠는 네로와 도미티안이 어떻게 서로 연관을 가지고 있는지 해결하는 것이다. 학자들의 주장에 따르면 도미티안은 황제숭배를 강제적으로 장려했던 인물이며 특히 소아시아 지역에서 그것을 강제적으로 시행했던 인물이다. 그러므로 소아시아 기독교인들은 도미티안의 황제숭배에 대한 강제적인 시행을 죽은 네로의 환생으로 여겼다는 것이다. 그 결과 기독교 공동체는 도미티안을 네로로 암호화하고 그에게 666이라는 짐승의 숫자를 부여하여 사람들로 하여금 신앙을 지키고 저항하도록 격려했던 것으로 보인다.[285]

12절. "열 뿔"(τὰ δέκα κέρατα)은 다니엘 7:24에 나오는 열 명의 왕들을 가

285) L. Kreitzer, "Hadrian and the Nero Redivivus Myth", *ZNW* 79 (1988), 92-115; T. Witulski, *Kaiserkult in Kleinasien. Die Entwicklug der kultisch-religiösen Kaiserverehrung*, Göttingen: Vandenhoeck-Ruprecht, 207,는 예루살렘의 바르 코흐바 폭동과 관련하여 요한계시록이 하드리아누스 황제 때(117-138년통치) 작성된 것으로 본다.

리킨다. 다니엘서와 다른 점은 여기서 이들이 한 번만 언급된다는 것이다. 중요한 것은 그들에는 권세가 없다는 것이며, 그들의 권세는 "한 때"(μία ὥρα)로 제한된다. 이들은 16:14에 의거해서 보면 어린양과 전쟁을 벌이기 위하여 악한 영들이 모아들인 왕들로 해석될 수 있다(14절과 비교하라). 그러나 그들의 힘은 '한 순간'이다.

13-14절. 13절의 짐승과 12절의 왕들이 서로 권력의 공생관계임을 보여준다. 당시 로마와 그 지배를 받는 속국과의 관계는 주군과 가신(lord-client) 관계였음으로 속국의 권력가들은 로마와의 관계를 인정받았다. 그러므로 그들의 충성은 로마황제의 권력을 의미하였다.

14절은 12절에서 지적한 것처럼 16:14을 반영하는 것으로 짐승이 어린양을 대항하여 벌이는 마지막 전쟁을 말한다. 그 전쟁의 결과는 어린양 예수의 승리로 결정난다. 그리고 전쟁의 결과는 오히려 어린양을 "주인들의 주이며 왕들 중의 왕"(κύριος κυρίων καὶ βασιλεὺς βασιλέων)으로 선언한다. 이런 기독론적인 고백 뒤에는 예수가 하나님과 더불어 왕이 된다는 함의가 들어 있다(5:5을 비교하라).[286)]

15절. 계속해서 해석이 이어지는데 물은 백성, 군중, 민족들, 방언으로 해석된다. 이들은 로마에게 식민지의 상태로 종속되어 있는 속국들을 의미할 수 있다.

16절. 16절은 12-14절에 나온 열 뿔들을 다시 언급하지만, 동시에 이들이 로마와의 관계를 맺는 것은 로마의 평화(Pax Romana)라는 강제적인 이데올로기에 기초한다는 것을 웅변적으로 말해 준다. 그러므로 그들은 그들을 지배하던 로마에 대해서 저항을 감행한다는 것이다. 저자는 이것을 통해서 1-6절에 묘사된 짐승과 음녀의 권력이 완전하지 못하다는 것을 말하고자 한다. 9-11절에서 말했던 네로의 환생 모티브도 제국의 권력이 유한하다는 것을 암시하며, 이 로마가 결국에 패망하고 말 것이라는 환상을 제시한다. 그리고 그 환상이 하나님의 개입으로 완전하게 실현되는 과정은

---

286) T. Holtz, *Christologie*, 37.

18장에서 다시 자세하게 언급된다. 저자는 그것을 로마의 지배를 받던 왕들이 음녀의 살을 먹는 소름끼치는 모습으로 소개한다.

17절. 천사의 해석은 이렇게 종말의 시간에 일어나는 마지막 전쟁은 다 하나님의 뜻에 달려 있다는 것이다. 이 문장에서의 주어는 하나님(ὁ θεὸς)이다. 그러므로 마지막 전쟁과 같은 엄청난 파국과 혼란도 다 하나님이 주관하신다는 믿음을 반영한다. 그 시간은 "하나님의 말씀이 이루어질 때까지"(ἄχρι τελεσθήσονται οἱ λόγοι τοῦ θεοῦ) 제한된 시간이다. 이것은 "전쟁은 여호와께 속한 것"이라는 구약의 견해와도 일치하는 것이다(삼상 17:47).

18절. 이제 저자는 천사의 마지막 말을 통하여 환상의 의미를 다시 요약하고 해석한다. 그것은 음녀가 당시에 세계를 통치하던 권력의 중심 로마제국이라는 것이다. 저자는 이렇게 로마제국의 통치 이데올로기를 황제숭배라는 신학적인 시각으로 보았고, 하나님을 모독하는 본질을 가진다고 파악하였다. 그러므로 요한계시록의 저자는 세속권력의 절대화에 대해서 거리두기를 함으로써 정치와 문화에 대한 비판을 할 수 있는 초대기독교의 중요한 신학적인 토대를 보여주고 있다.

25.4. 17장을 위한 해석과 설교방향

17장은 요한계시록 연구의 난제 중 하나로 여겨지는 '짐승의 숫자 666'에 대한 해석의 열쇠를 가지고 있는 본문이다. 특히 짐승의 숫자와 관련된 해석 중 가장 많은 오해를 사고 있는 것 중에 하나가 컴퓨터의 발전으로 인한 바코드나 혹은 QR 코드 아니면, 베기칩과 같은 깃이 짐승의 숫자 666과 맞아 떨어지는 것으로 해석하는 것이다. 물론 신학적으로 그런 이해와 짐승의 숫자를 연결하는 것이 가능할지 모르나 요한계시록이 말하고자 하는 것은 그런 세대주의적인 해석이 아니다. 이것은 그 동안의 요한계시록 연구가 13장의 짐승의 숫자를 알레고리적으로 해석하여 세대주의적인 해석에 맞추어 온 결과다. 이것은 요한계시록을 해석하는 사람들이 이것이 생겨난 배경과 기록 의도, 기록자의 신학과 그가 가지고 있는 성서적인 배경과 당시의 정치, 종교, 문화 전반에 폭 넓은 이해를 무시했기 때문이다. 그리고 더 나아가서 현재의 본문을 과도하게 미래와 예언으로만 해석하여 요한계시록이 가지는 가치를 전락시키고 있다. 따라서 요한계시록 해석은 일차적으로 역사와 성서와 요한계시록의 내적인 연결 구조를 고려하면서 해석해야만 한다.

짐승의 숫자 666은 17장의 해석과 연결된다. 특히 13장에서 등장하는 짐승의 머리들 중 하나가 죽었다가 살아난 모습은 그것이 17장에서 일곱으로 알레고리화 되어 해석되는 것과 직접적으로 연결된다. 이 주석에서는 그에 대한 입장을 당시의 역사적인 이해와 연결해서 짐승의 숫자 안에 다양한 역사적인 배경과 암시가 들어있다는 것을 제시했다. 특히 6-11절은 '짐승의 숫자 666'을 로마 황제 네로와 연결해서 해석한 합리적인 이유를 제시한다. 그러므로 요한계시록을 자의적으로 해석하고 근거 없이 영적으로 혹은 세대주의로 해석하는 것은 그 책이 가지고 있는 본래의 신앙적, 역사적 의미를 파괴하는 무책임한 해석이다. 요한계시록에 대한 해석은 철저하게 역사적인 맥락에서 이해되어야 하고 현재의 책이 가지는 구조를 통해서 신앙적인 의미를 당시의 상황에서 깨닫고 파악하도록 노력해야 한다. 이미 루터의 지적처럼 성서의 내증에 의한 해석, 즉 성서는 성서를 통해서 해석되어야 하는데 짐승의 숫자도 성서적인 내적 연관성, 무엇보다도 요한계시록의 내적인 연관성을 고려해야만 한다. 그러기 위해서는 짐승의 숫자 666에 대한 해석은 미래적인 해석이 아니라 역사적인 해석이라는 사실을 분명하게 언급해 두고자 한다.

• 요한계시록 18장 •

26. 18:1-21 음녀 바빌론의 멸망

26.1. 본문 사역

1 그 후 나는 큰 권세를 가지고 하늘에서 내려오는 다른 천사를 보았습니다. 땅

은 그의 영광으로 밝아졌습니다. 2 그는 힘 있는 목소리로 외치며 말했습니다.
큰 도시 바빌론이 무너졌다. 무너졌다. 그 도시는 귀신들의 사는 장소와 각종 더
러운 영들의 집결지이고 각종 더럽고 혐오스러운 새들의 집결지가 되었다. 3 왜
냐하면 땅의 모든 민족들과 왕들이 그녀의 음행의 진노의 포도주로부터 마시며
그녀와 함께 음행을 하였기 때문이며, 땅의 상인들은 그녀의 사치에 힘입어 부
자가 되었기 때문이다. 4 그리고 나는 하늘로부터 말하는 다른 소리를 들었습니
다. 나의 백성아 너희가 그녀의 죄에 함께 참여하지 않도록 그곳으로부터 나오
라. 이것은 너희가 그녀가 받을 재앙 중 어떤 것도 받지 않도록 하려는 것이다.
5 그녀의 죄는 하늘에까지 도달했고, 하나님은 그녀의 불의한 일들을 기억하셨
다. 6 너희는 그녀가 준 것처럼 그녀에게 보복하되 그녀의 행위에 따라 두 배로
보복하고 그녀가 섞은 잔으로 그녀에게 두 배로 보복하라 7 그녀가 자신을 영광
스럽게 하였고 사치스럽게 한 것처럼 똑 같이 그녀에게 고통과 비통함으로 보
복하라. 왜냐하면 그녀는 마음속으로 나는 다스리기 위하여 앉아있고 과부가
아니라고 말하기 때문이다. 8 그러므로 하루 안에 그녀의 재앙들이 올 것이다.
그 재앙은 사망, 비통함, 기근이며, 그녀가 불태워지는 것이다. 주 하나님은 그
녀를 심판하신 강하신 분이시다.
9 그녀와 함께 음행을 하고 사치를 누렸던 땅의 왕들은 그녀가 불타는 연기를
보면 울면서 애통해 할 것이다. 10 그들은 멀리서서 그녀의 고통을 무서워하며
말 할 것입니다. 화로다. 화로다, 큰 도시여, 강한 도시 바빌론이며, 한 순간에
너의 심판이 왔도다. 11 땅의 상인들도 그녀에 대해서 울고 애통해 할 것입니다.
왜냐하면 어느 누구도 더 이상 그들의 물건을 사지 않기 때문이다. 12 그 물건
은 금과 은과 보석과 진주와 세마포와 자주 옷감과 비단과 붉은 옷감과 각종 향
나무와 각종 상아로 된 물건들과 값진 나무와 구리와 철과 대리석으로 만든 각
종 물건들이다. 13 계피와 향료와 향과 향유와 유향과 포도주와 감람유와 고운
밀가루와 밀과 소와 양과 말과 수레와 종들, 그리고 사람들의 목숨들이다. 14 네
목숨의 욕망을 위한 너의 과일은 너를 떠났고, 모든 사치스럽고 빛나던 것들이
너로부터 사라져 버렸다. 그들은 그것들을 다시는 보지 못할 것이다. 15 그녀 때
문에 부자가 된 이 물건들의 상인들은 멀리서서 그녀의 고통을 무서워하며 울

고 애통해 하면서 말했습니다. 16 화로다. 화로다. 큰 도시여, 그 도시는 세마포
옷과 자주 옷과 붉은 옷을 입고 금과 보석과 진주로 장식했었는데 17 그러한 부
유함이 한 순간에 망하였구나. 그리고 모든 선장과 여러 곳으로 항해하는 자들
과 선원들과 바다에서 일하는 자들이 멀리 서서 18 그녀가 불타오르는 연기를
보면서 외쳐 말했습니다. 누가 이 큰 도시와 같을 수 있겠는가? 19 그들은 먼지
를 자기들의 머리 위로 뿌리면서 울며 외치고 애통해 하면서 말했습니다. 화로
다. 화로다. 큰 도시여, 바다에서 배를 가지고 있는 모든 자들은 그 도시에서 그
녀의 부유함 때문에 부유하게 되었다. 그런데 한 순간에 폐허가 되었구나. 20 하
늘과 성도들과 사도들과 예언자들아, 그녀에 관해서 즐거워하라! 왜냐하면 하
나님이 너희를 위하여 그녀에게 심판을 행하셨기 때문이다.
21 그리고 힘센 한 천사가 큰 맷돌 같은 돌을 들어 올려서 바다로 던지며 말했습
니다. 이처럼 큰 도시 바빌론은 무참하게 던져졌고 더 이상 보이지 않을 것이다.
22 기타를 연주하는 것과 음악을 연주하고 피리를 불며 나팔을 부는 소리가 네 안
에서는 다시 들리지 않을 것이다. 그리고 어떤 기술을 가진 기술자들도 다시는 네
안에서 보이지 않을 것이며, 맷돌 소리도 다시는 네 안에서 들리지 않을 것이다.
23 그리고 어떤 빛도 네 안에서 다시는 빛나지 않을 것이며, 신랑과 신부의 음성
이 다시는 네 안에서 들리지 않을 것이다. 왜냐하면 너의 상인들은 땅의 고위층
들이며, 모든 민족들이 너의 마법에 잘못 빠져들었기 때문이다. 24 예언자들과 성
도들 그리고 땅 위에서 죽음을 당한 모든 자들의 피가 그 안에서 발견되었다.

26.2. 본문에 대한 전이해

18장은 17장과 연결되는 이야기로서 큰 도시 바빌론에 대한 하나님의 심판을 서술한다. 심판에 대한 서술은 결과만 소개하는 형식으로 나타난다. 그러므로 어떻게 그 도시가 멸망을 당하게 되는가 하는 문제는 자세하게 언급되지 않는다. 중요한 것은 왜 그렇게 바빌론으로 상징되는 로마가 멸망을 당할 수밖에 없는가 하는 설명이다. 여기서 큰 도시 바빌론의 멸망은 그것을 바라보는 세 부류의 사람들의 3인칭 시점을 통해서 서술된다.

상대적으로 18장은 긴 이야기로 구성되어있으며 세 부분으로 구성된

다. 첫째, 1-8절: 천사의 선포에 의한 심판, 둘째, 9-19절: 바빌론의 멸망에 대한 탄식의 노래, 셋째, 21-24절: 도시 멸망에 대한 천사의 행위다. 이 본문 안에는 당시의 사회경제에 대한 중요한 정보들이 들어있다. 11-14절은 당시 지중해를 중심으로 무역을 하던 상인들의 물건들과 사치품 목록이 나온다. 이 목록과 상인들의 구약에 대한 이해를 반영하고 있으며 그에 대한 암시를 제공한다(겔 26-27장). 바빌론 멸망에 대한 천사의 말과 행동에는 예레미야를 염두에 둔 언급이 나타난다. 따라서 18장은 구약과 관련성을 고려하면서 해석되어야 한다.[287)]

26.3. 주석

1절. 바빌론의 멸망을 알리는 천사가 내려오는 장면과 "땅이 그의 영광으로 빛났습니다"(γῆ ἐφωτίσθη ἐκ τῆς δόξης αὐτοῦ)는 서술은 17장에서 서술했던 음녀의 모습과 대조되는 모습이다. 그러므로 천사의 등장은 새로운 이야기의 전환을 제공한다. 천사와 관련해서 핵심적인 용어는 '영광'이라는 표현이다. 이것은 하나님의 현현을 나타내는 용어로 요한계시록 안에서는 주로 하나님을 표현하는 용어다(겔 43:2-3).

2절. 천사는 바빌론의 멸망을 선언한다. 이미 이 선언은 14:8에서 두 번째 천사가 "큰 바빌론이 무너졌다. 그 도시는 그녀의 음행의 진노의 포도주로부터 모든 민족들을 마시게 하였다"는 내용을 회상하는 것이다. 14장의 문맥은 우상숭배에 대한 경고로 나타나는 진술이었다. 여기서는 그 도시를 통해서 일어나는 '사치와 향락'이라는 주제로 본문이 제시된다. 물론 두 이야기가 같은 내용일 수 있지만 여기서는 강조점이 달라진 것을 주목해야 하는데, 그것은 14장이 황제숭배라는 정치-종교의 관점이었다면 여기서는 경제문화라는 관점에서 바빌론으로 상징되는 로마를 그리고 있다는 것이다. 도시의 멸망은 그 도시가 이제는 더 이상 영광이 아닌 귀신들, 악령들, 더러운 새들의 거처로 전락하는 황폐함과 더러움의 극치를 이루는 곳이 된

287) K.G. Kuhn, "Βαβυλών", *ThWNT* I, 513.

다. 이것들 모두는 구약에서도 하나님에게 버림받은 상태를 표현하는 서술이다.[288]

3절. 이 도시의 멸망의 원인은 이미 앞에서도 언급했던 바빌론이라는 여인의 "음행의 진노의 포도주"(οἶνος τοῦ θυμοῦ τῆς πορνείας) 때문이다. 이미 이것은 14:8이나 17:2에서 황제숭배라는 맥락에서 설명이 되었다. 그러나 여기서는 이 황제숭배를 사회경제의 관점에서 보게 한다. 필자는 이것을 짐승의 표를 받아서 물건을 사고팔게 하는 13:17에 대한 해석으로 이해한다. 여기서도 강조되는 어휘는 "땅의 모든 민족들과 왕들" 이라는 '땅'에 대한 강조다. 그러므로 이어지는 "땅의 상인들"(οἱ ἔμποροι τῆς γῆς)도 로마의 황제숭배에 참여하는 경제적인 입장에서의 동조자들이다. 이들은 당시 장거리 무역을 통해서 이익을 얻는 사람들을 말한다.[289] 즉 이들은 17장에서 바빌론이라는 음녀의 외적인 장식에 어울리는 물품으로 대변되는 로마의 "사치"(στρῆνος)에 동조하면서 부를 획득했기 때문이다. 이것은 인간의 욕심이 인간의 권력을 신격화하는데 동조하고 있다는 것을 말하는 것이다.

4절. 저자는 이제 그가 들은 하늘의 음성을 전한다. 그것은 그녀의 죄(ἁμαρτίαι αὐτῆς)에 동참하지 말고 벗어나라는 요청이다. 구약 안에는 이렇게 죄악으로 가득 찬 도시를 떠나라는 요청이 나온다. 예를 들어서 소돔과 고모라를 떠나라는 요청(창 19:12이하), 이스라엘 백성이 바빌론에서 떠나라는 예레미야의 요청이 있다(렘 50:8; 51:6). 이렇게 그 도시에서 벗어나라는 요청은 요한계시록 공동체가 하늘의 백성이며 이후에 전개되는 하나님의 도성의 시민이기 때문에 황제숭배로 일어나는 당시의 삶의 방식에서 돌아서라는 것이다 (21:2, 10).[290]

---

288) 사 13:21-22; 34:11-15; 렘 50: 39; 습 2:14.

289) 빌리발트 뵈젠, 『예수시대의 갈릴래아』, 325절 이하; 요아힘 예레미아스, 『예수시대의 예루살렘』, 55-58; Chr. Burchard, *Der Jakobusbrief*, HNT 15/1, Tuebingen: J.C.B. Mohr 2000, 184.

290) M. Wolter, "Christliches Ethos nach der Offenbarung des Johannes", *Studien zur Johannesoffenbarung und ihrer Auslegung*(FS O. Böcher, ed. by F. W. Horn und M. Wolter), Neukirchen-Vluyn: Neukirchner Verlag Verlag, 2005, 198.

5절. 이 구절은 다시 4절과 연결되며 예레미야 51:9에 나오는 표현을 바탕으로 작성되었다. 이처럼 도시의 죄들이 하늘에까지 도달하도록 극에 달했다(창 18:20). 여기서 말하는 죄와 불의한 일들(τὰ ἀδικήματα)은 같은 개념으로 하나님은 그 죄들에 대해서 묵과하지 않으시고 그 죄와 악에 대해서 응답하신다(16:19).

6절. 이 구절은 지금까지 박해를 당하던 사람들의 위치 변화가 나타난다. 그것은 그들이 지금까지는 박해를 당하던 사람들이지만, 심판의 시간에는 하나님의 심판에 참여하는 자들이 된다는 것이다. 그것은 지금까지 당한 고난을 되갚아주는 보복으로 나타난다. 특히 그녀가 섞은 잔에 대해서 "그녀에게 두 배로 보복하라"(κεράσατε αὐτῇ διπλοῦν)는 명령이 나오는데, 이것은 구약에 나오는 물건을 훔친 자가 두 배를 갚아주는 규정과 관계가 있다(출 22:4, 7, 9). 여기서 그녀의 잔에 대한 보복이 '두 배'라는 것은 하나님의 진노의 강도를 표현하는 것이다. 그리고 '잔'은 한편으로 우상숭배를 상징하며 그 결과 그 도시가 모든 세상을 술 취하게 하여 무신론에 빠지게 하는 것이다(14:8; 18:3).

7절. 계속해서 음녀 바빌론의 심판의 원인은 자신을 신적인 반열에 올리는 영광을 취함으로 무한함을 자랑하는 제국의 교만함이다. 제국은 그런 교만함으로 하나님의 심판과 같은 파국은 없을 것이라는 착각을 하고 있었다. 그 표현은 바로 "나는 결코 비통함을 보지 않을 것이라"(πένθος οὐ μὴ ἴδω)는 안전에 대한 확신이었다.

8절. 그 교만함이 이제는 심판의 순간에 역진되며 죽음과 슬픔이 한 순간에 그 도시를 덮치게 된다(8절). 특히 "하루 만에"(ἐν μιᾷ ἡμέρᾳ)라는 표현은 하나님이 개입하는 한 순간을 의미한다. 재앙은 17장의 대접의 마지막 단계가 보여주는 것처럼 하늘에서 쏟아지는 진노의 불 대접으로 일어난다. 바빌론의 멸망은 하나님의 불 심판을 통해서 한 순간에 불타버리고 만다. 여기서 재앙으로 언급되는 사망, 비통, 기근 등은 모두 마지막 때에 일어나는 사건들을 말한다.

9–10절. 이렇게 파괴되어버린 로마의 멸망은 멀리서 이것을 바라보는

사람들에 의해서 확정된다. 제일 먼저 "지상의 왕들"(οἱ βασιλεῖς τῆς γῆς)이 파멸의 목격자가 된다. 이 왕들은 앞의 3절에서 언급된 자들이고 음녀 바빌론과 음행을 한 사람들이다. 이들은 그 여인과 가장 밀접한 관계였기 때문에 제일 먼저 파멸의 목격자가 된다. 다시 말해서 이들은 로마의 황제숭배를 통해서 권력을 유지하며 그것을 다른 도시로 확대한 자들이다. 그들은 음녀 바빌론의 멸망을 목격하면서 자신들과 그 여인과의 관계를 표현한다. 결론은 이들이 지금까지 바빌론의 보호를 받으며 그들의 권력을 유지해 왔지만, 이제 그 도시는 아무런 소용이 없게 되었다는 것이다. 이 왕들의 탄식 안에는 에스겔 27장의 탄식의 노래가 반영되고 있다.

11-13절. 두 번째 탄식은 로마의 황제숭배와 권력을 이용하여 장사를 하던 상인들의 외침이다. 여기서는 그들이 당시에 무역을 통해서 실어 날랐던 사치품들이 열거된다. 그러나 바빌론의 멸망으로 그들에게 부를 제공했던 시장이 사라져버렸다. 그러므로 그들의 탄식은 절망적이다. 그들이 취급했던 물품 목록에는 보석류, 비싼 재료, 상아로 된 사치품, 양념, 향(수)재료, 기호식품, 맛있는 과자들이다. 마지막으로는 사람의 몸(노예들)과 사람의 목숨(σωμάτων, καὶ ψυχὰς ἀνθρώπων)이 언급된다.[291] 이것은 노예무역을 암시하는 것으로 노예들은 고대 로마 제국의 경제에 있어서 중요한 역할을 하였다. 이들은 노예를 물품 목록으로 취급하고 있으며, 이것은 세상의 권력을 가지고 있는 자들이 사람을 물건처럼 취급하여 그들의 죄가 극에 달했음을 설명한다. 위에 나오는 물품 목록은 에스겔 27:12이하에 나오는 것을 바탕으로 하며 거의 동일한 것으로 나온다.[292]

14절. 여기서는 상인들의 탄식의 노래가 바빌론이라는 여인에게 직접 전달된다. 여기서 말하는 과일은 바다를 통해서 수송해야 했던 당시의 사치품 목록에 해당하는 것으로 보인다.

---

291) G. Krodel, *Revelation*, Augsburg: Fortress, 2009, 304 이하; H. Giesen, *Offenbarung*, 398; E. Schweizer, "ψυχη,", *ThWNT* IX, 654.

292) 데이비드 E. 아우내, 『요한계시록 17-22』, 193-194, 는 이와 유사한 목록을 플리니(Pliny)의 언급에서 제시한다.

15-19절. 15절은 상인들의 탄식의 노래가 이제는 위에서 언급한 사치품 목록을 수송해주던 선원들의 탄식으로 이어주는 역할을 한다. 이것은 당시의 로마가 해상무역과 선박업자들의 무역의 중심지였음을 보여주는 것이다. 이 도시의 멸망으로 인하여 선원들은 그들의 생계수단을 잃어버렸다. 그러므로 로마의 멸망은 세상의 권력과 영광에서 생명을 누리던 자들의 파멸이기도 한 것이다. 19절에서 "한 순간에 폐허가 되었다"는 언급도 에스겔 27:32을 요한계시록의 의도에 맞게 사용하고 있는 것이다. 즉 음녀이면서 바빌론으로 상징화 되는 로마의 권력과 우상숭배는 철저한 종말을 맞이하게 된다는 것이다.

20절. 로마의 멸망이 요한계시록 독자들에게는 기쁨과 환희의 순간이다. 앞에서 언급된 땅과 대립되는 하늘의 성도들, 사도들, 예언자들(οἱ ἅγιοι καὶ οἱ ἀπόστολοι καὶ οἱ προφῆται)은 이렇게 당시 로마의 황제숭배라는 제국주의의 이데올로기 상황에서 굳건하게 자신들의 신앙의 길을 지켜낸 사람들이다. 이 개념들 모두는 기독교의 '탈 세계화' 개념을 보여주는 것으로 초대 기독교의 문화에 대한 비판적이고 종말론적인 전망을 보여준다. 이들은 앞에서 설명한 바빌론과 관련하여 권력과 사치와 부를 누렸던 자들과 다른 길을 갔던 사람들이다.

이제 하나님의 개입으로 로마의 멸망은 그들에게 기쁨으로 변화되는 순간이다. 여기서 "즐거워하라"(εὐφραίνου)는 요청이 나온다. 주석가들은 이것을 요한 자신의 신학적인 논평으로 이해한다(14:4-5). 그것은 요한계시록 안에서 종말론적이고 역사적인 전환이 일어날 때마다 이 외침을 주문하기 때문이다. 12:12에서도 하늘에서의 전쟁의 승리의 결과로 "너희는 기뻐하라"(εὐφραίνεσθε)는 외침이 나온다. 그것은 하늘에 있던 용이 패배하여 땅으로 추락했기 때문이다(12:12). 마찬가지로 '땅에서의 승리'로 하나님을 대적하는 큰 도시가 최종적인 멸망에 이른다. 이미 앞에서도 설명한 것처럼 성도들 이외에 사도들과 예언자들은 지상과 하늘을 아우르는 신앙을 지킨 모든 사람들을 말한다. 이처럼 하나님의 심판이 신앙을 지킨 사람들에게는 하나님의 구원행위가 된다(14:1-8).

21-24절. 이어지는 환상은 로마의 파멸이 완벽하다는 천사의 상징적인 행위다. 여기서 천사가 큰 맷돌을 바다에 던지는 장면은 예레미야의 전승과 연결된다. 이미 예레미야는 "바빌론은 가라앉고 내가 그 도시 위로 가져오는 재앙 때문에 다시는 떠오르지 않는다"(렘 51:63-64; 마 18:6을 비교하라)고 말했다. 저자는 예레미야의 전승을 토대로 하여 천사의 입을 통해서 그 도시가 흔적도 없이 사라졌다고 말한다. 이 맷돌 상징은 세 가지 의미를 제시한다. 첫째, 하나님의 심판으로 인하여 그 도시 안에는 더 이상 삶의 기쁨, 축제의 즐거움, 매일의 노동이 사라져 버렸다(22-23절). 둘째, 로마로 상징되는 바빌론이 멸망하는 원인은 그 도시가 가졌던 신을 모방했던 무한한 권력에 기인한다(23-24절). 그 권력은 짐승의 등장이 보여주는 그들의 권력의 오만함을 드러냈고, 그 권력을 이용한 마술적인 힘은 많은 사람들을 잘못된 길로 빠져들게 하는 결과를 낳았다. 마지막으로 로마는 그들이 주장하는 권력숭배에 저항했던 "예언자들과 성도들 그리고 땅 위에서 죽음을 당한 모든 자들이 흘린 피"(ἐν αὐτῇ αἷμα προφητῶν καὶ ἁγίων εὑρέθη καὶ πάντων τῶν ἐσφαγμένων ἐπὶ τῆς γῆς)에 대해서 책임을 져야 한다. 이렇게 로마의 심판은 의로운 사람들의 피를 흘린 죽음에 대해서 책임을 져야하고, 그 결과는 그 도시의 파멸이다.

26.4. 18장을 위한 해석과 설교방향

18장의 해석과 설교를 위한 주제는 음녀 바빌론(로마)의 멸망과 로마로 인하여 권세와 부를 가졌던 주변국의 사람들의 탄식과, 왜 그렇게 로마가 멸망해야 하는지에 대한 천사의 해석이다. 이미 주석에서도 밝혔지만 로마의 멸망에 대한 예언은 14:8부터 예고되어온 것에 대한 결과이며, 13장부터 나타난 짐승의 활동에 대한 하나님의 심판의 응답이다. 심판의 원인은 음녀 바빌론의 '죄 목록' 안에 나타나는데, 그것은 우상숭배라는 음행, 권력의 오만함, 사치와 권력, 불의한 행동처럼 모두가 하나님을 인정하지 않고자 하는 행위들이다. 특히 그녀의 행위로 인하여 땅의 왕들과 그 안에 살고 있는 사람들에게 미치는 파괴적인 영향력, 특히 신앙을 지킨 사람들이 흘린 피는 음녀로 하여금 그 심판을 피해가지 못하게 하였다(24절).

18장은 당시의 정치-사회적인 환경을 보여주는데, 바빌론의 멸망을 탄식하는 땅의 왕들, 상인들, 배의 선원들은 로마라는 거대한 권력에 의존하여 살아가는 당대의 모습을 반영한다. 이들은 자신들의 이익과 생존을 위하여 황제숭배라는 당시의 로마의 정치권력을 용인하고, 그곳으로부터 이익을 얻기 위하여 당시의 사회체제에 순응하는 세력들이었다. 이런 이해들 배후에는 이들이 자신들이 속해 있던 나라와 백성들에게 가했던 고통과 착취라는 불편한 관계가 있다는 사실을 인식해야 한다. 이렇게 인간에게서 나오는 권력을 의지하여 부귀와 권세를 누리던 자들도 그 핵심적인 도시가 멸망하자 모두가 절망에 빠지게 된다. 이 장면들은 유한한 것을 붙잡고 살아가는 인간의 나약하고 허약한 모습과 인간의 본성이 완전하지 못함을 역설적으로 보여준다.

그러므로 18장은 당시의 정치, 사회, 문화의 심각한 상황 속에서도 그런 상황을 비판적으로 바라보며 신앙을 견지한 성도들, 사도들, 예언자들이 있었다는 것을 말한다. 이들은 이 땅에 살면서 위에서 언급한 것처럼 그들의 소속을 땅에서 찾지 않고 영원한 하나님 나라에 대한 비전과 함께 하늘에 있다는 정체성을 가지고 있었다. 이들은 이 자의식을 가지고 신앙적인 투쟁을 할 수 있었다. 다시 말해서 황제숭배에 대한 저항은 당시 우상숭배를 거부하는 것으로 끝나지 않았고, 18장 본문에서 말하는 땅의 왕들, 상인들, 선원들의 탄식을 통해서 그들에 대해서도 비판적인 입장을 보여준다. 이 해석을 통해서 서사는 우상숭배의 본질 속에는 이렇게 정치, 사회, 경세를 움직이는 악의 요소가 있다는 것을 말한다. 오늘 우리가 요한계시록을 읽는 이유도 현대와 같이 물질만능주의로 인하여 세속적인 힘이 절대화 되어 가는 시대에 그런 문화를 어떻게 대해야 하는지 반성해 보기 위한 것이다. 혹시 우리도 음녀의 죄와 불의한 일에 동조함으로 짐승에게 우상숭배하는 삶을 사는 것은 아닌지 요한계시록을 통해서 자신의 신앙을 점검해 보아야 한다.

• 요한계시록 19장 •

27. 19:1-10 심판에 대한 찬양-할렐루야

27.1. 본문 사역

1 그 후에 나는 하늘에서 많은 무리들이 말하는 큰 소리 같은 것을 들었습니다. 할렐루야! 구원과 영광과 능력이 우리 하나님의 것이로다. 2 그것은 그의 심판이 참되고 의롭기 때문이다. 그는 큰 음녀를 심판하셨다. 이 여인은 그녀의 음행으로 땅을 부패하게 하였기 때문이다. 그는 그녀의 손으로부터 그의 종들의 피를 복수해 주셨다. 3 그들은 두 번째로 할렐루야를 말했습니다. 그녀의 연기가 영원히 올라가고 있다. 4 그리고 스물 네 명의 장로들과 네 개의 살아있는 존재들도 왕좌에 앉아계신 하나님에게 경배하며 말했습니다. 아멘! 할렐루야! 5 왕좌로부터 음성이 나서 말했습니다. 그의 모든 종들아! 그를 두려워하는 작은 자나 큰 자들이여 우리 하나님께 찬송하라! 6 그리고 나는 많은 무리의 소리 같고 많은 물소리 같으며 큰 천둥소리 같은 것들이 말하는 소리를 들었습니다. 할렐루야! 주 우리 하나님 전능자가 통치하신다. 7 우리가 기뻐하고 크게 즐거워하며 그에게 영광을 돌리자! 그것은 그의 어린양의 결혼식이 다가왔고 그의 아내는 자신에 대한 준비를 마쳤기 때문이다. 8 그녀에게는 빛나고 깨끗한 고운 세마포 옷을 입는 것이 허락되었다. 그것은 그 세마포 옷이 성도들의 의로운 행위들이기 때문이다. 9 그리고 천사가 나에게 말했습니다. 기록하라! 어린양의 결혼식 잔치에 초청을 받은 사람들은 복이 있으리라. 천사가 나에게 말했습니다. 이것은 참된 하나님의 말씀이다. 10 나는 그의 발아래에 엎드려서 그에게 경배했습니다. 그러자 그가 나에게 말했습니다. 그러지 마라. 나는 너와 같이 종이며 예수의 증거를 가지고 있는 네 형제 중 하나라. 하나님에게만 경배하라. 왜냐하면 예수의 증거는 예언의 영이기 때문이다.

27.2. 본문에 대한 전 이해

19장은 17-18장에서 말한 음녀 바빌론에 대한 하나님의 심판에 대한 결론이다. 19장의 내용은 18:20에서 "즐거워하라"(εὐφραίνου)는 외침이 실현되고 있음을 보여준다. 여기서 하나님의 심판의 노래는 하늘에 있는 사람들로부터 시작하여 땅위의 구원받은 받은 공동체로 확대된다. 신약성경 안에서 "하나님을 찬양하라"는 의미의 히브리어 '할렐루야'를 언급하는 본문은 오직 요한계시록의 이 본문뿐이다. 구약에서 할렐루야는 예배에서 사용되는 용어였고, 따라서 요한계시록의 이 본문도 하나님의 승리를 노래하는 예배의 요소를 고려해야 한다(시 104:35). 본문에 대한 구분은 네 번에 걸쳐서 나오는 '할렐루야'에 따라서 세 부분으로 구분될 수 있다(1, 3, 4, 6절).

첫째, 두 번의 할렐루야로 확정되는 하늘에서 완성된 승리에 대한 찬양(1-3절). 둘째, 그에 대한 스물 네 명의 장로들과 네 개의 살아 있는 존재들의 응답인 아멘과 할렐루야(4절). 셋째, 하나님 보좌의 '찬양하라'는 요청과 그에 대한 응답으로 지상의 공동체들이 부르는 찬양이다(5-8절). 이렇게 예배를 통해서 언급되고 있는 '아멘'과 '할렐루야'는 초대기독교의 예배의 유형을 간직하고 있다. 여기에는 두 용어가 보여주는 것처럼 초대기독교 예배의 히브리적인 요소가 나타나고 있으며, 소아시아에 존재하던 교회의 예배가 유대교적인 형식을 가지고 있었다는 가정을 하게 해 준다.

27.3. 주석

1절. 여기서 다시 계시의 형식은 저자가 하늘의 소리를 듣는 것으로 서술된다. 노래하는 주체는 "하늘에 있는 많은 무리들"(ὄχλος πολλύς ἐν τῷ οὐρανῷ)이나. 요한계시록 안에서 이렇게 많은 무리들을 언급하는 본문들은 7:9-10과 15:2-5인데, 그들은 끝까지 신앙을 지켜낸 사람들이다. 이들의 정체성은 지금도 이 땅에서 신앙을 지키며 사는 사람들과 일치된다. 즉 지금 이 땅에서 신앙을 지켜내는 사람들은 하늘에 있는 사람들이다. 위에서 언급한 것처럼 "할렐루야"(ἀλληλουϊά)는 요한계시록 공동체가 구약과 초대기독교의 유대기독교 유산을 보존하고 있었음을 보여준다. 할렐루야의 의미는 '하나님을 찬양하라'는 명령문으로, 요한계시록 안에서는 이 용법이

하나님의 심판을 노래하는 문맥에서 사용되고 있다는 것이다.[293]

2절. 찬양의 주제인 심판의 내용은 17-18장에서 큰 도시 음녀 바빌론(로마)의 멸망과 관련된 것이다. 여기에는 하늘의 백성들을 억압하고 하나님을 대적하여 우상숭배를 요구하던 하나님의 적대적인 세력에 대해서 하나님이 응답하셨다는 것이다. 이것으로 할렐루야 찬송의 내용은 "하나님 심판의 진실하심과 그의 의로우심"(ἀληθιναὶ καὶ δίκαιαι αἱ κρίσεις αὐτοῦ)이다.

3절. 두 번째 할렐루야도 앞의 내용과 연결된다. 특히 찬양과 관련해서 나오는 바빌론의 파멸로 나타나고 있는 연기에 대한 묘사는 하나님의 심판의 완전함과 하나님의 대적자였던 그 도시의 완전한 파멸을 말한다.

4절. 19장을 시작하면서 언급한 '하늘의 많은 무리들'의 찬송은 하늘에서 새로운 예배와 노래를 부르게 하는 출발점이다. 이들의 노래에 대해서 하늘궁정의 핵심 구성원인 스물 네 명의 장로들과 네 개의 살아 있는 존재들이 응답을 한다. 그들이 말하는 "아멘"은 앞에서 언급된 하늘의 사람들이 부르는 찬양에 대해 동조하는 것을 말한다. 예배적인 요소에서 볼 때 할렐루야-아멘, 다시 할렐루야로 이어지는 형식은 찬양대의 교창형식을 연상하게 해 준다. 그러므로 노래는 점점 더 큰 소리로 울리는 하늘궁정 예배의 합창으로 확대된다. 이것은 4:8에서 말하는 밤낮 없이 드려지는 예배와 연결된다.

5절. 할렐루야 형식으로 예배가 드려지고 있는 예배는 그 예배를 받으시는 분이 앉아 계신 자리에서 응답이 이루어진다. 이로써 찬양은 하늘에 있는 수많은 무리들, 스물 네 명의 장로들과 네 개의 살아 있는 존재들이 함께 찬양하는 것으로 받아들여졌음이 확인된다. 그러면서 동시에 이 찬양은 하나님의 종들과 그를 두려워하는 모든 자들이 계속해야 한다고 강조한다. 이것은 고난당하는 공동체가 그 위기를 극복하는 가장 분명한 방법이 예배와 찬송이라는 것이다. 그것은 예배가 칼과 무기는 없지만 가장 강력

---

293) K.-P. Jörns, *Das hymnische Evangelium. Untersuchungen zu Aufbau, Funktion und Herkunft der hymnischen Stücke in der Johannesoffenbarung*, StNT 5, Gütersloh: Gütersloher Verlagshaus 1971, 147.

한 하나님의 능력을 경험하는 길이기 때문이다.

6절. 저자는 여기서 다시 1절에서 말했던 “들었다”(ἤκουσα)는 표현을 사용한다. 이로써 하늘 예배의 영역은 다시 종말을 맞이하고 있는 땅위의 공동체로 이어진다.[294] 땅에서 예배하는 자들의 본질과 하늘에서 예배하는 자들의 정체성은 서로 일치한다. 그러므로 진정한 예배는 하늘과 땅이 서로 만나는 것이 되어야 한다. 여기서 말하는 “많은 무리”(ὄχλος πολλύς)는 1절을 염두에 둔 것이면서 동시에 지금 현재 고난을 당하는 공동체를 말한다. 하늘과 땅의 무리들의 합창은 더 큰 합창으로 확대되어 큰 힘을 발휘한다. 여기에는 당시의 환경에서 작은 집단으로 인식되던 요한계시록 공동체가 가지고 있던 세계화에 대한 비전이 들어 있다. 이들은 지상에서 할렐루야를 노래하지만 하늘에 기원을 둔 공동체다. 그들이 땅 위에서 할렐루야 찬송을 부르는 이유는 다음과 같이 정리된다. 우리 하나님은 주가 되시고 전능자(κύριος ὁ θεὸς ἡμῶν ὁ παντοκράτωρ)가 되셔서 다스리신다는 것이다.

7절. 하나님 통치의 당위성에 대한 노래는 마지막 때에 대한 비전을 제시한다. 그 마지막 사건은 예수와 연결되는 “어린양의 결혼식”(ὁ γάμος τοῦ ἀρνίου)이다. ‘결혼’이라는 표현은 이미 구약 안에서 사용된 하나님과 그에 대한 믿음을 가진 사람들의 관계를 표현하는 은유법이다.[295] 그에 대한 반대의 표현은 ‘음행’으로 설명된다. 여기서 어린양의 결혼에 참여하는 아내/신부(ἡ γυνή)의 자격을 가진 사람들은 하나님과 어린양의 구속사건을 믿고 있는 사람들이다. 그들은 자기 자신(ἑαυτὴν)의 신앙을 통하여 메시아의 구원 잔치의 주인공이 되는 영광을 누리는 것이다.

8절. 그들이 그렇게 구원잔치의 주인공이 된다고 하는 것은, 그들이 입고 있는 흰 옷을 통해서 확증된다. 엄격한 의미는 “빛나는 깨끗한 면으로 된 옷”(περιβάληται βύσσινον λαμπρὸν καθαρόν)이다. 특히 문장의 형식은 수동태 형식으로 그 옷이 ‘하나님에 의해서 입혀진다’ 는 의미를 가진다. 이

294) I.T. Beckwith, *The Apocalypse of John*, 725.

295) 호 2:19; 사 54:4 이하; 61:10; 62:4 이하; 겔 16:7 이하.

것은 구원과 은혜의 관계를 표현하는 것으로 앞에 나오는 음녀의 붉은 색과 대조되며, 그들의 구원이 예수의 죽음에 근거를 두고 있다는 것을 말한다(3:5; 6:11; 7:9, 14).[296] 이 옷에 대한 의미는 "성도들의 의로운 행위들"(τὰ δικαιώματα τῶν ἁγίων)로 해석된다. 요한계시록 안에서 이 용법은 믿음을 바탕으로 일어나는 행위들과 순종, 사랑 같은 신앙의 덕목들을 모두 포함하기 때문이다(15장 4절을 비교하라).

9절. 이렇게 하늘예배의 찬양을 소개한 다음 천사는 저자에게 "기록하라"(γράψον)고 요구한다. 그 기록의 내용은 어린양의 혼인 잔치(τό δεῖπνον τοῦ γάμου τοῦ ἀρνίου)에 초청을 받은 자들에 대한 축복선언이다. 이미 예수는 잔치의 이미지를 이용하여 그에 대한 초청의 말들을 통해서 하늘나라에 대한 비전을 제시했다(눅 14:15-24; 마 22:1-14).

10절. 이 구절은 저자 요한에 대한 정체성을 보여준다. 저자는 천사의 명령을 받고 그 발에 엎드려 그를 경배하려고 한다. 그러나 천사는 이것을 거부한다. 여기에는 당시 소아시아 지역의 천사숭배를 반영하는 것으로 교회도 이런 이해를 가지고 있었던 것으로 보인다. 저자는 천사의 말을 통해서 "예수에 관한 증거는 예언의 영이다(ἡ γὰρ μαρτυρία Ἰησοῦ ἐστιν τὸ πνεῦμα τῆς προφητείας)라고 강조한다. 이로써 구원은 천사의 중재가 아닌 예수에 대한 올바른 이해와 참여를 통해서 이루어진다. 동시에 성도들의 정체성은 천사와 같거나 그 이상일 수 있다는 암시도 들어있다(고전 6:3을 비교하라).

296) A. Satake, *Offenbarung*, 372.

3. 요한의 세 번째 묵시(19:11-22:5): 예수 그리스도의 최후의 심판

28. 19:11-21 세상의 심판자 예수

28.1. 본문 사역

11 나는 열려진 하늘을 보았습니다. 보시오. 백마와 그 위에 앉아계신 분, 즉 믿을 수 있고 참되신 분이라 불리는 분입니다. 그는 정의로 심판하고 전쟁을 합니다. 12 그분의 눈은 불 꽃 같고 그의 머리 위에는 많은 머리띠들이 있었습니다. 그는 이름을 가지고 있었는데, 그것은 자신 이외에는 아무도 볼 수 없게 기록되어 있었습니다. 13 그는 피로 뒤덮인 옷을 입었습니다. 그의 이름을 하나님의 말씀이라고 불렀습니다. 14 하늘에 있는 군대들이 백마를 타고 있는 그를 따르고 있었습니다. 그들은 희고 깨끗한 세마포 옷을 입고 있었습니다. 15 그의 입으로부터는 날카로운 칼이 나왔습니다. 그것은 그 칼로 민족들을 치기 위한 것입니다. 그는 쇠몽둥이로 그들을 돌볼 것입니다. 그는 전능자 하나님의 격렬한 진노의 포도주 틀을 밟을 것입니다. 16 그는 그 옷과 그 다리에 기록된 이름을 가지고 있었습니다. 그것은 이름은 왕 중의 왕이요 주들 가운데 주였습니다. 17 나는 태양 안에 서 있는 한 천사를 보았습니다. 그는 높은 하늘을 날고 있는 모든 새들에게 큰 소리로 외치면서 말했습니다. 와서 하나님의 큰 잔치에 모여라. 18 왕들의 살과 장군들의 살과 힘센 자들의 살과 말들과 그것을 탄자들의 살과 자유인들이나 종들과 작은 자들과 큰 자들의 모든 살을 먹으라. 19 나는 그 짐승과 땅의 왕들과 그들의 군대들이 함께 모인 것을 보았습니다. 말을 타신 분과 그들의 군대들은 함께 전쟁을 했습니다. 20 그 짐승은 붙잡혔습니다. 그리고 그와 함께 그 앞에서 표적을 행하던 예언자들도 잡혔습니다. 이들은 짐승의 표를 받고 그의 우상에게 경배하던 자들을 표적으로 잘못에 빠지게 한 자들입니다. 이 둘은 산 채로 유황의 불 연못에 던져졌습니다. 21 그 나머지 사람들은 말을 타신 분의 입으로부터 나오는 칼에 죽음을 당했습니다. 그리고 모든 새들은 그들의 살로 배가 부르도록 먹었습니다.

28.2. 본문에 대한 전 이해

예수가 세상의 심판자가 되고 역사의 종말을 가져온다는 것은 신약성경 안에서 여러 번 언급된다.[297] 19장의 이 본문은 어린양이 마지막 때에 일어나는 전쟁에서 최종적으로 공동체와 믿는 자들을 괴롭혔던 짐승을 제거한다는 내용이다. 이 이야기 안에서 13장에 등장했던 짐승과 그를 추종했던 거짓 예언자를 심판하는 내용이 서로 연결된다. 다시 앞에서 다루었던 음녀 바빌론(로마)의 멸망을 한층 더 심화시킨다. 이 이야기는 앞의 이야기의 반복이면서도 상승작용을 일으킨다. 이야기가 진행되면서 세상의 심판 대상에 대한 초점은 점점 더 외적인 것에서 본질적인 핵심을 겨냥한다. 즉 하나님을 대적하는 세상에 대한 심판은 점차적으로 도시에서 짐승, 거짓예언자들, 용으로 대변되는 악의 실체에 집중하고 있다. 이 본문은 5장에서 세상의 왕으로 등극했던 어린양을 모방하면서 공동체를 박해했던 짐승을 예수가 전사자의 모습으로 등장하여 제거한다는 것이다(12-13장을 참조하라). 이야기의 구조는 첫째, 그 대결에서 짐승은 세력을 규합하여 그를 대항하려고 하지만 결과는 그의 무력함을 드러낸다는 것(11-16절). 둘째, 전쟁의 결과로 하나님을 대적하던 자들의 시체는 새들의 먹이가 된다는 것(17-18절), 셋째, 심판의 완성이다(19-21절).

28.3. 주석

11절. 저자는 "열려진 하늘을 보았다"(εἶδον τὸν οὐρανὸν ἠνεῳγμένον)고 말한다. 이것은 계시와 예언을 말하는 중요한 표현이다(막 1:10 평행; 행 7:56). 저자는 열려진 하늘의 중심에 그리스도가 서 있는 것을 본다. 저자는 그의 외적인 모습을 묘사하는데, 그 외적인 묘사가 곧 그의 신적인 권위에 대한 설명이 된다(1:12-20을 비교하라). 여기에 등장하는 예수의 모습은 복음서에 등장하는 나귀를 타는 모습과 대조를 이룬다(막 11:1이하; 요 12:14 이하). 복음서에서 나귀를 타는 것은 스가랴 9:9에 나오는 평화의 왕으로 오시는

297) 막 13:27; 행 17:31; 고전 15:25-27.

메시아를 암시한다. 요한계시록의 예수의 모습은 세상에서 하나님을 대적하는 대적자와 그를 추종하는 무리와 전쟁을 벌이는 것으로 묘사된다. 여기서도 흰색은 깨끗함과 거룩함을 말하며, "믿을 수 있고 진실하다"(πιστὸς καὶ ἀληθινός)로 불리는 그의 이름들은 그의 행위들이 정당함을 의미한다. 이것은 예수 그리스도의 등장의 목적은 파괴보다는 구원이라는 것을 강조한다.

12절. 그의 눈이 "불꽃 같다"(ὡς φλὸξ πυρός)는 것은 사물을 꿰뚫어 보는 그의 위엄을 나타낸다(1:14). 그는 그의 이마에 대적자였던 짐승의 머리띠와 다르게 그의 통치권과 힘을 상징하는 이름이 기록되어 있다(13:1을 비교하라).

13절. 그의 옷이 피로 뒤덮여 있다는 것은 하나님은 진노의 심판을 위해 올 때 그의 옷이 피로 젖는다는 이사야 63:1-6을 반영하는 것이다. 여기서 말하는 피는 하나님의 대적자들이 흘리는 피를 말한다. 무엇보다도 중요한 것은 그의 이름을 "하나님의 말씀"(ὁ λόγος τοῦ θεοῦ)으로 규정하고 있다는 것이다. 예수가 하나님의 말씀이라는 것은 요한복음과 요한서신의 신학을 반영하는 것이다(요 1:1-4; 요일 1:1-4). 요한복음 안에서 로고스는 기존의 사변철학과 지혜론적인 사고를 넘어서고 있음을 보여준다.[298] 요한복음은 그것을 통해서 인간의 어떠한 칭호나 지위도 그의 신적인 본질에 맞지 않음을 보여주고자 한다. 여기서도 그런 로고스 신학이 반영되고 있다. 비록 여기서만 예수의 로고스 됨이 강조되고 있지만, 그 의미는 예수가 하나님과 직접적인 관계를 가지고 있는 높은 존재임을 말하고자 한다.

14절. 앞에서 설명한 주를 따르는 무리들에 대한 설명이 이어진다. 그들은 천사와 하늘의 군대로 흰옷을 입고 있다. 그 옷은 전쟁을 위한 옷이 아니다. 따라서 그들은 예수가 땅에서 승리의 통치자라는 전제로 그와 동행하는 자들임이 밝혀진다.

---

298) H. Cozelmann, *Grundriß der Theologie des Neuen Testaments*, Tübingen: Mohr Siebeck, 374-377; R.H. Charles, *Revelation* II, 134; E. Lohmeyer, *Offenbarung*, 159.

15절. 말을 타고 등장하는 하나님의 말씀인 예수 그리스도의 입에서는 칼이 나온다. 그것은 13절에 말한 "하나님의 말씀"의 능력을 나타내는 것이다. 그의 말씀이 날카로운 칼이라는 설명은 신약성경의 다른 본문 안에서도 확인된다(히 4:12; 엡 6:17). 그는 마지막 전쟁을 이끌어 가면서 말씀 이외에는 다른 어떤 도구를 사용하지 않는다. 그의 무기는 그의 입에서 나오는 말씀이며, 그 말씀이 곧 날카로운 양날의 칼이다. 즉 심판은 하나님의 말씀으로 진행된다. 여기서 "그들을 쇠몽둥이로 돌본다"(αὐτὸς ποιμανεῖ αὐτοὺς ἐν ῥάβδῳ σιδηρᾶ)는 것은 시편 2:9을 염두에 두고 있는 것으로 요한계시록 안에서 반복적으로 나타난다. 즉 예수는 시편에서 말하는 왕으로 등장한다는 것이다(2:27; 12:5). 그리고 "전능자 하나님의 진노의 포도주 틀을 밟는다"(αὐτὸς πατεῖ τὴν ληνὸν τοῦ οἴνου τοῦ θυμοῦ τῆς ὀργῆς τοῦ θεοῦ τοῦ παντοκράτορος)는 것은 그가 하나님의 뜻을 잘 실현하는 심판자임을 말한다. 이 진술 배후에는 앞에 나왔던 음녀의 행위에 대해서 전권을 가진 하나님이 대응하고 있음을 말하는 것이다(14:8, 10; 16:19). 이것들 모두는 이사야 63:2-3을 반영하는 것으로, 저자는 마지막 전쟁에서 그리스도가 심판을 완성하고 있음을 말하고자 한다.

16절. 그 전쟁의 결과로 재림하는 예수는 "왕의 왕"(βασιλεὺς βασιλέων), "주의 주"(καὶ κύριος κυρίων)라는 최고의 통치자임이 분명해지며, 지상의 모든 권력자들은 항상 그를 경배해야만 한다. 왜냐하면 하나님은 그를 자신의 존귀한 자리에 세웠고 그에게 모든 구원의 사역을 위임했기 때문이다. 이렇게 재림하는 예수가 승리하는 하나님의 권세를 가지고 등장하자 대적자와 전쟁을 시작한다. 그러나 이미 전쟁의 결과는 결정된 것이고 전쟁의 시작이 곧 마지막이 된다. 즉 대적자는 그리스도의 재림에 직면하여 아무런 힘도 사용할 수 없는 무력한 존재라는 사실이 드러난다.

17-18절. 이어지는 이야기는 마지막 전쟁과 관련하여 천사의 등장으로 그 싸움의 의미를 설명한다. 태양 가운데 서 있는 천사는 대적자들의 시체를 뜯어 먹는 공중의 새들을 전쟁터로 초대한다. 이것은 마지막 전쟁이 승리한 기독교인들의 잔치이면서 동시에 공중의 새들의 잔치(τό δεῖπνον)가

된다는 것이며(18:2) 에스겔 39:17-20을 반영하고 있다. 잔치의 이미지는 마지막 심판으로 하나님의 잔치에 초대 받는 것과 그렇지 못한 것이 서로 대조를 보여준다. 마지막 전쟁은 구원에 참여하는 사람과 심판에 참여하는 사람이 나누어지는 시간이다(마 13:24-30, 44-50).

19절. 결론의 장면은 17:12-14의 짐승과 그의 추종자들이 어린양과 싸우기 위해서 힘을 모은 것을 염두에 둔 서술로 보인다. 17:12 이하에서도 짐승은 그의 통제를 받는 왕들을 모아 전쟁을 치르려고 하지만 그는 아무런 힘도 행사하지 못한다.

20절. 여기서는 짐승과 거짓예언자들이 붙잡히는 것(ἐπιάσθη)으로 표현되고 있다. 이것은 이들이 로마제국의 권력의 실세이자 대변자이지만, 그들 모두는 예수 그리스도의 권세 앞에서 아무런 저항도 할 수 없다는 것이다. 성도들을 괴롭히던 이들은 그리스도의 재림으로 죽음 이상의 고통을 겪어야 한다. 그것은 그들이 "영원히 타오르는 불 연못에"(εἰς τὴν λίμνην τοῦ πυρὸς τῆς καιομένης ἐν θείῳ)에 던져지기 때문이다(단 7:11). 저자는 이렇게 마지막 전쟁을 통하여 첫 번째 짐승-두 번째 짐승(혹은 예언자들)이 제거되었다고 말한다. 그러므로 사탄의 삼위일체 중 두 요소가 제거되었고, 악의 최후의 결정체인 용을 제거하는 일은 20장으로 넘어간다.

21절. 이렇게 마지막 심판에서도 가장 중요한 무기는 예수의 입에서 나오는 하나님의 말씀이다(21절). 말씀에 대한 신뢰가 마지막 심판에서 구원을 얻은 가장 중요한 전제조건이라는 것이다(15절을 참조하라).

28.4. 19장을 위한 해석과 설교방향

19장에 대한 해석과 설교의 방향도 두 부분으로 나누어진다. 먼저 1-10절의 "할렐루야" 찬양은 처음 기독교의 예배를 이해하게 하는 중요한 단서들을 보여준다. 초대 기독교의 예배는 요한계시록이 보여주는 것처럼 임박한 재림에 대한 강한 요소를 가지고 있었음을 보여준다. 바울도 그의 고린도전서 말미에 "마라나타"를 제시하여 이렇게 종말론적인 기대를 가지는 것이 예배의 중요한 요소였다는 암시를 하고 있다(고전 16:22). 이와 관련해서 요한계시록의 할렐루야는 좀 더 역동적인 모습의 예배를 보여준다. 그 예배는 할렐루야라는 찬양을 중심으로 예배가 하늘과 땅의 연결을 이루는 합창으로 확대된다는 것이다. 특히 그러한 할렐루야 찬송 안에는 하나님의 심판과 구원에 대한 신학적인 의미를 가지고 있다는 것이다. 이것은 요한계시록 공동체의 위기상황에 대한 대응방식을 보여준다. 그것은 이들이 고난을 당하는 순간에도 예배가 그들의 삶의 중심이 되도록 했고, 그 예배를 통해서 하나님의 최후 승리와 역사에 대한 개입을 확신하고 있었다는 것이다. 이미 요한계시록 4-5장에 등장하는 하늘 예배에 대한 이해를 반복하는 것이며 그것을 종말론의 차원으로 확대한 것이다. 따라서 요한계시록 19장의 해석과 설교는 이렇게 우리들의 예배와 찬송이 가지는 종말론적이고 신학적인 이해를 담아내야 한다.

계속해서 11-21절은 앞의 예배와 찬송의 결과를 예시적으로 보여주는 것이다. 그것은 성도들의 진심어린 예배와 찬송이 그리스도의 재림과 등장을 가능하게 한다는 것이다. 여기서 "하나님의 말씀"으로 등장한 백마를 타고 있는 그리스도는 성도들의 기도와 예배와 찬송에 응답하시는 분이다. 그러므로 그는 성도들의 기도와 예배와 찬송이 헛된 것이 아님을 그의 등장으로 확신시켜준다. 그는 이렇게 성도들의 기도를 듣고 역사의 한 가운데 등장하여 성도들을 박해하고 신앙을 버리게 하는 악한 세력들을 응징한다. 그 응징은 세상의 방법과 다르게 그의 입에서 나오는 말씀을 통해서 이루어진다. 말씀에 의한 심판은 그의 이름이 하나님의 말씀이라는 본질과 어울리는 행위이다. 그러므로 고난을 당하는 사람들에게 필요한 것은 하나님의 말씀에 대한 신뢰, 그 말씀 되시는 예수 그리스도에 대한 믿음이 중요하다. 그는 말씀에 있어서 믿을 수 있고 의로운 분이다. 그렇기 때문에 성도들이 신앙을 부인하는 위기상황에서 가장 필요한 것은 말씀에 대한 확신이다. 이것을 통해서 요한계시록 저자는 그리스도의 말씀의 능력이 성도들을 괴롭히던 두 짐승과 예언자들을 영원한 불 못에까지 던져버릴 수 있는 강력한 것임을 상기시켜주고 있다.

● 요한계시록 20장 ●

29. 20:1-10 사탄의 멸망과 천년왕국

29.1. 본문 사역

1 나는 하늘에서 내려오는 천사를 보았습니다. 그는 손에 지하세계의 열쇠와 큰
쇠사슬을 가지고 있었습니다. 2 그는 용이고 옛 뱀이며, 악마라고도 하고 사탄이
라고도 하는 자를 붙잡았습니다. 그는 그를 천 년 동안 묶어두었습니다. 3 그는
그를 지하세계에 던지고 열쇠를 잠가 그 위에 도장을 찍었습니다. 이것은 천 년
이 차기까지 다시는 민족들을 잘못된 길로 이끌지 못하게 하려는 것입니다. 그
후에 그는 잠간 동안만 풀려나야 합니다. 4 나는 왕좌들을 보았습니다. 그들은 그
위에 앉아 있었고, 그들에게 심판의 권한이 주어졌습니다. 나는 예수에 대한 증
언 때문에 그리고 하나님의 말씀 대문에 목이 잘린 영혼들을 (보았습니다). 이들
은 그 짐승과 그의 우상에게 경배하지 않았고 그들의 이마와 손에 그 표를 받지
않았습니다. 이들은 그리스도와 함께 천 년을 살았고 다스렸습니다. 5 죽은 자들
의 그 나머지는 천 년이 차기까지 살지 못했습니다. 이것이 첫 번째 부활입니다.
6 이 첫 번째 부활의 참여하는 권한을 가진 사람은 복이 있고 거룩합니다. 두 번
째 사망은 그들을 지배할 권한이 없습니다. 오히려 그들은 하나님과 그리스도의
제사장들이 될 것이며 천 년 동안 그와 함께 다스릴 것입니다. 7 천 년이 찼을 때
사탄은 그의 감옥으로부터 풀려날 것입니다. 8 그는 땅의 네 방향에 있는 백성
들, 즉 곡과 마곡을 잘못된 길로 인도하기 위하여 나갈 것입니다. 그는 전쟁을
위하여 그들을 모을 것입니다. 그들의 숫자는 바다의 모래 같았습니다. 9 그들
은 땅의 넓은 곳에 내려왔고 성도들이 거하는 곳과 사랑하는 도시를 포위했습
니다. 불이 하늘에서 내려왔고 그들을 먹어버렸습니다. 10 그들을 잘못된 길로
인도하던 악마는 불과 유황의 연못에 던져졌습니다. 그곳은 그 짐승과 그 거짓
예언자가 있는 곳입니다. 그들은 밤낮으로 영원히 고통을 당할 것입니다.

29.2. 본문에 대한 전 이해

12장부터 19장의 이야기는 12장에서 하늘을 지배하던 용이 하늘의 전쟁에서 패배하고 땅으로 쫓겨난 것을 다양한 각도에서 이야기했다. 용이 땅과 바다를 지배하는 과정은 짐승을 만들고 하나님의 권력을 모방하여 땅을 다스리고 교회를 핍박하는 것이다. 이렇게 땅이 악의 지배를 받는 과정에서 교회는 하나님의 도우심과 개입을 필요로 한다. 따라서 12장부터의 이야기는 고난당하는 교회에 대해서 '하나님은 무엇을 하시는가?'에 대한 응답이다. 하나님은 일차적으로 하나님을 대적하고 교회와 성도를 핍박하는 악의 세력들을 당신의 계획에 따라서 제거해 나가신다. 그 계획은 하늘과 땅과 바다, 도시 바빌론, 짐승, 거짓예언자들을 향하여 순차적으로 진행된다. 그 계획의 최종적인 과정은 이렇게 온 세상을 하나님에 대한 불신과 타락으로 이끈 권력의 핵심인 사탄을 제거하는 것으로 마무리된다. 그러므로 땅으로 쫓겨난 용을 심판하는 것은 용의 지배로 타락한 땅을 하나님의 새 창조의 영역으로 바꾸는 중요한 과정이다. 20장은 그렇게 하나님이 악을 제거하는 장면을 제시하고 있다. 이것은 12:7-12에서 천사장 미가엘이 용을 무찌른 이야기의 2부에 해당한다. 2부는 사탄이었던 용과 그의 권력의 최후를 그리고 있다. 12장에서는 하늘이 투쟁의 무대였지만, 20장에서는 땅이 투쟁의 무대다. 이 이야기는 첫째, 용의 결박(1-3절), 둘째, 천년왕국(4-6절). 셋째, 용의 저항과 최후의 몰락(7-10절)으로 구분된다.

29.3. 주석

1절. 여기에 소개되는 장면은 12장과 유사하게 천사와 용의 대립으로 그려진다. 즉 최후의 전쟁에서 악을 제거하는 것은 하나님 자신이 아니라 그의 명령을 따르는 천사다. 중요한 것은 여기에 나오는 장면은 12:7-12에 나오는 천사장 미가엘과 그 군대의 활동으로 하늘에서 용을 몰아낸 이야기와 연결된다. 동시에 이 장면은 그렇게 땅으로 쫓겨난 용의 힘을 최종적으로 제거하여 하나님을 대적하는 악의 세력이 더 이상 없다는 것을 말하고자 한다. 여기서 말하는 열쇠의 이미지는 3:7의 다윗의 열쇠(ἡ κλείς Δαυίδ)

와 연결된다.

2절. 하늘에서 내려온 천사가 결박하기 위한 대상은 12:9에서 언급한 하나님의 대적자와 일치한다. 그의 실체는 용, 옛 뱀, 악마, 사탄이다. 여기에는 12장에서 설명한 것처럼 성서해석과 관련된 오래된 전승들이 함축적으로 요약되어 있다. 그러면서도 새로운 진술은 그를 천 년(χίλια ἔτη) 동안 결박한다는 것이다. 이렇게 뱀을 붙잡아 가두는 이야기는 종교사에서 보면 이란의 뱀신화(Azhi Dahaka)와 묵시문학에서 찾아볼 수 있다.[299] 그리고 이와 유사하게 하늘에서 타락한 천사의 결박에 대한 이해는 구약과 유대교 문헌에도 반영되어 있다.[300]

3절. 여기서 언급하는 중요한 요지는 사람들을 유혹하던 용이 결박을 당하여 지하세계에 천 년 동안 감금되었다가 잠시 동안(μικρὸν χρόνον) 풀려난다는 것이다. 따라서 지하세계는 완전함 심판의 자리가 아닌 심판을 위한 임시적인 장소 역할을 한다. 특히 이 용이 지하세계에 감금되는 것과 잠시 동안 풀려나는 과정은 모두가 다 하나님의 계획안에서 진행되고 있다는 것을 말한다. 이 '잠시 동안'이라는 의미 안에는 불신자들에게도 아직 기회가 있다는 의미로 해석될 수 있다. 즉 악이 발생하고 불신자들이 생겨나는 상황도 믿는 자들과 아직 중심을 잡지 못한 사람들에게 기회가 될 수 있다는 것을 말한다.

4절. 저자는 앞의 이야기를 통해서 용이 지하세계에 결박되는 과정을 설명하고, 그 관점을 다시 하늘로 향하게 한다. 앞의 이야기와 관련하여 4절에서 다루는 이야기도 계속되는 심판의 과정이다. 특히 저자는 환상을 통해서 제시하는 여러 개의 왕좌들과 그 위에 앉아 있는 사람들의 정체성을 드러내고자 한다. 그들은 목숨까지 바치면서 신앙을 지켜낸 사람들이고, 그들은 지금 그들을 박해하고 고통을 주었던 악의 실체인 용의 몰락을

299) J. Roloff, *Offenbarung*, 192.

300) 사 24:21 이하; 이디오피아 에녹서 18:13-16, 21:6-10; 레위 유언서 18:12.

지켜보는 하나님의 심판에 참여하고 있는 사람들이다.[301] 이 본문은 마태복음 19:28의 "예수께서 이르시되 내가 진실로 너희에게 이르노니 세상이 새롭게 되어 인자가 자기 영광의 보좌에 앉을 때에 나를 따르는 너희도 열두 보좌에 앉아 이스라엘 열두 지파를 심판하리라"는 말과도 연결된다. 이렇게 땅에서 신앙을 지킨 거룩한 자들은 신앙을 지킨 사람들이다. 이들은 마지막 때에 하나님의 대적자들과 싸우며 그들의 권세에 대항하고 저항하였기 때문에 그리스도와 더불어 통치권을 넘겨받게 된 것이다. 이들은 황제숭배를 거부하고 자신들의 몸과 생명을 바쳐서 저항한 사람들이다. 그들은 "예수에 대한 증거(순교)를 위하여 목베임을 당하기까지 한 영혼들"(τὰς ψυχὰς τῶν πεπελεκισμένων διὰ τὴν μαρτυρίαν Ἰησοῦ)로 신실하게 신앙을 지키며 승리한 자들이다. 지금 이들의 통치가 예수께서 가르쳐주신 주기도문처럼 하늘에서 뿐만 아니라 그리스도와 더불어 땅에서도 실현되고 있는 것이다. 이런 이해의 바탕에는 다니엘 7:9 이하와 22절, 27절의 암시가 들어있다. 특히 여기서 강조하고 있는 "그리스도와 함께 천 년을 다스렸습니다"(ἐβασίλευσαν μετὰ τοῦ Χριστοῦ χίλια ἔτη)라는 의미도 당시 로마 제국의 '지배자와 신하'라는 종속관계가 철폐되고, 새로운 세계 안에서 신앙을 지킨 사람들이 그리스도의 통치에 참여한다는 확신을 보여준다.

천 년에 대한 이해는 교회사에서 가장 논란이 되는 신학적인 이슈 중에 하나고 지금까지도 많은 논란이 된다. 예를 들어, 전천 년설, 후천 년설, 무천 년설로 대변되는 대표적인 신학적인 논의들이 있지만 지금 우리가 다루고 있는 본문 안에는 그에 대한 정확한 물리적인 계산을 위한 근거가 전혀 없다. 오히려 우리가 다루고 있는 본문에서의 천 년의 의미는 역사의 마지막에 해당하는 미래를 위한 표현이라는 것이다. 그러므로 이에 대한 이해는 어거스틴의 제안에 따라서 그리스도와의 영적 통치로 이해되는 무천 년

---

301) W. Bousset, *Offenbarung*, 437; A. Wikenhauser, *Die Offenbarung des Johannes*, RNT IX, Regensburg: Pustet, 1959, 128; W. Mealy, *After the Thousand Years. Resurrection and Judgement in Revelation 20*, JSNT.S 70, London: T&R Clark International, 1992, 102 이하를 보라. Mealy는 이들을 이십사 장로와 동일한 사람들로 본다.

설의 이해가 오랫동안 받아들여졌다. 그러나 1,000 숫자와 관련된 세대주의적인 물리적 해석은 불가능하다.[302]

5절. 5절의 문장은 4절과 대조가 된다. 그것은 이 문장에 나오는 "나머지 죽은 자들"(οἱ λοιποὶ τῶν νεκρῶν)이 앞 문장에 나온 그리스도와 함께 다스리는 사람들과 다른 영역에 존재하는 자들이기 때문이다. 그들은 죽음의 영역에 있다는 것이다. 이 문장을 중심으로 다음에 나오는 "첫 번째 부활"(ἡ ἀνάστασις ἡ πρώτη)과 4절에 나오는 그리스도의 통치에 참여하는 사람들은 서로 일치를 이룬다. 여기에는 순교한 요한계시록 공동체처럼 신앙을 지키다가 순교한 사람들이 첫 번째 부활의 참여자가 된다는 사상을 반영한다. 그렇기 때문에 이 부활은 다시 6절의 축복과 연결된다. 그리스도의 통치에 참여하는 사람들은 첫 번째 부활에 참여한다. 그러나 본문에서는 두 번째 부활을 언급하지는 않는다. 첫 번째 부활은 이어지는 12-15절에서 전개되는 구원받은 공동체 밖에서 일어나는 두 번째 부활과 구별된다.

6절. 저자는 두 번째 부활 대신에 오히려 "두 번째 사망"(ὁ δεύτερος θάνατο)을 언급한다. 이 표현 안에는 함축적인 의미가 들어있다. 즉 신앙을 지키며 고난을 이겨낸 사람들은 이미 그 실존 자체가 생명에 참여한 것이기 때문에 죽음의 영향을 받지 않는다는 것이다. 반대로 그리스도의 최종적인 심판의 시간이 불신앙으로 죽은 사람들에게는 죽은 영혼이 심판을 받아야 하는 '두 번째 부활'의 시간이고, 이것은 곧 영원한 심판으로 가는 두 번째 사망인 것이다. 이렇게 부활의 의미가 생명이라는 의미를 함축하기 때문에, 저자는 여기서 두 번째 부활이라는 표현을 피하고 있는 것으로 보인다.[303] 이렇게 구원에 참여하는 자들은 하나님의 거룩함에 참여하는 자들이며, 그렇기 때문에 영원한 파멸을 의미하는 두 번째 부활에서 일어나는 죽음이 첫 번째 부활에 참여하는 자들과는 무관하다. 이제 그들에게 주

302) 데이비드 E. 아우내, 『WBC 요한계시록 52(하)』, 373; 오토 뵉허, 『요한묵시록』, 150을 참조하라. 뵉허는 이것이 유대교의 묵시적인 전승에 따라서 당시의 견해로 지상에서의 천 년으로 이해될 수 있다고 본다.

303) A. Satake, *Offenbarung*, 387.

어지는 지위는 하나님의 구원의 영역에 속하는 "하나님과 그리스도의 제사장"(ἱερεῖς τοῦ θεοῦ καὶ τοῦ Χριστοῦ)의 역할이다. 이것은 그들이 그리스도와 함께 영원한 통치에 참여하는 왕 같은 제사장직에 대한 이해를 반영하는 것이다(1:6; 5:10; 벧전 2:9).

7절. 저자는 시간이 천 년이 되었을 때 사탄이 지하세계의 감옥에서 풀려난다고 말한다. 누가 그를 풀어주었는가, 왜 다시 놓아주어야 하는지에 대한 언급은 없다. 문장의 성격상 수동태로 되어 있기에 하나님이 주체로 해석될 수 있다. 즉 하나님은 사탄의 마지막 활동에 잠간의 시간을 허락하지만 그것은 동시에 악이 종말을 맞이하는 순간이라는 것이다. 그것은 지금까지의 이야기를 바탕으로 하나님은 하늘과 땅을 심판을 통해서 깨끗하게 만들었음을 말한다. 그리고 이제 사탄이 감금되어 있는 지하세계까지도 그의 권세가 미치게 된다. 이것으로 하나님이 창조한 모든 영역은 원래의 창조된 모습으로 모두 회복된다.

8절. 그렇게 하나님의 새 창조를 위한 활동이 정점에 도달했을 때, 악마는 마지막 반격을 시도하고자 한다. 그는 다시 하나님과 대적하려고 연합군 같은 조직을 결성하려고 한다. 그러나 그를 따르는 연합군들은 아무런 힘도 쓰지 못하고 오히려 멸망을 당할 뿐이다. 이에 대한 암시는 이미 19:19-21에서 암시되고 있다. 그는 사람들의 군대가 아닌 악한 영들의 힘을 모으고자 한다. 원래 곡(Gog)과 마곡(Magog)은 개역개정판 에스겔 38장과 39장에 등장하는 큰 힘을 가진 신화적인 민족이다. 그러나 요한계시록에서는 곡과 마곡이 용을 원조하는 군단으로 등장한다. 그들은 에스겔서를 배경으로 할 경우 북쪽에서 침입해 들어오는 민족들로 고대 이란의 유목민족이었던 스키타이 민족들로 여겨진다. 그러나 요한은 이들을 악마적인 세력으로 보고 있다. 그러나 그들은 하나님에게 곧 패하고 만다.[304)]

9절. 사탄은 땅의 네 끝(동서남북)[305)]에서 곡과 마곡의 큰 군대를 모아 성

304) J. Roloff, *Offenbarung*, 194.

305) U.B. Müller, *Offenbarung*, 343; A. Pohl, *Offenbarung*, 281.

도들의 거주지와 "사랑하는 도시"(ἡ πόλις ἡ ἠγαπημένη)를 포위하여 전쟁을 하고자 한다. 이 도시는 구약에서 예루살렘을 의미한다(시 78:68, 87:2). 이것은 다시 21장에서 하늘에서 내려오는 새 예루살렘으로 이상화 된다. 이 도시는 이 세상의 예루살렘이 아닌 구원의 공동체를 말한다. 이 도시는 지금까지 신자들을 핍박하고 괴롭혔던 세계를 지배하던 큰 도시 바빌론(로마)과 전혀 다른 본질의 도시를 말한다. 이렇게 하나님을 대적하는 사탄의 마지막 저항은 하나님이 직접 개입하여 전쟁을 끝낸다. 저자는 하나님의 직접적인 개입을 하늘에서 불이 내려와 사탄의 군대들을 멸망시키기 때문이다.

10절. 이렇게 하나님이 사탄의 세력을 멸망시키려는 계획은 이제 결론에 도달한다. 그것은 바로 악마의 군대를 이끌었던 사탄을 근원적으로 제거하는 것이다. 여기서도 사탄이 불 못에 던져지는 장면(ἐβλήθη εἰς τὴν λίμνην τοῦ πυρὸς)은 신적인 수동태의 형식으로 되어 있다. 즉 악을 멸하는 주체는 하나님이시라는 것이다. 그 불못은 이미 그가 조종하던 짐승과 거짓 예언자들이 던져진 곳이다(19:20). 이로써 하나님이 만든 세상을 잘못된 길로 인도하며 타락하게 만들었던 악의 근원이었던 사탄(용, 옛 뱀, 악마, 미혹하는 자)도 최후를 맞이한다. 그 결과 이렇게 악이 완전하게 제거되고 사람의 힘에 의한 평화가 아닌 하나님의 다스리심으로 일어나는 평화가 실현되는 축제의 시간이 준비된다. 그러나 그에 앞서서 하나님은 모든 인간들의 믿음과 행위에 대해서도 심판을 단행하신다.

30. 20:11-15 하나님의 통치와 모든 사람들을 위한 심판

30.1. 본문 사역

[11] 나는 크고 빛나는 왕좌와 그 위에 앉아계신 분을 보았습니다. 땅과 하늘은 그
분 앞에서 달아나 버렸고 그 자리가 그들에게 보이지 않았습니다. [12] 나는 죽은
자들이 큰 자이거나 작은 자들이거나 그 왕좌 앞에 서 있는 것을 보았습니다.
그리고 책들이 펼쳐져 있었고, 다른 책도 펼쳐져 있었습니다. 그것은 생명의 책
입니다. 죽은 자들은 그들의 행위에 따라서 그 책들에 기록된 것으로부터 심판

을 받았습니다. [13] 바다는 그 안에서 죽은 자들을 내어 주었습니다. 그리고 사망과 죽음의 세계도 그 안에서 죽은 자들을 내어 주었습니다. 그들 각자는 그들의 행위에 따라서 심판을 받았습니다. [14] 그리고 사망과 지옥도 불 연못에 던져졌습니다. 이것이 두 번째 사망, 즉 불 연못입니다. [15] 누구든지 생명의 책에 기록되지 않은 사람은 불 연못에 던져졌습니다.

30.2. 본문에 대한 전 이해

지금까지 전개된 이야기들 모두는 하나님이 만든 세상을 지배하며 타락하게 만들었던 악의 근원인 사탄을 제거하는 것을 목표로 진행되어 왔다. 그러므로 지금은 인간 역사의 최종적인 마무리에 도달한다. 이렇게 악이 제거되고 역사의 마지막에 도달하는 순간에 하나님은 자신의 존재를 드러내 보이신다. 이렇게 역사가 끝이 나고 새로운 하나님의 세계가 펼쳐질 때, 그 새로운 세계를 위한 마지막 단계가 남아 있다. 그것은 바로 죽은 자들에 대한 심판이다. 이로써 하나님이 만든 세상에서 일어났던 모든 불의와 선행이 드러나고, 그것을 통해서 역사의 마지막이 완성된다. 이 최후의 심판을 통해서 인간들 개인은 영원한 생명과 죽음으로 나누어지는 최후의 결정을 맞이하게 된다.

30.3. 주석

11절. 저자는 환상을 통해서 하늘의 '왕좌'(θρόνος)와 '그 위에 앉아 계신 분'(ὁ καθήμενος ἐπ' αὐτόν)을 본다. 요한계시록 저자는 하나님의 실체를 직접적으로 묘사하는데 매우 신중하다. 그래서 그는 이렇게 왕좌와 그 위에 앉아계신 분이라는 표현을 통해서 하나님을 간접적으로 표현한다.[306] 이것은 하나님이 인간의 입으로 완전하게 묘사될 수 없는 분이라는 것을 말한다. 이렇게 하나님은 마지막 때에 심판을 위하여 자신의 감추어져 있던 존재를 드러내신다. 이것으로 마지막 심판은 감히 하나님에게 나아갈 수 없

306) 계 4:2-3; 5:1,6,7; 7:15; 14:16; 19:4; 20:11; 리차드 보쿰, 『요한계시록 신학』, 56-61.

었던 인간이 구원을 통하여 하나님에게 가까이 갈 수 있는 기회가 된다. 여기서 표현되고 있는 흰색(λευκός)의 의미 속에는 '빛나다'는 의미도 함께 가지고 있는 것으로 하나님의 거룩함과 정결함을 나타낸다.[307] 용이 제거되고 하나님의 심판에 직면해서 일어나는 현상은 하나님 얼굴 앞에서(ἀπὸ τοῦ προσώπου) 하늘과 땅이 사라져 버리는 것이다. 그리스어 본문은 도망갔다(ἔφυγεν)는 표현을 사용하고 있다. 이것은 "천지는 사라져 버린다"는 예수의 말과도 관계가 있으며(마 24:35; 막 13:31; 눅 21:33) 동시에 타락한 세상의 완전한 소멸과 새로운 창조를 말한다(21:1을 비교하라).[308] 이것은 태초에 하나님이 천지를 창조하기 이전의 상태처럼 세상이 무(無)의 상태로 되돌아간다는 것을 의미한다.

12절. 이 구절은 죽은 자들의 부활이라는 주제를 담고 있다. 죽은 자들이 모두 살아나서 하나님의 왕좌 앞에 선다는 것(ἑστῶτας ἐνώπιον τοῦ θρόνου)이다. 이것은 하나님이 거행하시는 심판을 의미한다. 이 심판의 순간에는 사람들이 이 세상에서 살았을 때의 상태를 나타내는 "큰 자나 작은 자들"(οἱ μεγαλοί καὶ οἱ μικροί)의 구별과 차별이 사라진다. 하나님의 심판 앞에서 세상의 지위고하가 중요한 것이 아니라 참된 믿음과 행실이 중요하다.

그들이 받아야 하는 심판은 그들 앞에 펼쳐져 있는 책들을 통해서 이루어진다. 심판이 공정하다는 사실은 그들이 이 땅에서 살았을 때의 모든 행위를 자세하게 기록한 책을 통해서 드러난다. 책들은 본문에 인간들의 행위들을 심판하는 책들(βιβλία)과 생명을 결정짓는 한 권의 다른 책(ἄλλο βιβλίον)으로 되어있다. 인간들의 행위들을 따라서(κατὰ τὰ ἔργα αὐτῶν) 기록되어 있는 복수로 표기된 책들은 "생명의 책"(ὅ ἐστιν τῆς ζωῆς)이라는 한 권의 책과 대조를 이룬다. 이것으로 선택받은 자들은 심판 받는 자들보다 상대적으로 그 숫자가 제한적이라는 것을 보여준다. 요한계시록 안에서 생명

307) 계 2:17; 3:4-5; 18; 4:4; 7:9; 19:11,14.

308) T.J. Bauer, *Das tausendjährige Messiasreich der Johannesoffenbarung. Eine literarische Studie zu Offenbarung 19,11-21:8*, BZNW 50, Berlin/New York: de Gruyter, 1987, 222-224.

의 책에 대한 강조는 여러분 반복되고 있다(3:5; 13:8; 17:8; 20:12,15; 21:27). 그 책 안에는 하나님이 구원을 주기로 선택한 이름들이 기록되어 있다.[309)]

심판의 책에 대한 이해는 구약과 유대교 중간기 문헌에도 나타난다.[310)] 이미 언급한 것처럼 심판은 인간들의 행위에 따라서 이루어진다. 요한계시록 안에서 행위는 하나님과 예수 그리스도를 믿고 그에 대한 확고한 믿음을 지키는 것을 의미한다(14:12; 19:8). 그리고 이 심판에서 행위와 믿음에 대한 심판은 사람이 주체가 아니고 하나님이라는 것이다. 그러므로 구원은 하나님의 전적인 은혜이며 선택의 문제다.

요한계시록 안에서 심판에 대한 이해는 그리스도가 하나님과 같이 심판에 참여하고 있다고 말한다(14:14-16; 19:11-13). 이미 초대 기독교는 예수 그리스도가 세계 심판자라는 사실을 선언해 왔다.[311)] 죽은 자들의 부활이라는 맥락은 고린도전서 15장과 데살로니가전서 4장과도 연결되지만, 여기서는 부활에 이루어지는 영적인 몸을 입는 것에 대해서는 언급하지 않는다. 그러나 죽은 자들의 심판이 지상에서 살았던 삶의 흔적을 가지고 있는 상태에서 이루어지고 있다는 것을 보여준다(6:9; 20:4).

13절. 앞의 11-12절은 심판의 영역을 하늘과 땅으로 제시하고 그 안에서 살다가 죽은 자들의 심판을 말한다. 13절은 그 대상을 바다로 확대한다. 이미 12장과 13장을 설명하면서 고대 히브리 사고 안에는 바다에 대한 인식이 부정적이라는 것을 언급하였다. 그것은 12장과 13장에서 말하는 용과 짐승의 출현이 바다와 밀접한 관계가 있기 때문이다. 내용적으로는 앞의 11-12절과 연결할 경우 땅과 하늘이 사라진 상황에서 바다만 존재한다는 것은 논리적으로 설명이 어려운 대목이다. 바다는 악의 근원지이이고 태초에 악마가 하나님과 투쟁을 벌이던 혼돈의 장소이며 악마적인 세력들이 하나님을 대적하는 장소다.[312)] 그래서 구약과 묵시문학의 전승은 무덤

309) 계 3:5; 13:8; 17:8; 20:12,15; 21:27; 빌 4:3.

310) 4에스라 6:20; 단 7:10; 시리아 바룩서 24:1.

311) 고후 5:10; 마 25:31 이하; 히 10:30.

312) J. Roloff, *Offenbarung*, 196; M. Rissi, *Was ist und was geschehen soll danach. Die Zeit-*

에 묻히지 못하고 바다에서 죽는 것을 저주로 인식되었고[313], 그래서 바다가 토해낸 죽은 자들은 저주를 받은 자들로 새로운 생명을 얻는 것이 불가능하다(이디오피아 에녹서 61:5). 계속해서 하나님의 새 창조를 앞두고 죽음(ὁ θάνατος)과 하데스(ὁ ᾅδης)로 하나님의 심판 앞에서 더 이상 아무런 역할도 하지 못하고 죽은 자들을 모두 내어 놓는다. 여기서 죽음이나 하데스는 동일한 의미를 가진 다른 표현이다. 이것은 고린도전서 15:54 이하에 나오는 '죽음'이 더 이상 새로운 창조와 생명의 부활 앞에서 아무런 힘을 행사하지 못하는 것과 비교된다. 요한계시록은 죽음과 하데스(지옥), 바다라는 세 가지 진술을 가지고 하나님과 대립하는 세력이나 영역은 새 창조 앞에서 완전히 사라져야 하는 것들이라고 말한다.

14절. 따라서 죽음과 하데스의 최후도 용과, 그의 짐승들, 거짓 예언자들과 악령들이 던져진 불 연못에 던져진다. 이것은 하나님을 대적하는 모든 세력들, 특히 생명의 길을 위협하던 죽음의 최종적인 소멸을 의미한다. 하나님의 최후 심판은 사탄과 그의 동역자들, 그 유혹을 따라서 불신앙을 조장하고 하나님을 부인하던 모든 존재들을 최후로 심판하는 과정이다. 저자는 여기서 불 연못을 '첫 번째 부활'과 대조를 이루는 '두 번째 죽음'(ὁ θάνατος ὁ δεύτερός)으로 규정한다. 이것은 최후의 심판에서 일어나는 부활은 이 세상의 죽음보다 더 위협적인 것임을 말하는 영원한 죽음과 파멸을 의미한다. 이로써 죽음은 새창조를 기다리고 맞이하는 믿는 자들에게는 더 이상의 위협이 되지 않는다.

15절. 저자는 최후의 심판에 대한 이야기를 '생명책'을 다시 언급하는 것으로 마무리 한다. 저자는 이것을 통해서 현재 고난을 당하는 자들이 어떤 것을 선택해야 하는지 경고하고자 한다. 그것은 하나님의 생명책에 기록되는 선택받은 자가 될 것인가 아니면 사탄의 추종자가 되어 그들처럼 영원한 형벌을 당할 것인가 결단하라는 것이다. 이 선택은 요한계시록 안에서 철저

---

und Geschichtsauffassung des Johannes, AThANT 46, Zürich: Zwingli-Verl, 1965, 68.

313) 이디오피아 에녹서 51:1-3; 제4에스라서 7:32ff; 시리아 바룩서 50:2-4.

하게 예수 그리스도와 그의 말씀에 대한 전적인 신뢰에서 이루어진다(1:5). 그것은 황제숭배라는 위협적인 상황이 전개되는 상황에서도 계속되어야 한다. 성도들로 하여금 그런 확신을 가지게 하는 것은 20장에서 설명하는 것처럼 참된 구원은 종말론적인 비전을 가진다. 그러므로 믿는 사람들은 그것을 토대로 현재의 고난을 넘어서고 오히려 승리하는 자들이 되어야 한다.

저자는 황제숭배로 대변되는 짐승의 예배에 참여하는 행위를 우상숭배와 간음, 하나님에 대한 불순종으로 이해했다. 이런 불순종이 예수 그리스도의 희생으로 이루어진 영원한 구원을 무력화시키고, 하나님의 존재 자체를 부인하는 신앙의 위기로 보았다. 그러므로 요한계시록은 예수 그리스도의 피를 통해서 이루어진 구원에 대한 확신을 고취시키며, 그 구원이 위협을 받을 때 교회는 그것에 대해서 목숨을 건 신앙적인 투쟁을 할 수 있다는 확신을 전달하고 있다.

30.4. 20장을 위한 해석과 설교방향

20장은 사탄의 멸망과 천년왕국(1-10절)과 최후의 심판(11-15)으로 구분된다. 이미 주석에서 밝힌 것처럼 1-10절의 이야기는 12장에 나오는 하늘의 전쟁 이야기와 연결되면서도 그에 대한 이야기의 발전이라는 관점이 중요하다. 다시 말해서 12장에서 전개된 하늘에서의 전쟁이 20:1-10에서는 땅에서 전개되는 이야기로 두 번째 국면에 접어든 상황을 보여준다. 여기서 나타나는 두 가지 관점은 신앙을 지킨 사람들이 그리스도와 더불어 천 년 동안 통치한다는 것과 용의 최후에 관한 것이다.

흔히 '천 년'에 대한 이해는 교회사 안에서 '천 년설'(chiliasm)이라는 신학적인 문제를 생겨나게 했다. 이 문제와 관련하여 다시 세대주의라는 사유를 발전시켰는데, 그것은 이 1,000이라는 개념을 물리적인 시간계산법으로 해석하는 것이었다. 그러나 요한계시록 안에서 1,000에 대한 물리적인 해석은 어디에도 존재하지 않는다. 이것은 다시 마가복음 13:32에 나오는 "그날과 그때는 아무도 모르나니 하늘에 있는 천사들도, 아들도 모르고 아버지만 아시느니라"(공관 참조)는 예수의 진술과 연결된다. 그러므로 이

천 년에 대한 해석은 그 어떤 것도 정당성을 얻을 수 없으며, 그에 대한 핵심적인 내용은 천 년의 주인공은 문자적으로 보면 그리스도에 대한 순교자의 신앙을 지킨 사람들이라는 것이다. 이들은 천 년의 시간에 주인공이 되어 제사장으로서 하나님과 그리스도를 가장 가까이서 대면하는 존재의 변화를 경험한다는 것이다(4-6절). 그러므로 이 본문을 가지고 세대주의적인 해석을 지나치게 적용하여 인류가 종말의 역사를 향해서 가고 있다는 것을 주장하는 사람들은 다 적그리스도이며 이단이고 기독교의 신앙을 왜곡하는 것이다.[314] 그러나 이렇게 신앙의 투쟁을 해야 하는 사람들은 지금을 살아가는 우리들 자신이다.

동시에 이 이야기 안에는 용에 대한 최후의 발악이 소개된다. 용은 재기를 노리며 외형적으로 대군을 만들지만 하나님의 개입으로 그의 모든 노력은 순식간에 사라진다. 특히 저자는 그 과정을 묘사하는데 있어서 간략한 서술로 용의 최후를 그리는데, 용이라는 악의 근원적인 힘도 하나님의 능력 앞에서는 보잘 것 없는 것임을 역설적으로 말하는 것이다. 그러므로 이 본문에 대한 해석도 예수 그리스도에 대한 신앙은 자신의 목숨을 걸 만큼 귀중한 것이라는 확신을 보여준다(4절).

계속해서 20장의 2부에 해당하는 11-15절은 최후의 심판이다. 앞의 주석에서 설명했듯이 이 심판의 특징은 생명책에 의한 심판이라는 것이며, 하나님이 왕좌에 앉아 계신 분으로 친히 그 심판을 주관한다는 것이다. 물론 여기에는 그리스도와 성령, 그리고 신앙을 지킨 사람들이 그 심판에 함께 참여하고 있다는 비전을 보여준다. 그리고 심판과 관련해서는 사람들의 행위들이 문제가 된다. 다시 말해서 그 행위들은 신앙을 지키는 믿음을 기반으로 한 행위들을 말한다. 특히 그 심판은 하늘과 땅, 바다와 지옥, 죽음이라는 하나님을 대적하는 모든 영역으로 확대된다.

이는 하나님의 심판의 철저함을 말하며 동시에 용과 짐승의 불신앙의 행위를 따라간 사람들은 그들처럼 동일한 운명을 맞이함을 말한다. 이로써

314) 쟈끄 앨룰, 『요한계시록 주석』, 한들출판사, 257.

예수 그리스도에 대한 신앙은 최후의 심판에서 생명의 책에 기록되는 가장 중요한 근거가 된다. 그러므로 기독교인들은 어떤 위협 앞에서도 예수 그리스도를 통해서 이루어진 구원을 중요하게 여겨야 한다. 그리고 위협받는 상황이 발생할 때는 목숨을 건 신앙적인 투쟁을 해야만 한다. 이렇게 신앙을 가지고 당시의 로마제국의 황제숭배에 저항했던 기독교가 있었기에 오늘까지도 영원한 생명과 새창조에 이르는 신앙의 길이 계속되고 있는 것이다.

• 요한계시록 21장 •

31. 21:1-8 하늘에서 내려오는 새 예루살렘

31.1. 본문 사역

1 그리고 나는 새 하늘과 새 땅을 보았습니다. 그것은 처음의 하늘과 처음의 땅이 사라져버렸고, 바다는 더 이상 존재하지 않았습니다. 2 나는 거룩한 도시 예루살렘이 하나님으로부터 하늘에서 내려오는 것을 보았습니다. 그것은 신부가 그의 남편을 위하여 장식한 것처럼 준비되어 있었습니다. 3 나는 왕좌로부터 나오는 큰 음성이 말하는 것을 들었습니다. 보라! 하나님의 장막이 그 사람들과 함께 있으며, 그는 그들과 함께 살겠고, 그들은 그의 백성이 될 것이며, 하나님은 스스로 그들과 함께 그들의 하나님이 되실 것이다. 4 그는 그들의 눈에서 모든 눈물들을 닦아주실 것이며, 더 이상 죽음도 애통함이나 슬피 우는 것이나 아픔이 없을 것입니다. 왜냐하면 처음의 것들이 사라져버렸기 때문입니다. 5 왕좌 위에 앉아 계신 분이 말했습니다. 보라. 나는 모든 것을 새것으로 만들 것이다. 그리고 말씀하셨습니다. 기록하라. 이 말들은 믿을 수 있는 참된 것이다. 6 그분이 나에게 말씀하셨습니다. 다 되었다. 나는 알파와 오메가, 처음과 마지막이다. 나는 목마른 사람에게 생명의 샘물에서 값없이 줄 것이다. 7 이기는 자는 이것들을 유업으로 받을 것이며, 하나님은 그를 위하여 계실 것이며, 그는 나를 위하여 아들이 될 것이다. 8 그러나 비겁한 자와 믿지 않는 자와 부패한 자와 살인자와 음행하

는 자들과 마술하는 자들과 우상숭배를 하는 자들과 거짓말하는 모든 자들을 위해서는 불과 유황이 타오르는 연못에 들어가게 된다. 이것은 두 번째 죽음이다.

31.2. 본문에 대한 전 이해

지금부터 이어지는 이야기는 앞에서 이야기한 최후의 심판 이후에 일어나는 새로운 세계의 창조를 이야기 한다. 이 새 창조는 새 하늘과 새 땅이며 하늘에서 내려오는 새 예루살렘과 그에 대한 묘사와 거기에 들어가는 자격에 대해서 이야기한다. 이 창조는 기록자가 지금까지 여러 가지 위협 앞에서 신앙을 지키라고 이야기한 궁극적인 이유와 연결된다. 새 예루살렘에 대한 환상은 구약과 유대교의 묵시문학의 전승과 관련이 있으며, 주기도문의 기도에 해당하는 하늘에서의 뜻이 새로운 땅에서도 실현되는 과정을 묘사한다. 이 도시를 구성하는 외적인 묘사와 그 도시 안에 흘러가는 강과 생명의 나무들 모두도 구약과 묵시문학 전승을 토대로 신앙의 최종적인 승리를 반영한다. 저자는 이런 이해들을 바탕으로 끝까지 신앙을 지켜야 한다는 자신의 메시지를 전달하고 있다. 저자의 궁극적인 관심은 신앙의 위협을 이기고 지켜낸 공동체와 믿음의 사람들이 새 창조의 주인공이 된다는 것이다. 특히 중요한 것은 신앙을 지켜낸 사람들에게 주어지는 최고의 복은 하나님의 통치가 실현됨으로 하나님과 그리스도의 현존과 임재를 늘 경험하며 산다는 것이다. 이렇게 항구적인 하나님의 현존은 이 세상의 모든 악이 종결되는 새창조를 통해서만 가능하다(21:1-8). 그리고 그 새창조의 핵심에는 하늘에서 내려오는 새 예루살렘이 있으며, 이 도시는 지금까지 신앙을 가진 사람들을 박해했던 음녀의 도시 바빌론과 대조된다(21:9-22:5). 이 단락의 내용구분은 처음의 땅과 하늘, 바다가 사라지는 이야기와 하늘에서 내려오는 하나님의 도시 새 예루살렘이라는 환상들(1-2절), 신앙을 지키며 구원을 얻은 이들을 위한 위로의 말(3-4절), 하나님의 선언(5-8절)이다.

31.3. 주석

1절. 저자는 새 하늘과 새 땅을(οὐρανὸν καινὸν καὶ γῆν καινήν) 본다. 여기

서 하늘과 땅은 모든 피조세계를 아우르는 표현이다(창 1:1). 이 새 창조와 구분되는 사라진 하늘과 땅은 하나님의 처음 창조 영역이지만 사탄과 그의 추종자들로 인하여 더럽혀진 세계를 말한다. 하나님은 그렇게 사라져 버린 처음 창조의 자리에 새로운 세상을 창조하신다. 여기에는 "보라 내가 새 하늘과 새 땅을 창조하나니 이전 것은 기억되거나 마음에 생각나지 아니할 것이라"는 이사야의 예언자적 전망이 실현된다는 의미가 들어있다(사 65:17).[315] 이로써 하나님을 대항하던 영역은 모두 사라져 버린다. 특히 새 창조를 통해서는 바다가 더 이상 존재하지 않는 것은 이것을 악의 근원지이며 태초의 혼돈의 전쟁으로 보았던 의식을 반영한다. 저자는 이것을 위해서 "바다가 더 이상 존재하지 않는다"(θάλασσα οὐκ ἔστιν ἔτι)는 것을 강조한다. 그러므로 새 창조에서의 물은 하늘에서 내려오는 새 도시의 중심을 흐르는 생명의 강으로 대치된다. 이처럼 새 창조 안에는 악을 위한 어떠한 기회나 공간도 제공되지 않는다.

2절. 새로운 세계가 창조되고 그 뒤를 이어서 하늘로부터 새로운 도시 예루살렘이 내려오는 것은, 이 도시가 새 창조의 중심이라는 것을 보여준다. 이것은 지금까지 악을 조장하면서 불신으로 세상을 내몰았던 음녀의 도시 바빌론과 대립되는 전망이다. 여기에는 새 창조와 새 예루살렘에 대한 예언자들의 이상이 들어 있다.[316] 특히 교회론으로 해석되는 중요한 관점이 들어있다. 즉 1) 보이는 교회(visible church), 2) 보이지 않는 교회(invisible church), 3)영적인 교회(spiritual church)라는 관점이다. 즉 교회의 이상은 종말론적인 공동체이며 특별하게 구분된 것이라는 견해다. 여기에서 묘사하는 하늘에서 내려오는 새 예루살렘은 그 원형이 이미 앞서서 존재하고 있었다는 것을 말한다. 이렇게 선재론적으로 지상의 교회보다 먼저 존재했던 하늘의 교회, 그리고 그 교회를 중심으로 이루어지는 예배는 지상의 교회들이 도달해야 하는 궁극적인 목표이기도 하며 종말의 시간에 이

315) J. Fekkes, "His Bride has prepared herself. Revelation 19-21 and Isaian Nupital Imagery", *JBL* 109/2(1990), 269 이하.

316) 사 54:11-17; 겔 40-48장; 임진수, 예수와 예루살렘 성전과의 갈등, 30-62.

르러서 경험되는 교회다. 중요한 것은 이 새 예루살렘의 통치는 음녀의 도시 바빌론과 완전한 대조를 이루는 것으로 하나님이 다스린다는 것이다.

이 예루살렘에 대한 외형적인 묘사는 "신부가 그녀의 남편을 위하여 장식을 한 것 같"(ὡς νύμφην κεκοσμημένην τῷ ἀνδρὶ αὐτῆς)은 것이다.[317] 이런 묘사는 고난을 이겨내고 구원을 받은 사람들의 공동체를 상징하는 새 도시 예루살렘과 하나님과의 만남이 매우 친밀하다는 것을 나타내는 알레고리적인 의미를 가진다. 구약에서 예루살렘은 시온으로 교체되어 사용되며, 이스라엘 신앙의 구원을 의미하는 영적이고 실제적인 개념이다. 이것이 요한계시록 안에서 그리스도에 대한 신앙을 지킨 사람들을 위한 완전한 구원의 영역을 말한다. 이에 대한 이해는 17장에 나왔던 음녀 바빌론의 멸망과 관련해서 이해해야 한다.

3절. 왕좌로부터 나오는 큰 소리는 요한계시록 안에서 반복되는 표현으로 하나님의 현존이 구원의 공동체와 아주 가깝다는 것을 말한다. 특히 여기서는 새로운 도시 예루살렘 안에서는 하나님에 대한 직접적인 대면이 이루어지고, 신앙을 지킨 이 도시의 새로운 시민이 된다. 여기서 강조되는 그의 백성(λαοί)이라는 표현 안에는 유대교의 이스라엘 중심 사상을 넘어서는 보편적인 구원에 대한 이해가 들어있다.

"하나님의 장막"(ἡ σκηνὴ τοῦ θεοῦ)과 "살 것이다"(σκηνώσει)는 표현은 같은 어근을 가지는 것으로 구원받은 자들에 대한 보호를 의미한다. 이것은 요한복음 1:14의 "우리 가운데 거하셨다"(ἐσκήνωσεν)와 연결되는 것으로 출애굽의 장막사상으로 이어진다. 다시 말해서 구원의 가장 완전한 상태는 하나님이 지키시고 보호하신다는 것이다.

4절. 새 예루살렘과 관련해서 가장 중요한 신학적인 의도는 현재 고난을 당하고 있는 사람들을 위한 위로의 말이다. 저자는 이 예루살렘과 새로운 예루살렘에서 일어나는 축제에 참여하는 사람들의 자격조건이 지금까지 고난을 견디며 신앙적인 투쟁을 한 사람들이라고 강조한다. 이렇게 신

---

317) P. Volz, *Eschatologie*, 376; J. Fekkes, "His Bride has prepared herself", 269-287.

앙적인 투쟁을 하면서 고난을 이겨낸 사람들의 수고는 그들에게 주어지는 위로를 통해서 모두 해결된다. 이것을 통해서 저자는 더 이상 죽음이 없다는 사실을 강조한다. 앞에서 말한 눈물, 슬픔, 고통과 같은 표현들은 모두 죽음이라는 단어로 수렴된다.[318] 이렇게 죽음이 사라지는 순간에 주어지는 기쁨과 큰 위로는 지금 이 세상에서 당하는 모든 고난을 능가하는 영원한 것이다. 그러므로 새 창조와 새로운 도시 안에서는 인간적인 차별이나 권력의 주종관계가 필요 없다. 신앙을 지킨 사람들에 대한 유사한 위로의 말은 7:15-17에도 언급되었다.

5절. 이로써 이제 하나님은 더 이상 숨어계신 분이 아니라 "왕좌 위에 앉아 계신 분"(ὁ καθήμενος ἐπὶ τῷ θρόνῳ)으로 구원을 받은 사람들에게 직접 말을 건네신다. 이렇게 하나님이 직접 말하는 장면은 1:8에 이어서 여기서 두 번째다. 그 말씀의 내용은 "모든 것을 새롭게 만들겠다"(καινὰ ποιῶ πάντα)는 선언이다. 이 말속에는 이사야 43:19과 그것을 이어받는 고린도후서 5:17과 유사한다. 이렇게 새 창조를 단행하는 것은 온 세상을 구원하기 위한 하나님의 의지다.[319] 하나님은 이렇게 새 일을 통해서 믿는 자들을 완전히 새로운 상태로 창조한다. 이 새창조를 통하여 지금까지 진행시켜온 종말의 역사의 역사가 완성된다.

하나님은 저자 요한에게 "기록하라"(γράψον)고 명령한다. 그리고 하나님이 하신 "이 말씀들"(οὗτοι οἱ λόγοι)의 신뢰성과 진실성을 강조한다. 이로써 이미 예언자 요한의 의미가 다시 분명해 진다. 하나님의 말씀의 기록을 통해서 새로운 창조가 예수 그리스도를 통하여 역사적으로 완성됨을 말한다. 이렇게 요한은 자신이 하나님의 말씀을 위한 사역자라는 사실을 인식하며, 그 말씀을 통해서 나타난 하나님의 창조의 능력과 역사를 증명하는 역할을

318) G. R. Osborne, *Revelation*, 735, 는 죄와 고통을 약화시키는 것으로 해석하기도 하지만, 여기서 말하는 것은 새로운 존재로의 변화 상태를 말한다.

319) J.-W. Taeger, *Johannesapokalypse und Johanneischer Kreis. Versuch einer traditionsgeschichtlichen Ortsbestimmung am Paradigma der Lebenswasser-Thematik*, BZNW 51, Berlin/New York: de Gruyter, 1989, 38.

담당하며 그것을 위하여 때로는 고난도 마다하지 않았던 것이다(1:9-10).

6절. 이제 새 하늘과 새 땅 그리고 그 위에 내려온 새 예루살렘으로 인하여 하나님의 모든 역사의 완성이 "다 되었다"(γέγοναν)라는 선언으로 완결된다. 이어지는 진술은 하나님 자신이 창조자이며 역사의 주인인 "처음과 끝"(ἡ ἀρχὴ καὶ τὸ τέλος), "알파와 오메가"(τὸ ἄλφα καὶ τὸ ὦ)라는 것이다. 이미 1:8에서 언급된 이 진술은 요한계시록의 전체적인 신학적인 의도를 위해서 아주 중요한 것이다. 즉 하나님은 역사의 주인이라는 것이다. 이렇게 새 창조의 결과는 그동안 신앙의 힘겨운 싸움과 고난을 견뎌온 사람들의 갈증과 고통을 제거하는 것이다. 구원이 필요한 공동체의 절실함은 그들의 목마름 상태를 통해서 표현된다. 이미 이사야 55:1은 이것을 위한 배경이 되며, 이렇게 요한계시록 공동체는 박해와 고통으로 목이 마른 상태이다. 그 고통의 완전한 해결은 전적으로 하나님의 은혜를 따라서 이루어진다. 여기서 "값없이"(δωρεάν)라는 말 속에는 구원이 행위의 문제가 아닌 그리스도를 통한 은혜임을 강조한다. 구원은 그리스도를 통해서 주어지는 하나님의 자유이며 평화라는 구원의 완전한 상태를 말한다.[320]

7절. 요한계시록은 신앙을 지키는 행위를 악한 세력과의 전쟁이나 투쟁으로 묘사한다. 그래서 요한계시록 안에서 전쟁의 이미지는 다양하게 나타난다. 이와 관련하여 강조되는 용어가 "승리하는 자"(ὁ νικῶν)라는 표현이다. 이미 이에 대한 강조는 편지의 서론에 나오는 회람 서신의 중요한 어휘이다.[321] 이것이 단수로 표현되는 것은 그리스도에 대한 증거 때문에 고통과 위협을 당하고 있는 개개인들을 가리킨다(1:9; 7:14). 신앙의 승리로 인하여 주어지는 보상은 그들이 하나님의 자녀(υἱός)가 되어 하나님의 유업을 나누어 받는 것(κληρονομήσει ταῦτα)이다.[322] 이것은 종말의 시간에 하나님의 자

320) G. Krodel, *Revelation*, 348.

321) 2:11, 26; 3:5; 3:12; 3:21.

322) 신약성경 안에서는 마지막 종말의 시간에 하나님으로부터 신앙에 대한 보상을 받는 것을 유업을 받는 것으로 설명한다. 다음과 같은 본문들을 참조하라: 막 10:17; 마 19:29; 고전 6:9 이하; 15:50; 갈 5:21.

녀 됨이 예수를 믿는 믿음을 통하여 그 일에 참여하여 신앙의 투쟁을 이겨낸 구원 받은 자들 모두에게 확대된다는 것을 의미한다. 그러므로 이들은 당당하게 하나님 앞에 서서 그분의 통치에 참여하는 새로운 신분을 얻게 된다.

8절. 하나님의 자녀 됨이라는 위대한 약속은 이 세상 살면서 신앙적인 승리를 통해서 이루어진다. 그 신앙의 투쟁을 위한 내용이 이 구절에서 제시된다. 그것은 위대한 약속과 승리에 참여하는 자가 되려면 불순종과 태만에서 벗어나고 신앙을 위협하는 일들을 피해야 한다는 경고로 이어진다. 신앙을 위협하는 일들은 신약성서 안에서 자주 등장하는 악행목록의 형태로 되어 있다.[323] 여기서 열거되는 목록들은 초대 기독교의 발전과정에서 만나게 되는 당시의 주변 환경에서 빈번하게 경험했던 일들이며, 기독교는 이런 것들을 불신앙으로 보고 비판적인 거리를 유지하고자 했다. 그것은 그런 행위들에 참여하는 것이 기독교의 입장에서는 스스로 구원의 공동체를 벗어나는 것으로 간주되었기 때문이다. 이 목록에서 눈에 띄는 강조는 "비겁한 자들과 불신자들"(οἱ δειλοί καὶ ἄπιστοί)에 대한 언급이다. 저자는 이러한 표현을 통해서 지금 교회가 신앙의 위협을 당하고 있는 순간에 믿는 자들로 하여금 신앙을 위한 참된 용기와 순종을 요구하고 있다.[324] 그 용기는 바로 믿는 자들 개인이 가지고 있는 신앙고백과 저자가 제시하는 종말론적인 비전을 현재 당하고 있는 고난보다 더 가치 있는 미래적인 전망으로 확대하는 것이다. 현재의 신앙이 그렇게 현재의 위협 앞에서 버려져야 하는 것이 아니라는 것이다. 저자가 지금까지 요한계시록을 통하여 말하고자 하는 것은 당시의 교회가 경험하고 당시와 국가의 위협적인 상황이 오히려 올바른 신앙의 여부를 판가름 하는 잣대라는 것이다. 이렇게 위대한 약속을 포기하고 사탄의 세력에 굴복하는 자들의 미래적인 운명은 하나님을 대적한 자들의 운명과 같은 것이 된다(20:12). 그들은 생명의 책에서 제외된 사람들이고 두 번째 사망이라는 영원한 심판에 들어가게 된다.

---

323) 롬 1:29-32; 고전 6:9-11; 갈 5:19-21.

324) A. Satake, *Offenbarung*, 404.

32. 21:9-22:5 새로운 도시 예루살렘과 완전한 구원 공동체

32.1. 본문 사역

9 마지막의 일곱 개의 재앙으로 가득 찬 일곱 대접을 가지고 있던 천사들 중 하
나가 와서 나와 함께 말했습니다. 이리 오라! 나는 너에게 어린양의 아내인 그
신부를 보여 줄 것이다. 10 그는 성령 안에서 나를 크고 높은 산으로 데리고 갔
습니다. 그는 나에게 하나님으로부터 하늘에서 내려오는 거룩한 도시 예루살렘
을 보여주었습니다. 11 그 도시는 하나님의 영광을 가지고 있었습니다. 그것의
빛은 벽옥과 수정처럼 귀중한 보석과 같았습니다. 12 그 도시는 크고 높은 성벽,
열두 개의 문을 가지고 있었고, 그 위에는 열두 천사가 있었으며, 이름들이 새
겨져 있었습니다. 그 이름들은 이스라엘의 자손의 열두 지파의 이름들이었습니
다. 13 그 문들은 동쪽으로 셋, 북쪽으로 셋, 남쪽으로 셋, 서쪽으로 셋이 있었습
니다. 14 그 도시의 성벽은 열두 개의 초석을 가지고 있었고 어린양의 열두 사도
의 열두 이름들이 그 위에 있었습니다. 15 나와 함께 말하는 자는 그 도시와 그
것의 문들과 성벽을 재려고 측량하는 갈대를 가지고 있었습니다. 16 그 도시는
정사각형으로 세워져 있었고 길이와 넓이가 같았습니다. 그는 그 갈대로 만 이
천 스타디온 위에 있는 그 도시를 측량했습니다. 그 도시의 길이와 넓이와 높이
는 같았습니다. 17 그는 각각의 성벽을 측량했습니다. 그것은 사람의 척도로는
백사십사 규빗 이었으며, 그것은 곧 천사의 척도였습니다. 18 그 성벽의 재료는
벽옥이며, 그 도시는 깨끗한 유리 같은 정금입니다. 19 그 도시의 성벽의 초석은
각종 귀한 돌로 장식이 되어 있었습니다. 첫째 초석은 벽옥, 둘째는 남보석, 셋
째는 옥수, 넷째는 녹보석, 20 다섯째는 홍마노, 여섯째는 홍보석, 일곱째는 황
옥, 여덟째는 녹옥, 아홉째는 담황옥, 열째는 비취옥, 열한째는 청옥, 열두째는
자수정이었습니다. 21 그리고 그 열두 개의 문은 열두 개의 진주였습니다. 그 문
은 각각의 한 개의 진주였습니다. 그리고 그 도시의 광장은 맑은 유리 같은 정
금이었습니다. 22 나는 그 안에서 성전을 보지 못했습니다. 그것은 주 하나님 전
능자와 어린양이 그 도시의 성전이었기 때문입니다. 23 그 도시는 해나 달이 빛
을 비출 필요가 없었습니다. 그것은 하나님의 영광이 그 도시를 비추었고, 어린

양이 그 도시의 등불이었기 때문입니다. 24 민족들은 그 도시의 빛을 통하여 걸
어 다닐 것이며, 땅의 왕들은 그들의 영광을 그 도시 안으로 가지고 갈 것입니
다. 25 그 도시의 문들은 낮에 잠기지 않을 것입니다. 그 이유는 그 곳에는 밤이
없기 때문입니다. 26 그들은 민족들의 영광과 존귀를 그곳으로 날라다 줄 것입
니다. 27 그리고 어린양의 생명책에 기록된 자들을 제외하고는 모든 속된 것들
과 가증한 일과 거짓말하는 자는 결코 그곳으로 들어갈 수 없습니다.

22:1 그는 나에게 수정처럼 빛나는 생명수 강을 보여주었습니다. 그 물은 하나님
과 어린양의 왕좌로부터 나왔습니다. 2 그 강은 그 도시의 광장 가운데 있었고,
강의 이쪽과 저쪽에는 생명의 나무가 열매를 맺고 있었고, 매 달마다 그 열매를
맺었고, 그 나무의 잎사귀들은 민족들의 치료를 위한 것이었습니다. 3 모든 저
주는 더 이상 없을 것입니다. 하나님과 어린양의 왕좌가 그 가운데 있을 것입니
다. 그리고 그의 종들은 그에게 예배할 것입니다. 4 그들은 그의 얼굴을 볼 것이
고, 그의 이름은 그들의 이마 위에 있을 것입니다. 5 그리고 밤은 더 이상 없을
것이며 등불의 빛과 햇빛이 필요 없을 것입니다. 그것은 주 하나님이 그들을 비
치시고 영원히 다스릴 것이기 때문입니다.

32.2. 본문에 대한 전 이해

주어진 본문은 앞에서 묘사한 21:1-8의 새 창조와 그 창조의 중심이 되는 새 예루살렘을 구체적으로 설명한다. 그에 대한 묘사는 새 창조의 완벽함과 구원받은 공동체의 최종적인 완성을 설명한다. 그 완성은 신앙을 끝까지 지킨 사람들이 그리스도와 함께 하나님과의 온전한 사귐으로 나타난다. 이것은 이미 앞에서 말한 것처럼 신학적인 입장에서 보면 창조론이나 우주론이 아닌 계시록의 교회론이다. 저자는 이것을 통해서 교회의 본질은 현재 세계의 기준으로 볼 수 있는 것이 아닌 영적인 것임을 강조하고자 한다. 현재의 고난에 직면해 있는 교회는 구체적으로 묘사되는 미래를 전망하면서 현재의 고난을 넘어서야 한다.

다시 한 번 새 도시에 대한 측량이 이루어진다. 11장에서도 성전의 지성소에 대한 측량이 이루어졌는데, 그 의도의 핵심은 그 성전의 중심에 도

달해 있는 신앙을 지킨 사람들을 설명하는 것이다. 이것은 다시 에스겔 40-48장에 나오는 성전측량에 대한 전승을 고려하는 것으로 보인다. 그러면서도 요한계시록의 측량을 통해서는 성전이 없는 것으로 나오고 도시 자체가 이미 거대한 성전이라는 사실을 강조하는 점은 독특한 것이다(21:22). 저자는 이것을 통해서 하나님의 통치(나라)가 곧 하나님과 그리스도를 중심으로 예배가 드려지는 하나님 도시가 참된 교회의 실현이라는 이상을 제시한다. 이 도시는 요한계시록 안에서 계속 강조되었던 지금까지 하나님을 대적하였던 사탄의 중심지 로마와 대립된다. 그러므로 영적이고 참된 진정한 교회는 새 창조를 통해서 일어난 새 예루살렘이라는 도시로 완성된다.[325] 이 도시의 중심은 하나님과 예수의 실제적인 현존을 보여준다. 이것을 통해서 그 도시는 구원받은 사람들에게 최고의 행복과 평화를 누리는 생명을 제공한다. 이 마지막 환상에 대한 내용적인 구분은 새로운 도시 예루살렘(21:9-14), 건물에 대한 측량과 설명(21:15-21), 새 도시에서 누리는 구원받은 자들의 상태(21:22-27), 새 예루살렘의 생명나무와 구원받은 자들(22:1-5)로 나누어진다.

32.3. 주석

9절. 계속해서 마지막 일곱 재앙과 천사들 중의 하나를 언급하는 것은 하늘에서 내려오는 새 도시 예루살렘이 17:1 이하의 음녀로 대변되는 도시 바빌론(로마)의 파멸과 관계가 있다. 그것은 하늘에서 내려오는 새 예루살렘이 공동체를 박해하는 도시와 대조가 된다는 것이다. 우선적인 강조는 "어린양의 아내인 그 신부"(ἡ νύμφη ἡ γυνή τοῦ ἀρνίου)에 대한 것이다. 이것은 이미 19:7에서도 언급되었다. 결혼식이나 신부에 대한 묘사는 당시에 존재했던 밀의 종교들의 비밀의식과도 비교가 된다. 저자는 이에 대한 자세한 설명을 하기 보다는 이어지는 과정에서 그 신부를 도시라는 새로운

325) 이렇게 성전을 기독교인의 실존적인 이해와 연결해서 묘사하는 것은 바울의 사상에도 나타난다. 고전 3:16; 6:19; 고후 6:16, 엡 2:21; 4:12; 딤전 3:15을 참조하라.

상징으로 설명한다. 저자는 마지막 때에 구원받은 공동체와 그들의 주님이 하나가 되는 것을 결혼식 잔치에 비유한다(21:3).

10절. 천사는 요한을 영 가운데(ἐν πνεύματι) 크고 높은 산으로 데리고 간다. 요한계시록 안에는 저자가 영적인 상태에서 인도되는 과정이 나온다(17:3을 비교하라). 이런 현상들은 이어지는 환상들을 설명하는 중요한 동기들이다. 저자가 천사와 함께 서 있는 높고 큰 산은 하나님의 계시 장소가 된다(호렙 산, 시내 산, 산상수훈 등). 그 계시는 하나님으로부터 하늘에서 내려오는 새 예루살렘의 실체를 보여주는 것이다.

11절. 이 도시의 본질은 "하나님의 영광을 가지고 있다"(ἔχουσαν τὴν δόξαν τοῦ θεοῦ)는 것이다. 하나님의 영광은 하나님의 현존에 나타내는 것이다.[326] 그 영광과 관련해서 이하에서 이어지는 묘사는 그 도시의 아름다움과 영광과 빛남을 최상급(superlative)의 '값비싼'(τιμιώτατος) 보석과 비교하여 표현하는 것이다.

12-13절. 저자는 성벽, 열두 개의 입구와 그 위에 있는 열두 천사를 본다(사 62:6). 외형적인 묘사와 관련해서 특히 12개의 문과 초석 위에 기록되어 있는 이름들은 그 도시가 하나님이 소유이며 같은 특징을 보여준다. 그 중에서 저자의 일차적 강조점은 이 도시로 들어가는 입구가 열두 개로써 이스라엘 지파를 나타낸다는 것이다. 이것은 에스겔 48:31-34의 전승에서 가져온 것이며, 이것을 통해서 새 예루살렘이라는 진정한 교회는 이스라엘의 신앙적인 전승과 연결된다는 것을 말한다.

14절. 이 신앙의 전승은 다시 예수 그리스도의 구속사건과도 연결된다. 이것을 통해서 이 도시는 예수 그리스도의 것임이 확증되는데, 그 근거는 그 도시의 초석 위에 "어린양의 열두 사도의 열두 이름"(δώδεκα ὀνόματα τῶν δώδεκα ἀποστόλων τοῦ ἀρνίου)이 새겨져 있기 때문이다. 예수 그리스도의 사도들이 성전의 기초가 된다는 사실은 초대기독교의 전통이기도 하며(마 16:18; 고전 3:10), 이것과 관련해서 '기둥'도 교회의 건축개념처럼 교회의

326) 겔 43:1-5; 사 58:8; 60:1.

중요한 기초임을 강조한다(갈 2:9; 딤전 3:15; 계 3:12). 저자는 이것을 통하여 자신이 서 있는 교회의 전통이 사도성을 바탕으로 하고 있다는 사실을 강조한다. 그러면서 동시에 이스라엘의 신앙전통과 초대기독교의 신앙전통은 그 자체로 직접적인 연관성이 있음을 말한다.[327]

15절. 여기서 제시되는 측량은 다시 에스겔 40:1 이하와 스가랴 2:1 이하의 영향을 받고 있는 것이다. 요한계시록의 진술은 그것들과 비교하면 매우 짧은 형식이다. 저자는 이 도시에 대한 측량을 통해서 완벽함과 위대함과 품격을 드러내고자 한다.

16절. 저자는 우선 새 예루살렘이 "정사각형"(τετράγωνος) 모양의 완벽한 조화와 균형을 갖춘 입체적인 구조물임을 강조한다. 측량이 처음에는 "길이와 넓이의 같음"(τὸ μῆκος αὐτῆς ὅσον καὶ τὸ πλάτος)를 강조하고 이어서 다시 이것을 반복하면서 "그 도시의 높이도 같다"(τὸ ὕψος αὐτῆς ἴσα ἐστίν)는 것을 말한다. 이것은 이 도시가 인간의 힘으로는 이루어질 수 없는 완벽한 균형과 조화를 가진 구조물임을 보여 준다. 이 도시가 이렇게 완벽하다는 것은 그것이 이미 하늘에 존재했고 그것이 내려왔다는 것이다.

이 도시와 관련해서 요한계시록이 제시하는 숫자는 이 건축물이 인간의 상상을 초월한다는 것을 역설적으로 말하고 있다. 측량의 기준이 되는 스타디온(σταδίων)은 길이를 재는 단위로 그레코-로만 시대에 상용되는 것으로 그리스식 환산법에 의하면 보폭으로 600걸음 정도의 길이를 말한다. 이것을 지금의 단위로 말하면 약165미터에서 196미터가 된다.[328] 이 중에서 196미터를 12,000의 스타디온으로 곱하면 약 2,350 킬로미터가 된다.[329] 이것은 새 예루살렘은 인간의 힘으로 완성할 수 없다는 것을 보여준다. 이것은 정사각형 큐브(cube)인데 그 중에서 높이는 신구약 중간기에 기

327) M. Rissi, *Die Zukunft der Welt, Eine exegetische Studie über Johannesoffenbarung 19, 11-22,15*, Basel : Reinhardt, 1966, 89.

328) http://de.wikipedia.org/wiki/Stadion

329) 좀 더 자세한 진술은 W.W. Reader, *Die Stadt Gottes in der Johannesapokalypse*, Göttingen: Univ., Diss., 1971, 299를 보라.

대하던 도시 예루살렘이나 그 중심이 되던 높은 성전에 대한 이해를 가지고 있다.[330] 따라서 저자는 이렇게 입체적인 형태를 가지고 있는 새 도시 예루살렘(교회)은 인간의 힘으로는 도달할 수 없는 하나님과 그리스도의 창조물이라는 사실을 숫자의 상징을 통해서 말하고자 한다.

17절. 이렇게 성전의 높이와 넓이에 대한 측량은 그 도시 성벽의 두께의 측량으로 이어진다. 여기서 사용되는 치수의 단위는 페큐스(πῆχυς)다. 이것은 구약의 1규빗과 엘르(Elle)에 상응하는 것으로 성벽의 두께를 측량한 결과는 144페크온(πηχῶν)으로 미터(m)로 환산하면 약 70미터가 된다.[331] 이것도 역시 엄청난 두께의 성벽을 말하며 그 도시의 구조물이 하나님과 그리스도의 보호를 받는 철옹성 같은 완벽한 것임을 말한다.

18-21절. 지금부터 제시되는 도시를 구성하는 기초석과 열두 개의 문들에 대한 설명은 11절과 연결되면서 거기서 강조된 최상급의 값비싼 보석과 유비를 이루는 진술로 전개된다. 열두 개의 문이나 12개의 기초석은 당시 세계 안에서 우주나 시간의 흐름을 표현하는 완벽한 순환체계였다. 따라서 12는 완전을 나타내며, 여기서 사용되는 보석들은 우선 출애굽기 28:17-30과 39:10-14에 나오는 대제사장의 흉패에 붙어 있는 이스라엘의 열두 지파에 대한 상징과 연결되는 것으로 보인다(Phil. spec. leg. 1, 87, Jos. Ant. 3, 186).[332] 이 보석들은 11절의 관련해서 하나님의 영광을 최상의 모습으로 드러내며, 하나님의 속성도 그렇게 말할 수 없는 아름다움과 영광을 가지고 있음을 말한다. 이미 이에 대한 서술은 하나님의 존재를 다양한 보석의 빛으로 해석했던 4:2-3의 묘사를 기초로 하는 것이다.

21절에 나오는 열두 개의 진주문(οἱ δώδεκα πυλῶνες δώδεκα μαργαρῖται,)과 "그 도시의 광장"(ἡ πλατεῖα τῆς πόλεως)에 대한 묘사도 위의 설명과 맥을 같이 한다. 진주의 엄청난 크기에 대한 설명은 유대교의 랍비문헌에서 연관성

---

330) 임진수, "예수와 예루살렘 성전과의 갈등", 33-40.

331) W.W. Reader, *Die Stadt Gottes*, 299.

332) O. Böcher, "Zur Bedeutung der Edelsteine in Offb 21", *Kirche und Bibel* (FS E. Schick), Paderborn: Schoeningh, 1979, 144-156를 참조하라.

을 찾을 수 있다.[333] 그 도시의 광장은 18절에서부터 시작된 도시의 외적인 묘사를 통해서 도시의 내부로 들어가는 과정을 설명하는 마무리 장면이다.

22절. 지금까지 예루살렘의 외적인 크기와 그것을 구성하는 값비싼 재료들에 대한 설명은 그 도시의 위엄과 영광을 외적으로 표현한 것이었다. 그러나 그러한 외적인 묘사를 통해서 그 도시의 본질이 설명되는 것은 아니다. 그러므로 지금부터 제시되는 신학적인 관점이 그 도시의 본질에 해당한다. 저자는 여기서 "그 도시 안에서 성전을 보지 못했다"(ναὸν οὐκ εἶδον ἐν αὐτῇ)는 사실을 강조한다. 이스라엘의 시오니즘 전통에서는 도시 예루살렘의 중심은 성전이었고(시 46:5), 그것은 곧 하나님의 영광과 임재를 나타낸다(왕상 8:10-13). 이와 관련해서 유대인들은 성전을 통해서 자신들이 하나님 가장 가까이 있을 것이라는 미래적인 대망을 가지고 있었다.[334]

요한계시록은 그런 유대교의 사상을 따르지 않고 오히려 그것을 거부하고 있다. 그는 하나님 자신과 어린양 스스로가 성전임을 강조한다. 원래 성전은 인간과 하나님이 만나는 매개체라는 의미를 가지고 있었다. 그러나 새 도시 예루살렘 안에서는 그러한 중재나 매개가 필요 없다. 그것은 지금까지 신앙을 지킨 사람들은 새 도시의 시민이 되어 하나님과 그리스도의 현존을 직접 경험하기 때문이다. 요한계시록 저자는 이것을 통해서 유대교의 성전에 대한 비판의식을 반영하며, 그 전통은 예수 그리스도로부터 유래하는 것이다(막 14:58; 요 2:19: 행 6:14).[335]

23절. 계속해서 이 도시가 하나님과 그리스도의 임재와 현존으로 충만하다는 것은 빛을 내는 물체들과의 유비로 나타난다. 우선 이 도시는 해와 달이 필요 없고 오히려 "하나님의 영광이 그 도시를 비추고 있으며, 어린양이 그 도시의 등불이 된다. 이어지는 진술에서도 빛에 대한 은유는 이사야 60장에 나오는 진술과 매우 밀접하며, 이 구절은 이사야 60:19에 기원

333) A. Satake, *Offenbarung*, 412.

334) 겔 40-48장; 단 8:14; 토빗 14:5; 이디오피아 에녹서 93:7; 희년서 1:17.

335) 임진수, "예수와 예루살렘 성전과의 갈등", 40 이하를 참조하라.

을 가진다. 여기서의 빛은 하나님과 어린양 그리스도를 통한 구원의 실현을 말한다. 빛이 구원을 의미하는 여러 가지 맥락은 신약성경의 다양한 부분에서도 확인된다.[336)]

24절. 이제 그 도시 안에서 빛나는 빛의 영향은 그 도시에만 국한되지 않고 더 넓은 영역으로 확대된다. 그것은 민족들(τὰ ἔθνη)이 그 도시의 빛을 의지하여 걸어 다니고 있으며, 더 이상의 어두움과 공포나 두려움이 없이 참된 빛의 인도를 받는다. 땅의 왕들은 그 도성으로 자신들의 영광을 가지고 간다. 이것은 세계를 지배하던 세계의 중심이었던 로마와 대조를 이루는 것으로 도시를 통해서 온 세상에 널리 퍼지는 구원의 확산을 말한다. 그렇게 왕들이 그 도시로 향하는 모습은 구원의 완성을 위한 순례자의 모습을 보여준다(사 60:3을 비교하라).

25-27절. 저자는 이 구절들을 통해서도 이사야 60:11의 전승을 받아들인다. 새 창조를 통해서 이루어진 새 예루살렘은 더 이상 외부로부터의 공격을 방어하기 위한 기능을 가질 필요가 없다. 그것은 새 창조를 통하여 하나님과 그를 믿는 자들의 관계를 위협하는 모든 위협이 제거되었기 때문이다. 그럼에도 불구하고 그 도시의 문을 통과하는 사람들은 하나님과 함께하는 자들로만 제한된다. 그래서 27절에서 그 문으로는 "모든 속된 것들과 가증한 일과 거짓말하는 자"(πᾶν κοινὸν καὶ ὁ ποιῶν βδέλυγμα καὶ ψεῦδος)는 들어갈 수가 없다고 말한다. 여기에 나오는 개념들 모두는 제사와 관련된 용어로 이미 13장 이후부터 집중적으로 언급해 왔던 짐승을 경배하며 그 우상의 예배에 참여하는 자들을 말한다. 오직 그 문을 통과하여 그 도시로 들어가는 사람들의 자격은 당시의 위협적인 상황에서도 신앙을 끝까지 지켜낸 "어린양의 생명책에 기록된 사람들"(οἱ γεγραμμένοι ἐν τῷ βιβλίῳ τῆς ζωῆς τοῦ ἀρνίου)이다.

336) 요 1:4,9; 3:19; 8:12; 9:5; 고후 4:6; 엡 5:8; 벧전 2:9.

22장

1절. 여기서 소개되는 "생명수 강"(ποταμός ὕδατος ζωῆς)의 이미지도 에스겔 47:1-12의 전승을 토대로 한 것이다. 에스겔서는 구원의 때가 오면 예루살렘 성전 곁으로 힘찬 강물이 흘러가는 비전을 제시한다. 이 비전은 이 강이 사해바다 반대쪽으로 흘러가면서 광야를 생명의 땅으로 만드는 것이다. 구원의 나타내는 이 강은 다양한 나무의 과실수들을 자라게 하여 열매를 맺게 하고, 그 나뭇잎들은 사람들의 병을 낫게 하는 효력을 가진다. 이 강의 이미지는 다시 창세기 2:10-14에 나오는 에덴에서 시작된 네 개의 강줄기와도 비교된다. 그러나 요한은 이 샘물이 더 이상 성전으로부터 흘러가지 않고 하나님과 어린양의 보좌에서 흘러간다고 말한다. 이것으로 새 예루살렘은 완전한 의미의 축복의 장소라는 것을 말한다.

2절. 여기서 물의 이미지는 다시 창세기의 에덴동산에 있었던 생명나무(ξύλον ζωῆς)와 연결된다(창 2:9, 3:22). 창세기 안에서 생명나무는 에덴의 중심에 있는 것으로 3:24부터는 사람의 접근이 허용되지 않는다. 그러나 요한계시록의 생명나무는 구원받은 사람들 모두가 쉽게 접근할 수 있는 것으로 그 잎사귀는 '모든 민족들을 치유하기 위한 목적'(εἰς θεραπείαν τῶν ἐθνῶν)으로 사용된다.[337] 이것은 예수 그리스도가 모든 민족들의 구원을 위한 생명의 나무임을 말하는 것이다.

3절. 새 창조로 모든 악의 근원이 사라져 버렸으므로 이제 "모든 저주"(πᾶν κατάθεμα)는 더 이상 존재하지 않는다. 여기서 말하는 저주는 하나님의 진노를 경험해야 하는 것이지만, 그것은 영원히 사라져버렸다(21:4) 하나님과 어린양의 왕좌가 그 도시의 중심이 되고(21:3, 22), 그것으로 하나님의 어린양이 영원한 임재로 항상 존재하며, 그 임재는 예배를 통해서 지금도 이 땅에서 실현된다. 다시 말해서 구원의 완성은 예배를 통하여 하나님 함께 그리고 예수와 함께 영원한 사귐을 가지는 것을 말한다.

337) 2절의 문장에서 강 이쪽과 저쪽의 생명나무라는 기독론적으로 해석하면 예수가 새로운 생명나무라는 것으로 해석할 수 있다. C. S. Keener, *Revelation*, 500.

4절. 하나님과 어린양과의 사귐은 그 도시에서 살아가는 "사람들이 하나님의 얼굴을 직접 대면하는 것"(ὄψονται τὸ πρόσωπον αὐτοῦ)으로 구체화된다. 그들이 그렇게 하나님의 얼굴을 볼 수 있는 것은 "그들의 이마 위에 있는 그 이름"(τὸ ὄνομα αὐτοῦ ἐπὶ τῶν μετώπων αὐτῶν) 때문이다. 이것은 이스라엘 최고의 지도자였던 모세의 신분을 넘어선다는 의미를 가진다. 모세는 하나님을 만나는 사람이었지만 그 얼굴을 직접 볼 수 없었다(출 33:20-23). 그러나 요한계시록의 구원받은 공동체와 개인들은 하나님의 얼굴을 직접 보는 은혜를 경험하는 것이다.

5절. 여기서 말하는 빛에 대한 언급은 21:11과 23-24절에서 말한 새 예루살렘의 하나님과 그리스도의 빛을 다시 반복하는 것으로 새로운 도시에 대한 마무리가 된다. 요한계시록은 이렇게 구원을 상징하는 새 예루살렘에서 비추는 하나님과 그리스도와 빛의 조명을 받으면서 살아가는 공동체임을 말하고자한다. 요한계시록 공동체와 이 땅의 모든 교회들은 신앙적인 삶을 살아가면서 다양한 어려움과 고난과 문제를 경험하지만, 그 문제를 해결하는 길은 구원의 빛이 되시는 하나님과 그리스도의 빛의 계시를 통해서 이루어진다. 새 예루살렘의 통치자가 되시는 하나님과 그리스도의 빛을 받는 사람들은 그리스도와 함께 종말에 참여하는 사람들이며 동시에 그 예루살렘에서 예배를 드리는 왕 같은 제사장들이 된다. 이렇게 요한계시록은 참된 구원이 하나님과 그리스도의 빛의 조명을 통해서 일어난다는 사실을 말하고 있다.

32.4. 21:1-22:5까지의 해석과 설교방향

위에서 제시된 범위는 요한계시록 안에 나타난 묵시형식에서 나타나는 환상의 마지막 장면이다. 따라서 여기에는 지금까지의 이야기가 종합되고 정리되고 있다. 제일 먼저 21:1의 내용은 하늘에서 내려오는 새 예루살렘의 이야기다.

여기에는 1) 새 창조 이후에 하늘에서 내려오는 새 예루살렘, 2) 새로운 도시로 공동체가 어린양 그리스도의 신부가 되어서 결혼식을 준비하는 이야기, 3) 새 공동체로 살아가는 사람들을 위한 위로라는 신학적인 의미가 들어있다. 우선 새 창조와 하늘에서 내려오는 새 예루살렘은 주기도문에서 기도하는 "뜻이 하늘에서 이루어진 것 같이 땅에서도 이루어지이다"의 간구하는 기도의 실현을 의미한다. 이것은 하나님의 완전한 통치가 실현되는 공동체이며, 반신적인 세력으로 가득 찬 도시, 특히 그것을 조장하고 부추겼던 로마와는 구별되는 하나님의 새로운 통치가 실현되는 도시라는 사실이 중요하다. 그리고 여기서 제기되는 결혼식의 관계는 동서고금을 막론하고 가장 친밀한 관계로 들어가는 의식을 말한다. 종말의 때에 실현되는 완전한 교회로서의 예루살렘은 하나님을 가장 인격적이고 친밀한 관계로 사귐을 가진다는 이상을 보여준다. 여기서 주어지는 위로는 지금 현재의 고난을 당하고 있는 신앙공동체로 하여금 종말의 상태에서 주어지는 평화와 기쁨은 현재의 고난과 비교할 수 없다는 참된 행복의 상태를 말한다.

계속해서 21:9부터 22:5까지는 새로운 도시에 대한 구체적인 설명과 그 도시의 신학적인 의미로 교회론에 대한 중요한 단서를 제공한다. 9-14절까지의 핵심적인 이해는 이 도시에 나타나는 하나님의 영광(11절), 그 도성으로 들어가는 문이 되는 이스라엘의 열두 지파(12절), 그 도시의 기초가 되는 열두 사도의 이름이 새겨진 기초석이다(14절). 이것들은 새 예루살렘이라는 영적인 교회는 하나님의 영광을 토대로 구약과 신약을 관통해가는 연속성이 있다는 것을 보여준다. 신앙의 유산은 하나님의 영광을 바탕으로 하여 구약과 신약을 통하여 그 전통이 계승되고 있다는 것이다.

이이지는 15-21절까지의 도시의 규모에 대한 측량은 그 도시의 규모를 통해서 새 예루살렘 공동체의 위엄과 고귀함을 보여준다. 만 이천 스타디온이라는 그 도시의 가로, 세로, 높이에 대한 진술과 백사십사 규빗이라는 성벽의 두께는 사람의 상상을 초월하는 건축물임이라는 사실이 드러난다. 이것으로써 새 예루살렘이라는 완벽한 구원의 공동체는 인간의 힘으로 이루어지는 것이 아니라 전적으로 하나님의 권능에 의해서 이루어지는 사건임을 역설적으로 보여주는 것이다. 그 도시를 구성하는 값비싼 재료들은 구약의 제사장적인 이해와 연결된 그 도시의 고귀함을 웅변적으로 말하고

자 하는 것이다.

22-26절은 11절에서 말한 하나님의 영광을 다시 상술하고 있다. 이 영광과 도시의 관계는 요한계시록에 나타난 바빌론(로마)이라는 도시는 하나님의 영광을 자기의 것으로 만들려고 했던 하나님의 대적자였다. 그러나 새 예루살렘은 그런 일들의 영향을 받지 않는 하나님과 어린양의 영광으로 가득 찬 최상의 구원상태를 보여준다. 여기서 제시되는 빛을 비춤에 대한 의미는 구원의 방향성과 구원을 동시에 보여준다는 의미가 들어있다. 그러므로 이제 세상의 왕들은 그들의 영광을 다 하나님께 돌리며, 이 일에 참여하는 것은 순전한 순종과 믿음을 견지하는 것으로만 가능하다.

최종적으로 22:1-5은 요한계시록의 환상의 마지막 진술이며 신학적으로는 구원론이다. 여기에 나오는 생명수의 강(1절), 생명의 나무와 그 잎사귀를 통한 치유(2절), 그 안에서 드려지는 예배(3절), 하나님과의 인격적인 친밀한 사귐(4절), 하나님으로부터 나오는 빛과 영원한 통치(5절)에 대한 진술들 각각은 그 자체가 함축적이고 신학적인 의도를 가진다. 이 모든 것을 종합하면 하나님이 구원하시고 통치하신다는 것이다. 요한계시록의 전망은 저자가 겪고 있는 암울한 상황 속에서도 그와 같은 신학적인 비전과 전망을 제시하며 교회의 미래를 제시하고 있다는 것이다.

결국 모든 인류 역사는 하나님이 주도하는 역사의 끝에서 구원과 심판으로 나누어지는데, 요한계시록은 교회가 그 종말 앞에서 진정성이 드러나므로 현재의 상황에 대해서 비판적인 거리두기를 하라고 제안한다. 즉 교회가 종말론적인 의식을 버리고 세상과 거리두기에 실패하면서 세상의 가치에 함몰 된다면 교회는 더 이상 교회가 될 수 없는 짐승의 길을 따를 수 있다는 각성이 필요한 것이다. 그러므로 이 세상의 순간의 기쁨이나 안위는 새 예루살렘에서 이루어지는 구원과 비교할 수 없다는 생각을 가지며 오늘 우리 신앙의 현주소를 되돌아 보라는 것이 요한계시록이 현재의 교회에 던지는 메시지다.

3부. 책의 결말(22:6-21)

22:6-21 예언의 확증과 재림예고

1. 본문 사역

6 그 천사가 나에게 말했습니다. 이 말들은 믿을만하고 진실하다. 예언자들의
영의 하나님이신 주님은 속히 일어나야 하는 일들을 그의 종들에게 보이시려
고 그의 천사를 보내셨다. 7 보라! 나는 속히 올 것이다. 이 책의 예언의 말을
지키는 자는 복이 있다. 8 나 요한은 이것들을 보고 들은 자입니다. 내가 듣고
보았을 때, 나는 이것들을 나에게 보여준 그 천사의 발 아래 엎드렸습니다. 9
그가 나에게 말했습니다. 그렇게 하지 말라! 나는 너와 같은 종이며 너의 형
제들과 예언자들과 이 책의 말씀들을 지키는 자들과 같은 종이다. 하나님께
경배하라! 10 그가 나에게 말했습니다. 이 책의 예언의 말씀들은 도장을 찍지
말라. 때가 가깝기 때문이다. 11 불의를 행하는 자들은 더 불의를 행해도록 하
고 옷을 더럽히는 자는 더 더럽혀야만 한다. 그리고 의를 행하는 자는 더 의
를 행해야만 하고 거룩한 자는 더 거룩해져야 한다. 12 보라! 나는 속히 오겠
다. 나와 함께 했던 사람들에 대한 나의 보상은 각자에게 그들의 행위가 있었
던 만큼 될 것이다. 13 나는 알파와 오메가, 처음과 마지막, 시작과 끝이다. 14
자신들의 옷을 빠는 자들은 복이 있다. 그들의 권세가 생명나무 위에 있을 것
이다. 그들은 그 도시의 문들을 통하여 그 도시로 들어갈 것이다. 15 개들과
마술사들과 음행하는 자들과 살인자들과 우상을 숭배하는 자들과 거짓말을
좋아하고 만들어내는 자들 모두는 밖에 있었습니다. 16 나 예수는 이것들을
증거 하기 위하여 나의 천사들을 교회들로 보냈다. 나는 다윗의 뿌리요 혈통
이며 빛나는 새벽 별이다. 17 성령과 신부가 말했습니다. 오라! 듣는 자는 오
라! 라고 말해야 합니다. 목마른 자여 오라. 원하는 사람은 생명의 물을 값없
이 얻으라. 18 나는 듣고 있는 각각의 사람들에게 이 책의 예언의 말씀들을 증

거 합니다. 만약에 누군가 이것들 위에 무엇인가를 덧붙인다면, 하나님은 이 책에 기록된 재앙들을 그에게 더해 주실 것입니다. [19] 그리고 누군가 이 예언의 책의 말씀들로부터 무엇인가를 제거한다면, 하나님은 이 책에 생명나무와 거룩한 그 도시로부터 그의 지체를 제거해 버리실 것입니다. [20] 이것들을 증거 하시는 분이 말합니다. 그렇다. 나는 속히 올 것이다. 아멘, 주 예수여 오소서! [21] 주 예수의 은혜가 모든 사람들과 함께 하기를 바랍니다.

2. 본문에 대한 전 이해

계시록은 묵시적인 형식을 가지고 당시의 정치적이고 문화적인 환경에서 신앙의 위기를 겪고 있던 공동체로 하여금 신앙적인 투쟁을 하도록 격려하였다. 저자는 이것을 위하여 신구약 중간기의 묵시문학에 나타나는 여러 가지 전승과 구약의 전승 그리고 당시의 환경에 널리 퍼져 있던 신화적인 동기들을 사용한다. 그는 이것들을 토대로 하나님의 창조가 반신적인 악의 힘에 의해서 타락하였고, 그 타락의 역사는 하나님의 새 창조를 통해서 새롭게 대치된다는 역사의 종말을 제시한다. 그 종말은 하나님의 창조 의지와 온 세상을 구원하려는 그리스도의 구속 사건을 거부하는 세력에게는 심판을 의미한다. 반면에 하나님과 예수 그리스도의 구속을 믿는 자들에게는 그 종말은 영원한 평화를 누리는 참된 복의 시작이 된다. 이에 대한 분명한 비전과 신앙을 지키고 그것을 위해서 영적인 투쟁을 한다는 입장은 지금까지 제시된 다양한 스펙트럼의 환상을 통해서 분명해졌다.

그러므로 이제 계시록이 의도하던 모든 이야기의 진술은 그 결론에 도달한다. 저자는 책의 마무리 말을 통해서 지금까지의 환상의 의미들을 종합하고, 이 환상의 진실성을 확증하며 그것이 보존되어야 하는 이유를 말한다. 따라서 이 책의 결말부분은 이 책이 가지는 중요한 의미를 다시 한 번 강조한다. 그 핵심적인 내용들은 다음과 같이 정리될 수 있다. 첫째, 저자는 이 책의 결말이 앞의 서언과 일곱 교회로 보내는 편지와 내적인 통일성을 이루고 있다는 사실을 강조한다(1:1-8; 22:6, 16). 둘째, 저자는 이 책의 의도가 예수 그리스도의 계시를 통해서 된 것임을 강조한다(1:1; 22:16). 셋째, 저자는 이 이야기들의 진실성을 확증하며, 그렇기 때문에 여기에는 어떤 가감이 있어서는 안 된다는 것을 강조한다(22:6, 18-19). 넷째, 저자는 묵시문학에서 강조하는 '책의 밀봉'을 '책을 열어 두는 것'으로 마무리 한다(10절). 이것은 그 환상을 통해서 일어나는 미래의 시간이 지금이라는 것을 강조하는 것이다.

3. 주석

6절. 이야기를 계속 이끌어가는 주체는 계속해서 천사다(21:15; 22:1). 그는 앞에서 하늘에서 내려오는 새 예루살렘을 보여주었던 존재이며 요한에게 계시를 전해준 존재다(1:1; 22:16). 그는 앞에서 일어난 환상의 진실성을 여기서 강조한다. 그것은 지금까지의 "이 말들이 믿을만하고 진실하다(οὗτοι οἱ λόγοι πιστοὶ καὶ ἀληθινοί)"는 것이다. 이것으로 지금까지의 모든 환상의 진실성이 분명해진다. 저자는 지금까지 말한 책의 전부가 진실하고 참되다는 것을 확증한다. 여기에는 이 책에 기록된 것이 모두 하나님의 뜻을 따라 이루어졌다는 확신도 들어있다(21:5). 이 구절 후반부 문장은 이 환상이 천사들의 중재를 통해서 예언자들에 의해서 선포되었다는 것을 강조한다. 저자 요한은 이 예언자들 중의 하나이며 그들의 동료다(1:9). 여기서 강조하고 있는 "속히 일어나야 할 일들"(ἃ δεῖ γενέσθαι ἐν τάχει)은 요한계시록의 첫 문장의 진술과 내적 연결을 이룬다(1:1). 그것은 이 책의 처음 문장이 강조하는 "예수 그리스도의 계시"(ἀποκάλυψις Ἰησοῦ Χριστοῦ)다.[338]

7절. 여기서는 "속히 올 것이다"(ἔρχομαι ταχύ)는 예수의 말이 나온다. 이렇게 그의 재림을 강조하는 말이 책의 결말에서 세 번 언급되는 것은(7, 12, 20절) 요한계시록의 처음 의도와도 연결되며 동시에 요한계시록 공동체로 하여금 그들의 삶을 종말론적인 자리에 세우도록 촉구하는 기능을 가진다. 이렇게 시간의 급박함을 나타내는 "속히"는 그리스 원문에는 부사와 부사

338) A. Satake, *Offenbarung*, 420-421.

적인 전치사구로 되어 있지만 모두 재림과 종말의 확증을 나타낸다.[339] 이렇게 급박한 예수의 재림과 관련해서 강조되는 것은 "이 책의 예언의 말을 지키는 자"(ὁ τηρῶν τοὺς λόγους τῆς προφητείας τοῦ βιβλίου τούτου)가 종말론적인 복에 참여한다는 것이다.

8절. 이미 이 책의 서두에서 설명한 것처럼 계시록은 다른 유대교 묵시문헌처럼 가명을 사용하지 않고 실명을 사용한다. 이로써 요한계시록은 이런 책들과 구분된다. 저자는 자신의 이름을 "요한"(Ἰωάννης)이라는 실명으로 밝히며, 그에 대한 언급은 이 절을 포함하여 네 번 나온다(1:1, 4, 9). 그가 그렇게 그의 이름을 밝히는 그의 기록 활동의 진정성을 드러내려는 것이다.[340]

9절. 이어지는 이야기는 천사와 요한의 관계를 설명하는 장면이다. 이것은 19:10을 반복한다는 인상을 준다. 여기서 천사가 하늘에서 하나님의 말씀을 전달한다면, 요한은 땅에서 말씀을 전하는 사람이다. 요한은 자신도 그렇게 말씀을 전하는 동료 중에 하나라는 사실을 강조했다(1:9; 19:10). 이것으로 천사나 예언자의 역할은 하나님의 말씀의 사역에 충실히 하는 것이며, 동시의 말씀을 맡은 예언자의 직무는 천사와 같이 존귀하다는 것을 강조한다. 저자는 천사의 말을 통해서 신앙을 지키는 사람들을 '책의 말씀을 지키는 예언자들', '예수에 대한 증거를 하는 자들'로 말씀의 '일꾼(종)들'임을 강조한다. 이것은 동시에 요한계시록 공동체의 모든 신자들이 천사와 같은 말씀의 "동역자"(σύνδουλός)라는 함의를 지닌다.

10절. 천사는 요한에게 예언의 말씀을 "봉인하지 말라"(μὴ σφραγίσῃς)고 명령한다. 이것은 예언의 성취, 즉 '속히 일어나야 하는 일'이 눈앞에 닥쳤다는 것을 의미한다. 이 명령은 묵시를 봉인하여 일정한 시간까지 열어보아서는 안 되는 비밀의 책이라는 입장을 보여주는 유대교적인 사고와 상충

339) '속히'라는 시간과 관련된 요한계시록의 언급은 부사적 전치사구 1:1; 22:6; 부사 2:16; 3:11; 22:7,12,20이 있다.

340) A. Satake, *Offenbarung*, 421.

된다.[341] 이것은 요한계시록이 말하는 것은 미래를 전망하지만 그것이 선포되는 시간은 바로 지금이라는 것이다. 하나님의 미래는 감추는 것이 아니라 지금 계시로 드러나 선포되어야 하는 복음이다. 그리스도의 재림은 지금의 현재 하나님의 말씀을 듣는 것으로 심판과 구원을 결정짓는다. 다시 말해서 지금의 신앙적인 태도가 그리스도의 재림에 직면하여 심판이냐 아니면 구원이냐 하는 문제를 결정한다는 것이다.

11절. 이 구절은 다시 지금까지의 환상에서 드러난 불신자들의 태도를 강조한다. 그것은 불신자들이 종말을 맞이해서도 여전히 타락한 인간성을 회개하지 않는다는 것이다. 그런 과정은 나팔재앙과 심판재앙을 포함한 여러 곳에서도 반복된 것이다. 이런 인간의 태도로 인하여 하나님의 심판과 구원은 분명하게 드러난다. 저자는 이 문장을 통하여 지금 그들이 서 있는 자리를 분명히 할 것을 요청한다. 다시 말해서 구원을 받은 사람들은 그 거룩함을 더욱 새롭게 하므로 불의한 유혹을 이기고 극복하게 된다.

12절. 12절부터 시작되는 진술은 예수 자신이 하는 말이며 16절까지 이어진다. 이것은 이 책이 비록 예언자의 손을 통해서 기록되었지만, 그 책의 주체는 예수 자신이라는 것을 말하는 것이다. 예수는 여기서 자신의 재림이 속히 이루어질 것을 알리며 책을 마무리 한다. "속히 올 것이다"는 강조는 7절을 참조하라. 그는 행위에 대한 보상을 말하는데, 그것은 신앙의 행위를 말한다. 특히 이 진술에서 강조하는 것은 "나와 함께 하는 것에 대한 나의 보상"(ὁ μισθός μου μετ' ἐμοῦ)으로, 여기에는 종말의 시간에 그리스도의 역할이 심판자로 나타나는 자리에서 주어지는 구원을 말한다. 여기에 나오는 보상 개념은 클레멘트 1서 34:3에 나오는 요소와 공통점이 있다.[342] 그러나 보상을 주는 자가 클레멘트 1서에는 하나님이라는 것이 차이점이다.[343]

---

341) 단 8:26; 12:4, 9, 이디오피아 에녹서 1:2.

342) 라이트푸트/하머, 『속사도교부들』, 66.

343) A. Satake, *Offenbarung*, 423.

13절. 이렇게 심판의 때에 예수는 심판을 통해서 하나님과 같은 존재로 나타난다(20:11-15). 여기에는 중요한 신학적인 동기가 들어 있다. 그것은 종말의 심판 시간에 예수와 하나님의 인격에는 차이가 없다는 것이다. 이것으로 유대교의 하나님 중심의 종말사상이 요한계시록을 통하여 그리스도 중심의 신학으로 변화가 나타난다. 이런 이유 때문에 예수는 자신을 하나님과 동일하게 알파와 오메가요, 시작과 끝이며, 처음이며 나중이라는 사실을 선언한다. 이것으로 예수는 하나님과 동일한 인격을 가진 우주적인 지배자라는 사실이 분명해 진다(1:8; 21:6).

14절. 여기서 다시 한 번 신앙을 지킨 사람들에 대한 복이 선포된다. 저자는 신앙을 지키는 사람들의 행위를 '그들의 옷을 어린양의 피로 빠는 것'에 비유한다.[344] 이것은 이미 7:14의 문장에서 제시된 것으로, 그 행위들은 믿는 자들이 그리스도의 구원을 통해서 새롭게 된 자들로 그 믿음을 지키는 것으로 그들의 구원받은 상태를 확고하게 유지하는 것을 말한다. 이렇게 지속적인 순종을 통해서 그들은 완전한 구원 공동체로 참여하는 자격을 얻게 된다. 저자는 이것을 새로운 도시 예루살렘에 들어가는 것이라고 말한다(21:25-26; 22:3).

15절. 그러므로 마지막 경고의 말이 주어진다. 그것은 다시 악행목록의 형태로 나타나며, 그것을 따르는 자들에게는 새 도시 예루살렘으로 들어가는 것이 불허된다는 사실을 강조한다. 여기서 말하는 "개들과 마술사들과 음행하는 자들과 살인자들과 우상을 숭배하는 자들과 거짓말을 좋아하고 만들어내는 자들"은 요한계시록에서 말하는 거짓교사들(2:2, 14-15, 20), 제국의 이데올로기를 선전하는 모든 불신자들을 포함한다. 특히 여기서 그들을 처음으로 '개들'이라고 부른다(빌 3:2; 마 7:6; 디다케 9:5[345]). 신약성경의 맥락에서는 개들은 예수 그리스도의 구원을 무력화시키는 것을 의미하며,

---

344) 여기에는 세례에 대한 암시가 있다는 주장이 가능하다. 다음을 참조하라. E. Kamlah, *Die Form der katalogischen Paränese im Neuen Testament*, WUNT 7, Tübingen: Mohr, 1964, 23.

345) 라이트푸트/하머, 『속사도교부들』, 211.

구약의 전통에서도 악을 행하는 사람을 나타내는 표현이다.[346]

16절. 이 문장은 요한계시록 전체가 예수의 말이며, 그것을 위하여 천사들을 보냈음을 강조한다(1:11; 2-3장). 천사를 보내는 것은 그의 권위가 하나님과 같음을 말하는 것이다. 그는 유대교와 초대기독교가 가졌던 메시아 대망을 예수가 성취하는 "다윗의 뿌리이며 혈통"이다(5:5). 동시에 그는 빛나는 새벽 별로서 하나님의 새로운 날이 시작되는 것을 알렸다(2:28).

17절. 이렇게 예수의 자기 선언은 신부되는 공동체의 응답으로 이어진다. 특히 응답은 예수 오심을 기대하며 그리스도의 선포에 사람들을 초청하는 것이다. 그러므로 처음에 말하는 '오소서' 라는 외침은 예수의 종말론적 재림을 대망하는 것이다. 이어지는 '오라' 하는 외침은 이렇게 재림을 기다리는 공동체에 참여하라는 외침이다(19:7 이하; 22:17). 여기서 말하는 목마른 자와 물이라는 이미지는 21:1-22:5에서 말한 미래적인 구원완성이 이루어지는 장소는 주의 식탁을 통한 사귐이라는 것이다. 그렇기 때문에 목마른 자를 오라는 요청은 여러 번 반복된다(21:6; 22:1). 이것은 요한 공동체가 이렇게 종말론적인 구원을 미래로만 본 것이 아니라 현재화 하고 있음을 보여준다. 이렇게 초대기독교가 성만찬을 나누면서 "우리 주여, 오소서!" 외쳤던 것은 고린도전서 16:22처럼 그리스도의 재림에 대한 초대기독교의 간절한 염원을 반영한다. 그들은 그런 미래의 대망을 지금에 거행되는 예배와 성만찬을 통해서 경험하고자 했다.

18-19절. 다시 이야기의 주체는 저자인 요한의 말로 시작된다. 그는 지금 예수 그리스도를 증거 하는 임무를 요한계시록이라는 책의 저술을 통해서 수행하고 있다. 다시 말해서 그는 문헌을 통한 선포자인 것이다. 그는 그의 말씀이 복음이며 순전하다는 것을 그가 말한 것을 온전하게 유지해야 한다는 것을 강조하는 것으로 마무리한다. 그것은 그가 기록을 통해서 선포된 하나님과 예수 그리스도의 말씀에 더 이상의 가감이 있어서는 안 된

346) 삼하 16:9; 왕하 8:13; Strack-Billerbeck, *Kommentar zum Neuen Testament* I, 722.

다는 것을 말한다.[347] 이것으로 요한계시록은 사사로운 책이 아니라 하나님의 말씀이며 복음이라는 것이 확증된다. 이렇게 계시의 본질을 왜곡하는 행위에 대해서는 동형보복법(ius talionis)의 징벌이 가해진다(신 4:2). 물론 이 문구는 고대 세계의 망자의 무덤을 훼손하는 것에 대한 보복을 말하는 문구였지만, 저자는 이것을 말씀의 보존을 위한 기능으로 사용하고 있다.[348] 특히 예언자인 요한은 이렇게 교회를 향하여 말씀 하시는 존재가 하나님과 그리스도 자신이라는 사실을 분명히 말한다. 이런 의미에서 요한계시록은 신약성서 안에 존재하는 유일한 예언문서라고 할 수 있다.

20절. 다시 이야기의 주체는 이 책의 보증인에 해당하는 예수의 말과 그에 대한 응답을 하는 공동체가 된다. 일차적으로 강조되는 것은 구약의 '주 하나님'이 여기서는 '주 예수'로 되어 있다는 것이다. 예수는 "나는 속히 올 것이다"라는 대망을 제시하고, 공동체는 그에 대해서 "아멘"으로 응답하고 "주 예수여 오소서!" 외침으로 공동체가 종말의 대망을 가지고 있음이 확인된다. 여기서 주 예수의 오심은 요한계시록이 지금까지 선포했던 종말사건의 실현을 의미한다. 이미 요한계시록이 보여주었던 것처럼 하나님과 예수 그리스도는 공동체의 기도에 응답하셨고 역사에 개입하신다. 마찬가지로 이렇게 "주 예수여 오소서!" 외치며 환호하는 것은 현재 공동체가 경험하고 있는 고난에 대한 응답을 기대하는 것이다. 이런 기대를 가지고 요한계시록 공동체는 예배를 통해서 신앙의 투쟁을 할 수 있었던 것이다.

여기에 나오는 "주 예수여 오소서!"는 원래 아람어를 그리스어로 번역한 것으로 고린도전서와 디다케서에 그 대한 전승이 나타난다.

고전 16:20,22

20 모든 형제도 너희에게 문안하니 너희는 거룩하게 입맞춤으로 서로 문안하

347) M. Tilly, "Textsicherung und Prophetie. Beobachtung zur Septuaginta-Rezeption in Apk 22,18f", *Studien zur Johannesoffenbarung und ihrer Auslegung* (FS O. Böcher), Neukirchen-Vluyn: Neukirchner Verlag, 2005, 244.

348) 데이비드 E. 아우내, 『요한계시록 17-22』, 570.

라. [22] 만일 누구든지 주를 사랑하지 아니하거든 저주를 받을지어다. 주여 어서 오시옵소서(Μαρανα θα).

디다케 10:6; 비교. 9:4-5

누구든지 거룩한 자는 오시오! 만약에 그렇지 못하다면 회개하시오! 주여 어서 오시옵소서 (Μαρανα θα).

위의 두 개의 비교는 요한계시록의 주의 재림을 위한 기대가 초대기독교의 전승에 중요한 내용이었을 확인시켜준다. 그럼에도 불구하고 이 외침은 초대기독교의 예배라는 맥락에서 잘 이해된다.[349]

21절. 이 책의 마지막 말은 서신의 마무리 형식처럼 축복기원의 형식으로 되어있다. 이것은 다시 1:4-6의 형식과 연결되기도 한다. 이렇게 축복을 비는 말은 바울의 서신에서 자주 찾아 볼 수 있고(살전 5:28), 위에서 언급한 고린도전서의 마지막 인사도 '마라나타' 와 결합되어 있다. 이것으로 요한계시록은 편지의 형식을 가지면서 동시에 예배의 틀을 가지고 전개되었음을 알게 된다. 이것은 계시록이 오늘의 예배에 대해서 많은 관점을 던져준다는 것을 의미한다. 즉 예배는 다양한 환상과 이미지들을 통하여 종말론적인 기대를 실현한다는 것이다. 예배는 공동체로 하여금 그리스도의 재림을 기대하고, 예배하는 사람들로 하여금 그 예배를 통하여 하나님의 신성을 경험하게 하며 자신을 하나님의 통치에 복종시킨다. 이렇게 요한계시록 공동체는 예배를 통하여 황제숭배와 인간의 우상화와 신격화가 하나님을 대적하는 것임을 인식했다. 당시의 교회는 그러한 현상에 대해서 하늘의 예배라는 이미지를 통해서 비판적인 태도를 취했고, 당시의 세상의 권

---

349) 이 외침은 성례전의 맥락에서 이해된다는 주장은 여전히 유효하다. 다음을 참조하라. H. Giesen, *Offenbarung*, 496; F. Hahn, "Die Worte vom lebendigen Wasser im Johannesevangelium. Eigenart und Vorgeschichte von Joh 4,10.13f; 6:35; 7,37-39", God's Christ and His People (FS. N. A. Dahl), Oslo: University Forlorn 1977, 56 이하; K. Wengst, *Christologische Formeln und Lieder des Urchristentums*, StNT 7, Gütersloh: Gütersloher Verlagshaus, 1973, 51이하.

력과 사회문화 전반에는 악의 문제가 들어있음을 주목하고 이것을 종말의 관점에서 바라보았다. 요한계시록의 교회는 이렇게 세속의 문화가 지배적인 힘을 강화시켜 나갈 때 종말론적인 예배를 통하여 교회의 현실과 미래를 직시할 수 있었다. 그러므로 계시록은 참된 교회와 예배가 무엇인지 반성하게 하는 강한 신학적인 의도를 가지고 있다. 교회는 종말론적인 예배를 통하여 현재 교회의 신앙의 현주소를 점검하면서 더욱 더 거룩한 비전을 새롭게 해 나간다. 당시의 교회는 예배를 통하여 정치적이고 문화적이고 사회적인 억압과 고난을 극복하며 그리스도에 대한 올바른 예배를 통해서 신학적이고 미학적인 저항을 할 수 있었다. 오늘의 교회도 요한계시록의 정신을 통하여 이 세상의 정치와 문화 속에 들어 있는 악의 문제와 불신의 문제를 반성하며 교회가 나아갈 방향을 찾아야 한다.

4. 22:6-21까지의 해석과 설교방향

이 부분은 요한계시록 전체의 결말부분이다. 그것은 서론이 있으면 결론이 있다는 요한계시록의 직선적인 역사 이해와도 맞아 떨어진다. 이 마지막의 진술들 안에는 함축적인 이야기들이 압축되어 있다. 우선 이 결말부분은 계시록의 서두와 일치를 이룬다. 그것은 예수 그리스도의 계시로 시작된 이 책이 결론에서 이야기를 마무리하는 존재로 등장한다는 것이다(13, 16절). 예수는 서두에서도 '속히 될 일들'과 '속히 온다'는 사실을 강조했는데, 이렇게 이 책의 결말은 내적인 연결을 이루면서 책 전체가 예수 그리스도의 복음을 의미하는 예수 그리스도의 계시라는 사실을 재확인한다.

이 책의 결말은 예수 그리스도의 계시를 기록을 통해서 선포하는 예언자의 자기 진술이다. 저자 요한은 8절에서 자신의 실명을 언급하면서 자신의 기록을 통한 선포가 말씀의 사역자로서의 임무를 충실히 하며 동시에 그 내용의 보증은 성부, 성자, 성령을 통해서 이루어진다는 사실을 강조한다(16-17절). 이런 이유로 그의 선포의 진실성은 이 책에 그 어떤 내용의 가감이 일어나서는 안 된다는 것을 분명히 한다(18-19절).

마지막으로 요한계시록의 결말은 당시 교회의 예배와 종말론적인 대망을 통해서 거행되었다는 사실을 보여준다. 결말에 반복되고 있는 "속히 올 것이다"는 말씀은 계시록의 서두와 연결되어 독자들을 종말론적인 대망에 서게 한다(6, 12, 20절). 그 대망은 예배를 통해서 일어나는 "주여 어서 오시옵소서"라고 외치는 공동체의 환호를 통해서 표현되고 있다. 마찬가지로 요한계시록 공동체는 이렇게 하나님과 예수 그리스도의 갑작스러운 재림을 기대하면서 드리는 생동감 넘치는 예배에 대한 암시를 던져준다. 이렇게 교회는 종말론적인 예배를 통하여 자신의 신앙의 현주소를 새롭게 변화시킬 수 있다. 교회는 세상과 타협하기 보다는 오히려 세상이 가지는 한계를 인식하고 그에 대한 새로운 길을 보여주어야 한다. 그것을 위해서 교회는 예배를 통해서 자신들의 신앙의 내용을 다시 확인해야 한다. 그 예배에 참여하는 사람들은 자신들의 삶을 미래적인 관점, 특히 종말론적인 관점에서 조명해 봄으로써 현재의 안일한 태도를 넘어서서 세상을 구원하는 하나님의 역사의 능동적인 참여자가 되어야 한다.

한글 단행본

1.요한계시록 주석

김철손,『요한계시록』, 서울: 대한기독교서회, 1993.

데이비드 E. 아우내, 『요한계시록 1-5』(김철 옮김, WBC 52상), 『요한계시록 6-16』(김철 옮김, WBC 52중), 『요한계시록 17-22』(김철 옮김, WBC 52하), 서울: 도서출판 솔로몬. 2003.

신동욱,『요한계시록 주석』, 서울: 도서출판 kmc, 2010.

이필찬,『내가 속히 오리라』, 서울: 이레서원, 2010.

외경위경 편집부, 『외경위경전서』4권, 6권, 8권, 서울: 성인사, 1980.

H. Kraft, 『요한묵시록』, 서울: 한국신학연구소, 1992.

2.단행본

라이트푸트, J.B/하머, R.R.(홀메스, M.W. 수정편집),『속사도교부들』(이은선 옮김), 서울: 기독교문서선교회, 1994.

리차드 보쿰, 『요한계시록 신학』(이필찬 옮김), 서울: 한들출판사, 2000.

리차드 보쿰, 『예언의 절정 I』(최홍진 옮김), 서울: 한들출판사, 2002.

린다 허치언,『패러디 이론』(김상구/윤여복 옮김), 서울: 문예출판사, 1998.

뵐리발트 뵈젠, 『예수시대의 갈릴래아』(황현숙 옮김), 서울 : 한국신학연구소 , 1998

오토 뵉허, 『요한묵시록』(박두환 옮김), 서울: 한국신학연구소, 2003.

요아힘 예레미아스, 『예수시대의 예루살렘』(한국신학연구소 번역실), 서울: 한국신학연구소, 1988.

요세푸스, 『유대전쟁사』(김지찬 옮김), 서울: 생명의 말씀사, 1987.

요세푸스, 『유대고고대사』(김지찬 옮김), 서울: 생명의 말씀사, 1987.

유세비우스 팜필루스, 『교회사』(엄성옥 옮김), 서울: 도서출판 은성, 2003.

존 J. 콜린스, 『묵시문학적 상상력. 유다 묵시문학 입문』, 서울: 가톨릭출판사, 2006.

큄멜, W.G. 『신약정경개론』(박익수 옮김), 서울: 대한기독교출판사, 1990.

헬뮤트 쾨스터, 『신약성서배경연구』(이억부 옮김), 서울: 도서출판은성, 2009.

3. 한글 소논문

박두환, "사탄의 파워 구조 - 요한계시록 12-13장에 나오는 용과 두 짐승의 관계를 중심으로", 『신약논단』, 서울: 한국신약학회, 1999, 145-170.

임진수, "짐승의 숫자 666", 『神學과 世界』 통권 제 53호, 서울: 감리교신학대학교, 2005, 87-115.

임진수, "요한계시록의 구조와 초대기독교 예배연구", 『神學과 世界』 통권 제68호, 서울: 감리교신학대학교, 2010, 28-61.

임진수, "예수와 예루살렘 성전과의 갈등: 전승사 연구", 『神學과 世界』 통권 제71호, 서울: 감리교신학대학교, 2011, 30-62.

임진수, "요한계시록의 인자와 같은 이(ὅμοιος υἱός ἀνθρώπου)", 『神學과 世界 』 통권 제77호, 서울: 감리교신학대학교, 2013, 65-93.

임진수, "헬레니즘기 이후 서양 고대 세계의지배자 숭배에 대한 저항", 『서양고대사연구』 29, 대전: 한국서양고대역사문화학회, 2011, 149-194.

4. 인터넷 참고 싸이트

http://en.wikipedia.org/wiki/Attalid_dynasty

http://de.wikipedia.org/wiki/Stadion

외국어서적

1. 요한계시록 주석

Beckwith, I.T., *The Apocalypse of John*, Grand Rapids: Baker Book House, 1979.

Bousset, W., *Die Offenbarung Johannis*, Göttingen, Vandenhoeck & Ruprecht 1906.

Brütsch, C., Die *Offenbarung Jesu Christi: Johannes-Apolaypse*, Zürich: Zwingli Verlag, 1970.

Charles, R.H., *Critical and Exegetical Commentary of The Revelation of St. John*, ICC, Vol. I, II, Edinburgh: Clark, 1920.

Charles, R.H., *The Apocrypha and Pseudepigrpha of the Old Testament I* (1976),

II(1979), Oxford, Clarendon Press, 1979.

Fiorenza, E.S., *The Book of Revelation. Justice and Judgement*, Philadelphia: Fortress Press, 1985.

Giesen, H., Die *Offenbarung des Johannes*, Regensburg: Pustet Verlag, 1997.

Hadorn, W., Die *Offenbarung des Johannes*, ThHKNT XVIII, Leipzig: Deichert, 1928.

Keener, C.S., *Revelation. The NIV Application Commentary*, Grand Rapids: Zondevan, 2000, 314.

Krodel, G., *Revelation*, Augsburg: Fortress, 2009.

Lohmeyer, E., *Die Offenbarung des Johannes*, HNT XVI, Tübingen: Mohr Siebeck, 1926.

Lohse, E., *Die Offenbarung des Johannes*, NTD XI, Göttingen: Vandenhoeck & Ruprecht, 1993.

Mounce, R.H., *The Book of Revelation*, Grand Rapids: Eerdmans Publishing Company, 1977.

Müller, U.B., *Die Offenbarung des Johannes*, ÖTBK 19, Gütersloh: Gütersloher Verlagshaus, 1995.

Osborne, G.R., *Revelation*, Baker Exg. Comm. on NT, Grand Rapids: Baker Academic, 2002.

Roloff, J., *Die Offenbarung des Johannes*, ZBK.NT 18, Zürich: Theologischer Verlag, 1987.

Swete, H.B., *Commentary on Revelation: The Greek Text*, Grand Rapids: Kregel Publications, 1977.

Thompson, L.L., *Revelation*, Nashvill: Abingdon Press, 1998.

Wikenhauser, A., *Die Offenbarung des Johannes*, RNT IX, Regensburg: Pustet, 1959.

2.단행본

Barrett/Thornton(ed.), *Texte zur Umwelt des Neuen Testaments*, Tübingen: J.C.B. Mohr, 1991.

Bauer, T.J., *Das tausendjährige Messiasreich der Johannesoffenbarung. Eine literarische Studie zu Offenbarung 19,11-21:8*, BZNW 50, Berlin/New York: de Gruyter 1987.

Beagley, A.J., *The Sitz im Leben of the Apocalypse with Particular Reference to the Role of the Church's Enemies*, BZNW 50, Berlin/New York: de Gruyter 1987.

Beasley-Murray, G.R., *The Book of Revelation*, NCeB, London: Eerdmans, 1978.

Berger, K., *Die Auferstehung des Propheten und die Erhöhung des Menschensohnes*, StUNT 13, Göttingen: Vandenhoeck & Ruprecht, 1976.

Böcher, O., *Dämonenfurcht und Dämonenabwehr*. Ein Beitrag zur Vorgeschichte der christlichen Taufe, BWANT 90, Stuttgart/Berlin: Kohlhammer, 1970.

Braun, H., *Qumran und das Neue Testament I*, Tübingen: Mohr Siebeck, 1966.

Burchard, C., *Der Jakobusbrief*, HNT 15/1, Tübingen: J.C.B. Mohr 2000.

Burger, C. *Jesus als Davidssohn. Eine traditionsgeschichtliche Untersuchung*, FRLANT 98, Göttingen: Vandenhoeck & Ruprecht, 1970.

Collins, A.Y., *The Combat Myth in the Book of Revelation*, HDR 9, Missoula: Scholars Press, 1976.

Cozelmann, H., *Grundriß der Theologie des Neuen Testaments*, Tübingen: Mohr Siebeck, 1997.

Conzelmann, H./Lindemann, A., *Arbeitsbuch zum Neuen Testament*, Tübingen: Mohr Siebeck, 2004.

Deissman, A. *Licht vom Osten*, Tübingen: J.C.B. Mohr, 1923.

Friesen, S.J., *Twice Neokoros. Ephesus, Asia, and the Cult of the Flavian Imperian Family*, RGRW 116, Leiden : Brill, 1993.

Glonner, G., *Zur Bildersprache des Johannes von Patmos: Untersuchung der Johannesapokalypse anhand einer um Elemente der Bildinterpretation erweiterten historisch-kritischen Methode*(NTAbh nf 34), Münster: Aschendorff, 1999.

Gunkel, H., *Die Psalmen*, Göttingen : Vandenhoeck & Ruprecht, 1968

Hahn, F., *Theologie des Neuen Testaments I*, Tübingen 2002, 470.

Halver, R., *Der Mythos im letzten Buch der Bibel. Eine Untesuchung der Bildersprache der Johannes Apokalypse*, ThF32, Hamburg : Reich, Evangelischer Verlag, 1964.

Harnisch, D.D., *Eschatologische Existenz. Ein exegetischer Beitrag zum Sachanliegen von 1. Thessalonicher 4, 13-4,11*, FRLANT 110, Göttingen: Vandenhoeck & Ruprecht, 1973.

Hartmann, L.E./Lella, A.A. Di, *The Book of Daniel*, AnB 23, Garden City: Doubleday, 1980.

Heinze, A., *Johannesapokalypse und johanneische Schriften. Forschungs-und traditionsgeschichtliche Untersuchung*, BWANT 142, Stuttgart/Berlin/Köln: Kohlhammer, 1998.

Holz, T., *Die Christologie der Apokalypse des Johannes*, TU 85, Berlin: Akademischer Verlag, 1972.

Jörns, K.-P., *Das hymnische Evangelium. Untersuchungen zu Aufbau, Funktion und Herkunft der hymnischen Stücke in der Johannesoffenbarung*, StNT 5, Güterloh: Gütersloher Verlagshaus 1971.

Kamlah, E., *Die Form der katalogischen Paränese im Neuen Testament*, WUNT 7, Tübingen: Mohr, 1964.

Karrer, M., *Die Johannesoffenbarung als Briefe. Studien zu ihrem literarischen, historischen und theologischen Ort*, FRLANT 140, Göttingen: Vandenhoeck & Ruprecht, 1986.

Maier, J., *Die Qumran-Essener: Die Texte vom Toten Meer II*, München/Basel: E. Reinhardt, 1995.

Mealy, W., *After the Thousand Years. Resurrection and Judgement in Revelation 20*, JSNT.S 70, London: T&R Clark International, 1992.

Michl, J., *Die Engelvorstellungen in der Apokalypse des Hl. Johannes*, München: Hueber, 1937.

Müller, U.B., *Messias und Menschensohn in jüdischen Apokalypsen und in der Offenbarung des Johannes*, StNT 6, Gütersloh: Gütersloher Verlagshaus, 1972.

Müller, U.B., *Judenchristentum und Paulinismus in Kleinasien an der Wende vom ersten zum zweiten Jahrhundert n. Chr.*, Güterloh: Güterloher Verlagshaus, 1975.

Pohl, A., *Die Offenbarung des Johannes II*, WStB, Wuppertal: Brockhaus, 1971.

Reddish, M. L. *Revelation*, Macon: Smyth & Helwys, 2001.

Resseguie, J.L., *Revelation Unsealed. A Narrative Critical Approach to John's Apocalypse*, BIS 32, Leiden : Brill, 1998.

Reader, W.W., *Die Stadt Gottes in der Johannesapokalypse*, Göttingen Univ., Diss., 1971.

Reichelt, G., *Das Buch mit den Sieben Siegel in der Apokalypese des Johannes*, Göttingen: Univ., Diss., 1975

Rissi, M., *Die Zukunft der Welt, Eine exegetische Studie über Johannesoffenbarung 19, 11-22,15*, Basel : Reinhardt, 1966.

Rissi, M., *Was ist und was geschehen soll danach. Die Zeit- und Geschichtsauffassung des Johannes*, AThANT 46, Zürich: Zwingli-Verl, 1965.

Satake, A., *Die Offenbarung des Johannes*(bearb., Th. Witulski), KEK 16, Göttingen: Vandenhoeck & Ruprecht, 2008.

Schrage, W., *Der Erste Brief an die Korinther (1Kor 11,17-14,40)*, Neukirchen-Vluyn: Neukirchner Verlag, 1999.

Strack-Billerbeck, *Kommentar zum Neuen Testament aus Talmud und Midrasch I, II, III, IV*, München: C.H.Beck'sche Verlagbuchhandlung. 1979, 429 이하.

Stuhlmann, R., *Das Eschatologische Maß im Neuen Testament*, FRLANT 132, Göttingen: Vandenhoeck & Ruprecht, 1983.

Taeger, J.-W., *Johannesapokalypse und Johanneischer Kreis. Versuch einer traditionsgeschichtlichen Ortsbestimmung am Paradigma der Lebenswasser-Thematik*, BZNW 51, Berlin/New York: de Gruyter, 1989.

Vielhauer, P., *Geschichte der urchristlichen Literatur*, Berlin/New York: Walter de Gruyter, 1975.

Volz, P., *Die Eschatologie der jüdischen Gemeinde im neutestamentlichen Zeitalter nach den Quellen der rabbinischen, apokalyptischen und apokryphen Literatur*, Tübingen: Mohr Siebeck, 1934.

Wengst, K., *Christologische Formeln und Lieder des Urchristentums*, StNT 7, Gütersloh: Gütersloher Verlagshaus, 1973, 51이하.

Witulski, T., *Kaiserkult in Kleinasien. Die Entwicklug der kultisch-religiösen Kaiserverehrung*, Göttingen: Vandenhoeck-Ruprecht, 2007.

3. 소논문

Aune D.E., "Johannes-Apokalypse/Johannesoffenbarung", *RGG*(4판) 540-547.

Balz, H., "φοβέω κτλ", *ThWNT IX* 186-194.

Böcher, O., "Zur Bedeutung der Edelsteine in Offb 21", *Kirche und Bibel* (FS E. Schick), Paderborn: Schoeningh, 1979.

Bornkamm, G., "Die Komposition der apokalyptischen Visionen in der Offenbarung Johannis", *Studien zu Antike und Urchristentum*. Gesammelte Aufsätze II, BEvTh 28, München: Kaiser, 1963, 204-222.

Bornkamm, G., "μυστήριον", *ThWNT IV*, 809-834.

Delling, G., "Zum gottesdienstlichen Stil der Johannes-Apokalypse", *Studien zum Neuen Testament und zum hellenistischen Judentum*, Gesammelte Aufsätze 1950-1968(ed. F. Hahn), Göttingen: Vandenhoeck & Ruprecht, 1970, 425-450.

Fekkes, J., "His Bride has prepared herself. Revelation 19-21 and Isaian Nupital Imagery", *JBL* 109/2(1990), 269-287.

Förster, W., "ὄρος", *ThWNT V*, 475-486.

Fohrer, G., "Σιών", *ThWNT VII*, 291-318.

Frey, J., "Erwägungen zum Verhältnis der Johannesapokalypse zu den übrigen Schrifte des Corpus Johanneum", *Die johanneische Frage*(ed. M. Hengel), WUNT 67, Tübingen 1993, 326-429.

Giblin, C.H., "Structural and Thematic Correlation in the Theology of Relation 16-22", *Bib* 55(1974), 486-504.

Giesen, H., "Das Römische Reich im Spiegel de Johannes-Apokalypse", *Studien zur Johannes-Apokalypse*(ed. H. Giesen), SBAB 29, Stuttgart : Verlag Katholisches Bibelwerk 2000.

Hahn, F., "Die Worte vom lebendigen Wasser im Johannesevangelium. Eigenart und Vorgeschichte von Joh 4,10.13f; 6:35; 7,37-39", *God's Christ and His People* (FS. N. A. Dahl), Oslo: University Forlorn, 1977, 51-70.

Heiligenthal, R., "Wer waren die Nikolaite? Ein Beitrag zur Theologiegeschichte des frühen Christentums", *ZNW* 82 (1991), 133-137.

Horn, F.W., "Johannes auf Patmos", *Studien zur Johannesoffenbarung und ihrer Auslegung* (FS O. Böcher), Neukirchen-Vluyn: Neukirchner Verlag, 2005, 139-159.

Klauck, H.J., "Do they never come back? Nero Redivivus and the Apocalypse of John", *CBQ* 63(2001), 686-690.

Kreitzer, L., "Hadrian and the Nero Redivivus Myth", *ZNW* 79(1988), 95-99.

Kuhn,K. G., "ἅγιος", *ThWNT* I, 97-101.

Kuhn, K.G., "Βαβυλών", *ThWNT* I, 513-514.

Lohse, E., "Σιών", *ThWNT* VII 318-338.

Meyer, R., "προφήτης", *ThWNT* VI 813-828중 814.

Müller, H.-P., "Die himmlische Ratsversammlung. Motivgeschichtliches zu Apc

5:1-5", *ZNW* 54 (1963), 256-260.

Oepke, A., "καλύπτω κτλ", *ThWNT* III, 558-597

Pesch, R., "Offenbarung Jesu Christi. Eine Auslegung von Apk 1,1-3", *BiLe* II, 1970, 15-29.

Rengstorf, K.H., "σημεῖον", *ThWNT* VII, 199-268.

Schmidt, J., "NOUS und SOFIA in Offb 17", NT 46/2(2004), 164-189.

Schmidt, K.L., "βασιλεύς", *ThWNT* I, 573-595.

Schneider, C., "μέτωπον", *ThWNT* IV 638-641.

Schweizer, A., "ψυχή", *ThWNT* IX 654.

Seebaß, G., "Apokalyptik/Apokalypsen", *TRE* 3(1978), 189-289.

Stratmann, H., "μάρτυς", *ThWNT* IV, 477-520.

Tilly, M., "Textsicherung und Prophetie. Beobachtung zur Septuaginta-Rezeption in Apk 22,18f", Studien zur Johannesoffenbarung und ihrer Auslegung(FS O. Böcher), Neukirchen-Vluyn: Neukirchner Verlag, 2005, 232-247.

Wilson, S.G., "Gentile Judaizers", NTS 38 (1992), 605-616.

Wilckens, U., "χάραγμα", *ThWNT* IX 405-407.

Wolter, M., "Christliches Ethos nach der Offenbarung des Johannes", *Studien zur Johannesoffenbarung und ihrer Auslegung*(FS O. Böcher), Neukirchen-Vluyn: Neukirchner Verlag, 2005, 189-209.